用于国家职业技能鉴定

国家职业资格培训教程

（国家职业资格二级）

# 理财规划师专业能力

（第四版）

中国就业培训技术指导中心　组织编写

中国财政经济出版社

**图书在版编目（CIP）数据**

理财规划师专业能力/中国就业培训技术指导中心组织编写．—4 版．—北京：中国财政经济出版社，2011.1

用于国家职业技能鉴定．国家职业资格培训教程

ISBN 978－7－5095－2720－7

Ⅰ．①理…　Ⅱ．①中…　Ⅲ．①投资—职业技能鉴定—教材　Ⅳ．①F830.59

中国版本图书馆 CIP 数据核字（2011）第 006394 号

中国财政经济出版社出版

URL：http：//www.cfeph.cn

E－mail：cfeph＠cfeph.cn



社址：北京市海淀区阜成路甲 28 号　邮政编码：100142

发行处电话：88190406　财经书店电话：64033436

涿州市新华印刷有限公司印刷　各地新华书店经销

787×1092 毫米　16 开　27.5 印张　511 000 字

2011 年 2 月第 4 版　2012 年 6 月涿州第 3 次印刷

印数：1—5 000　定价：68.00 元

ISBN 978－7－5095－2720－7/F·2315

（图书出现印装问题，本社负责调换）

本社质量投诉电话：010－88190744

国家职业资格培训教程

# 理财规划师专业能力
# （第四版）

## 编撰人员

主　　编：陈雨露　刘彦斌

编　　者：北京东方华尔金融咨询有限责任公司
　　　　　理财规划师国家职业资格培训教程编写组

# 一版序一

原中国银行业监督管理委员会副主席
光大集团董事长
唐双宁

2004年岁末的一天，开会回来，发现案头摆放着一封由萧灼基、陈雨露二位教授联合的来函，代表“国家职业技能鉴定专家委员会”，“诚恳邀请”我为理财规划师培训教材——《理财规划师基础知识》和《理财规划师专业能力》“撰写序言”，并先“表示诚挚的感谢”。阅毕来信，顿有一种受宠若惊、诚惶诚恐之感。二位的来信，岂是我等受用得了的？萧灼基教授已然七十有二，是德高望重的学术界泰斗；陈雨露教授，虽尚未达不惑之年，却亦非等闲之辈，在学术界颇有盛名。还有两事不得不先提及，一是20世纪80年代中期，我在沈阳建行任副行长。记得那时我大学刚刚毕业不久，沈阳市金融学会邀请萧灼基老做了一场学术报告，我参与了部分接待工作。由于在读书期间久仰萧老大名，那次能近距离接触萧老并“平等”地交谈几句，顿感不胜荣幸之至——毕竟是小地方长大，没见过这样的世面。这些，可能萧老至今全然不知。还有一事是1978年恢复高考，我第一志愿报考的是刚刚恢复的中国人民大学。据后来所知，我当时的考分是完全可以迈进这所学校的门槛的，但这所大学却偏偏没有录取我。对此，我一直“耿耿于怀”。今天，身为中国人民大学财政金融学院院长的陈雨露教授礼贤下士，拉着大名鼎鼎的萧灼基教授，共同邀我作序，尽管我连自己这点儿薪水“财”都理不好，我还是不揣浅陋，慨然应允。

理财规划师，按人力资源和社会保障部（原劳动和社会保障部）制定的国家职业标准，其定义为：运用理财规划的原理、技术和方法，针对个人、家庭以及中小企业、机构的理财目标提供综合性理财咨询服务的人员。我翻阅资料，现编现卖，发现现代意义上的理财规划于20世纪70年代首先出现在美国，当时主要侧重于财务顾问业务。后来，随着世界经济的发展和人们物质生活水平的提高，为个人、家庭及中小企业、机构提供理财服务已然成为一种职业；接下来，人们对理财的原理、技术和方法不断总结，理财的水平也不断提高，“理财规划”也就成了一个“行业”；再接下来，伴随着经济全球化和金融国际化，理财规划业务又跨越国界，还于1990年专门成立了国际理财规划师理事会。目前，全球已有19个国家有了“理财规划师”这种职业。可以预见，理财规划师将是继律师、会计师等职业之后的又一个新兴的热门职业。

在我国，过去，人们温饱问题尚不能解决，更谈不上“为他人做嫁衣裳”，替别人“规划理财”了。改革开放以来，随着经济的发展和人们物质生活水平的提高，以及个人收入的增加，理财问题开始提上了个人和家庭的“议事日程”，“理财规划”也就渐入佳境。与此同时，据我初步了解，近年我国商业银行的人民币理财业务也快速发展，在商业银行理财业务快速发展的同时，对其监管也摆上了监管部门的“桌面”。

从理财的人才建设方面讲，2003年，人力资源和社会保障部（原劳动和社会保障部）正式设立理财规划师职业，颁布了《理财规划师国家职业标准》，并于2004年5月成立了国家职业技能鉴定专家委员会理财规划师专业委员会。委员会由陈雨露教授担任主任，委员由来自学术界、商业银行、证券公司和保险公司的专家和专业人士组成。两年来，专家委员会潜心研究理财规划的国际惯例，并与中国实际相结合，立足中国的金融、税收、法律、社会保障体系和投资环境，大力推动理财规划师的本土化，确定了理财规划师培训和认证的指导原则和具体内容。为了更多更好地培养理财规划人才，专家委员会还牵头编写了理财规划师国家职业资格培训教材，并对招商银行个人银行业务部的业务骨干进行了试用性培训，得到较好的评价。

理财规划师作为一个具有广阔发展前景的新兴职业，对从业人员有着很高的要求，而目前我国市场上这方面成熟的教材和培训却不尽如人意。在这种情况下，本套教材坚持国际化与本土化并重的原则，从理论到实践，全面阐述了理财规划的内涵与外延，详细描述了理财规划的技术和方法，不啻于为既有广阔发展前景又嗷嗷待哺的理财规划行业雪中送炭。我相信，由我们的专家和学者投入了大量的精力和心血编写的这套教材，会对有志于投身理财规划的人们产生相当大的吸引力。能否洛阳纸贵，我将拭目以待。“千金散尽还复来。”最后，我谨祝“理财规划”事业在我国健康发展，祝投身到理财规划师行列的人才越来越多。是为序。

2004 年 12 月 25 日

# 一版序二

中国保险监督管理委员会副主席 李克穆

改革开放以来，随着国民收入的增加，人民生活水平的提高，逐渐富裕起来的中国人更加重视人身、资产、财富的安全和保障，保险业的发展空间越来越大。目前，我国保险业蓬勃发展，是国民经济中发展最快的行业之一，在“促进改革、保障经济、稳定社会、造福人民”等方面发挥着日益重要的作用。十六大提出，全面建设小康社会，不断完善社会主义市场经济体制，这一宏伟目标对保险业的发展提出了更高的要求，同时也带来了我国保险业的发展良机。随着经济发展和社会进步，中国人的思想观念、生产形式和生活方式都发生了深刻的变化，人们更加追求经济的高效益、工作的快节奏和生活的高质量，因此也更加需要保险业提供全方位、多层次的风险保障和理财服务。顺应这种要求，保险业必须跟上实践的发展，提高保险从业人员的素质，为个人、家庭和企业提供有针对性的专业服务。

保险业作为现代金融业的三个支柱之一，与银行业一样，负债经营是基本特征，保险作为一种服务商品，其有形载体仅是一份保险合同，相对于一般商品而言，具有无形性、复杂性、长期性等特点，从某种意义上说，保险公司经营的产品实际上是一种以信用为基础、以法律为保障的承诺。从目前市场的情况来看，保险公司在大力普及“保障型”产品的同时，推出“投资型”产品，并且受到市场的追捧。由于保险产品纷繁复杂，对于个体家庭而言，无论是“保障型”产品还是“投资型”产品，都需要根据自身的实际情况，进行合理的统筹安排，这就需要专业的理财规划师出现。

长期以来，在我国保险市场上，推销保险产品，特别是寿险产品主要依靠以佣金为收入来源的寿险代理人。一些专业知识欠缺的寿险代理人误导客户则是保险市场存在的主要问题之一。目前，很多保险公司都表现出了对个人理财规划的关注，提出从业人员的身份转变，即以销售保险产品为中心的保险代理人向以客户需求为中心的理财顾问转变。新的个人理财顾问营销方式，通过个人理财建议书等理财工具，从合理分配资产、防范风险、合理避税等方面为保险客户提供全面的财务分析和理财建议。理财规划师职业的推出，对于提高我国保险业的密度和深度，促进保险产品的销售，提升保险服务水平，都是有所助益的。

需要引起注意的是，理财规划师不是公司自封的，需要通过专业机构的认证，达到标准后才能为客户提供服务。一个合格的理财规划师，需要有全方位的系统的金融知识，包括经济学、货币银行学、投资学、保险学和会计学等方面；需要有相当的法律基础，对民法、合同法、民事诉讼法要有一定了解；此外还要掌握国家的各项政策，特别是税收政策和遗产政策等关系客户财产额度变化的政策。保险业的特点要求保险业必须兼顾更多的社会责任，因此理财规划师在进行保险方面的理财规划时必须具有相应的专业知识，并应通过国家职业资格认证，只有经过规范专业的培训才能使大批的保险从业人员符合这些要求。

理财规划师职业资格培训教材的诞生，为打造中国保险业理财服务的精英奠定了基础。相信该套教材的出版，对中国保险业人才的专业素质和理财服务将有极大的推动作用。

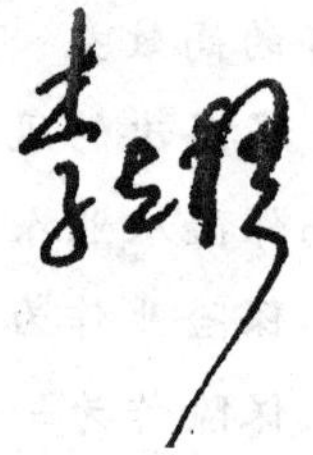

2004 年 10 月 25 日

# 前　言

改革开放以来，中国人创造出了令全球侧目的经济奇迹。目前国内已进入财富管理时代，全民都需要学会重视长期理财规划。纵览发达国家的经验，随着经济和金融的持续发展，仅仅依靠个人知识和经验的积累，及其对财富管理配置的时间和精力来管理财富这样的传统方式，已经很难确保其选择与配置的效率和效益，因而提供专业、全面理财服务的理财规划师便应运而生，并在经济和社会发展中日益彰显其重要作用。

理财规划师是运用理财规划的原理、方法和工具，为客户提供理财规划服务的专业人员。2003 年初，借鉴成熟市场经济国家该行业的相关经验，并结合我国经济发展实际，人力资源和社会保障部（原劳动和社会保障部）颁布了《理财规划师国家职业标准》（以下简称“职业标准”），将理财规划师职业作为正式职业，并为此成立了国家职业技能鉴定专家委员会理财规划师专业委员会（以下简称“专家委员会”）。委员均为来自国内著名高等院校和金融机构的杰出学者和专家。

经过几年的探索，人力资源和社会保障部（原劳动和社会保障部）从我国国情出发，组织专家对职业标准进行了大幅修订。鉴于职业标准的指导意义，我们相应对理财规划师国家职业资格培训教程（以下简称“教程”）作出调整。我们希望该教程在立足本土获得生命力的基础上，凭借其对职业标准忠实而深刻的理解、对理财规划师职业国际化和前瞻性的把握，使得理财规划师这个职业能够伴随中国经济的持续发展和居民财富的稳步增长而蓬勃茁壮地迅速成长。

当前社会正处于转型期，社会经济环境及其政策法规都处于不断完善之中，加之金融业是个资本和智力密集的行业，监管规则、金融工具和金融产品不断推陈出新，并影响和改变着金融业的整体发展，因此，这在客观上要求我们的教程必须与现实生活保持协调一致，及时进行补充修订。理财规划师业务涉及会计与财务、证券投资、保险、税收、商事法律等较多的专业领域，而相关的政策法规、产品工具、市场环境始终处于不断变化之中，在较短的时间内，理财规划所涉及的相关内容已经发生了较大变化。为了使理财规划师的职业标准充分体现理论性与可操作性相结合、国际化和本土化相结合、理论总结与实务前瞻相结合的原则，适应理财规划师这一新兴职业和市场对高素质理财规划师的要求，2010 年，我们在原版教程的基础上进行了修订。

与上版相比，新版教程主要修订了以下几个方面：在《理财规划师基础知识》当中，我们重点修订了宏观经济的有关章节，增加了总需求总供给曲线、凯恩斯总供给总需求分析以及国民收入角度看总供给总需求这几部分内容，着重强调了财务、宏观经济以及理财计算等基础性技能的理论体系与理财规划实务工作的逻辑联系，凸显了税收、法律等相关领域的重要地位，并通过大量例题、案例对相关知识点进行了较为详尽的阐述；在《理财规划师专业能力》当中，新版教程根据一年来国家政策、法规及理财产品、工具的变化，调整、更新、补充了原版教程的内容，并提出了相应的能力要求，提示了相应的有关知识，使具体的理财规划工作能够与时俱进，便于理财规划师更好地开展工作。

鉴于近几年来国家税收政策的更新，在新版教程中，我们更新了相关税收法规，修订了新的税率，扩充了与个人理财息息相关的税收内容，如：房产税、契税、保险收益税以及投资相关税收等。根据最新的相关法规，如《物权法》、《公司法》、《合伙企业法》、《破产法》、《信托公司管理办法》、《信托公司集合资金信托计划管理办法》和《新保险法》等一系列法律法规，修订了教程中的法律基础、保险规划的相关内容；此外，针对上版教程中投资规划部分内容陈旧、投资工具需要更新等问题，新版教程中进行了弥补，加强了证券产品以及投资组合等的分析，特别是对于股票估值，以及债券估值等内容强化了模型公式推导，结合相关案例来讲解，较上一版教程具有一定的科学性。同时与上一版教程相比，丰富了投资组合理论、资产配置等内容。总之，新修订的教程对相应政策规定、产品工具、市场环境给予高度关注，在理论和实务两个层面上，从理财工作的角度出发，及时进行了更新，维护了国家标准的权威性，更好地保持了理财规划师这一新兴职业的生命力。

通过教程体例，我们强调了通常所理解的投资管理仅仅是理财规划工作八大规划中的一个方面。另外，任何财富管理工作，都无法脱离其所处的具体法律制度环境。而具体的法律制度不仅需要本土化，还要求全面性，在教程中则表现为与我国现行的法律法规制度紧密结合，并在很多理论阐述与案例分析中更多地体现了我国各项具体的法律法规，而不是单纯的经济金融原理。

当今知识经济时代，社会发展日新月异，这要求对知识的追求必须跟上时代发展的步伐，惟其如此，方能在日趋激烈的市场竞争中掌握安身立命和克敌制胜的法宝。

最后，新版教程保持了我们一贯所追求的与国际接轨的优良做法。毕竟我国的市场经济发展才短短30多年，居民个人财富的积累和水平与成熟市场经济国家的实际状况还相去甚远，在经济与金融市场环境的建设方面尚处于起步发展阶段。因此，在立足于本土化的基础上，在从我国现实的法律制度环境出发的前提下，我们还要严格坚持“国际化规格与本土化内容相结合”的原则，充分借鉴和吸取发达国家的有益经验，发挥后发优势。

本版教程适用于所有参加理财规划师职业资格认证考试并立志从事理财规划师职业的人，是目前国家理财规划师职业资格培训和鉴定推荐用书，也可以作为高等院校财经类专业“理财规划”课程的教学用书。全套教程包括：《理财规划师基础知识》、《助理理财规划师专业能力（三级）》、《理财规划师专业能力（二级）》、《高级理财规划师专业能力（一级）》，其中三个等级共用一本《理财规划师基础知识》。

本套教程由原中国人民大学副校长、博士生导师、国家职业技能鉴定专家委员会理财规划师专业委员会主任陈雨露教授和国家职业技能鉴定专家委员会理财规划师专业委员会秘书长、北京东方华尔金融咨询有限责任公司总裁刘彦斌担任主编。

在本套教程编写过程中，得到了北京东方华尔金融咨询有限责任公司的大力支持，在此一并致谢！

理财规划师职业资格培训教程编写组

2010年11月

# 目　录

# 第一章

# 风险管理与保险规划

**学习目标**

通过本章的学习，理财规划师应能够根据客户的家庭信息，分析并确定客户家庭所面临的风险，并使客户理解保险在家庭风险管理中的特用功能。同时，能够根据客户的风险管理需求，结合其家庭的基本特征，制订出合适的保险规划方案。并且能够根据保险规划方案，替客户选择合适的保险公司、投保时间及缴费方式，合理利用保单现金价值进行理财，并根据客户情况的变动及时调整保险方案。

**本章结构**

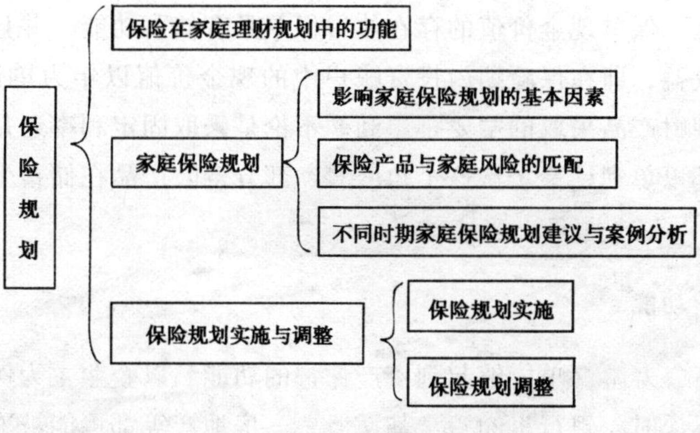

**本章重点与难点**

**重点：**

1. 掌握保险在家庭理财规划中的功能
2. 掌握人身保险的分类及规划
3. 掌握财产保险的分类及规划

**难点：**

1. 人身保险保费的厘定及保额的确定
2. 保险规划的实施与调整

## 第一节　保险在家庭理财规划中的功能

一般认为，保险具有分摊损失、补偿损失等基本职能，以及由此派生出的防灾防损、投资理财等功能，就家庭理财这一角度而言，保险主要具有以下功能：

### 一、风险保障

目前，我国的社会保障制度还不是很完善，并且家庭对灾害的承受能力比较脆弱，不论是家庭成员的生老病死还是火灾、水灾对家庭的冲击都是巨大的。家庭在平时资金宽裕的情况下缴纳保险费，而在面临危难时得到援助，使生活能够得以正常维持，这是保险最根本的职能，也是家庭理财规划中对保险的基本定位。

### 二、储蓄功能

对于长期寿险，保单现金价值的存在使得保单具有储蓄功能，并且保单现金价值采取复利计算账户收益，即在保险期内投资账户中的现金价值以年为单位进行复利升值。而像银行等其他理财产品采取的主要是单利。不论是采取固定利率还是浮动利率，在理财期限内，一般都以单利计算。从这个角度看，部分寿险产品在储蓄生息方面具有一定优势。

### 三、资产保护功能

在特定条件下，寿险保单能够起到资产保护的功能。以企业主为例，当由于债权债务问题发生法律诉讼时，银行里的资金甚至股票、房地产等都可能被冻结。但是，投保所形成的人寿保单的相应价值却不受影响。因为人寿保险合同是以人的寿命和身体为保险标的，依据《保险法》，未经被保险人书面同意，保单不得转让或者质押，因此当所有的财产都被冻结甚至拍卖时，人寿保险的保单不会被冻结和拍卖，而其保单贷款功能则又使其成为最好的“变现”工具。即便企业遇到破产情形，也不会因此一贫如洗。

## 四、融通资金功能

保险，尤其是长期寿险，可为投保人提供临时的融资功能。这种功能主要通过保单质押贷款来实现。保单质押贷款的根本作用在于能够满足保险单的流动性和变现要求。金融理论认为，流动性是金融资产的基本属性，几乎所有的金融资产都需要有流动性和变现能力，保险单作为一种金融资产也不例外。一般金融资产的流动变现能力是依靠二级市场的资产交易得以实现的。但人寿保险保单具有长期性的特征，同时它不能通过建立二级市场和保单交易来实现其流动性变现要求。因此，为赋予保险单一定的流动和变现能力，寿险公司设计出各种保单质押贷款行为应运而生。

就提供变现、融资的渠道来看，保单质押贷款有别于商业贷款，主要体现在：一是保单持有人没有偿还保单质押贷款的法定义务，由此保单持有人与保险公司之间并非一般的借贷关系；同时保险人只需要根据保单的现金价值审批贷款，不必对申请贷款的保单持有人进行资信审查；而商业贷款，银行则有严格的审查。因此对保险公司而言保单质押贷款业务可以看作一项附加服务，管理成本较低。因此对于投保人而言，利用保单贷款是一种较为便捷的获得临时资金的方式。

## 五、避税功能

在境外一些国家和地区，当老人死亡后，如果继承人继承遗产就需要向税务部门缴纳遗产税，而保险在遗产筹划中具有避税的作用。因为，如果购买了保险，则当被保险人死亡时，死亡赔偿金是属于受益人的资产。我国《保险法》规定，死亡保险金是受益人不可剥夺的资产权利，死亡保险金不可以作为被保险人的遗产处理。因此，购买了保险之后，被保险人在处理自己的遗产时，就自然地通过保险将资产转移给了受益人，不必缴纳任何遗产税了。

目前，我国法律对遗产的继承行为尚未征收遗产税，但是在世界诸多国家中，都开设有遗产税，比如在美国，遗产税税率高达60%。随着我国公民财富的增加、个人诚信制度的建立、储蓄存款实名制的实行、个人支票制度的推广、个人财产登记制度的实施以及个人收入申报制度的出台与完善，遗产税的出台指日可待，中国公民如何运用保险进行财富管理。避免财富损失，是一个新的课题。

#### 六、规避通货膨胀及利率风险功能

目前我国投资渠道极为广阔，人们可以选择银行存款、股票、房地产、债券和外汇等多种投资方式，这些投资方式显然受到通货膨胀及利率波动的影响，而保险产品则具有较强的稳定性，它本身就是一种分散风险的理财行为，其预定利率具有前瞻性且一般对国家的利率变化并不特别敏感，如变额寿险（即投资连结保险）、万能寿险正是为应对通胀及利率风险而产生的。变额寿险的保险金额由两部分构成：一部分是最低给付金额，另一部分是其保费分离账户产生的投资收益。万能寿险又称为综合人寿保险，居民个人可以根据自己的缴费能力及保单的现金价值决定缴费甚至暂停缴费，而且缴费多少也可根据个人对保险金额的变更而变更（在万能寿险中客户可以增减保险金额），这是一种非常灵活的险种。因此，投资连结保险及万能寿险是集保障、投资功能于一体的创新型保险理财产品，能帮助投资者在不断变化的资本市场顺利实现其理财需求。

## 第二节　家庭保险规划

### 第一单元　影响家庭保险规划的基本因素

#### 一、被保险人的生命周期

被保险人的生命周期是制订保险规划首先应考虑的因素，因为处于不同时期的家庭所面临的风险是不同的，应在分析家庭不同阶段风险的基础上进行保险规划。我们把人生分为5个阶段，即未成年期、单身期、已婚青年期、已婚中年期、退休老年期。

**（一）未成年期**

未成年期主要是指从出生到开始独立工作的一段时期。在这个时期，他们基本上没有任何收入，所有的收入来源都依靠父母。然而，由于入托费、教育费、生活费用等支出，全都要依靠父母，如果父母健在，则他们的童年和青少年的生活将很美满。如果父母不在，或者即使有父母但没有收入或收入比较低，那么他们的童年和青少年的生活将

非常困难。所以，未成年期所面临的最大风险就是父母因死亡、残疾或疾病或下岗失业而导致收入中断的风险。

就未成年期的儿童本人而言，在这个阶段面临的主要风险是意外伤害和疾病。前面已分析过，少年儿童活泼好动、喜欢尝试新鲜事物，发生意外伤害的比例比较高；同时，少年儿童由于处于成长期，抵抗能力较弱，发生疾病的可能性也比较大。

**（二）单身期**

单身期是指从独立工作到结婚组成家庭的一段时期。在这段时期，单身期青年参加了工作，开始有了自己的收入，并逐渐地独立生活。而且，他们努力地做到自给自足，让自己的收入能够弥补自己的支出。从理论上说，工作后应当独立生活，不再依靠父母。另外，由于大多数单身期青年的父母仍然在工作，而且基本上还处于事业的最高峰，单身期青年的父母基本上也能独立生活，也不需要依靠孩子的收入而生活。所以，单身期的生活非常地安逸和自由，身上没有沉重的家庭责任。

在这个阶段，单身青年所面临的主要风险也是意外伤害和疾病。人们在 20 岁左右时发生意外伤害的程度是最为严重的。意外伤害会造成收入中断，从而无法继续过正常人的生活。

所以，单身期的青年们虽然仍然存在着死亡的风险，但是死亡对他人造成的经济伤害不是非常大，主要是对养儿防老的父母将来的晚年养老有一些影响。如果父母已经就自己的养老做好了准备，那么单身期青年的死亡对亲人的主要伤害还是感情上的。单从个人的角度分析，我们在这个阶段所面临的风险从大到小依次为意外伤害、疾病和死亡。

**（三）已婚青年期**

已婚青年期是指从组成家庭到 40 岁左右的一段时期。当人们步入婚姻的殿堂，神圣地向对方宣誓“不离不弃、永不分离”的时候，他们身上也多了一份责任。他们要与对方一起“同甘苦、共患难”。同时，当爱情的结晶降临到这个世界时，身上的家庭责任就更加重大了。年轻父母必须保证小宝贝在安全、幸福的环境中健康地成长。这个阶段是人生中最为艰难的时期，身上的家庭责任最重，工作压力最大，在收入和支出方面，在这段时期，随着工作经验的累积，收入会不断增加。然而，随着买房、结婚以及小宝贝的出生，支出也在不断增加。

在风险方面，这个阶段除了仍然面对着意外伤害和疾病的风险之外，最大的风险是早亡和收入中断的风险。如果处于已婚青年期的年轻父母在这个阶段死亡，则将是中国人所说的最惨的人间悲剧！“少年者将丧父、中年者将丧夫、老年者将丧子”。如果已婚青年期的年轻父母在这个阶段残疾或患病了，那么，不但自己的收入中断了，而且整个家庭的支出还会增加。

所以，从个人的角度分析，人们在已婚青年期所面临的风险从大到小排序，首先仍然是意外伤害与疾病，其次是死亡。如果经济方面有余力，也可以考虑养老的风险。

**（四）已婚中年期**

已婚中年期是指从40岁到退休的一段时期。在这个阶段，孩子已经逐渐长大了，事业也更加稳固了。当事人感到自己肩上的担子稍微轻松一些的时候，自己却已逐渐地变老了。在这个阶段，人们收入基本上达到了一生的顶峰。同时，由于家庭责任的减轻，支出也逐渐地减少了。

在风险方面，除了仍然面对着意外伤害和疾病的风险以外，死亡和收入中断的风险也仍然存在。但是，因为自己肩上家庭责任的减轻，死亡和收入中断的风险对家庭经济的影响也逐渐降低了。另外，随着日益临近老年，必须考虑自己养老的问题。

所以，从个人的角度分析，将人们在这个阶段所面临的风险从大到小排序，意外伤害与疾病的风险相差不大，其次是养老，最后是死亡。特别应该重点考虑防范养老的风险了。

**（五）退休老年期**

退休老年期是指从退休到生命结束的一段时期。退休了，人们有了充足的空闲时间，但身体已不如以前。同时，收入基本上依赖于养老金和已有财产的理财收入，收入再也不会有明显增加的可能性了。此时，支出是主要的。而且，由于通货膨胀等其他原因，人们收入增长的速度可能会低于通货膨胀的速度。

老年人的患病率比较高，随着自身年龄的增加，生活自理的能力也有所降低，需要有人照顾和看护。因此，老年人可能会发生入不敷出的现象。在这个阶段，应该考虑的首要风险是养老的风险，必须保证老有所养，这样才会老有尊严。其次就是疾病的风险。曾经有人测算过，人一生中70%的医疗费用是在人生最后的30%的时间内花费的。再次，老年人发生意外伤害的概率比较大。然而，老人的收入来自于退休金，基本上不会因为意外伤害而发生收入中断的事情。所以，对于老年人而言，意外伤害的风险主要是体现为意外伤害而导致的医疗费用和护理费用等。最后，尽管老年人的死亡概率比较大，但是因为他们的家庭责任基本上已经全部履行，孩子已经长大成人并独立了，所以死亡风险就显得不是非常重要。但是，从另一个角度而言，由于安排遗产等方面的需求，使他们此时对死亡保险尤其是终身寿险仍然有一定的需求。

所以，从个人的角度分析，将退休老年期所面临的风险从大到小排序，疾病与意外伤害，其次是养老，最后是死亡。

## 二、被保险人的家庭角色

每个人在家庭中的角色不同，所承担的责任也不相同，保险规划的制定应充分考虑被保险人在家庭中的位置，以及该被保险人遭遇风险事故时将给家庭带来的影响等因素，以此来确定保障的范围和金额。

### （一）根据家庭角色和责任确定保障范围

每个人在家庭中的地位是不同的，我们可以从经济地位、生活费用、健康状况、死亡概率、意外概率等方面对家庭中所有人员进行评估，分析他们所面临的风险大小。例如，对一个典型的三代同堂的五口之家，即爷爷、奶奶、爸爸、妈妈和孩子，他们所面临的不同风险和风险特征是：

1. 爷爷和奶奶。爷爷和奶奶已经退休了，如果经济条件比较好，还有退休金和财产的理财收入；如果经济条件比较差，则只能够依靠儿女生活了。在生活费用方面，爷爷和奶奶的风险比较大，因为他们要面对自己养老金的缺口，并且随着自己变老，通货膨胀的加剧，这个缺口会越来越大。在健康方面，爷爷和奶奶由于自己年龄的变老，抵抗能力变差，非常容易生病；而随着医疗费用的上涨，这方面的经济缺口也会不断增加。在死亡方面，爷爷和奶奶的家庭责任已经履行完毕，自己的死亡基本上不会给儿女带来经济上的损害了；但是在考虑遗产规划时，则要充分地利用人寿保险。在意外伤害方面，爷爷和奶奶的活动不是非常灵活，反应能力也比较差了，意外伤害的可能性比较大，一旦发生意外伤害，可能产生的医疗费用和护理费用是不容忽视的。意外伤害的主要影响对象是爷爷和奶奶自己。所以，对于爷爷和奶奶而言，最大的风险是生活费用风险，其次是医疗费用风险和意外伤害风险。

2. 丈夫。丈夫一般是家庭的主要经济支柱。在生活费用方面，丈夫的收入不但能够弥补自己的支出，同时还要承担整个家庭的支出。在生活费用方面，丈夫主要是净贡献。在健康方面，年轻的男子大多数身强力壮，患病的风险比较小，同时，丈夫的社会保障也应该是比较全面的。但是我们不能忽略一些重大疾病的影响，一旦丈夫患了重大的长期疾病，其工作能力有所减弱甚至完全丧失，从而收入降低甚至完全丧失，给家庭生活带来巨大的影响。在死亡风险方面，显然家庭主要的经济支柱死亡所带来的经济伤害是非常大的，它会使整个家庭的生活水平急剧地下降。在意外伤害方面，丈夫由于工作繁忙，经常乘坐各种交通工具外出，因此，交通工具的意外伤害风险比较大。所以对于丈夫而言，最大的风险是死亡风险，其次是意外伤害风险和医疗费用风险。

3. 妻子。妻子一般是家庭的辅助经济支柱，也是主要的家务劳动者。在生活费用方面，妻子的收入是家庭收入中不可缺少的部分。一些收入高的妻子不但能够自给自足，同时还能分担家庭的经济负担。所以，妻子本人的生活费用风险比较小。在健康方面，女性大多体弱，容易患病，而且一旦患了重大疾病之后，家庭的收入会减少，支出也会增加，经济影响也比较大。在死亡方面，由于女性的家庭经济地位大多是次要的，因此相对于丈夫而言，死亡风险的影响结果也是次要的，保险金额可以略微低于丈夫。在意外伤害方面，女性保护自己的能力比较有限，而且遭受人为事故的意外伤害概率更大，相对于丈夫而言，意外伤害的风险比较大。所以，对于妻子而言，最大的风险是死亡风险，其次是意外伤害风险和医疗费用风险。

4. 孩子。孩子一般是家里的纯支出。在生活费用方面，孩子所有的生活费用都必须依靠父母，所以，父母的保障对于孩子而言尤其重要。在健康方面，孩子的年龄比较小，抵抗能力比较差，患病的可能性较大；而且孩子一般都没有充足的社会保障，健康风险暴露的程度也比较高。在死亡方面，尽管由于孩子年龄小，死亡概率比较大，但是由于孩子是纯支出，孩子死亡主要还是给家庭带来了感情伤害，而经济伤害比较小。在意外伤害方面，孩子活泼好动，对外界事物充满了兴趣，意外伤害的风险比较大；而且对于孩子而言，发生了意外伤害之后，一方面会给孩子的一生留下不可抹去的创伤，另一方面还会产生巨大的医疗费用和护理费用。所以对于孩子而言，最大的风险还是意外伤害风险，其次是医疗费用风险。

在分析了自己和家人所面对的风险之后，我们就已经知道了应该保障的风险了。实际上，如果每个家庭的财力是非常充分的，那么根据上面分析的所有风险都应该有所保障。但是，如果财力比较有限，则应当主要保障巨灾风险。

**（二）根据生命价值与需求确定保险金额**

各种风险应该具备的保障金额与各种风险的影响后果密切相关。下面详细介绍确定各种风险所需保障金额的各种方法。这里所说的保障金额是指理论上我们有充足财力时，应当具备的最为完善的保障。

1. 死亡风险的保障金额。在考虑死亡风险的保障金额时，我们的原则是：当死亡风险发生时，家庭的经济状况没有因为死亡风险而发生任何变化，或者说家庭的生活水平没有因为当事人的死亡而下降。根据这个原则，我们在考虑死亡风险的保障金额时通常有两种方法：其一称为生命价值法；其二是遗属需要法。

生命价值法则是以一个人的生命价值做依据，来考虑应购买多少保险。该法则可分三步：估计被保险人以后的年均收入；确定退休年龄；从年收入中扣除各种税收、保费、生活费等支出，剩余的资金假设贡献给他人——这些资金就是被保险人的生命价值。

家庭需求法则的出发点则是，当事故发生时，可确保至亲的生活准备金总额。计算方式是，将在生至亲所需生活费、教育费、供养金、对外负债、丧葬费等，扣除既有资产，所得缺额作为保额的粗略估算依据。

**案例 1-1**：陈先生今年 30 岁，假设其 60 岁退休，退休前年平均收入是 10 万元，平均年收入一半自己花掉，一半用于家人，即给家人花掉 5 万元。

那么，按生命价值法则，陈先生的生命价值是（不考虑时间价值）：（60 岁 - 30 岁）×（10 万元 - 5 万元）= 150 万元。所计算出的生命价值，可以作为考虑现阶段该购买多少寿险的标准之一。

接下来，可再从家庭需求的角度考虑寿险保额。仍以陈先生为例，假设其家庭目前年平均收入 14 万元左右，每年最大支出就是大约 3 万元的房贷，加上其他开支，总支出 5.5 万元左右。

由于现有资产有限，陈先生在确定保额时可将资产暂且忽略，考虑到最大的开支房贷要还 20 年，陈先生需要以保险补偿家庭未来 30 年的开支，家庭需求为：5.5 万元 × 20 年 + 2.5 万元 × 10 年 = 135 万元。

上述保额计算只是粗略估算，更精确的计算应考虑利率因素，这样，生命价值可能会小于 150 万元，而家庭需求会高于 135 万元。

综合两种法则，陈先生合适的寿险保额在 135 ~ 150 万元左右。当然，随着生活条件和收入水平的改变，保额也应随之调整。

2. 养老保险的保障金额。购买养老保险可以用预计的老年生活费作为确定购买多少养老保险的初步标准。

首先，确定实际需求的养老金额。第一步，估计以后的年平均收入；第二步，确定退休年龄；第三步，估计死亡年龄。

其次，确定老年资金需求缺口。根据经验，购买商业养老保险所获得的补充养老金占所有养老费用的 20% ~ 40% 为宜。

最后，确定实际的养老险保额。一般而言，高收入者可主要依靠商业养老险保障养老。中低收入家庭，可主要依靠社会养老保险养老，商业养老保险作为补充。

**案例 1-2**：李先生现在 40 岁，假设其退休前年平均收入是 10 万元，60 岁退休。假设他年收入不变，并按保险公司用以参考制定人寿保险费率的生命表假定其死亡年龄，他的收入平均用到 40 岁以后的各年生活中，即退休后的生活费用与退休前一样多。根据生命表，40 岁的人平均能再活 37.62 年。

退休后每年的生活费用为：10 万元×（60 岁－40 岁）/37.62 年＝53163.2 元；总费用为：53163.2 元×［37.62－（60 岁－40 岁）］＝936735 元。也就是说，如果不考虑通胀因素，李先生每年养老金需求大约是 5 万多元，总需求大约是 90 多万元。

如果李先生想以商业养老保险补充 20% 的未来养老费用，那么，每年需以商业养老保险补充 53163.2 元×20%＝10632.64 元的养老费用，或者一次性补充 936735 元×20%＝187347 元的养老费用。

也就是说，如果以预计的养老总费用为标准购买养老保险，要购买 60 岁后每年能领到 10632.64 元左右养老金的养老险，或购买 60 岁后能一次性领取到 187347 元左右养老金的养老险。

## 三、已有保障水平

在进行保险规划时，应当考虑当事人已经具备的各种保障。每个人都处在一个三层保护之中，即社会保障、企业福利和商业保险。社会保障是我们保障的基石，其保障全面，但保障力度不够，企业保障是在社会保障基础上的一项补充，个人购买商业保险是最终的补充，是根据自身的财力和实际情况购买的保障。这里以健康保障为例来说明已有保障水平对购买商业保险的影响。在购买商业医疗保险时，有无社会保险是首先需要考虑的一个最主要的因素和重点。

### （一）有社会保险者

一般来讲，拥有社会医保的居民，通过个人医保账户和社保统筹部分，每年大约有 70% 的医疗费用可以通过社保报销。

首先，这部分市民投保时可优先考虑津贴给付型医疗保险，津贴给付型医疗保险是保险公司按照合同规定的补贴标准，向被保险人按次、按日或按项目支付保险金的医疗保险。理赔与实际发生的医疗费用无关，无须提供发票。同时，津贴给付型医疗保险与社会保险没有直接联系，只要住院或者手术，保险公司就必须赔偿。

其次，是意外医疗保险。意外医疗保险属于费用报销型医疗保险，一般是附加在意外伤害保险之后。

意外医疗保险费率较低，且能够报销意外门（急）诊的医疗费用，当社会医保的个人账户用完之后，商业意外医疗保险即能充分发挥作用。

再次，可考虑重大疾病保险。重大疾病保险，即以疾病发生为给付保险金条件的保险。即只要被保险人确认罹患了保险条款中列出的某种疾病，无论是否已经发生医疗费用，也不管一共发生了多少费用，都可获得保险公司的约定额度补偿。

重大疾病保险的特点是确诊即给付保险金，被保险人发生重大疾病需要治疗时，虽然可以通过社保解决大部分医疗费，但自负部分仍然是非常沉重的开支，且社保对于用药、医院等都有相当的限制。商业重大疾病保险可说是对社会医保的有效补充。

最后，在预算比较充裕的基础之上，可再考虑疾病费用报销型医疗保险和长期护理医疗保险，这两种保险可以为被保险人带来更为宽松的就医和护理条件。

总体而言，对于有社保者建议商业医疗保险的优先顺序为：收入津贴型医疗保险、意外医疗保险、重大疾病保险、费用报销型医疗保险、长期护理险。

**（二）无社会保险者**

由于缺少了社会医保的保障，商业医疗保险是无社保者的全部保障，因此考虑的优先顺序应该有所变化。

首先是费用报销型医疗保险，费用报销型医疗保险，即以意外事故或疾病产生医疗费用为给付条件，按约定的比例给付保险金的医疗保险。最常见的是住院医疗费用和手术费用报销型保险，也有一些门急诊费用报销保险。

在门急诊费用报销方面，市场上主要销售的是附加意外伤害门急诊医疗保险，由普通疾病引起的门急诊保险非常之少。包括意外和疾病的医疗费用报销型险种，用这种保险可支付掉大多数一般意外或疾病的住院和手术费用。

其次是重大疾病保险，对发生重大、灾难性的疾病起到保障作用。

接下来是收入津贴型保险和长期护理医疗保险。

综上所述，对无社保者建议商业医疗保险的优先顺序为：费用报销型医疗保险、重大疾病保险、收入津贴型保险、长期护理医疗保险。

## 第二单元　保险产品与家庭风险的匹配

### 一、人身保险

**（一）人寿保险——死亡风险**

1. 传统寿险

（1）定期寿险。定期寿险是指以死亡为给付保险金条件，且保险期限为固定年限的人寿保险。具体地讲，定期保险在合同中规定一定时期为保险有效期，若被保险人在约定期限内死亡，保险人即给付受益人约定的保险金；如果被保险人在保险期限届满时仍然生存，契约即行终止，保险人无给付义务，亦不退还已收的保险费。对于被保险人而言，定期寿险最大的优点是可以用较低的保险费获得一定期限内较大的保险保障。这类产品以保障为主，保险成本相对于其他产品较低，且保险成本与年龄成正比，即年龄越大保费越高（不包括婴幼儿阶段）。

正如上面所讲，该产品不具备储蓄性，若被保险人在保险期限届满仍然生存，则不能得到保险金的给付，而且已缴纳的保险费不再退还，因此该产品没有现金价值，即投保人中途退保，保险公司没有退保金的支付。

由于该产品以死亡保障为主，防止由于被保险人死亡给家庭其他成员带来经济上的困难，所以适合家庭中的主要经济来源者，特别是家庭唯一收入来源者。由于该产品成本较低，也适用于收入较低的家庭。

（2）终身寿险。终身寿险指以死亡为给付保险金条件，且保险期限为终身的人寿保险。终身寿险是一种不定期的死亡保险，即保险合同中并不规定期限，自合同有效之日起，至被保险人死亡为止。也就是保险人对被保险人要终身负责，无论被保险人何时死亡，保险人都有给付保险金义务。终身保险的最大优点是可以得到永久性保障，而且具有储蓄性，即有退费的权利，若投保人中途退保，可以得到一定数额的现金价值。由于终身保单具有现金价值，因此该保单有贷款选择权、垫缴保费选择权等。

终身寿险的保险成本与年龄成正比，在相同条件下比定期寿险高。

（3）两全保险。两全保险是指以在保险期间内死亡或期满生存为给付保险金条件的人寿保险。两全保险也称为生死合险，是指将定期死亡保险和生存保险（生存保险是指以被保险人在保险期满时仍生存为给付保险金条件的人寿保险）结合起来的保险形式。两全保险是指被保险人在保险合同规定的年限内死亡或合同规定时点仍生存，保险人按照合同均负给付保险金责任的生存与死亡混合组成的保险。两全保险是储蓄性极强的一种保险，两全保险的净保费由风险保险费和储蓄保险费组成，风险保险费用于当年死亡给付，储蓄保险费则逐年积累形成责任准备金，既可用于中途退保时支付退保金，也可用于生存给付。由于两全保险既保障死亡又保障生存，因此，两全保险不仅使受益人得到保障，同时也使被保险人本身享受其利益。

2. 现代投资型寿险定位分析。现代投资型寿险包括分红保险、投资连结保险和万能保险。分红保险从属性上说应该属于普通型寿险，但由于其在中国出现的时间较晚，因此被划归为新型寿险产品。

（1）分红保险。分红保险是指保险公司将其实际经营成果优于定价假设的盈余，按一定比例向保单持有人进行分配的人寿保险产品。分红保险的特点体现在：

①保单持有人享受经营成果。分红保险不仅能够提供合同规定的各种保障，同时，保险公司每年要将经营分红险种产生的部分盈余以红利的形式分配给保单持有人，这样投保人就可以与保险公司共享经营成果，与不分红保险相比增加了投保人的获利机会。

②客户承担一定的风险。保险公司对于红利是没有保证的，在保险公司经营状况良好的年份，保单持有人会分到较多的红利；但如果保险公司的经营状况不佳，保单持有人能分到的红利就会比较少，甚至没有。因此，分红保险使保险公司和保单持有人在一定程度上共同承担了风险。

③定价的精算假设比较保守。寿险产品在定价时主要以预定死亡率、预定利率和预定费用率三个因素为依据，这三个预定因素与实际情况的差距直接影响到寿险公司的经营成果。对于分红保险，由于寿险公司要将部分盈余以红利的形式分配给客户，所以在定价时对精算假设估计较为保守，从而在实际经营过程中可能产生更多的可分配盈余。

④保险给付、退保金中含有红利。分红保险的被保险人身故后受益人在获得投保时约定的保额的同时，还可以得到未领取的累积红利及其利息。在满期给付时，被保险人在获得保险金额的同时，还可以得到未领取的累积红利及其利息。分红保险的保单持有人在退保时得到的退保金也包括保单红利及其利息之和。

我国《个人分红保险精算规定》中要求，保险公司每一会计年度向保单持有人实际分配盈余的比例不低于当年可分配盈余的70%。这里需要说明的是红利是当年可分配盈余的70%，而不是盈余的70%，当年盈余和当年可分配盈余的差额为红利准备金，用于平滑红利。

红利分配有两种方式：

现金红利。现金红利分配指直接以现金的形式将盈余分配给保单持有人。这是美式分红，首先体现为现金。保险公司可以提供多种红利领取方式，比如直接领取现金、用于抵交保费、由保险公司负责累积生息，或者用红利作为趸缴保费购买交清保额等。

增额红利。增额红利分配指在整个保险期限内每年以增加保额的方式分配红利，增加的保额作为红利一旦公布，则不得取消。这是英式分红，采用增额红利方式的保险公司可在合同终止时以现金方式给付终了红利。

应该注意的是，现金分红、增额分红是两种不同的分红方式，不同公司会采用其中一种分红方式，投保人选择了某个公司的某个产品，就决定了该产品的分红方式。另外，投保人领取了现金不等于就是现金红利的方式，如终了红利就是现金形式，但它属于增额红利的方式。

（2）投资连结保险。中国监管规定中定义的投资连结保险，是指包含保险保障功能并至少在一个投资账户拥有一定资产价值的人身保险产品。投资连结保险产品的保单现金价值与单独投资账户（或称“基金”）资产相匹配，现金价值直接与独立账户资产投资业绩相连，一般没有最低保证。该产品必须包含一项或多项保险责任。投资连结保险作为保险产品，其保险责任与传统产品类似，不仅可以提供死亡保险责任，也可以提供死亡保险责任以外的其他保险责任。

在死亡保险金额的设计上，存在两种方法：一种是给付保险金额和投资账户价值两者较大者（方法 A），另一种是给付保险金额和投资账户价值之和（方法 B）。方法 A 的死亡给付金额在保单年度前期是不变的，当投资账户价值超过保险金额后，随投资账户价值波动；方法 B 的死亡给付金额随投资账户价值而不断波动，但风险保额（死亡给付金额与投资账户价值之差）保持不变如图 1－1 所示。

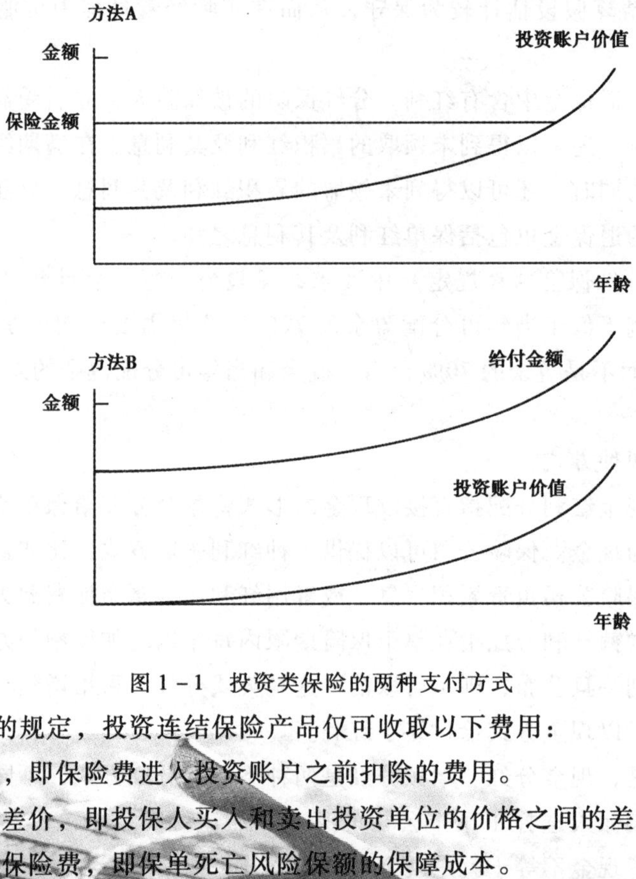


图 1－1 投资类保险的两种支付方式

根据保监会的规定，投资连结保险产品仅可收取以下费用：

- 初始费用，即保险费进入投资账户之前扣除的费用。
- 买入卖出差价，即投保人买入和卖出投资单位的价格之间的差价。
- 死亡风险保险费，即保单死亡风险保额的保障成本。
- 保单管理费，即为维护保险合同向投保人或被保险人收取的管理费用。
- 资产管理费，按账户资产净值的一定比例收取。
- 手续费，保险公司可在提供账户转换、部分领取等服务时收取，用以支付相关的管理费用。
- 退保费用，即保单退保或部分领取时保险公司收取的费用，用以弥补尚未摊销的保单获取成本。

《投资连结保险精算规定》中还规定：

- 投资连结保险及投资账户均不得保证最低投资回报率。
- 个人投资连结保险在保单签发时的死亡风险保额不得低于保单账户价值的5%。
- 年金保险的死亡风险保额可以为零。此处年金保险是指提供有年金选择权的投资连结保险。
- 团体投资连结保险的死亡风险保额可以为零。
- 死亡风险保额是指有效保额减去保单账户价值。其中有效保额是指被保险人因疾病和意外等身故时，保险公司支付的死亡保险金额。

关于投资连结保险，我们可以总结出其以下特点：

投资连结保险是一种投资型产品，保障成分相对较低；投保人可以享受投资收益；投保人承担全部投资风险；保险保障风险和费用风险由保险公司承担；更适合于中高收入阶层。

（3）万能保险。万能保险是一种缴费灵活、保额可调整，非约束性的寿险。在万能保险合同有效期内，若被保险人身故，保险公司可按照身故时该保险年度的保险金额给予保险金，也可以以保险金额与当时账户价值之和作为身故给付（A方式和B方式）。万能保险的投保人可以用灵活的方法来缴纳保费。只要符合保单规定，投保人可以在任何时间不定额地缴纳保费。正因为如此，灵活的缴费方式使万能保险比较容易失效。

《万能保险精算规定》中规定：

- 个人万能保险在保单签发时的死亡风险保额不得低于保单账户价值的5%。
- 年金保险的死亡风险保额可以为零。此处年金保险是指提供有年金选择权的万能保险。
- 团体万能保险的死亡风险保额可以为零。
- 死亡风险保额是指有效保额减去保单账户价值。其中有效保额是指被保险人因疾病和意外等身故时，保险公司支付的死亡保险金额。
- 万能保险可以提供死亡保险责任及其他保险责任。

万能账户与结算利率

- 万能保险应当提供最低保证利率，最低保证利率不得为负。
- 保险公司应当为万能保险设立万能账户。
- 保险公司应当为万能账户设立平滑准备金，用于平滑不同结算期的结算利率。平滑准备金不得为负，并且只能来自于实际投资收益与结算利息之差的积累。

- 当万能账户的实际投资收益率小于最低保证利率时，保险公司可以通过减小平滑准备金弥补其差额。不能补足时，保险公司应当通过向万能账户注资补足差额。在其他情况下，保险公司不得以任何形式向万能账户注资。
- 万能账户不得出现资产小于负债的情况。

费用收取：万能保险可以并且仅可以收取以下几种费用：

- 初始费用，即保险费进入万能账户之前扣除的费用。
- 死亡风险保险费，即保单死亡风险保额的保障成本。
- 保单管理费，即为维护保险合同向投保人或被保险人收取的管理费用。
- 手续费，保险公司可在提供部分领取等服务时收取，用于支付相关的管理费用。
- 退保费用，即保单退保或部分领取时保险公司收取的费用，用以弥补尚未摊销的保单获取成本。

关于万能寿险，我们可以总结出其以下特点：

万能寿险兼具保障与投资功能；投保人可以获得最低保障和最低投资收益；投保人承担最低保障和最低投资收益以上的风险；具有较强灵活性和透明性。

**（二）年金保险——长寿的风险**

1. 年金保险的含义。年金保险是投保人与保险公司签订的一种合同，保险公司以年金领取人的生存为条件定期给付约定金额。也就是说，年金保险是以被保险人生存为给付条件的人寿保险。

年金领取人和投保人可以是同一人，也可以是不同的人，但通常情形是同一人。需要说明的是，年金保险的年金领取人，即领取年金给付的人应该是被保险人（有时会是非年金领取人的受益人，具体见下面的内容）。

年金保险的给付期限可以是定期的，也可以是终身的，也就是定期年金保险和终身年金保险。

市场上年金保险通常包括两类：

（1）养老年金保险：养老保险通常采用年金保险的方式，即当被保险人到达领取年龄后（可以设计为退休年龄），按照事先规定的周期（年或月）领取年金给付，一般为终身年金保险，本章中的年金保险主要指养老年金保险。

（2）教育年金保险：年金保险是儿童教育金保险的重要组成部分，多以定期年金保险为主。

**例：养老年金保险典型条款**

在本合同有效期内，本公司负下列保险责任：

在本合同约定的养老金开始领取日前被保险人身故，本公司按所交保险费（不计利息）与现金价值中数额较高的给付身故保险金，本合同终止。

被保险人生存至本合同约定的养老金开始领取日：

约定一次性领取养老金的，本公司按保险单载明的养老金领取金额给付养老金，本合同终止。

约定按年或按月领取养老金的，本公司于每年或每月的生效对应日按保险单载明的养老金领取金额给付养老金，保证给付 10 年。若被保险人自开始领取养老金之日起不满 10 年身故，其受益人可继续领取未满 10 年部分的养老金，本合同于自开始领取养老金之日起满 10 年的年生效对应日终止。若被保险人自开始领取养老金之日起满 10 年后仍生存，可继续领取养老金直至身故；被保险人身故，本合同终止。

**例：教育年金保险典型条款**

在本合同有效期内，本公司负下列保险责任：

被保险人生存至 15、16、17 周岁的生效对应日，本公司每年按基本保额的 10% 给付高中教育保险金。

被保险人生存至 18、19、20、21 周岁的生效对应日，本公司每年按基本保额的 30% 给付大学教育保险金。在被保险人 21 周岁的生效对应日给付教育保险金后，本合同终止。

被保险人身故，本公司退还保险单的现金价值，本合同终止。

投保人身故或身体高度残疾，从投保人身故或被确定身体高度残疾之日起，若被保险人生存，本公司于每年的生效对应日按基本保额的 5% 给付成长年金，直至被保险人 21 周岁的生效对应日为止。

若投保人身故或身体高度残疾发生于缴费期内，从其身故或被确定身体高度残疾之日起，免缴以后各期保险费，本合同继续有效。

2. 年金保险的机理。年金保险是基于生命不确定性设计的，死亡保险是保障由于被保险人死亡而给家庭成员造成的经济困难，年金保险则是保障被保险人生存而没有经济能力的经济困难，特别是对于养老保险，由于每个人的寿命长短是无法预期的，固定的资金不能保证与人的寿命完全对应，因此年金保险可以解决这样的问题。因此，早逝是一种风险，长寿同样也是一种“风险”，即生命不确定性带来的财务风险。

年金保险适用的也是保险的基本机理，即具有相同风险的单位进行汇聚，再将风险在所有人中进行分担，即在所有参加年金保险的人群中，早死亡的人为后死亡的人承担了部分成本。

中国的人口老龄化趋势使人的寿命增加，从而导致了年金保险的需求增加。目前中国已进入老龄化社会，如 2000 年 60 岁以上人口接近 1.3 亿人，约占人口总数的 10%，

2005 年 60 岁以上人口约 1.6 亿人，占总人口比重约 11.5%。

3. 年金保险与寿险的比较

（1）年金保险与寿险的不同点：①防范风险不同。购买年金保险的目的是为了在老年期间持续获得一笔资金，用以防范因寿命过长而导致没有足够生活费用来源的财务风险。购买寿险的目的是为了在需要时积聚一笔资金，用以防范被保险人早逝导致收入损失的财务风险。②给付条件不同。年金保险是以年金领取人生存为给付条件，主要为被保险人提供生存期间的经济收入保障。寿险是以被保险人死亡为给付条件，主要为受益人提供经济收入保障。③逆选择不同。一般情况下，身体健康、预期死亡率低于平均水平的人更倾向于购买年金保险，身体健康状况较差、预期死亡率高于平均水平的人更倾向于购买人寿保险。被保险人的逆选择导致死亡率差异，统计结果表明，年金死亡率明显低于寿险死亡率如图 1－2 所示。为了能够反映死亡率的不同，使保险经营更加科学，在保险实务中使用不同生命表，即年金保险使用年金生命表，寿险使用寿险生命表，一般年金生命表的死亡率低于寿险生命表的死亡率。④死亡率改善对保险公司的影响不同。因为死亡率是变动的，任何预期都不可能是完全准确的。为了安全起见，保险公司使用的生命表都有一定的安全边际，即生命表中的死亡率假设比预期死亡率更加保守，以防止死亡率的波动可能造成的经营困难。

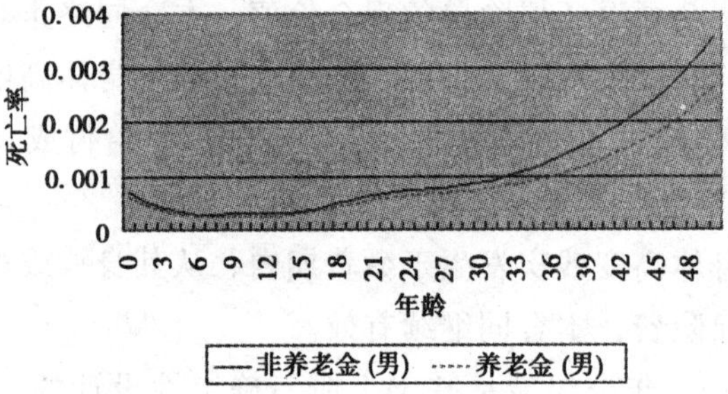


图 1－2　年金保险和寿险的死亡率比较

资料来源：根据中国人寿保险业经验生命表（2000—2003 年）中的死亡率数值进行的年金保险和寿险的死亡率比较。

对于寿险使用的生命表：安全边际意味着生命表中的死亡率高于预期死亡率，也就是用于定价的死亡率比实际预期的死亡率高，使得保险公司可以应对死亡率在一定范围内的不利波动（即变高）。

对于年金使用的生命表正好相反：安全边际意味着生命表中的死亡率将低于预期死亡率，也就是用于定价的死亡率比实际预期的死亡率高，使得保险公司可以应对死亡率在一定范围内的不利波动（即变低）。

由于年金保险与寿险的保障责任不同，因此死亡率的变动对两者的影响不同。一般情况下，人们预期寿命不断延长，即死亡率降低，这一趋势将使年金生命表的安全边际逐渐减小（生命表中的死亡率逐渐接近预期死亡率），而寿险生命表的安全边际将不断扩大（生命表中的死亡率与预期死亡率差额变大），产生相反影响。

(2) 年金保险与寿险的相同点。年金保险与寿险的保险机理是一样的，正如前面所说两者都是运用相同的风险汇聚技术，而且定价原理也是相同的。

**（三）健康保险——疾病的风险**

1. 医疗费用保险。医疗费用保险为特定的医疗费用提供保障，具体包括医疗费、手术费、药费、门诊费、护理费、检查费、住院费用等。可以是针对某几类医疗费用的基本给付，也可以是包括范围广泛的综合性给付。给付可能直接给付给医疗机构，也可能实报实销付给被保险人。

在医疗保险中，疾病发生导致被保险人遭受实际的医疗费用损失可以用货币来衡量，所以医疗保险一般具有补偿性，即保险人以被保险人在医疗诊治过程中发生的医疗费用为依据，按照保险合同的约定，补偿其全部或部分医疗费用。由于这些产品在理赔时必须提供原始医疗费用收据，因此，适合没有社会医疗保险或社会保险补偿不足或没有其他费用型保险的人群投保。《健康保险管理办法》第四条规定："医疗保险按照保险金的给付性质分为费用补偿型医疗保险和定额给付型医疗保险。费用补偿型医疗保险是指，根据被保险人实际发生的医疗费用支出，按照约定的标准确定保险金数额的医疗保险。定额给付型医疗保险是指，按照约定的数额给付保险金的医疗保险。费用补偿型医疗保险的给付金额不得超过被保险人实际发生的医疗费用金额。"为体现医疗保险补偿原则在保险定价中的合理运用，《健康保险管理办法》第二十二条规定："保险公司设计费用补偿型医疗保险产品，必须区分被保险人是否拥有公费医疗、社会医疗保险的不同情况，在保险条款、费率以及赔付金额等方面予以区别对待。"

2. 疾病给付保险。疾病保险是以疾病为保险金给付条件的保险，它是指被保险人罹患合同约定的疾病时，按投保金额定额给付保险金，以补偿被保险人由此带来的损失的保险。疾病保险不考虑被保险人的实际医疗费用支出，而以保险合同约定的保险金额给付保险金。常见的险种包括：①重大疾病保险；②特种疾病保险。

为体现疾病保险保障内容的特殊性（以某种疾病为给付条件），我国《健康保险管理办法》规定：长期健康保险中的疾病保险产品，可以包含死亡保险责任，但死亡给付金额不得高于疾病最高给付金额。前款规定以外的健康保险产品不得包含死亡保险责任，但因疾病引发的死亡保险责任除外。医疗保险产品和疾病保险产品不得包含生存给付责任。

除对保障内容作明确限定外，疾病保险条款中，一般在“保险责任”后面还会列示出“除外责任”，典型的除外责任包括：（1）被保险人自杀或犯罪行为；（2）被保险人或受益人故意欺骗行为；（3）战争或军事行动；（4）意外伤害引起的疾病或手术；（5）先天性疾病及其手术；（6）凡保险责任条款中未载明的疾病；（7）签约时的既存病症。有些保单将特定区域以外罹患的疾病除外，或将精神障碍、结核病等除外。

3. 失能收入保险。失能收入保险，又称丧失工作能力收入保险、收入损失保险等，是对被保险人因疾病或遭受意外事故而导致残疾、丧失部分或全部工作能力而不能获得正常收入或使劳动收入减少造成损失的补偿保险。保险保障水平通常与被保险人的职业收入直接相关。保险给付通常是在被保险人失能期间按月固定给付。

事实上，当人们谈论健康保险时，主要是看重医疗费用保险。以美国为例，健康保险给付中的82%是用于医疗费用支付的。与医疗费用保险相比，失能收入保险居于次要地位，但该险种却是健康保险中最古老的险种之一，它已在保险市场上存在了一个多世纪。失能收入保险承保的风险通常是导致无法继续工作的残疾。一个人若因病或意外伤害事故致残而丧失工作能力后，其伤残时间无法确定，由此无法参加工作而导致的收入损失数额可能是全部的，也可能是部分的。更为严重的是，丧失工作能力的人将需要依靠其家庭其他成员的收入来维持生活，在某些方面的支出还可能要比以前增加许多；如果家庭其他成员没有收入来源的话，其后果将更为不堪设想。很多人可能非常关注医疗费用，但对于因健康引起的收入损失却不太关注。

4. 长期护理保险。长期护理保险是为因年老体衰失去生活自理能力而需要长期照顾的被保险人提供护理服务费用补偿的一种保险。是在被保险人不能从事特定的日常起居活动而需要帮助照顾时，提供经济保障。

护理保险始于20世纪80年代中期，随着全球人口老龄化趋势的增长，越来越多的老人需要家庭护理或护理机构的帮助，护理保险存在潜在的巨大的市场。目前护理保险是美国健康保险市场上最为重要的产品之一，早期主要以个人保单出售，但目前团体长期护理保险前景很好。据调查，在20世纪90年代共有17家保险公司提供150多种团体长期护理保险，它们在保险金额、护理机构或设备的定义、等待期间、保障的范围以及申请理赔的资格等方面都大不相同。

保险公司在被保险人家中或专门的机构中向被保险人提供的，包括医疗护理、住宿、社交、饮食、交通以及在护理院的一切护理服务。所谓护理院（Nursing home care）是指帮助伤残者恢复日常生活技能和为被护理者提供一系列日常生活服务的专门

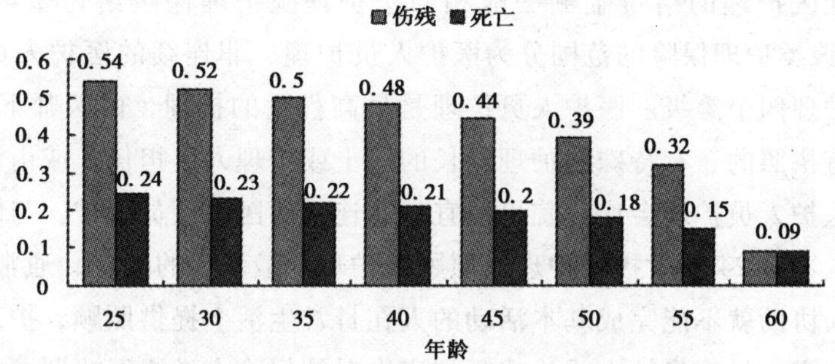


图 1－3　65 岁之前伤残（90 天以上）和死亡概率

资料来源：《人寿与健康保险》（13 版中译本），肯尼思·布莱克、哈罗德·斯基博著，孙祁祥、郑伟等译，经济科学出版社，2003 年 8 月。

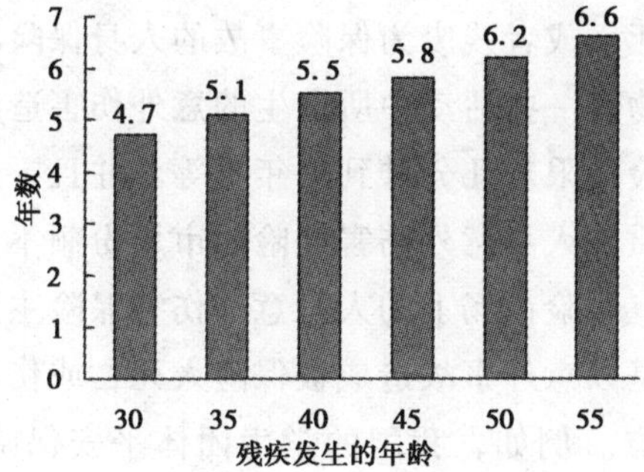


图 1－4　90 天以上残疾的平均持续时间

资料来源：《人寿与健康保险》（13 版中译本），肯尼思·布莱克、哈罗德·斯基博著，孙祁祥、郑伟等译，经济科学出版社 2003 年版。

机构。保险公司销售的保单通常提供三个层次的护理院护理保障：专业护理、中级护理、看护护理。专业护理是在医生的指导下由专业的医护人员一天 24 小时提供的护理，例如由有执照的护士和理疗师提供的护理；中级护理是为病情稳定的病人提供的日常的医疗护理，但不需要 24 小时连续的护理，它是医生要求的并且由有执照的护士指导，这种护理比专业医护护理的专业性弱一些，并且通常包括更多的个人护理；看护护理是帮助病人处理日常活动的护理，比如协助病人洗澡、吃饭、穿衣、上卫生间等。通常，当被保险人无法从事保单规定的若干项日常生活活动中的两项时，即被认为生活无法自理，保险公司则开始给付护理服务。日常生活活动主要包括：吃饭、洗澡、穿衣、上厕所、自制能力、移动、服药等。

许多长期护理保险对那些需要护理但希望在家中或社区里接受护理的被保险人提供

保险给付，社区护理的给付金额一般相当于护理院护理保险给付金额的一定百分比（如50%）。该类护理保险的范围分为医护人员护理、非连续的医护人员看护、照顾式护理和家中护理四个等级。医护人员护理是最高程度的护理，由医师下医嘱进行24小时护理，由有执照的、有特殊的护理专长的护士或护理人员担任，或由治疗师提供康复治疗，选择医护人员护理会比住院更便宜；非连续的医护人员看护，与医护人员看护类似，只是病人不必24小时接受护理；照顾式护理是最基本的护理，通常不含医疗性质，只对那些无人协助就不能完成基本活动的人在日常生活上提供照顾，护理人员不需要经过专业训练；家中护理指护士或治疗师到家中对被保险人进行医疗照顾或治疗，或被保险人需要佣人到家中提供家政服务。

**（四）意外伤害保险——残疾的风险**

残疾的风险主要是通过人身意外伤害保险来保障的。人身意外伤害保险是以被保险人遭受意外伤害事故造成死亡或者残废为保险事故的人身保险。例如，在旅游、乘坐交通工具、做家务、逛街购物等一些活动中所发生的意外伤害造成的人身伤亡。人身意外伤害保险多为短期险，保险期限从几分钟到一年不等。并且，人身意外伤害保险在某种程度上具有财产保险的性质。人身意外伤害保险的市场份额不大，但是保费低廉，投保简单，不需要体检。目前，保险市场上的人身意外伤害保险主要包括以下产品：

普通意外伤害保险：是以意外事故造成被保险人死亡或伤残为保险责任，但不具体规定事故发生的原因和地点。例如，我国的学生团体平安保险是以在校学生为保险对象，在保险期内，不论被保险人在校内或校外，凡因意外事故或疾病致死或致残，均按合同规定给付保险金。

特种意外伤害保险：该保险产品的保险责任仅限于在特定的时间、特定的地点遭受的意外伤害或由于特定的原因造成的意外伤害。例如，旅客意外伤害保险、索道游客意外伤害保险等。这类人身意外伤害保险的保险期限一般较短，有的极短，有的不具体列明日期，如以一个旅程为保险期。意外伤害保险也是典型的纯保障型产品，其保费相对而言是最为低廉的。建议消费者应多份购买意外伤害保险，从而以低廉的保费获得充足的保障。

## 二、财产保险

**（一）家庭财产保险**

家庭财产保险是以城乡居民室内的有形财产为保险标的的保险。家庭财产保险为居民或家庭遭受的财产损失提供及时的经济补偿，有利于安定居民生活，保障社会稳定。我国目前开办的家庭财产保险主要有普通家庭财产险和家庭财产两全险。

1. 根据保险责任的不同，普通家庭财产险又分为灾害损失险和盗窃险两种。

（1）灾害损失险的保险标的包括被保险人的自有财产、由被保险人代管的财产或被保险人与他人共有的财产。通常包括：①日用品、床上用品；②家具、用具、室内装饰物；③家用电器，文化、娱乐用品；④农村家庭的农具、工具、已收获入库的农副产品等。有些家庭财产的实际价值很难确定，如金银、珠宝、玉器、首饰、古玩、古书、字画等，这些财产必须由专业鉴定人员进行价值鉴定，经投保人与保险人特别约定后，才作为保险标的。

保险人通常对以下家庭财产不予承保：①损失发生后无法确定具体价值的财产，如货币、票证、有价证券、邮票、文件、账册、图表、技术资料等；②日常生活所需的日用消费品，如食品、粮食、烟酒、药品、化妆品等；③法律规定不容许个人收藏、保管或拥有的财产，如枪支、弹药、爆炸物品、毒品等；④处于危险状态下的财产；⑤保险人从风险管理的需要出发，声明不予承保的财产。

家庭财产灾害损失险规定的保险责任包括：火灾、爆炸、雷击、冰雹、洪水、海啸、地震、泥石流、暴风雨、空中运行物体坠落等一系列自然灾害和意外事故。对于被保险人为预防灾害事故而事先支出的预防费用，保险人原则上不予赔偿；但对于在灾害事故发生后，为防止灾害损失扩大，积极抢救、施救、保护保险标的而支出的费用，保险人将按约定负责提供补偿。

保险人对于家庭财产保险单项下所承保的财产由于下列原因造成的损失不承担赔偿责任：①战争、军事行动或暴力行为；②核子辐射和污染；③电机、电器、电器设备因使用过度、超电压、碰线、弧花、漏电、自身发热等原因造成的本身损毁；④被保险人及其家庭成员、服务人员、寄居人员的故意行为，或勾结纵容他人盗窃或被外来人员顺手偷摸，或窗外钩物所致的损失等；⑤其他不属于家庭财产保险单列明的保险责任内的损失和费用。

家庭财产保险的保险金额由投保人依据投保财产的实际价值自行估计而定。若估价过低，会使保障不足；若估价过高，一方面，保费将随之增加，另一方面，实际灾害发生时，保险人将根据补偿原则，以投保财产的实际价值作为赔偿上限，因而被保险人也不可能靠此获利。投保人明智的做法是，对投保财产作出客观合理的估价，使保险金额尽可能接近所投保财产的实际价值。

普通家庭财产险的保险期限为 1 年，即从保单签发日零时算起，到保险期满日 24 时为止。

（2）盗窃险的保险责任指在正常安全状态下，留有明显现场痕迹的盗窃行为，致使保险财产产生损失。除自行车、助动车以外，盗窃险规定的保险标的的范围与家庭财产、灾害损失险完全一样。对于由被保险人及其家庭成员、家庭服务人员、寄居人员的盗窃或纵容行为造成的损失以及如房门未锁、门窗未关等非正常安全状态下的失窃损失，保险人均不承担赔偿责任。盗窃险保险金额的确定以及保险期限的规定，均与灾害损失险相同。

2. 家庭财产两全险是一种具有经济补偿和到期还本性质的险种。它与普通家庭财产保险不同之处仅在于保险金额的确定方式上。家庭财产两全险采用按份数确定保险金额的方式：城镇居民每份1000元，农村居民每份2000元，至少投保1份，具体份数多少根据投保财产的实际价值而定。投保人根据保险金额一次性交纳保险储金，保险人将保险储金的利息作为保费。保险期满后，无论保险期内是否发生赔付，保险人都将如数退还全部保险储金。

**（二）机动车辆保险**

机动车辆保险是以机动车辆本身及其相关经济利益为保险标的的一种不定值财产保险。随着经济的发展，机动车辆的数量不断增加，机动车辆保险已成为我国财产保险业务中最大的险种。

机动车辆是指汽车、电车、电瓶车、摩托车、拖拉机、各种专用机械车、特种车。机动车辆保险一般包括基本险和附加险两部分。基本险分为车辆损失险和第三者责任险。

车辆损失险在下列原因造成保险车辆的损失时，保险人负责赔偿：碰撞；火灾、倾覆；外界物体倒塌、空中运行物体坠落、行驶中平行坠落；雷击、暴风、龙卷风、暴雨、洪水、海啸、地陷、冰陷、崖崩、雪崩、雹灾、泥石流、滑坡；载运保险车辆的渡船遭受自然灾害（只限于驾驶员随车照料者）；发生保险事故时，被保险人对保险车辆采取施救、保护措施所支出的合理费用，但此项费用的最高赔偿金额以保险金额为限。

机动车辆第三者责任险是指被保险人允许的合格驾驶员在使用保险车辆过程中发生意外事故，致使第三者遭受人身伤亡或财产的直接损毁，依法应当由被保险人支付的赔偿金额，保险人依照保险合同的约定给予赔偿。但因事故产生的善后工作，由被保险人负责处理。

机动车辆损失险与第三者责任险的责任免除为：自然磨损、锈蚀、故障、轮胎爆裂、地震、人工直接供油、自燃、高温烘烤、战争、军事冲突、扣押、罚没、竞赛、测试、进厂修理，以及直接或间接由于计算机2000年问题引起的损失等。

另外，机动车辆保险还有一系列附加险。如车上人员座位责任险等。

### （三）责任保险

责任风险是个人和家庭所面对的另一种风险，指个人或法人因为自己的过错行为损害了他人的财产或人身而依法应对受害人承担民事损害赔偿责任的风险。目前我国市场上出现的家庭责任保险主要有：

1. 家庭第三者责任保险。主要承保住宅内因为静物导致的第三者责任损失。被保险人居所附属的安装物、搁置物、悬挂物，因自然灾害或意外事故造成倒塌、脱落、坠落，致使第三者人身伤害或财产损失，被保险人在法律上应承担经济赔偿责任的，由保险人按照协议给予赔偿。

2. 家养宠物责任险。投保此款保险之后，若因为家养宠物造成他人受伤或他人财物损毁，并因这事件需负法律责任的费用将可获赔偿。当然，这里的他人不包括被保险人及其家庭成员、家庭雇佣人员、暂居人员，对于宠物造成其他动物的伤害亦不保险。

# 第三单元　不同时期家庭保险规划建议与案例分析

## 一、家庭保险规划的基本原则

制订家庭人身保险规划需要考虑的因素很多，根据前文的分析，我们总结出需要遵循的基本原则有如下两点：

### （一）根据家庭成员的角色和责任，确定保障的顺序、范围及水平

一般而言，在收入有限的条件下，一个家庭中首先被保险的成员应该是家庭的经济支柱。家庭收入主要来源者健在，家庭的收入就不会中断。如果家庭遇到任何风险，财务上还可以想办法解决；如果家庭收入主要来源者不在了，整个家庭的收入就中断了，家庭生活就陷入瘫痪了。所以，我们首先应保障家庭收入主要来源者平安、健康地生活，能产生持续的收入。对于不是家庭顶梁柱的其他家庭成员，我们应当考虑努力地稳定他们的各种费用。让他们的生活费用不能因为偶尔发生的意外伤害或疾病而产生巨额的意外支出。

从保险的范围及水平看，应根据不同家庭成员所面临的不同风险、人力资本价值的大小及保障需求水平的高低等因素来确定。

### （二）根据生命周期，确定保障重点及保险产品组合

同样的风险因素，随着被保险人年龄的不同而有所改变，另一方面，被保险人在不

同的生命周期所面临的主要风险也不相同，这就要求理财规划师根据家庭及其成员的生命周期特点，有针对性地制订并调整保险规划。

## 二、不同生命周期阶段的保险规划

根据前面的分析，我们不难构建出理论上的全面保障规划。死亡风险由人寿保险产品来保障，有定期寿险、终身寿险、两全保险、投资连结保险、万能寿险等多种产品选择。养老风险由养老保险来保障，有纯粹终身年金、变额年金等多种产品选择。疾病风险由健康保险来保障，有医疗保险、重大疾病保险等多种产品选择。考虑到由于疾病而无法工作的收入损失风险，则应该购买失能收入保险。意外伤害风险由意外伤害保险来保障，有普通意外伤害保险、特种意外伤害保险等保险产品选择。考虑到由于意外伤害而发生的医疗费用，则应该附加医疗保险。

理论上的全面保险规划是普遍的全面规划，而每个人在人生的各个阶段的特征不同，每个人都应该根据自己的年龄、身体、家庭特征等各个方面进行抉择。所以，在分析了人生各个阶段所面临的各种风险，即风险发生的概率，并且确定了各种风险所需要的恰当的保障金额，即损失程度后，我们应当根据自己的经济实力来选择、搭配保险产品，从而享受全面、充足的保障。

### （一）未成年期的保险规划

这段时期在收入方面，被保险人是纯支出，没有任何收入。活动方面，少年儿童活泼好动，喜欢尝试新鲜事物，发生意外伤害的比例比较高。家庭责任方面，少年儿童是被照顾的对象，基本上没有家庭责任。而在社会保障方面，根据我国的制度，少年儿童的社会保障力度是比较小的，诸多方面尚属空白。我们也已经分析了少年儿童面对的最大风险是意外伤害和疾病。由于没有承担任何家庭责任，少年儿童基本上不需要人寿保险。而且，我国的保险法也规定，为了防范道德风险，除父母以外，任何人不能够为未成年人购买单独以死亡为保障的保险。同时，保险市场上也没有销售为少年儿童专门设计的人寿保险。另一方面子养老对于少年儿童而言还太遥远，所以也不必考虑。

### （二）单身期的保险规划

从单身阶段开始，我们开始了自己的职业生涯，并努力工作做到自给自足和回馈父母。此时如果财力允许，还是可以购买一些寿险，主要是防范因发生不测而上演“白发人送黑发人”的悲剧。然而，这个阶段的财力一般而言不是非常强大，大多数单身者都是月光族，还有其他许多需要花钱的地方。所以，如果经济实力有限，则可以计算自己在未来10年左右的人生价值，或者以自己父母养老金缺口为目标保障，购买一定的定期寿险，受益人为自己的父母。这张寿险保单的主要目的是为了保障自己的父母，感谢父母的养育之恩。另外，单身期的青年喜欢冒险，意外伤害的可能性也比较大。

**（三）已婚青年期的保险规划**

从已婚青年期开始，我们的家庭责任逐渐加重。结婚时，我们曾发誓要同甘共苦、白头偕老。等到小宝贝出生之后，身上的担子就更重了。在这个阶段防范的最主要风险是收入中断。例如，因死亡而收入中断、因意外残疾而收入减少、因疾病而收入减少等。所以，除健康保险和意外伤害保险外，这时是我们最需要寿险的时候。无论是根据生命价值法还是遗属需要法，计算出来保险金额都是比较高的。而此时需要我们花钱的地方仍然很多。所以，在这个阶段，我们建议购买以保费收入比较便宜的定期寿险为主，例如20年期的定期寿险。如果在单身期已经购买了一部分定期寿险，此时可以适当再补充一些，如继续续保、再次购买定期寿险从而延长保险期限或者提高保险金额。如果财力允许，还可以再补充一些投资连结保险。当然，意外伤害保险和医疗保险，特别是重大疾病保险必不可少。

**（四）已婚中年期的保险规划**

在已婚中年期阶段，随着年龄的增长，事业及收入达到了人生的顶峰，孩子也逐渐长大成人，并开始自己独立生活。我们的家庭责任逐渐减轻，但身体及收入中断风险仍需考虑，同时更应考虑养老问题。

**（五）退休老年期的保险规划**

退休之后，如果有比较充足的养老金和财富，则晚年生活比较幸福。此时，我们的家庭责任已经完全履行。这时的重点应该是我们自己的健康和幸福了，保障自己老有所养，收入不会中断，不会发生缺口，能活得健康和有尊严。

## 三、案例分析

**（一）单身者的保险需求（温饱型、中产型和富裕型）**

1. 家庭背景。赵家福是一个憨厚的农村人，高中毕业后到城市里工作。小赵今年28岁，在一家塑料厂工作，工作比较辛苦。每月工资收入为3000元左右，但是基本上没有任何社会保障。每个月，赵家福用于吃住等方面的生活费用大概为2000元，能够节余的收入约1000元。小赵还没有结婚，是一个典型的单身者，对未来充满了美好的希望。

赵家福的同学王金文的情况就好得多了。王金文成绩比较优秀，考上了大学，并攻读了硕士研究生学位。目前也留在大城市工作，有一份比较得体的白领工作。小王今年25岁。每月税后工资是4000元左右，单位还按照国家规定给王金文缴纳了各种社会保障，并提供了团体医疗保险和意外伤害保险。目前王金文还无力购买住房，只能够租房子住。除了房租之外，王金文每月的支出大概为2000元。

王金文的同事卞良是当地人。卞良是家中的独生子女，其父母是比较富裕的中产阶层。目前，卞良的收入每月虽然也与王金文相似，为4000元左右，工作单位也都完全相同。但是卞良的家境非常富裕。小卞今年25岁，目前在他名下已经有两套房屋，一套价值300万元，一套价值100万元。另外，卞良父母的名下还有一家公司，经营效益也不错，卞良在其中也有一部分股份。另外，卞良还有股票、基金、银行储蓄、黄金等多种资产。每月，仅凭卞良资产的理财收入，例如利息、房租等收入，就大致为1万元左右，生活颇为富裕。

2. 风险识别与风险分析。赵家福、王金文和卞良都是典型的单身一族，没有结婚，没有小孩。主要的保障目标是自己，例如所面对的意外伤害和疾病风险。同时，出于回馈父母的目的，他们还应该考虑到自己对父母的责任。也就是说，他们应该想到，自己万一出了意外，他们的父母除了感情的伤害以外，是否还会有经济上的伤害。

3. 风险评估。赵家福、王金文和卞良均面临着短寿、长寿、健康和意外伤害的风险。我们根据他们的实际情况，从风险发生后的影响结果入手，分析风险的大小。

短寿的风险：赵家福、王金文和卞良三个人基本上都没有什么社会责任，相对而言短寿的风险尽管存在，但是影响后果不大。赵家福经济情况比较差，可能还买不起寿险，因此在人寿保险方面的风险无法规避。王金文经济情况比较好，可以适当购买一些寿险。但王金文的经济情况不是非常宽裕，还需要大量的储蓄面对将来结婚、生子等问题，所以王金文可以适当购买一些纯保障型的、保费相对便宜的产品，如定期寿险，保险期限不是非常长，可5年或10年。保险金额适中，自己能够承受保费就可以了。卞良的情况有所不同，即使卞良英年早逝，他的父母也能正常生活，所以，卞良死亡的经济影响比较小。

长寿的风险：赵家福、王金文和卞良都面临着长寿养老的风险。但是赵家福和王金文的经济实力有限，眼前的风险还没有应对，根本无法考虑将来的风险。对于卞良而言，卞良的理财收入足以弥补自己的生活费用。如果考虑卞良父母去世之后卞良能够得到的巨额遗产，卞良的养老也基本上没有问题。

健康的风险：赵家福、王金文和卞良也都面临着健康的风险。但是，由于三人的身体都比较健康，相对而言风险比较小。而且，尽管赵家福社会保障基本空缺，但是由于经济实力有限，无法承受健康保险的保费。王金文社会保障比较全面，相对而言境况稍微好一些。如果王金文的经济实力允许的话，可以适当购买一些重大疾病保险。卞良的社会保障情况与王金文相似，但卞良家境很好，即使卞良身患重疾，其家庭也能够承担。

意外伤害的风险：赵家福从事的是体力劳动，意外伤害的可能性比较大；同时，赵家福没有社会保障，风险缺口比较大；而且，意外伤害保险比较便宜，按照赵家福的经济能力也可以承受。王金文也存在着意外伤害的风险，由于有社会保障以及是脑力劳动者，只不过相对而言风险的缺口稍小；而且按照王金文的经济能力，其可以承受比较高的保险金额。卞良的家庭经济条件很好，即使发生了意外伤害导致残疾，其家庭也能够承担。

4. 保险规划

（1）赵家福。赵家福每个月的净收入为1000元左右，因此每年的净收入为1.2万元。根据“双十”原则，小赵应该将其中的1200元用于保险。由于小赵还是单身，将来需要花钱的地方还很多，因此用于保险方面的支出可以适当下降，例如为1000元。近期来看，赵家福应该在自己的经济能力允许的条件下尽量地购买意外伤害保险。比如，每年用200元购买一般人身意外伤害保险，保险金额可以达到30万元左右。

除此之外，小赵还应当尽量购买一些医疗保险。由于小赵身体比较健康，发生疾病的可能性比较小，因此小赵可以适当购买一些重大疾病保险，防范大病风险。例如，每年用500元购买重大疾病保险。当然，小赵买保险时考虑的主要问题是自己的财务实力，所以，只要购买一些即可，而不必太高。如果小赵还有余力，建议购买一些定期寿险，保额虽然不是非常充分，但是聊胜于无。例如，每年将500元用于定期寿险，按照小赵的年龄推算，每年所购买的定期寿险保险金额可以为30万元左右。

中期来看，随着小赵结婚、生子，成立家庭，还是需要再增加购买一些定期寿险等纯保障型保险产品。长期来看，如果财力允许，应当逐渐降低定期寿险保险金额，并且再补充养老保险。

（2）王金文。王金文的每月净收入为2000元，每年净收入为2.4万元，则应当将其中的2400元左右用于保险。同样，考虑到王金文未婚，将来买房的压力比较大，因此建议小王用于保险的支出为2000元左右。

近期来看，王金文应该购买意外伤害保险和重大疾病保险。根据小王的支出和收入，假设小王的预期寿命为80岁，每年的生活费用上涨10%，银行一年期利率为4%，小王应该购买总金额为742万元的意外伤害保险，所需要的年保费为4500元左右。但是小王可能无力承担如此高的保费，所以建议保障20年左右的生活费用即可，保险金额为80万元，年保费支出大约500元。当小王的经济收入增加时，可以适度增加意外伤害保险的保额。

另外，小王可以根据自己的经济情况购买重大疾病保险，例如，每年将1000元用于购买重大疾病保险。如果小王的经济实力许可，则可以购买恰当的定期寿险。建议购买 5 年或 10 年期的定期寿险，保险金额为保障 20 年左右的生活费用，即 80 万元左右，此时受益人应当指定为小王的父母，以回馈父母，那么小王每年还需要支出保费大概 100 元。

中期来看，小王在结婚、生子之后，应当补充或提高自己的定期寿险保险金额，并把受益人指定为自己的妻子。而由于自己家庭责任的增加，王金文在意外伤害保险和重大疾病保险方面，也应当适当提高保险金额。如果财力许可，则应当购买养老金。

长期来看，随着小王的年龄增大，应当逐渐降低自己的定期寿险、意外伤害保险和重大疾病保险的保险金额，并加大养老金的投入。

（3）卞良。无论是近期、中期还是长期，卞良都无需购买任何保险了。卞良有着强大的财务实力，风险自留的能力非常强。只是，从遗产规划的角度来分析，卞良名下有大量的财产，因此可以通过购买一定的保险来规避遗产税，例如终身寿险。

**（二）新婚家庭的保险规划**

1. 家庭背景。王树林和张佳沂是一对年轻夫妻。2008 年，王树林 30 岁，其妻张佳沂 27 岁，他们还没有孩子。两人都在事业单位上班，基本上都是坐在办公室内，不经常出差。两人都按照国家规定享受了比较充足的社会保障。王树林和张佳沂所在的单位都为员工购买了团体医疗保险，保障部分门诊和住院费用。张佳沂所在单位的工会还为全体员工构建了互助医疗保障。王树林目前年收入 7 万元，张佳沂的年收入也为 7 万元。2000 年 1 月，小夫妻购买了住房，向银行贷款 80 万元，每月还贷为 4500 元，其中有 2000 元是由住房公积金还贷，自己每月的实际还贷压力为 2500 元，还贷年限是 30 年。平均而言，王树林和张佳沂两人每年的生活费用支出为 6 万元，夫妇每年的净收入大致为 5 万元。近期，小王夫妇还面临着装修的压力，每月还必须储备一些钱用于将来的新房装修，所以，目前的经济压力稍微大一些。另外，两人都比较爱好运动，经常会外出打球等。

2. 风险识别与风险分析。小王夫妻是典型的已婚青年型。他们的年龄都比较年轻，而且没有小孩，社会责任比较小。同时，家庭负担也比较小，主要是每月的还贷压力。另一方面，小王夫妇所在单位都是事业单位，两人的社会保障都比较充足。更为重要的是，小王夫妇两人的年收入相当，每个人都能够自给自足，经济地位也相当。

3. 风险评估。由于妻子张佳沂能够自给自足，并且还有一定的盈余，即使考虑到还贷的压力，如果丈夫王树林死亡了，妻子张佳沂的收入也能够承担支出压力。长寿风险方面，因为按照我国目前的社会保障制度，等王树林退休之后，仅凭社会保障的养老金是无法维持王树林的生活水平的，所以，王树林仍然面对着一些长寿养老的风险，只不过这是很久之后面对的问题。医疗方面，王树林每年都会患感冒等小病，所以有一些门诊费用的支出。但是，王树林的社会保障和所在单位的企业保障都比较充分，即使因小病而发生的医疗费用也能够用社会保障的账户支付，自己基本上不用支出。然而，社会保障和企业保障的金额都是有上限的，王树林还是面对着一些重大疾病的影响。在意外伤害方面，王树林很少出差，但爱好运动，还是存在意外伤害的风险。而且，意外伤害发生后，小王无法上班，将导致自己的收入减少。妻子张佳沂的情况与丈夫基本上相似，两者的经济情况、经济地位、社会责任、工作单位的情况以及社会保障的情况也均相似，所以所面对的各种风险也都非常相似。

4. 保险规划。小王夫妇每年的净收人大致为 5 万元，理论上每年应该将 1 万元用于保险支出。但是，考虑到近期小王夫妇面临装修和乔迁新居的压力，建议小王夫妇近期内可以将 5000 元左右用于保险消费。

根据对小王夫妇的风险分析，我们不难得出小王夫妇在近期、中期和长期中应该具备的全面保险规划。

从近期来看，由于小王夫妇比较年轻，社会责任比较小，同时面临着还贷、装修和租房的经济压力，支出比较多，近期的经济压力比较大，保费支出还是比较有限的，所以保险规划应当以保障型、便宜的保险产品为主，如以意外伤害保险为主。如果还有一些经济实力，则可以适当考虑重大疾病的保障。按照小王夫妇的支出和贷款压力来看，根据前面的遗属需求法计算，假设小王夫妇都还能生存 50 年，即小王的预期寿命为 80 岁，而小张的预期寿命为 77 岁，假设小王夫妇每年的生活费用上涨 1%，假设银行一年期利率为 4%，在考虑小王夫妇一生的生活费用和所有的还贷压力后，则小王夫妇总共需要的意外伤害保险金额应当为 1551 万元，再考虑小王夫妻的房贷余额，则小王夫妇所需要的意外伤害保险金额为 1630 万元左右。即使由夫妻两人共同承担，他们分别也应该具有 800 万元左右的保险金额。这个保险金额比较高，小王夫妇可能无法承受。我们可以仅仅考虑小王夫妇在 10 年内的生活费用和所有的还贷压力，则小王夫妇总共需要 150 万元的保障；再考虑到小王夫妇分别具有的社会保障，此时可以建议小王夫妇分别购买 40 万 ~ 50 万元的意外伤害保险，包括一般意外伤害保险和交通意外伤害保险，每年的保险总费用支出大致为 1000 元。这是首先要考虑的保险。其次，由于小王夫妇分别都有社会保障，虽然不是非常充足，但都基本上能够保证门诊费用和住院费用。建议小王夫妇分别用 1000 元购买重大疾病保险。再次，尽管小王夫妇都能自给自足，死亡对配偶的影响不大，但是建议仍然购买部分定期寿险，以履行夫妻之间的责任。建议小王夫妇每年分别消费 1000 元购买定期寿险，保险金额大致为 50 万元。

从中期来看，在搬人新居，每月仅仅面对固定的银行还款和生活费用之后，小王夫妇的经济压力会大为减轻。另外，小王夫妇可能打算要宝宝了。所以，他们可以提高意外伤害保险和重大疾病保险的保险金额，并同时提高人寿保险的保险金额。建议小王夫妇应该采用定期寿险＋终身寿险的险种组合，保障小宝宝的生活费用风险。如果财力允许，则还可以购买投资连接型保险，附带保障养老。而且到那时，小王夫妇应该再根据自己的实际支出和经济压力，重新计算保险金额并构建全面的保险规划。

从长期来看，小王夫妇还应该准备养老的费用。如果在财力许可时则可以未雨绸缪了。

**（三）典型的三口之家的保险需求**

1. 家庭背景。刘凯和徐楚娜当年是同学，结为夫妻后有一个可爱的孩子叫贝贝。2008年，刘凯35岁，其妻徐楚娜32岁，贝贝已经3岁了，在某私立幼儿园上学。刘凯和徐楚娜都是办公室白领，在公司中是中层管理人员，事业正蒸蒸日上，两人都经常出差。刘凯和徐楚娜所在的单位都按照国家规定为他们缴纳了比较充足的社会保障。而且，刘凯和徐楚娜所在的单位也都为员工购买了团体医疗保险，保障部分门诊和住院费用；每年，单位还为每位员工购买意外伤害保险，保险金额为20万元。按照上海市的规定，孩子贝贝也享有社会保障，其门诊和住院费用可以由社会保障承担50%；贝贝还参加了上海市儿童互助医疗，住院费用还可以减免一半。另外，贝贝所在的幼儿园已经为所有小朋友购买了幼儿意外伤害保险，保险金额20万元，并附加了医疗费用保险。刘凯目前年收入20万元，徐楚娜的年收入也为20万元。两人已经购买了住房并且还清了房贷，目前有一套价值200万元的自住商品房。现时，刘凯和徐楚娜的生活比较富足，每月除了支付贝贝的入托费1600元之外，每月养车及日常的生活费用大概平均为1万元，其中贝贝每月的生活费用平均为2000元，小刘夫妇各为4000元。这样，小刘夫妇每年的净收入为26万元左右。夫妇俩的工作压力都比较大，业余时间基本上没有运动。

2. 风险识别与风险分析。小刘夫妻是典型的三口之家。他们的年龄都比较年轻，身体相对而言比较健康，但是正处在事业和家庭的建设期，有了小孩的同时肩负着沉重的社会责任。而且，家庭的财力比较雄厚，有自住的住房，经济负担比较小。另一方面，小刘夫妇的社会保障都比较充足。更为重要的是，小刘夫妇两人的年收入相当，经济地位也相当，夫妻两人基本上每个人都能够自给自足。孩子贝贝是家中唯一的纯消费体。

3. 风险评估。小刘和小徐的收入都比较高，每个人的经济都能够独立，所以，他们主要的保障对象是孩子，要保障孩子能够健康、平安、幸福地成长。父母是孩子的大树，要保障孩子首先应该保障父母自己。

如果丈夫刘凯去世了，妻子徐楚娜仍然能够自给自足，但是生活的富足感会下降，而且孩子贝贝将来的教育费用可能存在缺口。同样，如果妻子徐楚娜死亡了，影响结果也基本上相似。长寿风险方面，刘凯和徐楚娜在退休之后要保持这样的富足感，仅仅凭借社会保障的养老金是无法实现的，因此也存在养老的风险。医疗方面，刘凯和徐楚娜有着充足的社会保障和企业福利，一般的门诊和住院费用都能保障，但是还是面临着重大疾病的影响。意外伤害方面，刘凯和徐楚娜经常出差，存在着意外伤害的风险。孩子贝贝面临的最大风险就是意外伤害保险和医疗保险，但是已经有了最为基本的保障。

4. 保险规划。小刘夫妇每年的净收入为 26 万元，而且没有了房贷的压力，理论上每年应该将 2.6 万元用于保险支出。当然，由于小刘夫妇已经有车，考虑到车辆和家庭财产等其他财产和责任方面保险的支出，建议小刘夫妇每年至少应该在保险方面消费 2 万元。

从近期来看，由于小刘夫妇比较年轻，社会责任比较大，经济比较富足，所以，小刘夫妇近期的保险规划应当以寿险为主。首先，保障孩子能幸福地成长。根据遗属需要法，以孩子贝贝的生活费用来计算保障金额（由于小刘夫妻各自都能自给自足，所以不考虑配偶的生活费用）。在考虑最坏的情况下，即小刘夫妇双双不幸身亡时，贝贝应当具有的生活费用缺口。假设小刘夫妇负担贝贝至大学毕业（22 岁），其支出教育和生活费用，假设贝贝每年的生活费用上涨 10%，假设银行一年期利率为 4%，按照目前我国的教育费用支出水准，则需要的费用为 28 万元。再考虑贝贝目前的生活费用，总的保障金额应该为 111 万元。这个保障金额对于小刘夫妇而言是可以承担的。建议小刘夫妇各购买 50 万元左右保险金额的人寿保险。按照小刘夫妇现在的年龄，如果全部购买定期寿险，则保费支出大约每年总计为 2000 元。在险种组合方面，建议还是为定期寿险 + 终生寿险的组合，而且还可以购买部分投资连接保险或万能保险。因为定期寿险主要是保障，而且保费比较低廉；而终生寿险可以用于遗产规划；投资连接保险或万能保险则兼具养老的功能。所以，只要小刘夫妇能够承受保费，应当如此构造保险产品。

在意外伤害方面，小刘夫妇的风险也比较大。因为死亡风险发生后，我们主要考虑活着的亲人生活方面的支出。而意外伤害发生之后，如果当事人没有死而残疾了，那么他的收入不但减少了，支出还要增加。所以，在考虑意外伤害保险的保障金额时，应当考虑整个家庭的生活费用和教育费用支出。仍然采用遗属需要法，假设小刘夫妇都还能生存 50 年，即小刘的预期寿命为 85 岁，而小徐的预期寿命为 82 岁。考虑小刘夫妇一生的生活费用，以及贝贝在 22 岁之前的生活和教育费用，同样假设小刘夫妇每年的生活费用上涨10%，假设银行一年期利率为4%，则小刘夫妇总共需要的意外伤害保险金额为2746万元。当然，这个保险金额比较高，但是保障比较充分。如果再把小刘夫妇所具有的社会保障、企业福利和理财收入考虑进来，则可以建议小刘夫妇分别购买1000万元左右的意外伤害保险，使整个家庭的保障达到2000万元。如果这样安排，则小刘夫妇每年为意外伤害保险而付出的保险费大致为10000元左右。医疗保险方面，小刘夫妇的门诊费用和住院费用基本上都有了保障，建议购买重大疾病保险，并附加考虑失能收入保险。建议小刘夫妇每年用于重大疾病保险方面的保费支出为10000元左右，夫妻分别为5000元。即使如此规划，小刘夫妇的保费预算也还有盈余，建议小刘夫妇可以将终身寿险更换为投资连接型保险或万能寿险等其他投资型的产品。另外，小刘夫妇应当积极地把自己的余钱用于投资或购买养老保险。

就孩子贝贝而言，尽管面临的最大风险是意外伤害保险和医疗保险，但是幼儿园已经提供了意外伤害保险，贝贝也参加了社会保障及医疗互助等，基本医疗保障也比较全面了，所以可以不再购买保险，而主要是准备教育费用。从中期来看，随着小刘夫妇的社会责任的逐渐减轻，他们应当逐步降低人寿保险、意外伤害保险和收入保障保险的保险金额，而增加医疗保险、养老保险的分量。小贝贝逐渐长大时，也应该适时增加贝贝的意外伤害保险和医疗保险的保险金额。

从长期来看，只要小刘夫妇按照这样的保险规划进行，即使小刘夫妇到了老年时，他们的保障也是充分的。

**（四）三口之家的保险需求（全职太太）**

1. 家庭背景。孙周和李爱莲夫妇有个宝宝小名叫可乐。2008年，孙周35岁，其妻李爱莲28岁，可乐已经3岁了，在私立幼儿园上学。孙周年轻有为，在一家上市公司担任高级职务。李爱莲是一个全职太太，没有任何收入。虽然孙周工作比较辛苦，但是收入较高，不考虑公司分发的股票、股权等方面的激励，孙周每年的年薪大概为300万元。所以，只要孙周能够正常工作，全家的生活都还不错。目前，孙周的家庭财产包括一套别墅、两辆车，还有一套用于出租的公寓房。每年，如果没有购买昂贵的手表、首饰等奢侈品，则孙周家庭的基本生活费用大概为20万元，其中：可乐的教育费用为3万元，生活费用为3万元；李爱莲的生活费用为7万元；孙周的生活费用为7万元。因此，孙周家庭每年的净收入为280万元，生活富足感比较高。

另外，孙周的公司是上市公司，经营比较规范，按照社会保障的要求缴纳了各种社会保险的费用。而李爱莲是全职太太，没有任何社会保险。可乐是上海市户口，按照该市的规定参加了社会保障、少儿互助医疗保险，以及在幼儿园购买的意外伤害保险。

2. 风险识别与风险分析。孙周夫妻也是一个三口之家，年龄比较年轻，身体比较健康。孙周有了妻子和孩子就承担了沉重的社会责任。在孙周家庭中，孙周夫妻各自承担的责任差别非常大。孙周是家庭的主要经济来源，而妻子李爱莲没有任何收入。因此，只要孙周在，家庭生活费用就能够得到保障，生活水平就不会有重大变化。但是，如果孙周发生了意外而死亡或者残疾，从而收入发生了中断，那么整个家庭的生活就会发生巨大变化。所以，我们在设计保障计划时应当有所不同，应当非常明显地偏向孙周。

3. 风险评估。孙周一家中，每个人都有明确的角色定位，而且相互的差别比较大。孙周是家庭的经济支柱，是首要保障的对象；而李爱莲是消费体，要保障她的支出能正常平稳，不会发生比较大的突然支出就可以了。

孙周主要保障的重点应该是丧失劳动能力从而发生收入中断的风险。如果孙周英年早逝，则孙周家庭的生活立刻发生巨大变化。另外，如果孙周发生了比较严重的意外伤害，例如孙周发生严重车祸后变成了植物人，那么他们家庭的生活也会发生巨大的变化。或者，孙周患上了重大疾病，例如癌症，则也可能会导致不但不能继续工作，而且还会发生比较大的医疗费用。在养老方面，上市公司有规范的养老和退休制度，还包括股权激励等方面的制度。孙周在这方面的风险比较小。

至于妻子李爱莲，由于她是一个全职太太，基本上是一个纯消费者，因此重点是保障其支出水平不会发生巨大变化。在死亡风险方面，由于李爱莲没有工资收入，因此即使她发生了不测而早逝，也不会影响家庭的生活水平。在意外伤害方面，同样，由于李爱莲没有工资收入，所以如果她发生了意外伤害而残疾了，对于家庭的经济影响主要在于医疗费用和护理费用。然而，在疾病方面，李爱莲没有任何的社会保障，这方面的风险缺口比较大。另外，如果李爱莲患上了重大疾病，则也会拖累家庭发生巨额的医疗费用。所以，李爱莲保障的重点是医疗费用和意外伤害。养老风险也是李爱莲应当防范的重要风险。因为李爱莲没有收入，如果丈夫孙周比李爱莲早亡，那么李爱莲丧偶后养老的风险也是比较大的。

小孩可乐的风险与其他小孩基本相似，主要防范的风险是意外伤害和疾病。

4. 保险规划。近期来看，孙周的收入是全家唯一的经济来源，所以孙周是重点保障的对象。在考虑孙周寿险的保障金额时，应当以保障家庭生活水平不变为原则。另外，孙周家庭的生活富足感很高，能够承受比较高额的保费。

在考虑寿险的保险金额时，根据遗属需要法来计算。在前面小刘夫妇的案例中，我们已经计算出把一个孩子从 3 岁培养到 22 岁，基本上还需要生活、教育费用大致为 28 万元，此时再加上考虑李爱莲一生的生活费用即可。假设每年的生活费用上涨 10%、银行一年期利率为4%、李爱莲的预期寿命为80岁，则李爱莲和可乐还需要的生活费用为2267万元。因此，孙周的人寿保险金额应当为2300万元左右。按照孙周现在的年龄，由于保险金额比较高，仍然建议孙周以保障性保险产品为主，并考虑遗产的规划。建议孙周的寿险组合还是为定期寿险+终生寿险的组合。当然，只要孙周能够承担保费，还是可以购买一些投资类的保险产品。

在考虑意外伤害保险的保险金额时，也应当以保障家庭生活水平不变为原则，仍然根据遗属需要法来计算。不过，此时还应当考虑孙周自己的生活费用。同样，假设孙周的预期寿命为80岁，则孙周还需要的生活费用为1423万元，则孙周的意外伤害保险的保险金额应当为3718万元左右。这个保险金额已考虑到最坏的后果，即使孙周完全丧失了劳动能力，例如植物人，他的家庭生活水平也不会发生大的变化。当然，如果考虑到其他因素，例如社会保障、企业福利，或者考虑灾难发生之后生活会更加简朴一些，那么实际的保险金额可以在这个基础上略微下降一些，比如为3000万元左右。

在考虑医疗风险时，其原理同意外伤害保险相似。由于孙周已经具备了比较充足的社会保障，一般的医疗费用基本上没有风险了。但是还是应当考虑重大疾病风险和失能收入的风险。

在考虑养老风险时，同样，孙周的保障是比较全面、多层次的。孙周的工资比较高，即使退休之后的退休金也应该比较高。另外，孙周公司还提供了一些例如股权激励等制度，孙周的高工资也会积累起巨大的财富，而这些财富的理财收入也是非常可观的。所以，孙周养老的风险可以通过投资等其他途径来规避。

李爱莲死亡的风险虽然存在，但是由于她是纯消费者，没有收入，因此对家庭的影响不大，可以不考虑。李爱莲的意外伤害风险影响不大，但是，不能忽略对意外伤害所带来的医疗费用进行保障。李爱莲的疾病风险是重点考虑的对象。由于孙周家庭比较富裕，即使李爱莲发生了一般的门诊费用和住院费用，其家庭也是可以承受的。所以，重要的还是保障李爱莲的重大疾病风险。李爱莲存在着比较大的养老风险，但是如果丈夫孙周已经购买了充足的寿险，那么如果孙周先死，则李爱莲可以得到巨额的保险赔偿金，从而养老的风险也得到了保障。

就孩子可乐而言，主要需要意外伤害保险和医疗保险。但是，幼儿园已经提供了意外伤害保险，可乐也参加了社会保障及医疗互助等，医疗保障也比较全面了，所以可以不再购买保险。

孙周家庭的经济实力比较强大，应该立刻构建充足的全面保险规划。中长期来看，则只存在调整保险金额的问题了。在中长期中，随着孙周的社会责任的逐渐减轻，他应当逐步降低人寿保险和意外伤害保险的保险金额，而增加医疗保险和养老保险的分量。对于李爱莲也是这样，应当逐渐提高医疗保险的保险金额。待可乐逐渐长大时，也应该适时增加可乐的保险金额。

**（五）单亲家庭的保险需求**

1. 家庭背景。郑嘉佳的婚姻非常不幸，在婚后不久就与丈夫离婚了。孩子周琪还小，只有5岁。尽管法院判决郑嘉佳的丈夫每月应该支付孩子的生活费用，但是郑嘉佳丈夫十分不负责任，很少能够按时支付生活费用，大多数都是不了了之。郑嘉佳在一家事业单位上班，每月工资4000元左右。今年，郑嘉佳已经35岁了。郑嘉佳有一套住房。每年，郑嘉佳母子俩用于基本生活和教育费用的总金额大约为4万元，余额只有8000元左右。日子虽然不是非常宽裕，但郑嘉佳所在的事业单位按照社会保障的要求为其缴纳了各种社会保险的费用。周琪按照上海市的规定参加了社会保障，并在学校参加了少儿互助医疗保险与意外伤害保险。

2. 风险识别与风险分析。郑嘉佳是家庭唯一的经济来源，支撑了孩子的整片天空，也支撑了整个家庭。因此，为了保障家庭平安幸福，郑嘉佳应该是家庭保障的中心。

3. 风险评估。郑嘉佳的家庭中，主要保障的对象应该是郑嘉佳自己。郑嘉佳主要保障的重点应该是丧失劳动能力从而导致收入中断的风险。如果郑嘉佳英年早逝，则孩子周琪的生活费用和教育费用立刻就没有了。另外，如果郑嘉佳发生了比较严重的意外伤害，例如郑嘉佳发生严重车祸后变成了植物人，那么周琪的生活也会发生巨大变化。或者，郑嘉佳患上了重大疾病，例如癌症，则也会导致她不但不能继续工作，而且还会发生比较大的医疗费用。而就医疗费用方面，郑嘉佳有充足的社会保障，其基本的门诊费用和住院费用的缺口比较小，关键在于要考虑由于重大疾病而导致的医疗费用，如由于癌症、糖尿病等而发生的医疗费用。在养老方面，郑嘉佳只有社会保障的养老保险，孩子长大后还需要自己做好养老的准备。小孩周琪的风险与其他小孩基本上相似，主要防范的是意外伤害风险和疾病风险。

4. 保险规划。从近期来看，郑嘉佳的收入是全家唯一的经济来源，所以郑嘉佳是重点保障的对象。同样，在考虑郑嘉佳寿险的保障金额时，应当以保障家庭生活水平不变为原则。同时，根据郑嘉佳的经济情况，其家庭净收入只有8000元左右，建议她每年用于保险的支出为500元~1000元。

在考虑意外伤害保险的保险金额时，也应当以保障家庭生活水平不变为原则。根据遗属需要法来计算；不过，还应当考虑郑嘉佳自己的生活费用。假设郑嘉佳每年的生活费用为2.5万元，每年的生活费用上涨10%，银行一年期利率为4%，郑嘉佳的预期寿命为80岁，则郑嘉佳还需要的生活费用为508万元；再加上孩子周琪长到22岁之前需要的教育和生活费用70万元，则郑嘉佳的意外伤害保险的保险金额应当为578万元左右。按照目前的保险价格，郑嘉佳的收入是无法达到这个保障的。我们可以考虑社会保障、企业福利等其他因素，适当降低意外伤害保险的保险金额，比如30万元保险金额，那么需要300元左右的年保费支出。

在考虑寿险的保险金额时，根据遗属需要法来计算。首先，假设孩子周琪的生活费用目前为每年1.5万元，按照孩子周琪的生活水平，假设每年的生活费用上涨10%，银行一年期利率为4%，则周琪从目前的5岁长到22岁还需要生活费用为43万元。仍然假设孩子的教育费用支出与前面小刘夫妇案例中贝贝的支出相似，由于周琪已经5岁了，所以教育费用的现值为27万元，因此，郑嘉佳的人寿保险金额应当为70万元左右。按照郑嘉佳现在的年龄和她的经济实力，估计她也无法承受70万元保险金额的保费支出。可以在考虑了社会保障等其他方面支出之后适当降低保险金额，比如为20万元左右。建议郑嘉佳以保障性保险产品为主，主要购买定期寿险。估计400元的保险费用支出预算就可以达到20万元保险金额保障。

在考虑医疗风险时，由于郑嘉佳已经具备了比较充足的社会保障，日常的医疗费用包括门诊费用和住院费用基本上没有太大的风险，但还是应当考虑重大疾病的风险，在经济情况允许的情况下应当购买收入保障保险。在考虑养老风险时，同样，郑嘉佳的养老风险是比较大的，她只有基本的社会保障。然而，短期来看，郑嘉佳的经济实力比较有限，可能还无法购买养老保险，只能够通过储蓄和投资等其他途径来部分代替。

就孩子周琪而言，与其他孩子一样，主要需要意外伤害保险和医疗保险。但是幼儿园已经提供了意外伤害保险，周琪也参加了社会保障及医疗互助等，医疗费用保障也比较全面了，所以短期内可以不购买保险。

郑嘉佳的经济实力比较有限，近期应该以意外伤害保险和寿险为主要保障目的，如果还有余力，则应该尽力购买重大疾病保险和失能收入保险。如果能做到实现这个保险规划，郑嘉佳的保障应该是比较全面了。那么，中长期来看，就只存在调整保险金额的问题了。在中长期中，随着郑嘉佳的社会责任的逐渐减轻，她应当逐步降低人寿保险、意外伤害保险和收入保障保险的保险金额，而增加重大疾病保险、医疗保险和养老保险的分量。当周琪逐渐长大时，也应该增加周琪的意外伤害保险和医疗保险的保险金额。

**（六）丁克家庭的保险需求**

1. 家庭背景。钱礼成和赵明慧是一对中年夫妻。2008年，钱礼成45岁，其妻赵明慧40岁，他们一直忙于工作，没有养育孩子，是一个典型的丁克家庭。两人对这种生活模式也已经习惯了，也没有再要孩子的打算。钱礼成是某家公司的高层管理人员，工作非常繁忙，是空中一族，经常出差；赵明慧是公司的一般文员，工作比较轻闲，主要承担了家务劳动和照顾丈夫的责任。两人所在单位都按照国家规定缴纳了比较充足的社会保障。而且，钱礼成和赵明慧所在的单位也都为员工购买了团体医疗保险和意外伤害保险。钱礼成目前年收入 40 万元，其妻赵明慧的年收入为 7 万元左右。老钱夫妇有住房两套，已经完全还清了银行贷款，其中一套住房用于出租，平均月租金为 2000 元左右。老钱夫妇两人每年的生活费用支出为 10 万元左右，两人的消费水平差不多。

2. 风险识别与风险分析。老钱夫妻是典型的丁克家庭型，他们没有小孩，社会责任比较小，家庭负担也比较小，因此，保障对象主要是自己。老钱夫妇的年龄已不再年轻，老钱工作繁忙，工作压力比较大，身体经常处在亚健康状态。另一方面，老钱夫妇所在单位都是事业单位，两人的社会保障都比较充足。更为重要的是，老钱夫妇两人的年收入有些差距，尽管各自都能够自给自足，但老钱在家庭中的经济地位相对更加重要一些。

3. 风险评估。老钱夫妇情况比较特殊，和一般的中年家庭不同，他们保障的主要对象是自己。首先分析死亡的风险，根据他们各自的收入和支出水平，即使丈夫钱礼成或妻子赵明慧死亡，他们中的任何一个人都能凭借自己的工资收入继续生存下去，所以尽管他们存在着死亡的风险，但是风险的影响后果不是非常大，因此，基本上不需要纯保障型的寿险。意外伤害风险是老钱夫妇面临的最大风险，因为意外伤害发生后，他们不但无法上班，收入大大减少，而且支出还会增加。另外，老钱夫妇在医疗方面的风险主要是重大疾病风险，因为基本的门诊费用和住院费用都能够由社会保障来承担。除此之外，老钱夫妇应该考虑因重大疾病而导致的收入中断的风险。就养老而言，由于老钱夫妇的财富比较充裕，只要收入不中断，他们的财富积累和投资生息是比较充分的，养老的风险基本上不存在了。

4. 保险规划。近期来看，老钱夫妇应当保障的最大风险就是意外伤害风险。在考虑该保险的保障金额时，采用遗属需要法计算，应当考虑整个家庭的生活费用。假设老钱夫妇都还能活 40 年，即老钱的预期寿命为 85 岁，而赵明慧的预期寿命为 80 岁；同样假设老钱夫妇每年的生活费用上涨 10%、银行一年期利率为 4%，则老钱夫妇总共需要的意外伤害保险金额应当为 1495 万元。但是，考虑到老钱夫妇还有住房出租以及其他财富的理财收入，而且还有社会保障、团体保险等企业福利，建议老钱夫妇应当购买 100 万元的保险金额。由于两人的经济地位有一定的差距，建议老钱购买 700 万元的意外伤害保险，而赵明慧购买 300 万元保险金额。如果这样安排，则老钱夫妇每年为意外伤害保险而付出的保险费大致为5000元。此外，老钱夫妇还应该购买重大疾病保险和失能收入保险。

从中长期来看，老钱夫妇所需要的保障仍然是意外伤害保险、重大疾病保险和收入保障保险。但是，老钱夫妇可以逐渐降低意外伤害保险、收入保障保险的保险金额，而提高重大疾病保险的保险金额。至于养老的风险，由于老钱夫妇的财富比较多，而且积累的速度也比较快，因此将来老年时自己的养老金收入再加上理财收入，估计就能够满足老钱夫妇的养老需求。而另外一个方面，正是由于老钱夫妇的财富比较多，如果中国也征收了遗产税，那么老钱夫妇应当合理地采用终身寿险进行遗产规划，合理规避遗产税。

**（七）退休老年家庭的保险需求（富裕型）**

1. 家庭背景。欧阳辛年轻时毕业于美国某名牌大学，后来被评为中科院院士。欧阳辛的妻子杨青娥也是美国某大学的博士，现任教于香港某大学，即将退休。二老无子女。欧阳辛每年的工资收入为20万元，还享受国务院特殊津贴待遇。杨青娥年薪为100万元（人民币，下同）。另外，杨青娥也在大陆参加了社会保障，只不过挂靠的单位是按照国家最低标准缴纳的。同时，香港的学校按照香港的法律也替她缴纳了相应的保障费用。现在，欧阳辛家庭在上海有一套别墅、三套公寓；在香港有一套公寓。除此之外，他们有金融投资资金1000万元左右。

另一方面，欧阳辛夫妇平时家庭生活非常节俭，除去交通费用外，每年生活支出也就6万元。只不过两人经常在上海、香港两地奔波，杨青娥每年的交通费用大致为3万元，而欧阳辛的支出都由国家承担。

2. 风险识别与风险分析。欧阳辛夫妇属于典型的富裕型老年家庭。两人年龄已不再年轻，身体状况也已经今非昔比，没有孩子也没有社会责任。两人的收入也不愁，只求能健健康康地守望相助，共同度过幸福的晚年。尽管两人都存在生、老、病、死、残的风险，但是由于两人的保障已经非常全面了，风险的缺口基本上不存在了。

3. 风险评估。欧阳辛一家中，夫妻两人的收入比较高，都已经具备了比较充足的保障。生、老、病、死、残各种风险的影响结果都非常小。

如果欧阳辛不幸死亡了，杨青娥的收入和家庭的财富也能让她自己有一个幸福的晚年。如果欧阳辛不幸患病了，他所发生的所有医疗费用都由国家承担，同时收入也丝毫不会减少，家庭生活水平不会因此发生任何影响。如果欧阳辛不幸发生了意外伤害，例如交通事故，同样，他所发生的所有医疗费用也由国家承担，同时收入也不会减少，家庭生活水平也不会发生任何影响。另外，即使欧阳辛退休了，按照国家规定，院士退休之后的收入也不会发生任何减少。

如果杨青娥不幸早死了，欧阳辛的收入和家庭的财富也能让他安度晚年。如果杨青娥不幸患病了，香港的社会保障和大陆的社会保障会承担部分医疗费用，即使不能完全保障，但是余下的费用自己负担也可以，所以这部分的风险影响也比较小。即使杨青娥不幸患上了某种重大疾病，然而按照杨青娥家庭的财富来考虑，他们家也能够承担医疗费用。而且，由于杨青娥即将退休，即使因为患病而导致收入中断，其影响也不大。如果杨青娥退休了，她可以按照香港社会保障的规定领取一定的退休金，这个退休金虽然比她的年薪低，但是按照杨青娥现有的生活水平也足矣。如果杨青娥不幸发生了意外伤害，例如交通事故，也能从香港的社会保障领取一定的退休金。杨青娥因意外伤害而导致的收入中断的风险，也因为杨青娥已退休，从而影响也比较有限。

4. 保险规划。无论是近期、中期还是远期，欧阳辛夫妇已有的保障和财富都能够保障他们的所有风险了。所以，欧阳辛夫妇从保障的角度而言，基本上不需要购买任何保险产品。只是，欧阳辛家庭有着比较大的财富，他们必须要考虑遗产的处理。由于欧阳辛夫妇的财富很多，同时又没有孩子，遗产的处理应该成为重点。如果我国开始征收遗产税，那么欧阳辛夫妇可以通过购买一定的保险来合理地规避遗产税。

# 第三节　保险规划实施与调整

## 第一单元　保险规划实施

### 一、保险公司的选择

投保人购买保险后，在保险期间内，投保人和被保险人与该保险公司有着切身利益关系，因此，选择合适的保险公司对于投保人来说非常重要。一般来讲，投保人在选择保险公司时，需要考虑保险公司在公司类型、险种价格、经营状况以及服务质量等方面的差异。

#### （一）公司类型

不同类型的保险公司在经营范围和组织形式等方面都有所不同，而这些差异影响着保险公司的经营品种和经营方式。我国既有财产保险公司和人身保险公司等传统类型的保险公司，也有健康保险、养老金保险、汽车保险和农业保险等专业保险公司，经营范围不同的保险公司所提供的产品的保障范围和专业程度必然不同，需要投保人根据自己的保障需要加以选择。我国保险公司的组织形式主要包括股份有限公司、相互保险公司；政策性保险公司和商业性保险公司；中资保险公司、中外合资保险公司和外资保险公司等。不同组织形式的保险公司的经营方式会有所不同，投保人在购买保险时要予以关注。

**（二）险种价格**

一个好的保险公司，应当尽可能满足各种投保人的不同需要。投保人应该选择那些能为自己提供恰当保障的保险公司。需要指出的是，便宜的保险不一定是恰当的保险。这是因为，最低的价格既可能来自于财力雄厚的保险公司，也可能来自于对被保险人的合法索赔经常拖延甚至拒绝赔付的保险公司，还可能来自于保险责任范围较窄的保险公司，甚至可能来自于其代理人没有受过充分培训的保险公司。

**（三）经营状况**

投保人需要考察保险公司的偿付能力和财务状况。投保人一般应该依据保险监管部门或权威评级机构对保险公司的评定结果来了解保险公司的偿付能力。如果评定等级越高，就表明该保险公司的偿付能力越强。投保人还可以查看保险公司的财务报表，分析保险公司的保费收入、赔款、费用、利润等财务指标，从而了解其财务状况。目前，我国的消费者可以通过保监会网站、《中国保险报》等保监会指定的信息披露报纸、各保险公司的网站来获得此类信息。

**（四）服务质量**

投保人选择保险公司时，要从两个方面了解其服务质量：一是从其代理人获得的服务；二是从公司本部获得的服务。前者的服务质量，可以推断保险公司对代理人的培训力度与管理水平；后者对于投保人来说更为重要，尤其是购买寿险时，一旦与保险公司订立保险合同，就会长期与该公司打交道。保险公司在服务方面的任何一点不足，都可能影响投保人几十年。

## 二、缴费方式的选择

许多保险产品都向消费者提供了多种缴费方式，消费者最好能够根据自身的财务状况、消费习惯、投保目的等来选择适合自身的缴费方式。

如今有越来越多的保险产品提供了比以往更为灵活的缴费方式，比如趸缴（一次性缴费）、期缴；期缴又分为月缴、季缴、半年缴和年缴。其中“年缴”常见的又有10

年缴、15 年缴、20 年缴、30 年缴以及缴至 50 周岁、55 周岁、60 周岁、65 周岁和终身缴费等方式。

保险公司之所以在设计产品的时候向消费者提供了上述多种缴费方式，其用意无非是让消费者能够根据自身的财务状况、消费习惯、投保目的等来方便地选择适合自身的保险计划。用意虽好，但有不少消费者，面对这多种选择，不知道应该如何来进行比较。

**（一）保障类产品选较长期缴费方式**

一般而言，凡保障类的产品，宜选择较长的缴费方式。因为保障类的产品，投保者的意图本是用尽可能少的经济投入，转移未来可能发生的较大的经济损失。比如人寿保险、重大疾病保险等。

投保这些保障型险种，投保者宜“以小博大”。缴费期越长，其分摊在每一年中的保险费用自然越少，体现的保障效果越高。比如，小 A 投保一份 10 万元保额的重大疾病险，选择 10 年期年缴，每年缴费 6000 元；小 B 也投保了一份 10 万元保额的重大疾病险，选择了 20 年期年缴，每年缴费 3000 元。5 年后两人都出险了，那么小 B 投入的保障成本相对小 A 来说差不多少了一半。

另外，大多数保障类产品在保险责任设计中，还向投保者提供“豁免条款”——即当出现全残或某些约定的保险事故情况下，投保人可以免缴余下的各期保费，而且保障还可能继续有效。这样一来，选择较长的缴费期就更能够规避经济风险。

因此，选择二三十年的缴费期，每年用较少的投入，将可能因意外、疾病而发生的重大家庭经济损失风险转由保险公司来承担是比较合理的。

**（二）储蓄型保险可选短期缴费方式**

除了保障类的保险产品，另外一大类保险产品具有储蓄性质，比如生死两全保险、养老年金险、万能保险等。

投保这些具有储蓄性质的保险产品，在经济能力许可的情况下，缴费期可以考虑选择较短的产品。因为相同的保额，或相同的储蓄目标，在缴费期较短的情况下，总的支付金额也较少（不考虑货币的时间价值）。特别对于年纪较大的人群，如果要选择这类保险产品，最好是能选择短期期缴或是一次性付清保费。比如一个 50 岁的人投保某公司的一份 10 万元额度养老险，五年期缴每年缴费需要 20100 元，而一次性缴费只要 89000 元。

另外，当产品具有分红或投资功能的时候，在较短的缴费期内完成缴费义务，意味着在合同初期，就能享有比较高的分红权益或是投资账户累积基数。保险产品又都是复利计息的，如果在较短的时间内完成保险合同所规定的缴费义务，也就能充分利用复利的效用来达到多多累积财富的目的。

**（三）依收入状况选择缴费方式**

当然，若要在短期内甚至一次性缴清保费，其中还有一个经济能力的问题。如果投保者没有足够的资金储蓄，要想一次性拿出一大笔保费，或是采用短期缴费每年支出较大额度保费，也就没有了现实的可能性。

所以需要提醒各位投保者，在选择保险缴费方式时，也要综合考虑个人的经济收入水平和财富积累情况。如果选择长期期缴方式，则要特别考虑个人收入的稳定性。

曾有过一个典型的案例，一个收入不错的单亲母亲某年领到了10万元年终奖，在朋友的推荐下为自己和孩子购买了一些保险，她选择了年缴方式，每年保费支出为1万元。可惜好景不长，她所处的行业景气度大大降低，个人收入也一落千丈，前几年的奖金等大额收入也都早就不复存在，于是每年的保费缴纳都成了很大的难题，大大影响了保单效力的稳定性。

所以，如果拥有一定的储蓄余额，收入又不稳定，担心不能按期持续缴费，可以选择在适当短的时间内完成保单缴费义务。如果是比较稳定的工薪阶层，则可以更多采用较长期期缴方式。总之，看似简单的保险缴费方式选择，也最好能考虑周全。

## 三、投保时点选择

**（一）投保时间对投保的影响**

投保时间是一个容易被投保人忽略的问题。实际上，选择合适的投保时间是投保策略的一个重要组成部分，有两方面的问题值得注意：

1. 保险责任的真空期。《保险法》对寿险合同生效的时间没有详细的规定。《保险法》第十二条是这样规定的：投保人提出保险要求，经保险人同意承保，并就合同的条款达成协议，保险合同成立。保险人应当及时向投保人签发保险单或者其他保险凭证，并在保险单或者其他保险凭证中载明当事人双方约定的合同内容。从这一条文中可以看出：

（1）保险人同意承保是保险合同成立的必要条件，但是该条文没有具体规定保险人同意承保的方式。

（2）条文中指出保险人“应当及时向投保人签发保险单或者其他保险凭证”，却没有规定多久才算是“及时”，以及如果没有及时签发，保险人应该承担什么样的后果。各寿险公司关于保险责任开始的条款一般是这样规定的：本合同自本公司同意承保、收取首期保险费并签发保险单的次日零时开始生效。除非另有约定，本合同生效的日期为本公司开始承担保险责任的日期。从这条规定中可得知：在投保人向保险公司发出投保意向之后，合同生效要经过三个过程，保险公司同意承保，收取首期保费和签发保险单。并非很多投保人所认为的缴纳了保费，寿险合同就生效了。在保险公司同意承保并收取首期保费之后，到签发保单的次日零时需要一定的时间。由于《保险法》和寿险公司合同条款在这一问题上的不明确，保险责任就形成了一段真空期。如果被保险人在此期间发生保险事故，不一定能获得保险金给付，而且也得不到法律的保护。

目前情况下，投保人能做的是尽量缩短真空期的长度。因此，建议投保人不要在周末和节假日的时候投保，因为保险公司在收取首期保费后，可能不能及时签发保单。

2. 现金是否充裕。投保时间应选择在现金相对充裕的时段。保费支出是净现金流出。为了不造成家庭现金周转困难，不宜选择在需要花钱的节假日及其之前的一小段时间投保。例如：可能去旅游的“五一”和“十一”长假、春节等。有小孩读书的投保人还应该避开开学交学费的时候投保。

## 第二单元 保险规划调整

### 一、保险退保成本

1. 保单现金价值与退保。保单的现金价值指投保人要求解约或者退保时，保险公司应该返还给投保人的实际金额。保单现金价值又称解约退还金或退保价值。因为在保单生效后，前期多缴的保费连同其产生的利息累计后便形成了人寿保险的责任准备金，除去用于支付保险人的必要费用（如制单费、运营费等管理费用）外，剩余的就是人寿保险保单的现金价值。在解约退保时，保险人应当将这部分价值返还给投保人。故而，现金价值又叫不丧失价值或者不丧失的赔偿权。通俗一点说，保单的现金价值是寿险保单所特有的，对于投保人长期投保并在到期前退保所制定的利息计提补贴，这样就相当于银行的定期存款在到期日之前提前取款时，虽然损失了一定的利息，但仍然较之当初的本金和活期要略高的道理一样，只不过在缴费之前就已对每一年份的退保时所得的返还保费都进行了精确的约定。刘先生2000年给儿子投保了一份保额为10万元某人寿保险公司的重疾险，当时孩子22岁，年缴保费1980元，20年缴完（即39600元）。最初几年由于保险公司需要扣除佣金、保单管理费等，保单的现金价值低于其所缴保费。到第 17 年，所缴保费和当时的现金价值相当，如果刘先生想退保就可以拿回相当于自己所缴保费的现金价值。在 17 年之后，保单的现金价值就高于投保人所缴的保费。

一般意义上的现金价值是指储蓄性质的人身保险产品独有的。一般来说，两全保险、终身寿险、一年以上的定期寿险、养老险、万能险以及分红险等，保险合同生效一年后，保单相应就开始具有现金价值，缴费时间越长，累积的现金价值越高。像短期意外险、定期寿险、健康险和家财险一般不具有现金价值或者现金价值很低。缴费时间越长，累积的现金价值相应越高。保单的现金价值 = 投保人已缴纳的保费 - 保险公司的管理费用开支在该保单上分摊的金额 - 保险公司因为该保单向推销人员支付的佣金 - 保险公司已经承担该保单保险责任所需要的纯保费 + 剩余保费所生利息。由于长期寿险产品前期扣除的各项费用较多，一般情况下，保单生效最少两年以后才具有现金价值，缴费不满两年的，保单的现金价值一般情况下几乎为零，一般投保人缴费时间越长，累积的现金价值相应越高。换种说法可能更好理解一点。即保险公司的管理费用开支和向推销人员支付的佣金，在各保单年度的分布不是均匀的，第一年最高，第二年会降低一些，以后则逐年降低，并稳定下来。如果采用分期缴费，保险公司在第一个保单年度的管理费用开支加上向推销人员支付的佣金及承担保险责任所需的纯保费，往往接近甚至超过当年所收的保费（依不同产品而不同），这样保险公司对于在投保后第一年内退保的，有可能无退保金，也就是保单未产生现金价值；对于第二个保单年度内退保有可能给付少量返保金，也有可能仍无退保金给付（若采用每月或每季度缴纳一次保费，在第二个保单年度的上半年，尚未缴足两年保费），也就是保单仍未产生现金价值。

我国《保险法》规定，缴足两年以上保费的寿险保单，已产生现金价值，若退保，保险公司应退还保单现金价值。缴足两年以上保费与合同成立两年以上是不同的概念。假设某寿险保单于 2007 年 1 月 1 日签发，保险期间 10 年，到 2008 年 12 月 31 日合同成立两年，若采用一次缴清保费（趸缴）方式，于 2007 年 1 月 1 日缴清，当时已缴足两年以上保费，产生保单现金价值；若采用年缴保费方式，2007 年 1 月 1 日缴纳一次，2008 年 1 月 1 日再次缴纳，即缴足两年保费，产生保单现金价值；若采用月缴保费方式，每月 1 日缴纳，2008 年 12 月 1 日缴足两年保费，产生保单现金价值。寿险合同解除（退保）时，保险公司应退还保单现金价值，投保人未缴足两年保费的，保险公司在扣除手续费后退还保费。一句话，保单现金价值可以多于或少于投保人已缴纳的保费，关键取决于保险费、预定利率、投资收益率、保险险种、生产率和死亡率等因素。除此之外，还包括分红保险的分红率、意外事故发生率、残疾发生率、疾病发生率以及公司的营业费用率等因素。

2. 利用保单现金价值理财。保单生效第一年退保最不划算。大部分长期寿险产品第一年度的保单现金价值极少甚至为零。首年退保手续费基本相当于所缴保险费，第二年度的保单现金价值为所缴保险费的20%左右。因此，即便是退保也最好在两年以上才能尽可能多返还现金价值。如果投保人经济陷入窘境无法在保单宽限期之内缴纳保费，可利用寿险产品具有自动垫缴保费、缴清保费、展期保险解决燃眉之急。自动垫付就是根据事先约定，自动利用保单中已有的现金价值支付未来若干年的保费，直到已有的现金价值用完。这样原保单的保额不变，但保障期间受现金价值制约，如现有价值越多，保障期间越长，反之亦然。

保单理财方式主要有以下几种：

（1）缴清保费。又称减额缴清保险，则指投保人不能按照合同约定缴纳保费时，为维持原保险合同的保险责任、保险期限不变，将当时保单现金价值作为趸缴保费，从而计算新的保险金额。弊端是保额将会大幅度降低。这种方式比较适合预计经济困难情况将持续一段时间，但仍想保留原来的保障形式的投保人。

（2）展期保险。展期保险较为特殊，它指将现金价值仅用来缴纳未来所需的纯死亡保险费，这在一定程度上改变了原来的保险计划。由于以死亡为给付条件的保单通常保费较低，则该方式下死亡保额可保持不变，保障期限较长，但其他保险利益可能受损。因此，展期定期保险比较适合长期经济困难同时又特别需要身故保障的被保险人（如家庭支柱）等。

（3）申请保单终止与复效。如果投保人只是一时资金紧缺，两年内无法缴纳保费，还可单方面采取保单效力终止。它是指保险合同暂时处于终止状态，发生保险责任保险公司不予理赔，保险合同效力终止不同于保单失效，保单效力终止的好处在于只要两年内，投保人将欠缴的保费及时补上，即可申请保单复效，继续维持这份保单。这种做法唯一的缺陷是，申请复效时还要经过保险公司重新审核，如投保人身体状况发生变化，则保单也会受到一些约束。

（4）保单质押贷款。投保人还可以利用寿险保单向保险公司或者具有办理保单质押贷款的银行申请贷款。这需在保险合同生效两年后申请，贷款额度为寿险保单现金价值的80%。申请保单质押贷款后，保单责任依然有效。保单借款的程序较银行贷款简单，借款利息的计算参照银行的商业贷款利率发放，期限要求不超过半年。但投保人要注意的是应及时还款，否则可能造成保单失效等不利后果。

**案例：**

2006年1月25日，刘先生通过保险代理人在某保险公司购买了一款终身寿险产品，合同规定保额2万元，年缴保险费1080元，缴费期限为20年，现已缴纳4年，共计 4032 元。2010 年 3 月底，刘先生因为经济原因，决定解除保险合同。保险公司的答复是，按该款终身寿险产品现金价值表的标准，退还保费为 2600 元。刘先生不解，明明向保险全额支付了前期保险金额和滞纳金，保险代理人当初不是承诺“投保自愿，退保自由”吗？要回答刘先生的疑惑，就需要从寿险产品的现金价值谈起。

**分析：**周先生 1999 年投保了一款某寿险公司保额 40 万元，保障期限 20 年的期缴型两全保险产品。2009 年受金融危机影响，他一时无法缴纳保费，当时保单现金价值已经累计达到 1.8 万元。如果周先生投保时约定了自动垫付条款，即利用保单现有的 1.8 万元的现金价值支付未来若干年的保费，直到现金价值用完，所保障的年限由现金价值所能支付的保费决定，但期间保障额度仍为 40 万元不会改变。如周先生可以利用现有保单现金价值 1.8 万元，选择趸缴型投保的方式一次性缴清所有保险费，保障期限仍旧为 40 年，但保障额度将低于 40 万元。同时周先生也可以将两全保险改为展期保险，这时投保 10 年期保额为 40 万元的定期死亡保险，保费为 6000 元，余额 1.2 万元作为趸缴保费可以购买保险金额为 25 万元的生存保险。因此，周先生在 2009 年以前去世可以得到 40 万元的死亡给付金，如果他到 2019 年时仍然生存，就可以得到 25 万元的生存保险金。

## 二、保险调整

制定了合理的保险规划，并购买了充足的保险之后，还只能说是初步有了比较健全的保障。许多人在买了保险之后通常就将保单束之高阁，只有在风险发生之后才会想到保险，将保单拿出来看。其实，我们的生活环境在改变，经济情况在改变，家庭责任也在改变，人们所拥有的保单也应该随着人生的变化而变化。正如前面分析的一样，单身期、已婚青年期、已婚中年期和退休老年期的保险规划是不同的。因此，客户渐渐地从单身期过渡到其他各个时期时，也都应该有不同的保险规划。理财规划师应该时常检视一下客户的保险规划，看看是否有需要调整的地方，这才是正确的保险观念。

一般而言，除了时常检查客户的保险规划之外，在下列特殊事件发生时，应该检查并修改客户的保险规划。

1. 经济状况改变：例如，收入增加或减少，债务增加或减少，买了房子或车子有许多的贷款需要缴付，等等。

2. 家庭责任改变：结婚、离婚、丧偶、分居等婚姻状况的重大改变；生子、孩子独立生活及结婚、家庭成员死亡等家庭成员的增加或减少，只要是家庭责任加重或是减轻，都需要检查并及时修改保险规划。

3. 工作环境变动：创业、更换工作，也就是工作场合的危险性加重或是减轻时，都应该要检视保单，调整意外伤害保险的保险金额。

4. 生涯变动：初次就业、退休、由职场重回校园生活时，也都应该检视保险规划。例如，在退休时，家庭责任是最轻的时候，因此可以将保单重点放在养老保险与医疗保险方面，减少人寿保险的保障。

在检查保险规划时，应该主要考虑以下几项：

保险金额：客户已经具有的保险金额现在仍然是充分的吗？或者现在已经过高了呢？一般而言，人寿保险的保险金额是随着自己家庭责任的变化而变化的，刚结婚生子时应该最高，而后逐渐下降；而意外伤害保险的保险金额基本上是人寿保险的两倍，其变化也相仿；医疗保险的保险金额应该随年龄增加而增加。那么，如何才能调整保险金额呢？如果现在需要减少保险金额或是需要减低保费负担，那么应该办理减少保险金额；如果现在需要增加保险金额，则可以使用原保单加保或是再购买一份保险的方式。若是使用原保单加保，保险公司将会以当初所投保的投保年龄计算保费；若是重新购买一张保单，那么保险公司将会以购买当时的年龄计算保费。

受益人与投保人资料：当客户的家庭成员发生变化，或者其私人居住、通讯等信息发生变化时，或者家庭成员的关系发生了巨大变化时，则要考虑受益人与投保人的资料是否需要修改，受益人是否需要变更、受益人与投保人的住址与其他资料是否需要变更。

保险费：主要是考虑保险费是否需要加费或减费。有些人在投保时，会因为职业或是身体健康的危险性高于一般人而被保险公司提高保费，在保单中附上加费的批注。但是，当客户身体状况已经有所改善或是职业的危险性已经降低之后，当初保险公司加费的理由已经不复存在，此时可以向保险公司提出取消增加保险费的批注。一般来说，保险公司是不会主动提醒取消加费的批注的。在更换工作时，若是由于工作场所的变动，如由内勤文书人员转为外勤业务员，那么职业危险性将会增加，此时一定要向保险公司提出申请，增加意外险的费率，以免到时权益受损。

及时调整自己的保险规划有两个好处：一是能够使保险金额时时充足；二是能够使客户所承担的保险费比较恰当。保险产品是奢侈产品，我们也没有必要购买过多的保险从而增加家庭的负担。

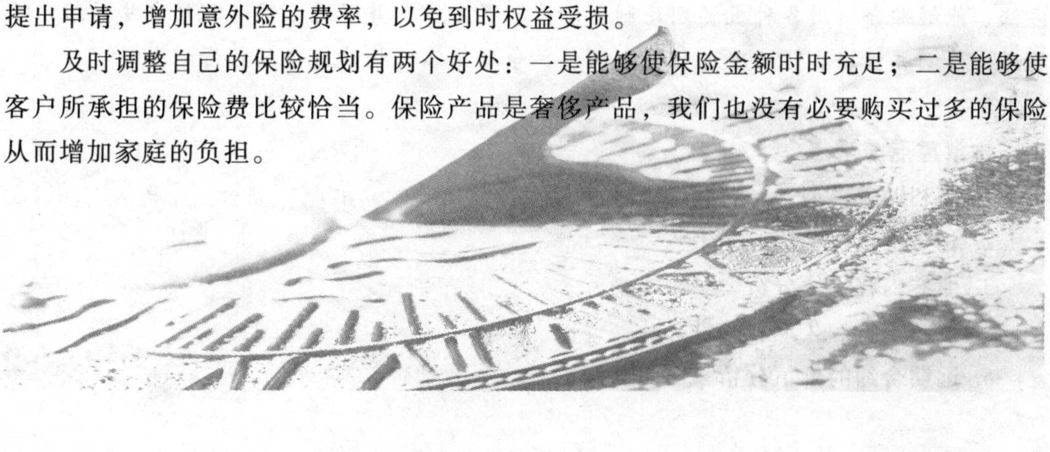

# 第二章

# 投资规划

**学习目标**

通过本章的学习，理财规划师首先需要在了解客户所有基本信息的基础上，掌握分析客户投资相关信息以及分析客户未来各项需求的方法，能够综合利用各项分析结果帮助客户确定合理的投资目标。

在投资工具分析方面，理财规划师需要对市场上的投资工具有一个较全面的掌握，之中包括不同投资工具的概念，类型，投资价值，以及定价机制等内容，能够对不同的投资工具进行有效的投资分析。

在了解各种投资工具的特性之后，理财规划师还要掌握投资组合理论和资产配置的方法，能够综合运用各种投资理论制定资产配置方案，并通过应用合理的方法对组合投资进行检测并根据实际情况进行组合调整，争取为客户构建适合的投资组合。

**本章重点与难点**

1. 股利贴现模型
2. 相对价值评估法
3. 债券内在价值分析
4. 债券定价、久期和凸性
5. 远期合约的价值分析

6. 期货合约的价值分析
7. 互换的价值分析
8. 期权的价值分析
9. 投资组合的风险和收益
10. 投资组合的选择
11. 资本资产定价模型
12. 套利定价理论
13. 权益类资产配置
14. 金融衍生品配置
15. 国际资产配置
16. 战略性资产配置
17. 动态资产配置
18. 风险和收益度量
19. 风险调整的绩效指标
20. 绩效归因分析

**本章结构**

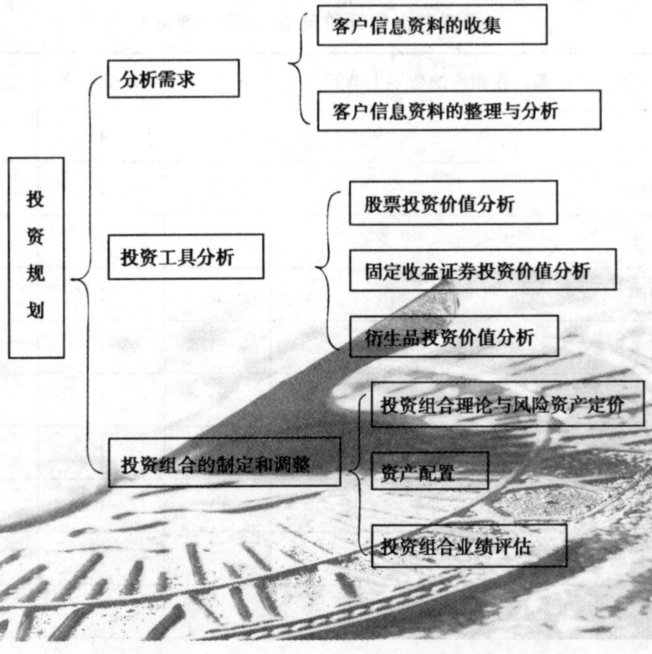

# 第一节　分析需求

## 第一单元　客户信息资料的收集

### 一、测试客户属于哪一种投资者？

理财规划师可以通过设计一系列问题对客户属于何种类型的投资者、他个人特点如何影响他的投资决策以及他是如何处理安全与风险等问题进行研究。

当然，可能对特定投资者进行判断时还有一些因素没有包括在内，但这些问题的设计并不是一成不变的。下面我们引用乔纳森·迈尔斯编者的《股市心理学》中的自我评价问卷作为参考。

对于自我评价问卷中的每一个问题，请客户在表 2－1 中将其认为最符合自己情况的数字圈出来。如果他认为这个问题对他并不适用，或者答案是“不”，那么在“○”上面画圈。

**表 2－1　　投资者自我评价问卷（第一部分）**

| 选择与你的情况最为符合的答案，在相应的数字上画圈 | 不符合 | 有点符合 | 比较符合 | 非常符合 |
|---|---|---|---|---|
| 1　你喜欢看报纸吗？ | ○ | 1 | 2 | 3 |
| 2　你善于制定计划吗？ | ○ | 1 | 2 | 3 |
| 3　你是否辛勤地工作？ | ○ | 1 | 2 | 3 |
| 4　你对数字感兴趣吗？ | ○ | 1 | 2 | 3 |
| 5　财富对你而言有多重要？ | ○ | 1 | 2 | 3 |
| 6　你曾经感觉自己很幸运吗？ | ○ | 1 | 2 | 3 |
| 7　你果断吗？ | ○ | 1 | 2 | 3 |
| 8　你是一个不愿意舍弃的囤积者吗？ | ○ | 1 | 2 | 3 |
| 9　你是不是在做事情时全力以赴？ | ○ | 1 | 2 | 3 |
| 10　你为人友善吗？ | ○ | 1 | 2 | 3 |

续表

| 选择与你的情况最为符合的答案，在相应的数字上画圈 | 不符合 | 有点符合 | 比较符合 | 非常符合 |
|---|---|---|---|---|
| 11　你是否曾经未经思考便草率行事？ | ○ | 1 | 2 | 3 |
| 12　你对事实感兴趣吗？ | ○ | 1 | 2 | 3 |
| 13　你善于处理与金钱有关的事务吗？ | ○ | 1 | 2 | 3 |
| 14　你能掌控局面吗？ | ○ | 1 | 2 | 3 |
| 15　你曾感到紧张、有压力或急躁吗？ | ○ | 1 | 2 | 3 |
| 16　你喜欢新鲜的小玩意儿吗？ | ○ | 1 | 2 | 3 |
| 17　你容易相信别人的言辞吗？ | ○ | 1 | 2 | 3 |
| 18　你耐心吗？ | ○ | 1 | 2 | 3 |
| 19　你喜欢电脑吗？ | ○ | 1 | 2 | 3 |
| 20　你有过冒险的经历吗？ | ○ | 1 | 2 | 3 |
| 21　你思想僵化、机械的看事物吗？ | ○ | 1 | 2 | 3 |
| 22　你不容易受外界影响吗？ | ○ | 1 | 2 | 3 |
| 23　你宁愿捧着一本好书而不愿参加社交活动吗？ | ○ | 1 | 2 | 3 |
| 24　你更偏爱短期、快捷的任务而不是长期任务吗？ | ○ | 1 | 2 | 3 |
| 25　你会被那些说得多做得少的人所激怒吗？ | ○ | 1 | 2 | 3 |
| 26　你重视家庭吗？ | ○ | 1 | 2 | 3 |
| 27　你喜欢赌博吗？ | ○ | 1 | 2 | 3 |
| 28　你是否发现每天的时间不够？ | ○ | 1 | 2 | 3 |
| 29　你能善始善终吗？ | ○ | 1 | 2 | 3 |
| 30　你有过遗忘的经历吗？ | ○ | 1 | 2 | 3 |
| 31　你有可观的收入吗？ | ○ | 1 | 2 | 3 |

表2-2至表2-7是各种类型相应得分的表格：谨慎型、情感型、技术型、勤勉型、大意型与信息型。在问题序号下面填入客户的答案。把各个问题的得分相加后就得出了客户在各种类型投资者项下的总分。把6项总分进行排序，得分最高的那组反映了客户最强烈的投资类型倾向，其他投资者类型特点对客户的影响则依次递减。这样，理财规划师可以基本了解客户进行投资决策的方式，并指导客户应该做哪些改变。

**表 2－2　　　　谨　慎　型**

| 问题序号 | 4 | 7 | 12 | 14 | 17 | 21 | 24 | 28 | |
|---|---|---|---|---|---|---|---|---|---|
| 反应 | | | | | | | | | 总分 |

**表 2－3　　　　情　感　型**

| 问题序号 | 5 | 9 | 10 | 14 | 16 | 19 | 22 | 25 | |
|---|---|---|---|---|---|---|---|---|---|
| 反应 | | | | | | | | | 总分 |

**表 2－4　　　　技　术　型**

| 问题序号 | 1 | 3 | 6 | 11 | 15 | 20 | 22 | 24 | |
|---|---|---|---|---|---|---|---|---|---|
| 反应 | | | | | | | | | 总分 |

**表 2－5　　　　勤　勉　型**

| 问题序号 | 6 | 9 | 11 | 14 | 19 | 23 | 26 | 27 | |
|---|---|---|---|---|---|---|---|---|---|
| 反应 | | | | | | | | | 总分 |

**表 2－6　　　　大　意　型**

| 问题序号 | 2 | 9 | 16 | 19 | 25 | 27 | 29 | 30 | |
|---|---|---|---|---|---|---|---|---|---|
| 反应 | | | | | | | | | 总分 |

**表 2－7　　　　信　息　型**

| 问题序号 | 1 | 4 | 8 | 11 | 17 | 18 | 21 | 28 | |
|---|---|---|---|---|---|---|---|---|---|
| 反应 | | | | | | | | | 总分 |

对分数的解读重要的不是具体的总分，而是各项总分之间的跨度与顺序——占优势地位的类型是最重要的。

比较理想的情况是，各类型的得分存在一定差别，但区别不是很大，这意味着在不同的情况下，客户会利用不同的性格特点处理问题，从而具备灵活的思维。

然而，如果客户在几种类型上得分相同，就无法反映客户的个性，那么客户需要重新做一次问卷。例如第四个问题“财富对你而言有多重要”，很多人可能会不假思索地回答“非常重要”。实际上，应该考虑一下，有没有比财富更重要的东西。如果有，就不应该选“3”。

总而言之，理财规划师需要记住，投资者的类型并无好坏之分，而只是指出了提高投资水平需要努力的方向。

测出客户属于哪种类型的投资者之后，理财规划师开展工作将更具有针对性。

## 二、测试客户对风险的承受能力

了解客户对风险的承受能力也是非常重要的事情。很多对投资者进行分类的体系都存在这样一个问题：把对风险的承受能力视为某种类型投资者的固有属性。实际上，现实情况要复杂得多。两个基本类型相同的投资者可能在风险承受能力上存在很大的区别。一位生性谨慎的投资者可能在风险较低、风险适中或风险较高的情况下都能泰然处之。如果这看起来很奇怪，那么不妨考虑一下人们在偏好、背景、经历及信念方面存在的区别。所有这些因素都会影响他们对待风险的态度。

表 2－8 是一个衡量风险承受能力的调查问卷。问卷中的问题关注的是对处理风险的个人态度，这部分得分可以与投资者自我评价问卷结合使用。

**表 2－8　　你如何对待风险（第二部分）**

| 选出与你对待风险的态度最为接近的选项 | 非常不同意 | 不同意 | 无所谓 | 同意 | 非常同意 |
|---|---|---|---|---|---|
| 1　个人财富无关紧要，投资遭受损失并不会让我提高警惕 | 1 | 2 | 3 | 4 | 5 |
| 2　我宁愿持有可能会获得较高收益的投资而不是收益较稳定的分散化投资 | 1 | 2 | 3 | 4 | 5 |
| 3　如果市场反复无常，那也没什么关系——我还是会进行交易 | 1 | 2 | 3 | 4 | 5 |
| 4　我喜欢投资交易给我带来的兴奋感 | 1 | 2 | 3 | 4 | 5 |
| 5　我并不在意自己所拥有的投资存在的价格波动 | 1 | 2 | 3 | 4 | 5 |
| 6　我并不需要稳定的股利收入，我更希望实现资本收益 | 1 | 2 | 3 | 4 | 5 |
| 7　我的投资不容易转手并不会对我造成困扰 | 1 | 2 | 3 | 4 | 5 |
| 8　较高传统型蓝筹股等新兴市场或高科技领域的投资对我更具吸引力 | 1 | 2 | 3 | 4 | 5 |
| 9　我并不觉得需要时不时检查我的投资组合，我可以在很长的一段时间里对它们置之不理 | 1 | 2 | 3 | 4 | 5 |
| 现在将你在各个问题上的得分进行加总 | 总分＝ | | | | |

如果客户得分低于25分，那么说明客户的风险承受能力较低，只能接受非常保守的投资方法。如果客户得分介于25~40分之间，则风险承受能力适中。超过40分，意味着该客户有很强的风险承受能力，可以接受很激进的投资方法。

前面表格测试的客户所属的投资者类型以及冒险倾向决定了客户应该选择及应该避免的投资类型。但是，如果客户不想承担自己管理投资的责任，那么被动的投资方法——定期存款或信誉较高的信托公司或管理基金是一种可行的选择。此后风险稍高的是主动的投资方法，也就是客户凭借自己的能力选择股票。这种情况下，价值型策略能带来丰厚的收益。而风险最大的则是那些投机型投资，例如小盘股、金融衍生工具、商品期货等。而要获得超乎寻常的财富，可以借助对冲基金。

承担与你自身不相称的风险无疑将导致损失。如果你的主要特点是谨慎、冲动或大意，同时对风险的承受能力较差，那么将资金投入到投机性很强的投资组合绝对是很愚蠢的事情，例如在新兴市场上寻找价值型股票。

## 第二单元　客户信息资料的整理及分析

### 一、客户资料整理

理财规划师为了分析客户投资相关信息以及客户未来各项需求，帮助客户确定各项投资目标，首先要掌握客户的基本信息，对各项与投资规划相关的信息以及反映客户未来需求的信息进行分类汇总。

而表格可以清晰简洁地反映客户的相关信息，在汇总整理相关信息的时候可以尽可能地使用表格的形式，凡是能够形成表格的信息都可以以表格的形式整理记录。在进行投资规划的时候，理财规划师需要的表格主要有以下几类：

1. 根据客户基本信息初步编制的基本财务表格。主要包括客户个人资产负债表、客户个人现金流量表。这两张财务报表是分析客户所有相关财务状况的基础。理财规划师在编制的时候要注意，表格的结构与客户的个人基本情况有直接的关系。一般而言，成年客户的资产负债表和现金流量表的项目构成较为复杂，而单身年轻客户的资产负债表和现金流量表的项目构成较为简单，这主要是因为年轻客户尚未积累起大量的个人财富并且其支出项目也较为简单。

2. 根据投资规划所需要的相关信息编制特定表格。这类表格有的是根据初步信息收集阶段收集到的信息整理而成的，主要有客户现有投资组合细目表、客户目前收入结构表、目前支出结构表；有的则是根据现阶段收集整理的信息编制的表格，主要包括客户的投资偏好分类表、客户投资需求与目标表。如果针对客户这些重要的表格尚未编制或者不够确切，理财规划师要及时地补充和完善。

理财规划师在进行投资规划的时候，首先要做的就是全面了解客户的这些信息，对客户的基本情况有一个较为准确地把握。在此基础上才能够进行投资相关信息的分析以及客户需求分析，从而帮助客户确定各项投资目标。

## 二、客户资料分析

### （一）分析客户投资相关信息

1. 分析相关财务信息。财务信息是理财规划师为客户制订投资规划的时候最重要的也是最基本的信息。客户的财务现状以及各项财务指标是为客户制订投资规划的依据，而对客户财务状况的预测则是对客户投资进行预测的基础。

在客户的财务分析和评价阶段，理财规划师应该已经对客户的财务信息进行了初步的分析和预测。在这里，理财规划师要做的就是回顾客户的财务信息和财务预测信息，以便从中分析出影响客户投资规划的因素。

2. 分析宏观经济形势。理财规划师为客户提供理财服务、提供具体的投资建议之前，不仅要对客户的财务状况等个人信息进行分析，还需要考虑客户所处的宏观经济环境。在不同的经济环境下，理财规划师为同一个客户制定的理财方案可能会完全不同。尤其是投资活动本身就要受到诸多宏观变量的影响。投资预期和投资收益是投资规划中需要考虑的重要因素，而宏观经济运行则会在基础层面上对这些因素进行影响。经济运行上升期间，居民收入将随之提高；各类投资者，包括客户在内都对经济前景抱有信心，从而会有较高的投资预期；企业在经济上升期可以取得较好的利润水平，客户投资股票与企业债券可以获得较高的投资收益。而在经济萧条期，宏观经济运行则会产生相反的效果。

理财规划师必须要熟悉宏观经济形势，了解宏观经济变动趋势才有可能制定出高质量的投资策略，只有密切关注各种宏观经济因素，如利率、汇率、税率的变化，才能抓住最有利的投资机会。因此，为了提供优质的投资规划服务，就需要理财规划师对客户所处地区的宏观经济形势进行分析和预测，使投资规划方案满足不同客户、不同时间的需求。

各个宏观经济指标以及宏观经济政策对于投资的影响在基础理论里面已经有所介绍，这里我们要强调的是，理财规划师在对宏观经济形势进行分析和预测的时候要注意以下几点：（1）关注经济统计信息，掌握实时的经济运行变动情况，了解宏观经济发展的总体走向，以便明确客户投资规划进行的大的经济背景，提出可实现的投资目标，顺应经济发展趋势作出正确的投资决策。（2）密切关注各种宏观经济因素，如利率、汇率、税率的变化，这样才能抓住最有利的投资机会。(3) 对各项宏观经济指标的历史数据和历史经验进行分析，关注财政预算报告，分析收支变化，掌握财政政策意图，据以作出预测性判断，以此作为客户未来投资的经济背景。(4) 关注政府及科研机构的分析、评论，判断财政政策的作用效果以便掌握宏观经济政策对投资行为、储蓄行为以及金融市场的影响，从而提出符合实际的投资规划建议。

3. 分析客户现有投资组合信息。客户现有投资组合反映了客户现有的资产配置情况，对于这些信息进行分析有助于理财规划师明确客户的现有投资状况、总体风险水平、投资水平。理财规划师将来还可以结合客户的投资规划目标在客户现有投资组合的基础上为客户制订投资规划。

通过对客户的现有投资组合进行分析，理财规划师需要明确以下几点：(1) 明确客户现有投资组合中的资产配置状况：客户的投资涉及哪些领域？客户拥有的金融资产和实物资产各占多大比例？各类资产中具体又有哪些投资产品？客户所投资资产的流动性如何？投资品种共有多少？客户的投资有没有特别的偏好等等？流动资产和固定资产各占多大比重？(2) 注意客户现有投资组合的突出特点。根据对客户投资组合的组成，理财规划师应该归纳出客户现有投资组合有哪些基本的特点，例如有的客户投资基本都是股票投资并且集中于某一类股票，有的客户基本上把余钱全部用于债券投资等。根据客户现有投资组合的鲜明特点，理财规划师一方面可以了解客户的投资理念和习惯，另一方面也可以掌握客户的投资水平。(3) 根据经验或者规律，对客户现有投资组合情况作出评价。理财规划师要根据客户投资组合的现状分析出客户目前投资存在的问题，能够改进的空间等。

4. 分析客户的风险偏好状况。理财规划师要面对各种类型、风格迥异的客户，而不同的客户受到不同文化、风俗、地域和社会背景的影响，持有不同的投资理财观念，并且由于客户的具体情况不同，客户的风险承受能力、风险偏好状况也就千差万别。投资最主要的就是要考虑风险和收益的权衡关系，所承受的风险水平不同，相应获得的收益也就不同。因而只有明确了客户的风险偏好才有可能制定出与客户偏好一致，能够为客户接受的投资规划。掌握客户的风险偏好是为客户量身定做投资规划方案的基础。

客户的风险偏好信息属于客户的判断性信息。一般来说，客户的风险偏好可以分为五种类型：保守型、轻度保守型、中立型、轻度进取型和进取型。这种类型的划分是根据客户购买金融资产的类型及其组合确定的。在信息收集和整理阶段，应该已经根据客户所提供的基本信息对客户的风险偏好状况作出了初步判断。理财规划师根据已经收集到的客户的风险偏好信息，要确定以下两点：(1) 客户的风险偏好类型，是属于保守型、轻度保守型、中立型、轻度进取型和进取型中的哪一种。客户风险偏好类型可以作为确定客户风险承受能力的一个因素，同时也是理财规划师为客户制定投资理财规划方案确定投资组合策略时的一个依据。(2) 确定客户的风险承受能力。风险偏好类型能够在一定程度上反映客户的主要投资偏好，但是客户的投资要受到一些现实因素的影响，客户的投资规划必须建立在确保财务安全的基础之上，因而，根据客户的家庭实际情况综合确定的客户风险承受能力才是理财规划师为客户制定投资规划的时候要考虑的主要风险因素。例如，根据对待风险的态度，一个客户愿意承担较大的风险来获得较高的投资收益，但是根据问卷调查，理财规划师了解到该客户年龄 45 岁，孩子马上就要上大学，父母健在均年事已高并且没有充足的医疗和养老保险。尽管该客户在对待风险的态度上非常进取，但是综合考虑他的家庭情况，理财规划师应该看到该客户家庭负担较重，近期子女教育支出以及必要的父母养老支出和其他可能的突发性支出等都决定了客户的风险承受能力是有限的。这样，理财规划师在为客户制定投资规划确定投资组合的时候就要选择一个适中的投资风险水平，当然在这一风险水平下，客户所获得的投资收益相应也是适中的。

5. 分析客户家庭预期收入信息。客户的收入支出信息是客户最为重要的财务信息之一，客户家庭预期收入成为客户未来现金流入的主要来源，也成为客户投资的主要依据。

理财规划师根据各种相关信息如客户当前收入支出状况的目前收入表、目前支出表、客户个人现金流量表，以及由此计算出的客户日常支出与收入比、结余比例和各种宏观经济指标的预测，可以推断出客户的预期收入情况，包括预期收入项目以及各个项目的大小。

通过个人现金流量表，我们可以知道，客户的收入由经常性收入和非经常性收入共同构成。但是出于谨慎的考虑，理财规划师应主要对经常性收入部分，即对客户的工资薪金、奖金、利息和红利等项目的未来变化情况进行预测。对于不能单独依靠历史数据就能判定预测基础的项目来说，理财规划师应该从多个角度进行综合的审慎判定。非经常性收入由于并不固定，通常难以预测，对于确有可能在下年出现的非经常性收入项目，理财规划师应该对其实现的可能性进行充分的分析，谨慎的将其纳入未来预测中。通过已经收集和整理的以上信息，理财规划师应该掌握：(1) 客户各项预期家庭收入的来源。预期收入来源决定了该收入项目的性质，而不同性质的收入项目对于客户财务状况、投资规划的影响以及相应的用途不同。例如，预期某客户的家庭收入，来自薪金工资、奖金、利息和红利所得等属于客户的经常性收入，这些收入发生的频率、金额相对确定性较大。(2) 客户各项预期家庭收入的规模。客户预期家庭收入是客户的财富基础，客户预期家庭收入的规模在一定程度上决定了客户投资规模。(3) 客户预期家庭收入的结构。不同性质的收入由于发生频率、确定性、规模等特点的不同，对于客户财务状况、投资理财的影响不同，可以安排的用途也不同。因而明确客户家庭收入的结构，确定客户各种类型的预期收入在客户家庭收入总额中所占的比例一方面有助于理财规划师发现客户财务结构的缺陷并提出改进意见，另一方面也有助于理财规划师根据客户的收入结构安排客户的投资规划。

**（二）分析客户未来各项需求**

从根本上讲，客户进行理财规划及投资规划是要满足一定的生活需求。客户的投资规划的目标往往就是客户未来需求的一方面或者其中的一个组成部分。每个客户由于基本情况的不同，对于未来的各种需求也不同。只有明确了客户未来各项需求，才有可能根据客户的情况帮助客户确定合理的投资规划目标，从而为客户制定出能够满足客户需求的方案。对于客户的投资需求的了解，有助于理财规划师为客户制定有效的、适合客户自身情况的投资规划方案，并且帮助理财规划师协调投资规划和其他规划之间的资产分配。

1. 投资目标往往是一个比较明确的方向，但是，客户往往不能明确地指出自己的投资目标，但是可以明确地说出未来各个方面的需求。这就需要理财规划师通过适当的方式，循序渐进地加以引导，根据客户所提到的未来需求帮助客户将模糊的、混合的目标逐渐分析、细化、具体化，确定出需要通过投资规划来实现的目标，从而提出明确的投资规划目标。

为了帮助客户较为客观的制订出适合自己的投资目标，理财规划师需要掌握反映客户对于投资的收益以及投资收益用途的各项相关信息。在对客户判断性信息进行归纳和整理的时候，应该已经完成了客户的投资需求与目标表格，该表格需要全面反映客户的投资现金准备，综合投资需求，证券、基金、保险、国债等各项投资需求以及期望达到、保持或者需要的数量或比率，并且对各项的重要性进行了简单描述。

这些已经取得或者分析出的信息，构成客户投资目标的基本信息。理财规划师需要对客户的投资目标进行进一步的明确，这就需要理财规划师根据客户自身情况通过问卷或者访谈的形式对客户的具体投资需求进行深入细致地了解，针对客户现在的家庭情况，深入挖掘其特定的投资目标。例如对于有子女正在接受教育的家庭，了解其子女教育投资需求。

除了日常生活需求以外，客户的较为重要的未来需求往往集中于购买住房、大额消费品支出、旅游休闲计划、子女教育、养老支出等方面。理财规划师一方面可以从客户的投资需求表中了解到客户明确的投资需求，另一方面由于客户提出的投资需求可能不够全面，有很多其他方面的生活需求可能没有通过投资需求表反映出来，但是很有可能需要通过投资来实现或者会影响到客户的投资活动，这时候理财规划师为了全面了解客户的未来需求可以通过直接跟客户交流取得其他未来需求方面的信息。理财规划师可以根据客户的基本资料结合经验通过让客户浏览并自问以下类似的问题提醒客户全面的剔除其未来需求：

（1）是否准备让孩子上大学？预计大学学费有多高？上学之前还有多少年可以准备这笔学费？

（2）是否需要为退休开始存钱？需要存多少钱才能够退休以后的花销？多大年龄退休呢？

（3）是否要换一套新房子或者第二套房子？什么时间？首付多少呢？

（4）明年去国外旅行的钱从哪里出呢？

（5）如果运气不好，生了大病该怎么办？现在有应急资金吗？需要多少钱？

理财规划师在对客户投资相关信息以及客户需求进行分析之后，就可以在综合考虑分析结果的基础上帮助客户确定投资目标。

如前所述，投资目标的确定，不是客户"一厢情愿"的结果，也不是理财规划师随意安排的计划。所以投资目标的确定也要遵循一定的程序。

理财规划师应该确保已经了解客户的自然情况、财务状况，并且通过交流与沟通，了解了客户的风险偏好、投资需求和目标等主观判断性信息。在确定客户的投资目标之前，应该先在总体上把握客户的理财规划目标有哪些，并且了解客户期望的投资目标，并对相关信息进行分析。

2. 根据对客户财务状况及期望目标的了解初步拟定客户的投资目标。在具体确定投资目标的时候需要进行以下工作：

（1）将投资目标进行分类。理财规划师首先要将客户的投资目标划分为短期目标、中期目标和长期目标。1 年以内实现的是短期目标，例如购买电视或者出国旅游等；期限在 1～10 年间的目标是中期目标，例如为住房的抵押贷款分期付款；长期目标是期限超过 10 年的目标，例如为孩子 15 年后上大学支付学费或为自己的退休提供养老金等。

（2）将各个投资目标进行排序。确定各个期限内各有哪些具体目标，并且在同一期限内，对于各个目标按照其重要性进行排序。理财规划师务要让客户明白没有明确的投资目标，理财规划是不会成功的。下列问题可以帮助客户明确哪些目标更为重要：①如果这个目标不能实现，后果是什么？②你愿意为实现这个目标而减少多少当前的消费？③为实现这个目标需要多少资金？④何时需要这些资金？

3. 根据各种不同的目标，分别确定实现各个目标所需要的投资资金的数额和投资时间。

4. 初步拟定客户的投资目标后，应再次征询客户的意见并得到客户的确认。如果客户明确表示反对，理财规划师应要求客户以书面的方式提出自己的投资目标。如果在制定投资规划方案的过程中，理财规划师欲对已确定的投资目标有所改动，必须向客户说明并征得客户同意，以避免双方在以后的合作中出现纠纷。

5. 定期评价投资目标。为客户制定出投资规划目标后并不能一劳永逸，要随着投资环境、客户自身状况或者需求的情况等信息及时地对客户的投资目标进行评价。

**（三）确定客户的投资目标**

投资目标是指客户通过投资规划所要实现的目标或者期望。不能简单地将投资目标等同于投资期望收益，客户的投资目标往往是要实现或者达到生活的某个具体的目标。一个合理的投资目标并不是客户一厢情愿的结果，而是理财规划师根据客户的财务状况，综合客户的投资偏好、风险偏好和其他信息形成的。理财规划师要准确地帮助客户确定投资目标，首先要对投资规划目标有一个准确的认识。

1. 客户的投资目标按照实现的时间进行分类，可以划分为短期目标、中期目标和长期目标。人的一生会有各种各样的目标，不同的人有不同的目标，即使是同一个人在不同的人生阶段也会有不同的目标。投资目标实际上是人生众多目标中的一个或者几个，而作为人生目标，对于处于不同人生阶段的同一个人，其投资目标是不同的。就像人生其他问题的规划一样，一个人的投资规划会涉及短期、中期、长期这三种不同的时期，因而就会有短期、中期和长期目标之分。由于客户自身的具体情况不同，不同客户的短期、中期、长期投资目标的内容也就各不相同。例如，同样是购买一辆汽车，对于生活在贫困或者偏远地区的客户，这很有可能是一个长期目标；对于一个刚刚大学毕业的学生，这在多数情况下应该是一个中期目标；而对于一个城市中年客户而言，购买汽车往往是短期目标。

（1）短期目标。短期目标是指在短时间内（一般在1年左右）就可以实现的目标。短期目标一般需要客户每年或者每两年制定或修改，如装修房屋、休闲旅游、购买手提电脑等。对于短期投资目标，理财规划师一般应该建议采用现金或现金等价物，如活期存款、货币市场基金、短期债券、定期存款等。尽管这些投资工具的收益率不高，但收益率水平比较稳定。

（2）中期目标。中期目标是指一般需要1～10年才可能实现的愿望。中期目标可以进一步细分，通常两年之内仍可视为短期目标，2～5年可视为中短期目标，5～10年可视为中长期目标。

中期目标制定后，一般不进行频繁的修改，只在必要的情况下才进行调整。比如，大学毕业生计划购买住房，接近退休年龄的客户安排退休金的投资问题等。对于中期投资目标，理财规划师要从成长性和收益率兼顾的角度来考虑投资策略。

（3）长期目标。长期目标是指一般需要10年以上的时间才能实现的愿望。如30岁的客户设定的退休保障目标。

对于长期投资目标，主要应着眼于资本市场的长期趋势，而非短期波动。在经济增长、政治稳定等常规状况下，世界上大多数国家资本市场的走势都表现出短期的形态，由于短期波动的不确定性，市场时机选择非常困难，因而对于长期投资目标，应在资产配置上侧重于长期增值潜力大的投资工具，如股票、不动产、艺术和收藏品，等等。

需要说明的是，短期目标、中期目标和长期目标之间的界限并不是绝对的。特别是短期目标和中期目标之间，界限更不是特别明显。此外，相同的投资目标对于不同的客户其分类也可能会不同。如购买汽车对于一个刚毕业的学生来说可能是中期目标，而对于一个中年客户而言，可能就是一个短期目标。

我们按照短期、中期和长期三个期限归纳了不同人生阶段的一般生活目标，供理财规划师在实际工作中参考，如表 2 -9 所示。需要强调的是，理财规划师在实际工作中，务必要结合客户的具体情况，参考所列示的各项目标确定不同客户的具体投资目标，切不可简单照搬。

2. 确定投资目标的原则。投资规划的目的是为了实现客户在投资方面的期望和目标，因此，确定客户的投资目标是投资规划的重要环节，它为整个投资规划指明了方向。可以说，理财规划师帮助客户确定合理的投资目标是制定合适的投资规划方案的关键步骤之一。根据投资者的自身状况确定投资目标是投资规划的起点，制定正确的投资目标是投资规划最终取得成功的前提。随着投资环境以及自身情况的变化，投资者要不断调整投资组合以实现既定的投资目标，而且，原来确定的投资目标也可能需要调整以适应新的环境变化。因此，理财规划师在协助客户制定投资规划目标的时候，要遵循一些常见的原则。处于不同年龄阶段的客户目标如表 2 -9 所示。

**表 2 -9　　处于不同年龄阶段的客户目标**

| 客户类型 | 短期目标 | 中期目标 | 长期目标 |
|---|---|---|---|
| 大学高年级学生 | 租赁房屋<br>获得银行的信用额度<br>满足日常开支 | 偿还教育贷款<br>购买房屋 | 开始投资计划 |
| 20 多岁单身客户 | 储蓄<br>进行本人教育投资<br>将日常开支削减 10% | 实现环球旅游购买汽车 | 进行投资组合<br>建立退休基金 |
| 30 多岁已婚客户 | 将旧的交通工具更新购买保险 | 购买更大的房屋子女教育开支 | 增加子女教育基金的投资将投资工具分散化 |
| 50 岁左右已婚客户 | 购买新的家具<br>提高投资收益稳定性 | 养老金计划调整退休生活保障 | 制订遗嘱<br>退休后旅游计划 |

（1）投资目标要具有现实可行性。投资目标是理财规划师为客户制定投资规划的基础，所以客户的投资目标必须具有现实可行性。如果确定的投资目标是在客户目前的现实情况下根本没有实现的可能，再好的投资规划方案也是一纸空谈。例如，客户目前可用于投资的资金是10000元人民币，他的投资目标之一是以此为基础进行投资以便年底购买一台价值20000元的手提电脑，这显然是不太现实的。再例如，理财规划师为客户确定了在年底购买到价值20000元的手提电脑并且据此为客户制订了一套完整的规划，只是进行投资的资金大大超出了客户可以投资的额度，那么客户的这个目标显然也是不具有现实性和可行性的。

（2）投资目标要具体明确。如上所述，投资目标是理财规划师为客户制订投资规划方案的前提和基础。如果投资目标不具体、不明确，则理财规划师在制订投资规划方案的时候也会无所适从。投资目标的具体明确，主要体现在通过投资目标能最终实现的客户的财务状况究竟达到何种程度。投资目标越明确，越具有可操作性，对于正确制订投资规划方案也有帮助。

理财规划师必须要让客户知道，没有明确的投资目标，投资规划是不可能成功的。因此，在确定投资目标的时候要尽可能地具体化。例如：投资目标可以是“两年后购买中华牌轿车”而不应该是笼统地“储蓄10万元”。如果将来中华牌轿车降价，客户可以调整自己的投资组合。当然，客户可能通常没有能力明确表述自己的投资目标，理财规划师要帮助客户分析、归纳并具体化各项投资目标。

（3）投资期限要明确。客户的投资期限选择在很大程度上影响投资目标的设定，而客户的投资目标的设定又决定着客户的具体投资组合的选择，以及投资规划的制定。例如，一个要在10年内退休的客户与一个刚刚开始工作的客户的养老投资规划的内容显然会有天壤之别。

由于前面所讲的资本市场的短期波动性和长期趋势，期限对于投资工具的选择至关重要。

（4）投资目标的实现要有一定的时间弹性和金额弹性。由于投资规划本身就具有一定的预测性质，投资规划目标的实现取决于一些具有时间弹性和金额弹性的影响因素。因此，制订出能够准确地实现客户的某一个确切的投资目标的投资规划是很难的，即使是一个经验丰富的理财规划师也很难有绝对的把握。所以，在制定投资目标的时候，理财规划师要注意所制定的投资目标要有一定的时间弹性和金额弹性，这有助于增强投资规划的灵活性。

（5）投资目标要与客户总体理财规划目标相一致。投资规划是客户整个理财规划的一个组成部分，投资是实现其他财务目标的重要工具。客户的理财目标是一个综合性的目标，需要通过理财规划方案的八大规划中的一个或者几个规划来实现，而要通过投资来达到的目标或者实现的期望就是投资规划的目标。从这个意义上讲，投资目标实际上是客户理财目标中的一部分。因此在确定客户的投资目标的时候必然需要参考已经确定的客户的整体理财目标。更具体地讲，投资目标应该是客户整体理财目标的组成部分。

（6）投资目标要与其他目标相协调，避免冲突。客户整体理财目标的实现要通过具体的规划来实现。虽然各个规划有所侧重，但是理财目标需要各个规划相互配合才有可能实现。甚至具体到一个目标也有可能需要涉及多个相关规划，例如，客户的购房目标，可能需要涉及客户的消费支出规划、投资规划、不动产规划等等。因而，在制定规划目标的时候，各个规划就要相互协调，不能只为某一项规划独立地设定目标而忽视与其他规划的配合。

（7）投资规划目标要兼顾不同期限和先后顺序。一般说来，任何客户的投资目标都不止一个，而且这些目标也不可能同时实现。所以理财规划师在区分客户的短期、中期、长期投资目标的基础上，应该再结合客户的具体情况对客户具体的投资目标按照重要程度和紧迫程度进行重新排列，从而在投资规划中确定实现投资目标的步骤。

3. 投资的约束条件。对于不同的客户而言，即使风险容忍程度相同，投资策略也会有极大的不同，这是因为他们面临的约束条件不一样。因而，在制定投资目标之前，理财规划师要明确客户存在的投资约束条件，这样为客户制订的投资规划便更具有可行性。这些约束条件包括流动性要求、投资期限、税收状况以及各自独特的需求。

（1）流动性。流动性是指某种资产迅速地转变为现金而不遭受损失的能力。通常用立刻将资产销售出去时的价格折扣幅度来衡量流动性。现金和银行支票存款的流动性最高，而股票和债券的流动性稍差，房产和艺术品等资产的流动性最差。一般而言，如果两种资产的其他条件相同，投资者对流动性差的资产要求的回报率也高。投资者在制订投资策略的时候必须考虑将来什么时间需要多少现金。从流动性需求出发，可以确定在投资组合中持有现金或现金等价物的最低比例。例如，客户计划在不久的将来装修房屋，对于现金具有较大的需求，这就需要以更大比例投资于流动性高的资产。

投资期限是指开始投资到预先确定的投资回收日为止的期限长度。例如，为子女的大学教育费用进行储蓄的期限就是距离子女上大学的时间；而为退休生活进行储蓄的投资期限就是这个人的剩余工作年限。当客户在各种投资对象中间进行选择时，投资期限是重要的因素。例如，某种债券的到期日如果恰好与客户需要使用资金的时间一致，这种债券对于客户来说就会具有更大的吸引力。

（2）投资的可获取性。市场上金融产品繁多，投资者的选择也就多了，出于竞争，很多金融机构推出的金融产品的特点明显具有市场细分的特点，例如市场上的证券投资集合资金信托计划收益较高，但是其设置了较高的进入门槛，少则 100 万元，多则上千万元的门槛，这让很多人望而兴叹。

另外，有些金融产品虽然很适合客户，但是也可能出现无法直接购买的情况，比如资产支持证券，目前只能在银行间市场进行交易，因此，个人投资者目前还不能投资资产支持证券。

(3) 税收状况。在对投资决策的结果进行评价时，应该以税后收益率来衡量。对于面临较高税率的客户而言，采取适当的投资策略以达到合理避税和延迟纳税的目的，对投资策略的成功是非常重要的。

(4) 特殊需求。每个客户都具有不同的特征，因此必须考虑客户的特殊需求。一般而言，职业可以看作个人最主要的投资，职业的风险状况在客户的投资决策过程中常常发挥重要的作用。例如，一对夫妇都在银行部门工作，该家庭的风险与银行业的风险具有高度的相关性。因此，该家庭在进行投资的时候，需要对银行业的风险进行规避。

# 第二节 投资工具分析

## 第一单元 股票投资价值分析

### 一、股票价值的类型

与股票价值有关的概念很多，它们在不同场合有不同含义，需要加以区分。

#### （一）股票的面值

股票的面值，是股份公司在所发行的股票上标明的票面金额，它以元为单位，其作用是用来表明每一张股票所包含的资本数额。股票的面值一般都印在股票的正面且基本都是整数，如百元、拾元、壹元等。在我国上海和深圳证券交易所流通的股票，其面值都统一定为壹元，即每股一元。股票票面价值的最初目的，是在于保证股票持有者在退股之时能够收回票面所标明的资产。随着股票的发展，购买股票后将不能再退股，所以股票面值现在的作用：一是表明股票的认购者在股份公司投资中所占的比例，作为确认股东权利的根据。如某上市公司的总股本为 1000 万元，持有一股股票就表示在该股份公司所占的股份为千万分之一；第二个作用就是在首次发行股票时，将股票的面值作为发行定价的一个依据，如我国规定股票发行价应大于或等于其面值，不得低于面值发行。

**（二）股票的净值**

股票的净值，又称为账面价值，也称为每股净资产，指的是用会计的方法计算出来的每股股票所包含的资产净值。其计算方法是将公司的注册资本加上各种公积金、累积盈余，也就是通常所说的股东权益，将净资产再除以总股本就是每股的净值。股票的账面价值是股份公司剔除了一切债务后的净资产。股份公司的账面价值高，则股东实际所拥有的财产就多；反之，股票的账面价值低，股东拥有的财产就少。

股票的账面价值虽然只是一个会计概念，但它对于投资者进行投资分析具有较大的参考作用，也是产生股票价格的直接根据，因为股票价格愈贴近每股净资产，股票的价格就愈接近于股票的账面价值。在股票市场中，股民除了要关注股份公司的经营状况和盈利水平外，还需特别注意股票的净资产含量。净资产含量愈高，公司自己所拥有的本钱就越大，抗拒各种风险的能力也就越强，在盈利水平相同的前提下，股票的收益越高，股票就越有投资价值。因此，账面价值是股票投资价值分析的重要指标，在计算公司的净资产收益率时也有重要的作用。

**（三）股票的清算价值**

股票的清算价值，是指股份公司破产或倒闭后进行清算之时每股股票所代表的实际价值。从理论上讲，股票的每股清算价值应当与股票的账面价值一致，但企业在破产清算时，其财产价值是以实际的销售价格来计算的，而在进行财产处置时，其售价都低于实际价值。所以股票的清算价值就与股票的净值不相一致，一般都要小于净值。股票的清算价值只是在股份公司因破产或因其他原因丧失法人资格而进行清算时才被作为确定股票价格的根据，在股票发行和流通过程中没有什么意义。

**（四）股票的市场价值**

股票的市场价值，又称为股票的市值，是指股票在交易过程中交易双方达成的成交价。股票的市值直接反映着股票市场行情，是股民买卖股票的依据。由于受众多因素的影响，股票的市场价值处于经常性的变化之中。股票的市场价值与股票价格是紧密相连的，股票价格是股票市场价值的集中表现，前者随后者的变化发生相应的波动。在股票市场中，股民是根据股票的市场价值（股票行市）的高低变化来分析判断和确定股票价格的，所以通常所说的股票价格也就是股票的市场价值。

**（五）股票的内在价值**

股票的内在价值，是在某一时刻股票的真正价值，它也是股票的投资价值。计算股票的内在价值需用折现法，由于上市公司的寿命期、每股税后利润及社会平均投资收益率等都是未知数，所以股票的内在价值较难计算，各种价值模型计算出来的“内在价值”只是股票真实的内在价值的估计值，在实际应用中，一般都是取预测值。经济形势的变化、宏观经济政策的调整、供求关系的变化等等都会影响股票未来的收益，引起内在价值的变化。股票的市场价格总是围绕着其内在价值波动。研究和发现股票的内在价值，并将内在价值与市场价格相比较，进而决定投资策略是证券分析家的主要任务。

对股票价值进行评估就是利用各种方法评估股票的内在价值，这些方法可以分为两类：绝对价值评估法和相对价值评估法。

绝对价值评估法，又称收益贴现模型，是将公司未来的现金流进行折现来对公司内在价值进行评估的方法。由于不同资本提供者对现金流索取权的次序有所不同，公司未来现金流的分配也存在差异。按照公司财务理论，企业现金流首先是满足营运资本的需求，剩余的现金流称为企业自由现金流，而企业自由现金流首先需要向债权人支付负债利息，然后才能向公司股东进行红利分配。通常，企业为了未来有更好发挥，需要进行再投资，因而分配给普通股股东的红利往往是扣除再投资和留存收益之后的现金流，这样，与现金流的分配顺序相匹配，不同的现金流决定了不同的现金流贴现模型。其中，股利贴现模型采用的是现金股利，权益现金流贴现模型采用的是权益自由现金流，企业贴现现金流模型采用的是企业自由现金流，如图 2－1 所示。

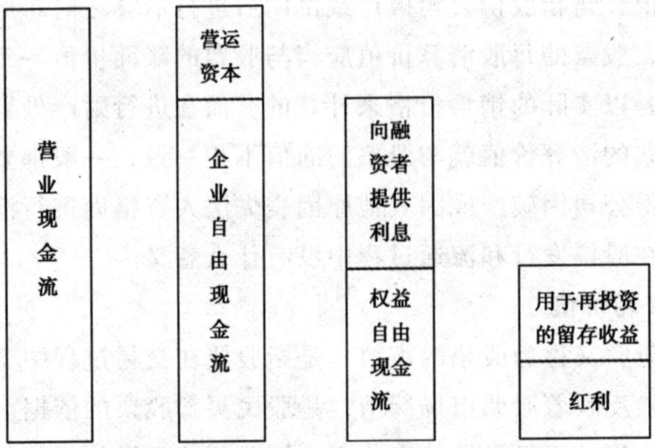


图 2－1　企业现金流图

相对价值模型则是应用一些相对比率将目标公司与具有相同或相近行业特征、财务特征、股本规模或经营管理风格的上市公司进行比较，来对公司股票进行估值。而这些相对比率是影响股票价值和内在价值的重要变量，包括收益、账面价值、现金流和销售额等。

## 二、股利贴现模型

### （一）股利贴现的基本原理

股利贴现法的基本思想是：股票的价值就在于能提供未来的一系列现金流，股票的内在价值就应该是这一系列现金流按照要求的收益率贴现值的加总。假设股票一直持有，那么投资者可以获得股票持有期间上的所有红利，因此当前的股票价值就应当等于未来所有期限上的红利现值之和，计算过程如下：

$$P_0 = \frac{D_1}{1+k} + \frac{D_2}{(1+k)^2} + \cdots + \frac{D_t}{(1+k)^t}$$

$$= \sum_{t=1}^{\infty} \frac{D_t}{(1+k)^t}$$

式中，$P_0$ 为普通股内在价值；$D_t$ 为在时期 t 的预期股利；k 为投资者要求的收益率（即贴现率）。

上述公式假设投资者一直持有股票，事实上，现实中大多数的投资者并非如此，他们在买进股票一段时间后就有可能抛出股票赚取资本利得。因此，股息贴现模型需作相应的调整。

假设投资者持有股票到第三期期末（红利发放之后）卖出。

$$P_0 = \frac{D_1}{1+k} + \frac{D_2}{(1+k)^2} + \frac{D_3}{(1+k)^3} + \frac{P_3}{(1+k)^3}$$

式中，$P_3$ 为第三期期末卖出股票时的价格。根据股息贴现模型，进一步得知该股票在第三期期末的价格应等于该股票当时的内在价值。

$$P_3 = \frac{D_4}{(1+k)} + \frac{D_5}{(1+k)^2} + \cdots + \frac{D_{t+3}}{(1+k)^t}$$

$$= \sum_{t=1}^{\infty} \frac{D_{t+3}}{(1+k)^t}$$

利用上面两个公式，可以得到：

$$P_0 = \frac{D_1}{(1+k)} + \frac{D_2}{(1+k)^2} + \frac{D_3}{(1+k)^3} + \frac{\left[\frac{D_4}{(1+k)} + \frac{D_5}{(1+k)^2} + \cdots\right]}{(1+k)^3}$$

$$= \frac{D_1}{(1+k)} + \frac{D_2}{(1+k)^2} + \frac{D_3}{(1+k)^3} + \frac{D_4}{(1+k)^4} + \frac{D_5}{(1+k)^5} + \cdots$$

$$= \sum_{t=1}^{\infty} \frac{D_t}{(1+k)^t}$$

经过推导可以看出，股利贴现模型选用未来的股息代表投资股票可获得的唯一现金流，不管投资者在买入之后持有多长时间，均可以采用这一模型。

**（二）零增长模型**

利用股利贴现模型计算股票内在价值需要预测未来所有期限的股利水平，这是不太可能实现的。因此，在实际操作时，通常假设未来的股利符合一定的增长规律，从而将公式简化。最简单的情况就是假设每一期的股利保持不变，从而得到零增长模型。

在股利零增长的假设下，$D_0 = D_1 = D_2 = \cdots = D_\infty = D$，或表达为 $g_t = 0$，$g_t$ 表示股利的增长率。此时，可以对股利贴现模型进行简化：

$$
\begin{aligned}
P_0 &= \sum_{t=1}^{\infty} \frac{D_t}{(1+k)^t} \\
&= \frac{D_1}{(1+k)} + \frac{D_2}{(1+k)^2} + \cdots + \frac{D_t}{(1+k)^t} \\
&= \frac{D}{(1+k)} + \frac{D}{(1+k)^2} + \cdots + \frac{D}{(1+k)^t} \\
&= D\sum_{t=1}^{\infty} \frac{1}{(1+k)^t}
\end{aligned}
$$

当 $k>0$，公式可以简化为：$P_0 \approx \frac{D_t}{k}$

**例**：投资者收到 A 公司支付的每股 0.5 元的上年度股利，并预期本年度股利会有 20% 的增长，而以后各年都将保持与本年相同水平的股利。已知 A 公司的每股市价为 5.5 元，投资者要求的股票收益率为 10%，那么 A 公司对投资者来讲，每股价值是多少？

**解**：$D_1 = D_0(1+20\%) = 0.6$（元）

根据零增长股利增长模型：$P_0 = \frac{D_1}{k}$

可以得到：每股价值 $= 0.6/10\% = 6$（元）

因为每股价值 > 每股市价，当前市场价格低估，投资者应当买入该公司股票。

**（三）稳定增长的股利贴现模型**

常数增长模型又称为戈登模型，是股息贴现模型的第二种特殊形式。该模型有三个基本假设条件：股息的支付在时间上是永久性的；各期的股息增长率 $g_t$ 恒等于一个常数 g，即第 t 期的股利 $D_t = D_1(1+g)^{t-1} = D_0(1+g)^t$；模型中的贴现率大于股息增长率，即 $k>g$。

根据以上三个假设条件可以得到：

$$
\begin{aligned}
P_0 &= \sum_{t=1}^{\infty} \frac{D_t}{(1+k)^t} \\
&= \frac{D_1}{(1+k)} + \frac{D_2}{(1+k)^2} + \cdots \\
&= \frac{D_1}{(1+k)} + \frac{D_1(1+g)}{(1+k)^2} + \frac{D_1(1+g)^2}{(1+k)^3} \cdots
\end{aligned}
$$

$$= \frac{D_1}{(k-g)}$$

如果分析师预计某上市公司一年以后支付现金股利 1 元，并将保持 6% 的增长速度不变，投资者对该股票要求的收益率为 12%，那么按照这个模型，股票当前的价格应为：

$$P_0 = \frac{1}{(0.12-0.06)} = 16.67 \text{（元）}$$

如果 $g > k$，这个公式无法解释。这也说明过快增长是无法持续的。由以上公式可以看出，决定股票价格的因素有三个，但这些因素的重要性是不同的。一般认为，增长速度 g 是决定股票价格最重要的因素，持续高增长的公司的股票应该给予高定价。相对应的，如果增长率很低，甚至不增长，即使分红水平很高，股票价格也可能很低。市场往往给持续高增长的股票以溢价。

此模型假设股利稳定增长，那么怎样才会出现股利稳定增长呢？其实只要公司将盈利的一部分用于再投资，再投资项目产生的收益将导致盈利的增长，而盈利的增长将会导致留存收益和股利也将随之增长。

股利的增长率 g 由下列公式求出：

$$g = ROE \times b$$

式中，ROE 为留存收益的回报率；b 为留存比率。

留存比率等于留存收益占净收益的比例，1 减留存比率就等于股利支付率。

利用这种关系，可以计算股票的市盈率：

$$P_0/EPS_1 = \frac{\left[\frac{D_1}{(k-g)}\right]}{EPS_1}$$

$$= \frac{EPS_1(1-b)}{EPS_1(k-g)}$$

$$= \frac{(1-b)}{(k-g)}$$

$$= \frac{(1-b)}{(k-ROE \times b)}$$

许多公共事业的管理者们都运用稳定增长模型，因为稳定增长的假设对许多公共事业来说是合理的，特别是对更为成熟的公司来说，稳定增长模型减少了预期收益下降的估计，而这种下降是在纳税人和公共设施股票持有人双方都愿接受的范围之内的。

**例：**假设 P 公司本年度的收益为 400 万元，该公司计划将 50% 的收益分配给股东，其余 50% 用于企业的再投资。历史数据显示企业的 ROE 为 20%，根据以上信息确定企业的股息增长率。

**解**：$g$ = 留存收益率 × ROE

= （1 − 股利支付率） × ROE

= 50% × 20%

= 0.10

**（四）两阶段增长模型**

在现实中，公司很难始终保持一个固定的增长率，常常表现出在不同阶段具有不同的增长率。最典型的是假定公司经历两个不同的增长阶段，第一个阶段增长率通常较高，第二个阶段保持稳定的增长率。

计算过程如下：

$$P_0 = \sum_{t=1}^{N} \frac{D_t}{(1+k)^t} + \frac{P_N}{(1+k)^N}$$

$$P_N = \frac{D_{N+1}}{(k - g_s)}$$

式中，$P_0$ 为股票当前的价格；N 为高速增长阶段持续 N 期；$P_N$ 为 N 个时期末预期的股票价格；$D_t$ 为在时期 t 预期的股利；k 为要求的回报率；$g_s$ 为第二阶段的稳定增长率。

**（五）三阶段增长模型**

1. 三阶段增长模型的基本原理。两阶段模型假设股利增长率在第 N 年之后突然下降到一个可以持续的水平，而现实中增长率往往是逐渐发生变化的，因此有人提出了三阶段增长模型，该模型最早由莫洛多斯基提出现在仍被广泛运用在投资分析中。这里以第二阶段股息增长率递减为例说明三阶段增长模型的基本原理。该模型将公司股息率的增长划分成三个不同的阶段：

在第一个阶段股息的增长率为某一常数 $g_a$，该阶段持续时间长度为 A；

第二个阶段股息的增长率以线性递减的方式从 $g_a$ 下降到 $g_b$，第二阶段持续的时间长度为 B − A；

从此进入第三阶段，公司的股息增长率将长期维持在 $g_b$ 这个水平，该增长率也是公司长期的正常增长率。股息增长率的三阶段变化如图 2−2 所示：

从图 2−2 中可以看出，在第二阶段的转折期内，任一时点上的股息增长率 $g_t$ 均可由如下公式计算出：

$$g_t = g_a - (g_a - g_b) \times \frac{t - A}{B - A}$$

在第一阶段任一时点上的股息增长率均等于 $g_a$；在第三阶段任一时点上的股息增

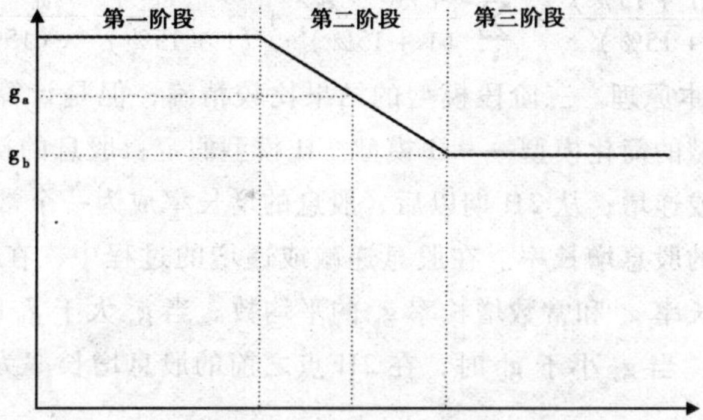


图 2-2 三阶段增长模型

长率则均等于 $g_b$。因此，如果已知 $g_a$、$g_b$、A、B 和期初的股息水平 $D_0$、就可以计算出各期的股息；然后根据贴现率即可计算出股票的内在价值。在计算时，把三个阶段的红利贴现值分别加总，得到当前股票的内在价值。需要注意的是，第三阶段的红利增长率为常数，因此在 B 期期末可以利用稳定增长的股利贴现模型来计算当时的股票内在价值。

**例**：假定 N 公司的股票期初支付的股息为 1 元/每股（$D_0=1$），在今后三年的股息增长率为 15%，股息增长从第 4 年开始递减，从第 9 年开始保持 9% 的增长速度，如果股票的预期报酬率为 15%，试问股票的内在价值是多少？

在本例中，A=3，B=8，$g_a=15\%$，$g_b=9\%$。根据三阶段增长模型的公式可得（如表 2-10 所示）：

**表 2-10** **三阶段股息增长模型**

| | 年份 | 股息增长率（%） | 股息 |
|---|---|---|---|
| 第一阶段 | 1 | 15 | 1.15 |
| | 2 | 15 | 1.32 |
| | 3 | 15 | 1.52 |
| 第二阶段 | 4 | 14 | 1.73 |
| | 5 | 13 | 1.96 |
| | 6 | 12 | 2.21 |
| | 7 | 11 | 2.46 |
| | 8 | 10 | 2.70 |
| | 9 | 9 | 2.95 |
| 第三阶段 | 10 | 9 | 3.21 |

$$P_0 = \sum_{t=1}^{3} \frac{1 \times (1+15\%)^t}{(1+15\%)^t} + \sum_{t=4}^{8} \frac{D_{t-1}(1+g_t)}{(1+15\%)^t} + \frac{D_{10}}{(1+15\%)^9 \times (15\% - 10\%)} = 24.17$$

2. H模型的基本原理。三阶段模型的结果比较精确，但是计算非常繁琐。于是有人提出了三阶段模型的简化模型——H模型。H模型假定：股息的初始增长率为 $g_a$，然后以线性方式递减或递增；从2H期以后，股息的增长率成为一个常数 $g_b$，$g_b$ 反映了公司的一种长期正常的股息增长率。在股息递减或递增的过程中，在H点上的股息增长率恰好等于初始增长率 $g_a$ 和常数增长率 $g_b$ 的平均数。当 $g_a$ 大于 $g_b$ 时，在2H点之前的股息增长率为递减；当 $g_a$ 小于 $g_b$ 时，在2H点之前的股息增长率为递增。前一种情况更为常用。

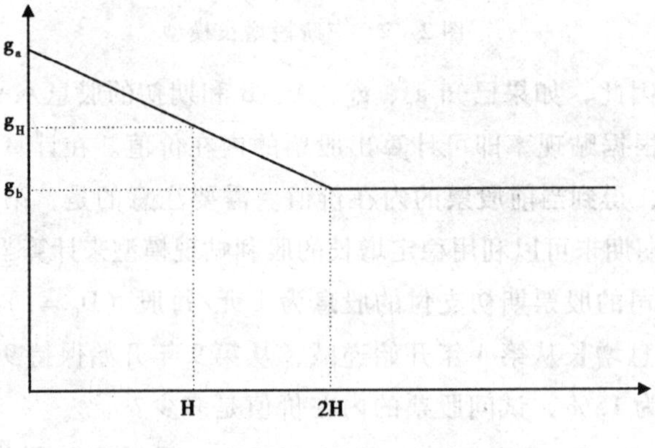


图2－3　H模型

根据图2－3所示，当T＝H时，$g_H = \frac{g_a + g_b}{2}$。在满足上述假定条件的基础上，经证明H模型的股票内在价值计算公式为：

$$P_0 = \frac{D_0}{k - g_b}[(1+g_b) + H(g_a - g_b)]$$

事实上，H模型是在三阶段模型的基础上提出的，通过图2－4可以反映出来二者的联系与区别。

如果假定H点位于三阶段增长模型转折期的中点，也就是H位于股息增长率从 $g_a$ 变化到 $g_b$ 的中点的情况下，H模型与三阶段增长模型的结论非常接近。

**例：**假定N公司的股票期初支付的股息为1元/每股（$D_0 = 1$），在今后三年的股息增长率为15%，股息增长从第4年开始递减，从第10年开始保持9%的增长速度，如果股票的预期报酬率为15%，试问股票的内在价值是多少？

在本例中，$k = 15\%$，$g_a = 15\%$，$g_b = 9\%$。

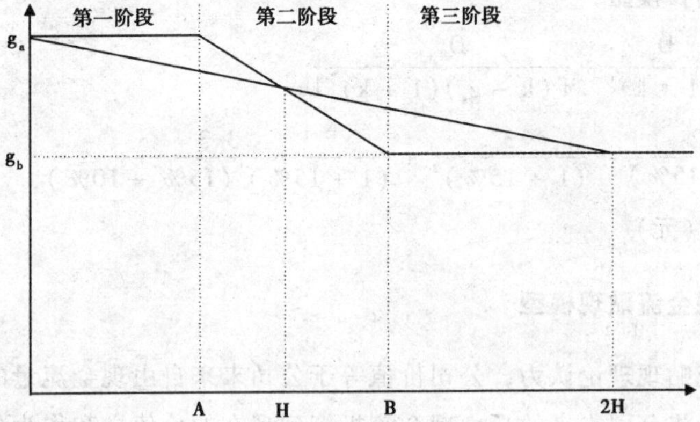


图 2-4 三阶段模型与 H 模型的关系

如果利用 H 模型来计算，则 H=6。

利用前面的公式：

$$P_0=\frac{D_0}{k-g_b}[(1+g_b)+H(g_a-g_b)]$$

$$=\frac{1}{15\%-9\%}[(1+9\%)+6(15\%-9\%)]$$

$$=24.17$$

可见，H 模型可以大大简化三阶段模型的计算，但是计算结果差别并不大。

**（六）多元增长模型**

前面介绍的零增长模型、稳定增长模型、两阶段和三阶段增长模型，其实都是股利贴现模型的特殊形式。现在，我们介绍股利贴现模型的最一般形式——多元增长模型。多元增长模型假定在某一时点 T 之前红利增长率不确定，但在 T 期之后红利增长率为一常数 g。

多元增长模型的股票内在价值计算公式为：

$$P_0=\sum_{t=1}^{T}\frac{D_t}{(1+k)^t}+\frac{D_{T+1}}{(k-g_s)(1+k)^T}$$

**例：**假设 P 公司去年向股东支付每股股利 0.75 元，预计明年将支付每股 2 元的股利，后年的每股股利将增长为 3 元。自此以后，将以每年 10% 的增长率向股东支付股利。假设投资者对 P 公司股票的预期报酬率为 15%，试用多元增长模型估计 P 公司每股股票的市场价值？

从题目中明显可以看出，T=2，g=10%

根据多元增长模型：

$$P_0 = \sum_{t=1}^{T} \frac{D_t}{(1+k)^t} + \frac{D_{T+1}}{[(k-g_s)(1+k)^T]}$$

$$= \frac{2}{(1+15\%)} + \frac{3}{(1+15\%)^2} + \frac{3.3}{(1+15\%)^2(15\%-10\%)}$$

$$= 53.92(\text{元})$$

## 三、自由现金流贴现模型

自由现金流贴现理论认为，公司价值等于公司未来自由现金流量的折现值。即选定恰当的贴现率，将公司未来的自由现金流折算到现在的价值之和作为公司当前的估算价值。该方法利用的基本原理是一项资产的价值等于该资产预期在未来所产生的全部现金流量的现值总和。即公司内在价值表达为：

$$V = \sum_{t=1}^{n} \frac{CF_t}{(1+k)^t}$$

根据增长模式不同，自由现金流贴现模型也有多种形式，如稳定增长模型、两阶段模型、H 模型、三阶段模型和 N 阶段模型等，根据本文论述主题的需要，下面仅简要介绍 FCFE 和 FCFF 模型的基本原理。

### （一）公司自由现金流（FCFF）贴现模型

公司自由现金流（FCFF）是公司支付了所有营运费用、进行了必需的固定资产与营运资产投资后可以向所有投资者分派的税后现金流量。FCFF 是普通股股东、优先股股东和债权人的现金流总和，其计算公式为：

FCFF = EBIT ×（1 - 税率）+ 折旧 - 资本性支出 - 追加营运资本

式中，EBIT 为税息前收入。

FCFF 折现模型认为，公司价值等于公司预期现金流量按公司资本成本进行折现，将预期的未来自由现金流用加权平均资本成本折现到当前价值来计算公司价值，然后减去债券的价值进而得到股权的价值。即公式可表达为：

$$V = \sum_{t=1}^{n} \frac{FCFF_t}{(1+WACC)^t}$$

式中，加权平均资本成本（WACC）为债务资本成本与权益资本成本按照各自在公司总资本中比例进行加权后得平均资本成本。其公式表达为：

$$WACC = \frac{V_e}{V}K_e + \frac{V_d}{V}K_d\,(1-T)$$

总资本价值 $V$ = 股权资本价值 $V_e$ + 债务资本价值 $V_d$；

公司股权资本价值 = 公司总价值 $V$ - 净债务；

股权资本的权重 = $V_e/V$ = （总资本 × 股价）/V；

债务资本的权重 = $V_d/V$（注意采用付息债务价值）；

市价权重仅有参考意义，建议采用长期目标资本结构（通过观察行业历史水平、与公司高官沟通、预测未来投资等确定）；

债务成本 = 债务税息前成本 $K_d$ ×（1 - 有效税率）；

股权成本（Ke），可以根据 CAPM 模型计算。

由于自由现金流贴现法的依据是公司的价值等于一段时间预期的自由现金流和公司的终极价值的现值，若企业具有比较稳定的现金流量，则比较适合采用此类方法，如公用事业型公司。

**（二）股权资本自由现金流（FCFE）贴现模型**

股权资本自由现金流（FCFE）是在公司用于投资、营运资金和债务融资成本之后可以被股东利用的现金流，它是公司支付所有营运费用、再投资支出、所得税和净债务支付（即利息、本金支付减发行新债务的净额）后可分配给公司股东的剩余现金流量。FCFE 的计算公式为：

FCFE = 净收益 + 折旧 - 资本性支出 - 营运资本追加额 - 债务本金偿还 + 新发行债务

FCFE 折现估价模型的基本原理，是将预期的未来股权活动现金流用相应的股权要求回报率折现到当前价值来计算公司股票价值。公式表达为：

$$V = \sum_{t=1}^{n} \frac{FCFE_t}{(1 + Ke)^t}$$

式中，V 为公司价值；$FCFE_t$ 为 t 期的现金流；$K_e$ 为根据 CAPM 模型计算的股权成本。

FCFE 有永续稳定增长模型、两阶段增长模型和三阶段模型等，其中永续稳定增长模型最适用于增长率接近于整个经济体系增长水平的公司，两阶段 FCFE 模型最适用于分析处于高增长阶段并且将保持一定时期高增长的公司，如拥有专利的公司或处于具有显著进入壁垒行业的公司。

## 四、相对价值评估法

绝对价值评估模型是在估计增长率和相应贴现率的基础上对股票内在价值进行估计；相对价值模型则是应用一些相对比率将目标公司与具有相同或相近行业特征、财务特征、股本规模或经营管理风格的上市公司进行比较，来对公司股票进行估值。而这些相对比率是影响股票价值和内在价值的重要变量，包括收益、现金流、账面价值和销售额等。在此，我们探讨的相对比率主要包括市盈率、市净率、市价/现金流比率。

（一）市盈率模型（P/E）

对于普通股而言，投资者应得到的回报是公司的净收益。因此，投资者估价的一种方法就是确定投资者愿意为每一单位的预期收益（通常以 1 年的预期收益表示）支付的金额。例如，如果投资者愿意支付 15 倍的预期收益，那么他们估计每股收益为 0.5 元的股票在下一年的价值为 7.5 元。这样，投资者就可以计算出当前的收益倍数，即市盈率（P/E）。计算公式如下：

市盈率 = 市场价格/预期年收益

市盈率是投资回报的一种度量标准，即股票投资者根据当前或预测的收益水平收回其投资所需要计算的年数。当前市盈率的高低，表明投资者对该股票未来价值的主要观点。投资者必须将 P/E 比率与整体市场、该公司所属行业及其他类似公司和股票 P/E 比率进行比较，以决定他们是否认同当前的 P/E 比率水平。也就是说，根据市盈率比率偏高或偏低，判断该股票价格高估还是低估。

既然市盈率的高低对投资具有参考性，下面我们以前面讨论的股利贴现模型来分析影响市盈率的因素，若用 $P_0$ 表示模型的估计价格，则存在：

$$P_0 = \frac{D_1}{k-g}$$

两边同时除以预期盈利 $E_1$，则可得到：

$$P_0/E_1 = \frac{D_1/E_1}{k-g}$$

从公式可见，市盈率是由以下因素所决定的：（1）预期股利派发率 $D_1/E_1$；（2）股票的必要回报率 k；（3）股利增长率 g。

尽管上述 D/E、g、k 三种因素对 P/E 都有影响，但 k 和 g 的差值是决定 P/E 比率的关键因素。尽管股利派发率对 P/E 也有影响，但由于公司长期的目标股利派发率相当稳定，故对 P/E 的影响很小。

在其他条件不变时，派息率越高，市盈率越高；股利预期增长率 g 越高，市盈率越高；必要回报率 k 越高，市盈率越低。

由于市盈率指标表示股票价格和每股收益的比率，可直接应用于不同收益水平的价格比较，对股价估值简单而实用，因而成为投资者进行权益证券估值的最广泛指标之一。相应的，市盈率指标也存在一些缺陷，该指标并没有告诉投资者：（1）公司盈利预计以什么方式增长？（2）公司盈利增长是加速增长还是减速增长？（3）公司的盈利能力如何与其他相同的风险——收益关系的投资进行比较？（4）如何对相同市盈率的公司盈利进行区分?

针对市盈率指标的上述缺陷,最近几年流行的市盈率增长因子是对 P/E 静态性缺陷的重要补充。市盈率增长因子是市盈率除以公司盈利年增长率的商。其中,用估计盈利增长率除市盈率可以测算公司成长的速度,这就是著名的预期市盈率增长因子。市盈率增长因子越低,表示公司的发展潜力越大,公司的潜在价值也就越高。

例如,某两家公司的市盈率都是 20,但是盈利增长率不同,公司 A 的盈利增长率为 20%,而公司 B 的盈利增长率为 5%,那么公司 A 的预期市盈率增长因子为 1(20 除以 20),而公司 B 的预期市盈率增长因子为 4(20 除以 5)。可见,公司 A 成长较快,从而预示着该公司有更好的发展潜力和投资价值。

**(二)市净率模型(P/B)**

账面价值是公司净资产的会计指标。市净率是衡量公司价值的重要指标,市净率的计算公式为:

市净率 = 每股市价/每股净资产

相对于市盈率,市净率在使用中有着其特有的优点:第一,每股净资产通常是一个累积的正值,因此市净率也适用于经营暂时陷入困境的企业及有破产风险的公司;第二,统计学证明每股净资产数值普遍比每股收益稳定得多;第三,对于资产中包含大量现金的公司,市净率是更为理想的比较估值指标。这样 P/B 尤其适用于公司股本的市场价值完全取决于有形账面值的行业,如银行、房地产公司。而对于没有明显固定成本的服务性公司,账面价值意义不大。

同时,市净率在使用过程中也存在一定局限性。由于会计计量的局限,一些对企业非常重要的资产并没有确认入账,如商誉、人力资源等;当公司在资产负债表上存在显著的差异时,作为一个相对值,P/B 可能对信息实用者有误导作用。

**(三)市价/现金流比率(P/CF)**

由于公司盈利水平容易被操纵而现金流价值通常不易操纵,市价/现金比率越来越多地被投资者所采用。同时,根据信用评价"现金为王"的法则,现金流价值在基本估值中也是很关键的。价格与现金流的比率(P/CF)的计算公式如下:

$$\frac{P}{CF}=\frac{P_t}{CF_{t+1}}$$

式中,$P_t$ 为 t 期股票的价格;$CF_{t+1}$ 为公司在 t+1 期的预期每股现金流。

影响这个比率的因素与影响 P/E 的因素相同,即这些变量应该是所采用的现金流变量的预期增长率和由于现金流序列的不稳定或波动性所带来的股票的风险。用来计算的具体现金流通常是扣除利息、税款、折旧和摊销之前的收益(EBITA),但具体会采用哪种现金流则随公司和行业的性质不同以及哪种现金流对行业绩效的方便计量而变化（如营运现金流或自由现金流）。同时，合适的 P/CF 比率也会受到公司资本结构的影响。

**（四）其他相对估价法**

许多刚建立的公司并没有盈利。因此，无法用市盈率估计这类公司的股票价格。价格/销售收入（股价对每股年销售收入的比率）近年来成为评估股票价值的流行指标。

### 五、对估值模型的评价

1. 要去学习国际上流行的估值方法模型，并不一定是要具体应用，但是可以明白很多机构投资者的观点看法，对自己判断股票是有一定帮助的。

2. 谨慎对待自己创造的“股票估值方法或模型”。去学习一般通用估值方法是因为大多数人在考虑估值的时候都使用这种方法。因此，发明自己独创的方法或模型的前提是：你必须对估值的来龙去脉非常清楚，深知其利弊，并能经过改良后在中长期实践中得到验证。否则，创造出一套方法模型容易，但是得到市场的长期认可却很难。

3. 千万不要以为利用一套估值模型就能战胜市场！到目前为止，全世界还没有谁靠一套估值模型就能战胜市场的。根据美国人对美国股市 70 余年的各种投资策略和估值模型进行的测试统计表明：在长时间来看，大部分固定的策略或者估值模型都无法明显超越同期股市指数。因此，估值模型只是基本分析的一个环节，你可以相信它，也可以作为分析机构看法观点的工具。如果你把其他的工作都略掉，那吃亏的只能是自己。

当然，市场上投资者形形色色，不研究分析股票的估值方法模型并不意味着就不能从股市上获得成功。学习分析了也不意味着你就比其他的投资者多了多少胜算。但是，至少你知道了你的一个强劲对手——机构是如何在股市上通过研究分析试图战胜你的！

## 第二单元　固定收益证券投资价值分析

在这一部分我们将对债券的定价进行讨论。作为固定收益证券，债券的未来现金支付可以事前确定，因此贴现率或市场利率成为决定债券价格的主要因素，而利率变动导致债券价格波动的风险，即利率风险就成为债券投资中需要格外关注的问题。因此，本部分将分别对债券的定价以及利率风险进行重点介绍。

### 一、债券内在价值分析

**（一）债券定价的基本原理**

债券定价通常采用收入资本化方法。收入资本化方法，又称为现金流贴现法，包括股息（或利息）贴现法和自由现金流贴现法。作为金融资产定价的最基本方法，收入资本化法认为任何资产的内在价值取决于该资产预期未来现金流的当前价值。而通过对比资产内在价值与市场价格，可以判定该资产是否被高估或者低估，从而有助于投资者进行正确的投资决策。所以债券内在价值的衡量成为债券价值分析的核心。在一个有效的债券市场上，大量投资者的交易行为会使得债券的市场价格与其内在价值基本相等。

**（二）不同类型债券的定价**

零息债券以低于债券面值的方式发行，持有期间不支付利息，到期按债券面值偿还。因此，债券发行价格与面值之间的差额就是投资者的利息收入。由于面值是零息债券未来唯一的现金流，所以，这种债券的内在价值为：

$$P_0 = \frac{M}{(1+y)^T}$$

式中，$P_0$ 为债券的内在价值；M 为债券面值，即到期支付；y 是市场利率，即该债券的到期收益率，也就是未来现金流的贴现率；T 为到期时间，或债券距离到期日的时间长度。

**例：**某零息债券面值为 1000 元，期限为 10 年，市场利率为 6%，则该债券的内在价值为：

$$P_0 = \frac{M}{(1+y)^T} = \frac{1000}{(1+6\%)^{10}} = 558.39\ （元）$$

**（三）附息债券的价值**

附息债券按照票面金额和息票利率逐期计算并支付利息，到期偿还本金。投资者不仅可以在债券到期时收回本金（面值），而且还可以定期获得固定的利息收入。因此，该类债券的内在价值为：

$$P_0 = \frac{C}{(1+y)} + \frac{C}{(1+y)^2} + \cdots + \frac{C}{(1+y)^T} + \frac{M}{(1+y)^T}$$

其中，C 为投资者每期可以获得的债券利息。

**例：**某债券面值为 1000 元，票面利率为 10%，期限为 20 年，每年支付一次利息，市场利率也为 10%，则该债券的内在价值为：

$$V = \frac{C}{(1+y)} + \frac{C}{(1+y)^2} + \cdots + \frac{C}{(1+y)^T} + \frac{M}{(1+y)^T}$$

$$= \frac{100}{(1+10\%)} + \frac{100}{(1+10\%)^2} + \cdots + \frac{100}{(1+10\%)^{20}} + \frac{1000}{(1+10\%)^{20}}$$

$$= 1000\ （元）$$

这里，债券价值正好与其面值相等。这并不是巧合，后面的分析中我们将看到，当债券票面利息率与市场利率相等时，债券内在价值总是等于其面值，也就是债券按平价发行或交易。

### （四）一次性还本付息债券的价值

我国发行的实物国债基本上都是一次性还本付息债券，通常还不能提前兑换，所以，一次性还本付息的债券只有一次现金流动，也就是到期日的本息之和。所以，对于这样的债券只需要找到合适的贴现率，而后对债券终值贴现就可以了。如果债券的利息支付按照年复利进行计算，一次性还本付息债券的定价公式为：

$$P_0=\frac{M(1+r)^n}{(1+y)^T}$$

式中，r 为债券的票面利率；n 为从发行日至到期日的时期数；T 为债券距离到期日的时间。

如果债券的利息支付按照单利进行计算，一次性还本付息债券的定价公式为：

$$P_0=\frac{M(1+r\times n)}{(1+y)^T}$$

**例：**某 5 年期国债票面利率为 5%，面值为 1000 元，到期一次性还本付息，市场利率为 5%。如果债券利息支付按复利进行，则该债券的内在价值为：

$$P_0=\frac{M(1+r)^n}{(1+y)^T}=\frac{1000(1+5\%)^5}{(1+5\%)^5}=1000\text{（元）}$$

如果债券利息支付按照单利进行计算，则该债券的内在价值为：

$$P_0=\frac{M(1+r\times n)}{(1+y)^T}=\frac{1000(1+5\%\times 5)}{(1+5\%)^5}=979.41\text{（元）}$$

### （五）统一公债的价值

统一公债是一种没有到期日的特殊附息债券。最典型的统一公债是英格兰银行在 18 世纪发行的英国统一公债，英格兰银行保证对该公债的投资者永久地支付固定的利息。直至今日，在伦敦的证券市场上，仍然可以买卖这种公债。历史上，美国政府为巴拿马运河融资时也曾发行过类似的统一公债。但是由于该公债附有可赎回条款，如今已经全部被赎回，退出流通。现代公司中的优先股东可以无限期地获得固定的股息，这种收益特征也非常类似于统一公债。不考虑赎回的问题，那么统一公债未来能够获得的利息收入是无限期的，其内在价值为：

$$P_0=\frac{C}{(1+y)}+\frac{C}{(1+y)^2}+\cdots=\frac{C}{y}$$

**例：**假设某统一公债每年的固定利息支付是 100 元，市场利率为 10%，则该债券的内在价值为：

$$V = \frac{C}{y} = \frac{100}{10\%} = 1000\ （元）$$

**（六）债券到期收益率（Yield to Maturity，YTM）**

从债券定价公式中可以看到，在给定债券未来现金流的情况下，债券价值与到期收益率之间具有一一对应的关系。因此，计算债券价值与求债券到期收益率就成为债券定价问题的两个方面。已知到期收益率可以求价值，已知价值也可以求解到期收益率。

在计算到期收益率时，前面的公式需要做微小的调整。由于投资者是按照市场价格买卖债券，我们将等式左边的债券价值替换为市场价格，以反映投资者的投资成本。这样，到期收益率就是使债券产生的现金流量等于其市场价格（初始投资）的收益率（或贴现率）。这一收益率同时被看作债券自购买日保持至到期日为止投资者所获得的平均报酬率。令P代表购买债券的价格，则附息债券的到期收益率由下式确定：

$$P = \frac{C}{(1+y)} + \frac{C}{(1+y)^2} + \cdots + \frac{C}{(1+y)^T} + \frac{M}{(1+y)^T}$$

**例：**某债券的当前价格是1036元，距到期日还有5年，票面利率是6%，面值为1000元，求该债券的到期收益率。

根据到期收益率公式，有：

$$1036 = \frac{60}{(1+y)} + \frac{60}{(1+y)^2} + \cdots + \frac{60}{(1+y)^5} + \frac{1000}{(1+y)^5}$$

这个等式里有一个未知数y，就是我们要求的到期收益率。显然，这个方程存在唯一解，传统的方法是利用试错法来估计y，现在我们可以利用专门财务计算器或EXCEL等工具来计算到期收益率，该债券的到期收益率为5.16%。

到期收益率不仅考虑到了当前的利息收入，而且考虑到了投资者将债券一直持有到期而获得的任何资本利得或损失。除此之外，到期收益率还将现金流量的时间性考虑在内。但是，到期收益率的计算有一个重要的前提，那就是在整个债券的生命期间市场利率保持不变，这样债券的利息能够以这个“到期收益率”进行再投资。否则，债券的利息的投资收益率不一定与原来的到期收益率相等，这样一来，就不能保证投资者投资的实际收益率与到期收益率相等。

除了到期收益率外，债券投资中还常见以下收益率概念。

1. 现金收益率（Current Yield）。现金收益率是债券年利息与其市场价格之比，计算公式为：现金收益率 = 息票利息/市场价格。例如，期限为15年、票面利率是7%、面值为1000元、售价为700元的债券的现金收益率是70/700 = 10%。

2. 持有期收益率。持有期收益率是债券在持有期间内实现的回报率。例如，一种30年期，年息票收入为80元的债券以1000元购入，它的到期收益率是8%；如果一年后债券的价格上升到1050元，那么在这1年的持有期间上，债券的持有收益率为［80＋（1050－1000）］/1000＝13%。

3. 税后收益率。部分债券的利息收入要交纳所得税。税后收益率就是在扣除了利息所得税后的收益率。税后收益率＝税前收益率×（1－税率）。例如，假设需要课税的债券到期收益率是9%，投资者面临的税率是31%，则税后收益率是9%×（1－31%）＝6.21%。另外，我们还可以据此确定免税债券的“课税等值收益率”（equivalent taxable yield）。课税等值收益率＝免税收益率/（1－税率）。例如，一位投资者购买了收益率为6.21%的免税债券，其所适用的税率是31%，则课税等值收益率是0.0621/（1－0.31）＝0.09＝9%。

4. 总收益率。总收益率是使债券投资额达到投资期末可得未来收入的收益率。其计算公式为：

$$总收益率=\left(\frac{未来总收入}{债券的购买价格}\right)^{1/n}-1$$

公式，n为投资期数。未来总收入＝债券的购买价格＋总收益。总收益＝债券利息＋债券期满或被赎回或被出售时的资本利得（或资本损失）＋定期获得的利息的再投资利息收入（利息的利息）。

在总收益的公式中，后两项受到利率变动的影响。因此，计算总收益率的前提是先要找到一个使投资者满意的再投资利率。如果再投资利率与债券的到期收益率不同，那么投资者的实际回报率与根据购买价格计算的到期收益率就会不一致。这样的情况是经常发生的，因为市场利率总是处于不断的波动之中。所以总收益率相比到期收益率而言，是一种更现实的收益率指标。

## 二、债券属性与债券价值

### （一）到期时间

到期时间与债券价值之间的关系比较复杂，它依赖于息票利率与市场利率的大小关系。当息票利率大于市场利率时，到期时间越长，债券内在价值越大；而如果息票利率小于市场利率，那么到期时间越长，债券内在价值反而越小。假设市场利率为6%，考虑以下两组债券的定价。第一组债券包括到期时间分别为1年、10年、20年和30年的4种附息债券，其票面利息率为4%；第二组债券同样包括到期时间分别为1年、10年、20年和30年的4种附息债券，但其票面利息率为8%。两组债券的内在价值如表

2－11所示。很显然，第一组债券的价值随着到期时间增大而减小，第二组债券的价值随着到期时间增大而增大。

**表 2－11　不同息票利率下到期时间与债券价值的关系**

| 票面利息率 | 不同到期时间下的债券内在价值 | | | |
|---|---|---|---|---|
| | 1 年 | 10 年 | 20 年 | 30 年 |
| 第一组（4%） | 981 | 853 | 771 | 725 |
| 第二组（8%） | 1019 | 1147 | 1229 | 1275 |

在利率敏感性方面，当其他条件完全一致时，债券的到期时间越长，市场利率变化引起的债券价格的波动幅度越大。但是，当到期时间变化时，市场利率变化引起的债券边际价格变动率递减。

假定存在 4 种期限分别为 1 年、10 年、20 年和 30 年的债券，它们的息票利率都是 6%，面值均为 1000 元，其他属性也完全一样。如果初始的市场利率与息票利率相同，那么这四种债券的初始内在价值都应当是 1000 元。如果市场利率上升到 8% 或下降到 4%，那么这 4 种债券的内在价值将会发生如表 2－12 所示的变化。

**表 2－12　到期时间与内在价值**

| 期限（年） | 不同利率水平下债券的内在价值（元） | | | 内在价值的变化率（%） | |
|---|---|---|---|---|---|
| | 6% | 8% | 4% | 市场利率由 6% 到 8% | 市场利率由 6% 到 4% |
| 1 | 1000 | 981 | 1019 | －1.9 | +1.9 |
| 10 | 1000 | 865 | 1162 | －13.5 | +16.2 |
| 20 | 1000 | 804 | 1272 | －19.6 | +27.2 |
| 30 | 1000 | 774 | 1346 | －22.6 | +34.6 |

### （二）息票率

息票利率是印制在债券票面上的固定利率。息票利率是年利息收入与债券面值的比率，它决定了投资者在持有期内可以获得的未来现金流量的大小。因此，在其他属性不变的条件下，债券的息票利率越低，债券的内在价值越小。并且，在其他条件相同的情况下，债券的息票利率越低，市场利率变化引起的债券价格的波动幅度越大，也就是说债券价值对利率的敏感性越大。

考虑 5 种债券，它们的期限均为 20 年，面值均为 1000 元。唯一的区别在于息票利率不同，分别为 4%、5%、6%、7% 和 8%。假设初始市场利率水平为 7%，那么可以运用附息债券的定价公式分别计算5种债券的初始内在价值。再假设市场利率发生了变化（上升到9%或下降到5%），相应的债券内在价值也会发生变化，但是由于息票利率的差异，相同市场利率变动所带来的债券价值的变动幅度是不相同的，计算结果如表2-13所示。

表2-13 息票利率与债券内在价值

| 息票率 | 不同利率水平下债券的内在价值（元） | | | 内在价值的变化率（%） | |
|---|---|---|---|---|---|
| | 7% | 9% | 5% | 市场利率由7%到9% | 市场利率由7%到5% |
| 4% | 682.18 | 543.57 | 875.38 | -20.32% | 28.32% |
| 5% | 788.12 | 634.86 | 1000.00 | -19.45% | 26.88% |
| 6% | 894.06 | 726.14 | 1124.62 | -18.78% | 25.79% |
| 7% | 1000.00 | 817.43 | 1249.24 | -18.26% | 24.92% |
| 8% | 1105.94 | 908.71 | 1373.87 | -17.83% | 24.23% |

从表2-13可以发现，面对同样的市场利率变动，5种债券中息票利率最低的债券，其内在价值波动幅度最大，而随着息票利率的提高，债券内在价值的波动幅度逐渐降低。所以，债券的息票利率越低，市场利率变动引起的债券内在价值（市场价格）的波动幅度越大。

**（三）可赎回条款**

许多债券（主要是公司债）在发行时含有可赎回条款，即在一定时间内发行人有权赎回债券。可赎回条款对发行人有利，当市场利率下降时，债券的发行人能够以更低的成本筹到资金，并利用新筹集的资金赎回旧债。这种放弃高息债券、以低息债券重新融资的行为称为再融资。发行人行使赎回权时，以赎回价格将债券从投资者手中收回。初始赎回价格通常设定为债券面值加上年利息，并且随着到期时间的减少而下降，逐渐趋近于面值。尽管债券的赎回价格高于面值，但是，赎回价格的存在制约了债券市场价格的上升空间，并且增加了投资者的交易成本，所以，降低了投资者的投资收益率。为此，可赎回债券往往规定了赎回保护期，即在保护期内，发行人不得行使赎回权。这种债券称为有限制的可赎回债券。常见的赎回保护期是发行后的5~10年。

可赎回条款的存在，降低了该类债券的内在价值，并且降低了投资者的实际收益率。当然，为弥补被赎回的风险，这种债券发行时通常有较高的息票率和较高的承诺到期收益率。

**（四）可转换条款**

可转换债券的持有者可以用债券来交换一定数量的其他证券，其中最常见的是可转换为公司普通股的债券。

可转换性是可转换债券的重要标志，债券持有人可以按约定的条件将债券转换成股票。转股权是投资者享有的、一般债券所没有的选择权。可转换债券在发行时就明确约定，债券持有人可按照发行时约定的价格将债券转换成公司的普通股票。如果债券持有人不想转换，则可以继续持有债券，直到偿还期满时收取本金和利息，或者在流通市场出售变现。如果持有人看好发债公司股票增值潜力，在宽限期之后可以行使转换权，按照预定转换价格将债券转换成为股票，发债公司不得拒绝。正因为具有可转换性，可转换债券利率一般低于普通公司债券利率，企业发行可转换债券可以降低筹资成本。

可转换债券兼有债券和股票双重特点，对企业和投资者都具有吸引力。1996 年我国政府决定选择有条件的公司进行可转换债券的试点，1997 年颁布了《可转换公司债券管理暂行办法》，2001 年 4 月中国证监会发布了《上市公司发行可转换公司债券实施办法》，极大地规范、促进了可转换债券的发展。

可转换债券具有双重选择权的特征。一方面，投资者可自行选择是否转股，并为此承担转债利率较低的机会成本；另一方面，转债发行人拥有是否实施赎回条款的选择权，并为此要支付比没有赎回条款的转债更高的利率。双重选择权是可转换公司债券最主要的金融特征，它的存在使投资者和发行人的风险、收益限定在一定的范围以内，并可以利用这一特点对股票进行套期保值，获得更加确定的收益。

**（五）违约风险**

债券的违约风险也叫信用风险，是指债券发行人未按照契约的规定支付债券的本金和利息，从而给债券投资者带来损失的可能性。一般而言，政府债券不存在违约风险问题，而公司债券的违约风险比政府债券高，因此，公司债券投资者需要较高的利率作为补偿。

违约风险是公司债券的一个主要风险，因此，在债券的公开发行中，发行人要做的一项重要工作就是请专门的债券评级机构对其所发行债券的信用等级进行评定，信用评级的结果反映了债券的安全程度，或该债券的风险的大小。债券的违约风险与债券收益率之间的关系表现为：投资者对不同违约风险的债券要求的投资收益率不同。债券违约风险越高，投资者要求的风险补偿越高，即债券为投资者提供的回报率越大。

**（六）利率风险**

债券作为固定收益类证券，在债务人不违约的前提下，其未来现金流是事先确定的，而影响债券当前价值的主要可变因素就是收入资本化公式中位于分母上的市场利率，或者贴现率。在其他条件不变的情况下，债券的价值与市场利率之间存在反向变动关系：当市场利率上升时，债券价值下降；当市场利率下降时，债券价值上升。同时，对于同样的利率变化幅度，利率上升对债券价值的影响要小于利率下降的影响。

**表 2－14　　债券在不同利率下的价值**

| 市场利率（%） | 5% | 6% | 7% | 8% | 9% | 10% |
|---|---|---|---|---|---|---|
| 债券 1 的价值（元） | 614 | 558 | 508 | 463 | 422 | 386 |
| 债券 2 的价值（元） | 1154 | 1073 | 1000 | 933 | 872 | 816 |
| 债券 3 的价值（元） | 1309 | 1221 | 1140 | 1067 | 1000 | 939 |

注：债券 1 为 10 年期零息债券；债券 2 为 10 年期，息票利率为 7% 的债券；债券 3 是息票利率为 9% 的 10 年期债券。

对于大多数的普通债券而言，价值与市场利率之间的相关性都可以用一条向下倾斜的凸向原点的曲线来描述，如图 2－5 所示。

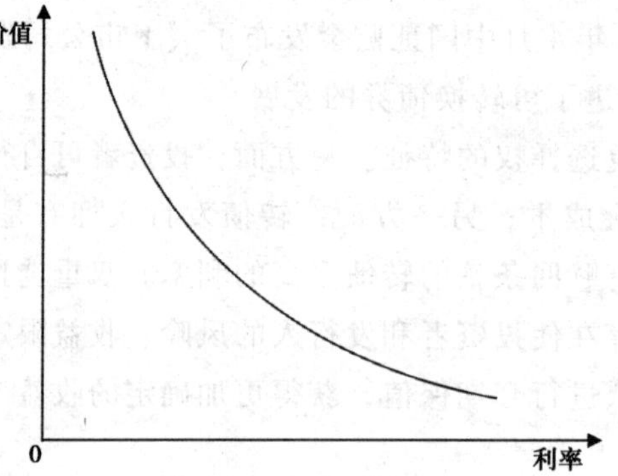


图 2－5　债券价值与市场利率

事实上，债券价值的波动，即主要风险正是由于市场利率变动导致的价格波动风险，也就是通常所说的利率风险。到期时间、票面利息率等债券属性，都会影响债券的利率敏感性。利率风险是债券投资分析的核心内容，所以，本节第四部分将专门对此进行分析。

## 三、债券定价原理

1962 年，麦尔基尔（B. G. Malkiel）最早系统性地提出了债券定价的五个原理，对影响债券价值的若干因素进行了较为全面的分析。至今，这些原理仍然是债券定价理论的核心和精华。

**定理 1**：债券的价值与债券的收益率成反比例关系。具体而言，当债券价格上升时，债券的收益率下降；反之，当债券价格下降时，债券的收益率上升。

**例**：某刚刚发行的 5 年期债券，面值为 1000 元，息票利率为 8%，每年支付 80 元的利息。如果现在市场价格为其面值，则该债券的到期收益率为 8%。如果市场价格上升到 1100 元，则该债券的收益率下降至 5.76%，低于其息票利率。反之，如果市场价格下降到 900 元，则该债券的收益率升至 10.98%，高于其息票利率。计算过程如下：

$$1000=\frac{80}{(1+8\%)}+\frac{80}{(1+8\%)^2}+\cdots+\frac{80+1000}{(1+8\%)^5}$$

$$1100=\frac{80}{(1+5.76\%)}+\frac{80}{(1+5.76\%)^2}+\cdots+\frac{80+1000}{(1+5.76\%)^5}$$

$$900=\frac{80}{(1+10.98\%)}+\frac{80}{(1+10.98\%)^2}+\cdots+\frac{80+1000}{(1+10.98\%)^5}$$

**定理 2**：当债券的收益率不变，即债券的息票利率与收益率之间的差额固定不变时，债券的到期时间与债券价值的波动幅度之间成正比关系。到期时间越长，同样利率变动导致的价格波动幅度越大；反之，到期时间越短，同样利率变动导致的价格波动幅度越小。

定理 2 不仅适用于不同债券之间利率敏感性的比较，而且可以解释同一债券随着到期日的临近，其价值利率敏感性的变动。

**例**：某 5 年期债券，面值为 1000 元，息票利率为 6%，每年支付一次利息。债券发行时的收益率为 9%，发行价格为 883.3 元，低于面值。一年以后，如果该债券的收益率维持在 9% 不变，其市场价格将为 902.8 元。这种变动说明了在维持收益率或市场利率不变的条件下，随着债券期限的临近，债券价格的波动幅度从 116.7（1000 − 883.3）元减少到 97.2（1000 − 902.8）元，两者的差额为 19.5 元，约占面值的 1.95%。具体计算公式如下：

$$833.3=\frac{60}{(1+9\%)}+\frac{60}{(1+9\%)^2}+\cdots+\frac{60+1000}{(1+9\%)^5}$$

$$902.8=\frac{60}{(1+9\%)}+\frac{60}{(1+9\%)^2}+\cdots+\frac{60+1000}{(1+9\%)^4}$$

**定理 3**：随着债券到期日的临近，债券价格对市场利率的敏感性降低（即同样利率变动导致的价格波动幅度减少）并且是以递增的速度降低；反之，到期时间越长，债券价格对市场利率的敏感性提高（即同样利率变动导致的价格波动幅度增加），并且是以递减的速度提高。

定理 3 适用于不同债券之间价格波动率的比较，以及同一债券的价格波动与其到期时间的关系。

**例**：某 5 年期债券，面值为 1000 元，息票利率为 6%，每年支付一次利息。债券发行时的收益率为 9%，发行价格为 883.3 元，低于面值。一年以后，如果该债券的收益率维持在9%不变，其市场价格将为902.8元。两年以后，如果收益率仍然为9%，则该债券市场价格为924.1元，该债券的价格波动幅度为75.9（1000－924.1）元。比前面例子中的97元减少了21.1元，占面值的比例为2.11%。所以，发行时与第一年的市场价格波动幅度之差（1.95%）小于第一年与第二年的市场价格波动幅度之差（2.11%），也就是说随着到期时间的临近，债券价格的利率敏感性降低，并且以递增的速度降低。

**定理4**：对于某一特定债券，由收益率下降导致的债券价格上升的幅度大于同等幅度的收益率上升导致的债券价格下降的幅度。具体而言，对于同等幅度的收益率变动，收益率下降给投资者带来的利润大于收益率上升给投资者带来的损失。

**例**：某5年期债券，面值为1000元，息票利率为7%。假定发行价格等于面值，那么在发行时其收益率等于7%。考虑1%的变动，那么当收益率上升到8%时，该债券的价格将下降到960.1元，价格波动幅度为39.9元；反之，当收益率下降到6%，该债券的价格将上升至1042.1元，价格波动幅度为42.1元。显然，同样1个百分点的收益率变动，收益率下降导致的债券价格上升幅度（42.1元）大于收益率上升导致的债券价格下降幅度（39.9元）。具体计算如下：

$$1000=\frac{70}{(1+7\%)}+\frac{70}{(1+7\%)^2}+\cdots+\frac{70+1000}{(1+7\%)^5}$$

$$960.1=\frac{70}{(1+8\%)}+\frac{70}{(1+8\%)^2}+\cdots+\frac{70+1000}{(1+8\%)^5}$$

$$1042.1=\frac{70}{(1+6\%)}+\frac{70}{(1+6\%)^2}+\cdots+\frac{70+1000}{(1+6\%)^5}$$

**定理5**：对于给定的收益率变动幅度，债券的息票利率与债券价格的波动幅度之间成反比关系。具体而言，息票利率越高，债券价格的波动幅度越小；反之，息票利率越低，债券价格的波动幅度越大。

**例**：两个5年期的债券A和B，面值均为1000元，债券A息票利率为7%，债券B息票利率为9%。如果两者收益率都是7%，那么债券A的价格为1000元，而债券B的价格为1082.0元，高于面值。如果两种债券的收益率都上升到8%，则债券A的价格将下降至960.1元，而债券B的价格将降至1039.9元。显然，债券B的价格波动幅度小于债券A。

债券A的价值：

$$1000=\frac{70}{(1+7\%)}+\frac{70}{(1+7\%)^2}+\cdots+\frac{70+1000}{(1+7\%)^5}$$

$$960.1=\frac{70}{(1+8\%)}+\frac{70}{(1+8\%)^2}+\cdots+\frac{70+1000}{(1+8\%)^5}$$

债券 B 的价值：

$$1082.0=\frac{90}{(1+7\%)}+\frac{90}{(1+7\%)^2}+\cdots+\frac{90+1000}{(1+7\%)^5}$$

$$1039.9=\frac{90}{(1+8\%)}+\frac{90}{(1+8\%)^2}+\cdots+\frac{90+1000}{(1+8\%)^5}$$

## 四、债券的久期和凸性

债券投资者会面临多种风险，利率风险是最重要的一种。从债券的定价过程我们已经看到债券价格与收益之间存在着反向变动关系，如果利率变化的幅度较大，可能会导致债券价格的剧烈波动。在现实生活中，利率经常会发生变化，因此，投资者面临着一定的利率风险。但并不是每只债券对利率的敏感性都相同，因此，有必要深入了解利率风险的决定因素。久期和凸性是衡量债券利率风险的重要指标，它们反映了债券价格变化和到期收益率变化之间的关系。

### （一）债券的久期

由于决定债券价格利率风险大小的因素主要包括偿还期和息票利率，因此需要找到某种简单的方法，准确直观地反映出债券价格的利率风险程度。

经过长期研究，人们提出“久期”（Duration）的概念，把所有影响利率风险的因素全部考虑进去。这一概念最早是由经济学家麦考雷（F. R. Macaulay）于 1938 年提出的。他在研究债券与利率之间的关系时发现，在到期期限（或剩余期限）并不是影响利率风险的唯一因素，事实上票面利率、利息支付方式、市场利率等因素都会影响利率风险。基于这样的考虑，麦考雷提出了一个综合了以上四个因素的利率风险衡量指标，并称其为久期。

久期表示了债券或债券组合的平均还款期限，它是每次支付现金所用时间的加权平均值，权重为每次支付的现金流的现值占现金流现值总和的比率。久期用 D 表示。久期越短，债券对利率的敏感性越低，风险越低；反之，久期越长，债券对利率的敏感性越高，风险越高。

1. 久期的计算公式。久期的计算有不同的方法。首先介绍最简单的一种，即平均期限（也称麦考利久期）。这种久期计算方法是将债券的偿还期进行加权平均，权数为相应偿还期的货币流量（利息支付）贴现后与市场价格的比值，即有：

$$D=1\times w_1+2\times w_2+\cdots+n\times w_n$$

$$w_i = \frac{\frac{c_i}{(1+y)^i}}{P}$$

式中：$c_i$ 为第 i 年的现金流量（支付的利息或本金）；y 为债券的到期收益率；P 为当前市场价格。

**例：**某债券面值 100 元，票面利率 5%，每年付息，期限 2 年。如果到期收益率为 6%，那么债券的久期为多少？

**解：**第一步，计算债券的价格：利用财务计算器 N = 2，I/y = 6，PMT = 5，FV = 100，CPT PV = ？PV = 98.17。

第二步，分别计算 $w_1$、$w_2$：

$$w_1 = \frac{\left[\frac{(100 \times 5\%)}{(1+6\%)^1}\right]}{98.17} = 0.0481$$

$$w_2 = \frac{\left[\frac{100 \times (1+5\%)}{(1+6\%)^2}\right]}{98.17} = 0.9519$$

第三步，计算 D 值：

$$D = 1 \times 0.0481 + 2 \times 0.9519 = 1.9519$$

从久期的公式和计算中可以看出，债券支付利息的时间间隔越大，债券的久期越长。零息债券的久期就是其距离到期日的时间，比如，一张期限 5 年，到期收益率为 10% 的零息债券的久期是：D = 5。而附息债券的久期总是小于其距离到期日的时间，因为有些利息在到期日之前就支付了。

根据久期的公式，我们容易将久期理解为一种时间的度量指标，但正如我们后面介绍的，久期并非一种“时间”的概念，它度量的是债券价值对利率变动的敏感性，因此，严格来讲它是没有单位的。

2. 修正久期。从上文的分析可以看出长期债券比短期债券对利率波动更为敏感，久期作为尺度使我们能量化这个关系，当利率变化时，债券的价格将变化多少。因此有了如下的关系式：

$$\frac{\Delta P}{P} = -D \times \left[\frac{\Delta(1+y)}{(1+y)}\right]$$

$$\Delta(1+y) = 1+y$$

$$\frac{\Delta P}{P} = -D \times \left[\frac{\Delta y}{(1+y)}\right]$$

如果我们令 $D_{mod}=\dfrac{D}{(1+y)}$，$D_{mod}$称为修正久期，那么上面的公式可以改写为：

$$\frac{\Delta P}{P}=-D_{mod}\times\Delta y$$

式中：P 为债券的价格；y 为债券的到期收益率。

从上面的公式我们可以看出，修正久期在利率变化比较小时，计算将比较精确，如果利率变化比较大时，计算的误差将比较大。通常在没有明确说明的情况，久期均指修正久期。

3. 有效久期。随着债券市场的发展，债券的品种日益丰富，在基本的收益固定、到期还本的债券中镶嵌了其他的一些条款，从而出现了可赎回债券等具有内含期权的债券，对于这些债券，如果使用麦考利久期或者修正久期进行久期的计算是非常困难的，由于这类债券多了一些条款，使得债券未来的现金流存在不确定性。例如债券若被赎回，现金流则终止了，因此，它的现金流与预期的现金流情况不一样。正因为未来的现金流是不确定的，因此我们无法对现金流支付的时间做加权平均，也就无法计算麦考利久期和修正久期。

目前，普遍都是使用有效久期来对内含期权的债券进行利率风险敏感度的度量。有效久期等于债券价格变化率与市场利率变化量之比：

有效久期 = -（$\Delta P/P$）/$\Delta r$

以上公式看上去与修正久期非常相似，但是他们之间存在重要的差别，计算有效久期时没有考虑债券自身的到期收益率的变化，分母为市场利率的变化量，而不是到期收益率的变化量。这是因为在可赎回债券等这样的债券类型中，债券可能被提前赎回，到期收益率通常变得不重要。其次，麦考利久期和修正久期都可根据确定现金流和到期收益率直接求出，而有效久期则不是。

**例：**假设现在有一种赎回价格是 1050 元的可赎回债券以 980 元的价格出售。如果利率上升 0.5%，债券价格将会降至 930 元。如果利率下降 0.5%，债券价格会升至 1010 元，为了计算有效久期，我们先计算：

$\Delta r$ = 假设的利率上涨 - 假设的利率下降

= 0.5% -（-0.5%）

= 1%

$\Delta P$ = 利率上涨时的价格 - 利率下跌时的价格

= 930 - 1010

= -80

那么债券的有效久期 = $\dfrac{\left(\dfrac{-\Delta P}{P}\right)}{\Delta r}$

$$= \frac{-(80/980)}{0.01}$$

$$= -8.16$$

有效久期为8.16，意味着利率每变化1%将引起债券价格变化8.16%。

4. 投资组合的久期。以上我们探讨了单只债券的久期计算和含义。在现实中投资者往往构造一个或若干由多种债券组成的投资组合，以便分散风险。所以，有必要了解一个投资组合的久期。投资组合的久期是组合中每个债券久期的加权平均数，权数是每个债券的市值占组合市值的比重。比如，一个1亿元的投资组合由下列债券组成如表2－15所示：

**表2－15　　四只债券构成的投资组合**

| 债券 | 市值（万元） | 组合权重 | 修正久期 |
|---|---|---|---|
| A | 1000 | 10% | 4 |
| B | 4000 | 40% | 7 |
| C | 3000 | 30% | 6 |
| D | 2000 | 20% | 2 |

该投资组合的修正久期是：$0.1 \times 4 + 0.4 \times 7 + 0.3 \times 6 + 0.2 \times 2 = 5.4$

这意味着当组合中四只债券的收益率同时变动1%时，投资组合的价值大约变动5.4%。

5. 久期的影响因素。根据债券定价公式我们知道利率的敏感性，而久期的概念使我们将利率敏感性量化，这已经大大提高了我们投资决策的能力。从久期的计算公式里我们看到影响债券久期的因素主要有到期时间、息票利率和到期收益率。这里，总结了一些法则可以在平时决策时更快地作出选择。

（1）久期法则一，零息债券的久期等于它的到期时间。零息债券未来只有一笔现金流，所以这笔现金流的权重为1，而且现金流发生的时间为到期时间，所以，零息债券的久期等于它的到期时间。

（2）久期法则二，到期时间和到期收益率不变，当息票利率降低时，债券的久期将变长，利率敏感性将增加。

（3）当息票利率不变时，债券的久期和利率敏感性通常随到期时间的增加而增加。对于所有的息票债券，当其到期时间增加1年时，它的久期增长少于1年。

（4）假设其他因素不变，当债券的到期收益率较低时，债券的久期和利率敏感性较高。

（5）无期限债券的久期为 $(1+y)/y$。

6. 久期在投资中的应用

（1）利用久期控制利率风险。在债券投资里，久期可以被用来衡量债券或者债券组合的利率风险，一般来说，债券的久期越大，利率的变化对该债券价格的影响也越大，因此风险也越大。在降息时，久期大的债券上升幅度较大；在升息时，久期大的债券下跌的幅度也较大。因此，如果预期利率上升，就应当缩短债券组合的久期；如果预期利率下降，则应当增加债券组合的久期。

对于以债券指数作为评价基准的资产管理人来说，预期利率下降时，将增加投资组合的持续期与基准指数之间的相关程度；反之，当预期利率上升时，将缩短投资组合的持续期。如果投资人对投资组合的持续期与基准指数的持续期之间的差距不作出任何规定的话，资产管理人就产生了对利率变动进行赌博的内在动力。按照对利率的预期调整债券投资组合持续期，将有可能给资产管理人带来出色的表现，也有可能造成更大的损失。为了可能获得的超额收益，资产管理人有动力对债券利率进行自身的预期。

从2005年至2007年，中国人民银行频繁调整基准利率，基准利率一升再升，因此，投资者在选择产品时，特别需要防范利率风险。我国的债券型基金和货币市场基金所投资的对象通常都有固定的到期期限，同一类型的基金可能久期不一样，面对加息的预期，投资者可以尽量选择久期小的基金进行投资，而基金的久期通常在基金的信息披露当中会有公布，因此不需要再去对其进行计算。

（2）利用久期进行免疫。所谓免疫，就是构建这样的一个投资组合，在组合内部，利率变化对债券价格的影响可以互相抵消，因此组合在整体上对利率不具有敏感性。而构建这样组合的基本方法就是通过久期的匹配，使附息债券可以精确地近似于一只零息债券。利用久期进行免疫是一种消极的投资策略，组合管理者并不是通过利率预测去追求超额报酬，而只是通过组合的构建，在回避利率波动风险的条件下实现既定的收益率目标。在组合品种的设计中，除了国债可以选入组合外，部分收益率较高的企业债券及金融债券也能加入投资组合，条件是控制好匹配的久期。

但是，免疫策略本身带有一定的假设条件，比如收益率曲线的变动不是很大，到期收益率的高低与市场利率的变化之间有一个平衡点，一旦收益率确实发生了很大的变动，则投资组合不再具有免疫作用，需要进行再免疫，或是再平衡；其次，免疫严格限定了到期支付日，对于那些支付或终止期不能确定的投资项目而言并不是最优；再次，投资组合的免疫作用仅对于即期利率的平行移动有效，对于其他变动，需要进一步拓展应用。

（3）应急免疫。上部分介绍的免疫是一种纯消极的投资策略，投资者并不通过利率预测去追求超额报酬，而只是通过组合的构建，在回避利率波动风险的条件下实现既定的收益率目标。而应急免疫则是一种主动的投资策略，并不需要将所有的资产都进行利率免疫，只需要对部分资产进行利率免疫。那么何时采用应急免疫呢？通常用应急免疫触发点来表示。如果用 T 代表剩余时间，r 代表任一特定时间的市场利率，要想在 T 时间之后组合的最低价值有 A 元，则应急免疫触发点 O 可以用下式来表示：

$$O=\frac{A}{(1+r)^{T}}$$

如果资产规模在 A 点之上，那么就会采取基金的投资策略而不会采用利率免疫。而一旦资产规模降到触发点，基金的管理就会停止，组合价值将平滑上升到 A 元。

**例**：假定当前利率为 10%，投资者的债券组合当前价值为 100 万元。投资者想在承担有限风险的条件下采用积极的投资策略，希望有可能获得超过 121 万元的收益，但同时要保证债券组合两年后的价值不低于 110 万元。问：在两年内需要锁定多少投资资金才能利率免疫。

**解**：其实该问题可以转换为一个应急免疫的触发点的求解。

$$O=\frac{110}{(1+10\%)^{2}}=90.9$$

由于在当前利率下只需要有 90.9 万元就可以在两年后增值到 110 万元。这个值就是紧急免疫的触发点。如果组合资产规模始终在 90.9 万元之上，那么就会采取积极的投资策略而不会采用利率免疫，到期时的资产组合价值一定会多于 110 万元。一旦组合资产规模降到触发点，积极的管理就会停止，组合价值将平滑地上升到 110 万元的最终值。

（4）利率互换。利率互换是指交易双方签订合同，定期交换收到的利息支付。利息支付的数额按照预先确定的本金计算，等于双方约定的期间利率乘以名义本金。通常一方支付对方按固定利率计算的利息，而另一方则支付对方按浮动利率计算的利息。例如，交易者 A、B 签订了互换协议，A 同意按 9% 的固定年利率支付 B 利息，而 B 则按每半年期的 LIBOR（英国伦敦同业拆借利率）支付 A 浮动利息。假设名义本金为 1000 万美元，每半年结息一次，即 A 每半年支付 45 万美元的固定利息给 B，而 B 则支付给 A 利息 1000（LIBOR/2）万美元。

从交易者 A 来看，他实际上是持有了固定利率债券的空头和浮动利率债券的多头组成的债券组合，相反，交易者 B 则是持有了固定利率债券的多头和浮动利率债券的空头组成的债券组合。

显然，利率互换可以看作一种债券组合，其价格的波动性会随着利率波动，而且久期就是用来反映债券价格的变化对利率变化敏感性的，那么，根据债券组合久期计算方法，可以知道互换的久期为：

互换的久期 = 浮动利率债券修正久期 - 固定利率债券修正久期

浮动利率债券的修正久期较小，因为浮动利率债券根据市场利率变化而调整利息支付，所以市价一般等于面值，所以互换对于利率变化的敏感度大部分源于固定利率债券的久期。

**（二）债券的凸性**

当两个债券的久期相同时，它们的风险不一定相同，因为它们的凸性可能是不同的。这主要是由于修正久期度量的是债券价格和到期收益率的近似线性关系，由此计算得出的债券价格变动幅度存在误差，而且利率波动性越大，这种误差越大，而凸性作为债券价格曲线弯曲程度的一种度量可以衡量这种误差。

1. 凸性的定义。严格地定义，凸性是指在某一到期收益率下，到期收益率发生变动而引起的价格变动幅度的变动程度。根据其定义，凸性值是价格变动幅度对收益率的二阶导数。至于凸性的具体计算过程，理财规划师不需要掌握。

2. 投资者为什么喜欢凸性？凸性一般被认为是一个备受欢迎的特性。具有较大曲率的债券在收益率下降时，其价格的增加量大于收益率上升时价格的减少量。

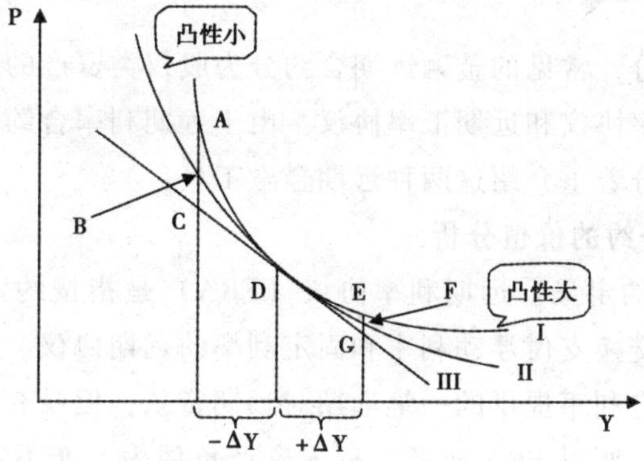


图 2-6　两个债券的收益率与价格的关系

如图 2-6 所示，两个债券的收益率与价格的关系为两条曲线，内侧的曲线Ⅰ为凸性大的曲线，外侧的曲线Ⅱ和Ⅲ为凸性小的曲线。在收益率增加相同单位时，凸性大的债券价格减少幅度较小；在收益率减少相同单位时，凸性大的债券价格增加幅度较大。因此，在久期相同的情况下，凸性大的债券其风险较小。

凸性对投资者具有吸引力，那么投资者要想购买必然要为此付费，要么是因为大家争相购买将推高凸性高的债券的价格，从而使投资成本提高。

可见经过对久期和凸性的简单计算，比较直观地衡量债券的利率风险。如果收益率变动幅度不大，则一般修正久期即可以作为度量利率风险的近似指标。

3. 凸性的应用。债券是人们重要的投资工具之一，在进行投资分析过程中，投资者会运用债券的久期、凸度等指标来衡量债券的利率风险。在投资过程中，投资者可以运用这些指标来构造债券的组合，实现凸性对冲。下文根据凸性对冲的原理，提出了构造债券组合的一种方法。

凸性对冲投资策略，其原理是建立一个投资组合 A，使其与另外一个组合 B 有相同的收益率和修正久期，但组合 A 有较高的凸性，组合 A 在收益率出现任何变化时，都会比组合 B 有更好的表现。投资者就可以通过做多组合 A（即买进组合 A）而做空组合 B（即卖出组合 B），其结果是无论收益率如何变动，都会有一个固定的无风险利润。凸性对冲的投资策略在国外债券市场时有运用，特别是一些大型的对冲基金就热衷于在市场中寻找凸性的机会。

## 第三单元　衍生品投资价值分析

### 一、远期合约的价值分析

根据基础资产划分，常见的金融远期合约分为股权类资产的远期合约、债权类资产的远期合约、远期利率协议和远期汇率协议。由于远期利率合约和远期外汇合约具有重要的经济意义，本部分着重介绍这两种远期金融工具。

#### （一）远期利率合约的价值分析

1. 远期利率合约的定义。远期利率协议（FRA）是指按约定的名义本金，交易双方在约定的未来日期交换支付浮动利率和固定利率的远期协议。从本质上讲，远期利率协议所反映的是以固定利率提供的一笔远期对远期贷款，但没有实际贷款义务，不存在实际借贷资金的流动，所以 FRA 业务不列入资产负债表，亦不需要满足严格的资本充足要求。FRA 是银行提供的场外交易产品，是由希望对未来利率走势进行保值或投机的双方所签订的一份协议，买方名义上同意未来获得特定金额的贷款，卖方名义上同意授予买方一笔特定金额的贷款。在远期利率协议下，双方都只是名义上的借贷者，协议规定双方从未来某个特定日期开始在某个特定期限内借贷一笔利率固定、数额确定的名义本金。如果市场利率上升，买方受到保护，因为根据协议，买方仍然是以事先商定的利率支付利息，借此可防止高利率造成的借款成本增加；市场利率的下降对买方而言则意味着一种“机会成本”，受协议的制约，买方亦不可能享受低利率的好处。卖方的境遇恰好相反，无论市场利率如何波动，卖方总是按照既定的利率收取利息。

这里所谓的“名义”，就是 FRA 交易中并没有实际借贷行为的发生。尽管有时候协议的一方或双方确有借款或贷款的实际要求，但实际借贷款活动需要另行安排，FRA 所能提供的只是对未来利率风险的一种防范措施。这种风险防范作用是以现金补偿的方式来体现的，当远期利率协议到期时，如果协议利率与通行的市场利率存在差异，那么交易的一方要向另一方支付现金。

例如，公司A计划在1个月后借入一笔为期三个月的100万美元款项，目前的利率水平为6%，公司担心未来1个月内利率上升，出于回避风险的目的，公司A现在就可以买入一份对应期限的FRA，对其未来的借款进行保值。在市场上，该笔交易称为“1月对4月远期利率协议”，通常以“1×4FRA”表示。设银行提供的这样一份FRA的价格为6.25%，则公司的借款利率即被锁定在6.25%的水平。假设1个月后，公司当初的担心变成现实，市场利率上涨至7%，于是，公司A将被迫以市场利率借款，结果使其不得不多偿付利息。但令其欣慰的是，由于公司已持有一份FRA头寸，所以银行会根据协议向公司支付一笔差额补偿资金（称为结算金）。这笔结算金可以有效地弥补利率上涨引起的借款成本上升，从而保证其融资按6.25%的固定利率进行。

在FRA交易中，需要理解的重要术语包括：合同金额、合同货币、交易日、结算日、确定日、到期日、合同期、合同利率、参考利率等。在上面的例子中，假设交易日是4月10日，双方同意成交一份金额为100万美元、利率为6.25%的1×4FRA。在此，合同货币是美元，合同金额是100万，合同利率是6.25%；“1×4”是指起算日至结算日之间的时间为1个月，起算日至到期日之间的时间为4个月，起算日一般是交易日后两个营业日，这里的起算日是4月12日，结算日是5月12日，到期日是8月12日，合同期为90天；参考利率是指用来计算结算金的以市场为基础的利率，在确定日里予以确定，确定日一般提前结算日两个营业日（5月10日）；根据合同利率与参考利率的差额计算出来的结算金应当在结算日以现金方式进行收付。

2. 远期利率合约的结算。上面具体列出了一份FRA的交易条件，接下来的问题涉及双方的结算。设到确定日，市场利率上升至7%，显然，利率上扬致使FRA的买方额外多支出的利息等于1875 = （7% - 6.25%） ×1000000×90/360)）美元，这笔额外的利息支出对借款人来说意味着损失，不过在FRA下，当市场利率高于合同利率时，卖方有义务补偿买方。另一方面，如果按照利息损失额1875美元进行补偿的话，同样会产生不公平，因为利息上的损失发生于合同期满，而结算金早在结算日便已支付，这种时间差有可能使这笔起补偿作用的金额被用于投资获利。于是，还要对此金额进行贴现以做出调整，最终的结算金额为：S = 1875/［1 + （7%×90/360）］ = 1843美元。一般的，计算结算金的标准公式是：

$$S=\frac{(i_r-i_c)\times Q\times\frac{D}{B}}{1+(i_r\times\frac{D}{B})}$$

式中，$i_r$为参考利率；$i_c$为合同利率；Q为合同金额；D为合同期天数；B表示天数计算惯例（美元业务常以360天为1年）。对公式进行简化可得：

$$S=\frac{(i_r-i_c)\times Q}{(i_r+\frac{D}{B})}$$

很明显，若S>0，则买方获得结算金；若S<0，则买方向卖方支付结算金以补偿名义贷款人较低的贷款利息收入。总之，FRA可以将利率的不确定性转化为确定性，从而使交易者能够在波动不定的货币市场上有效管理其利率风险。

3. 远期利率合约的定价。毫无疑问，在FRA交易中，最重要的问题是如何确定一个合理的合同利率。关于FRA的定价，最简单的思路是将其视为一种在资金市场上填补不同到期期限时间差的金融工具。究其实质，离不开无套利均衡分析。

例如，投资者握有一笔资金欲投资一年，6个月期利率是9%，12个月期利率是10%。至少有两种为期一年的投资方案可供选择：

（1）投资1年期金融工具，利率为10%；

（2）投资6个月期金融工具，利率为9%，同时出售1份6×12FRA。

图2－7 直观地显示了这两种投资策略。

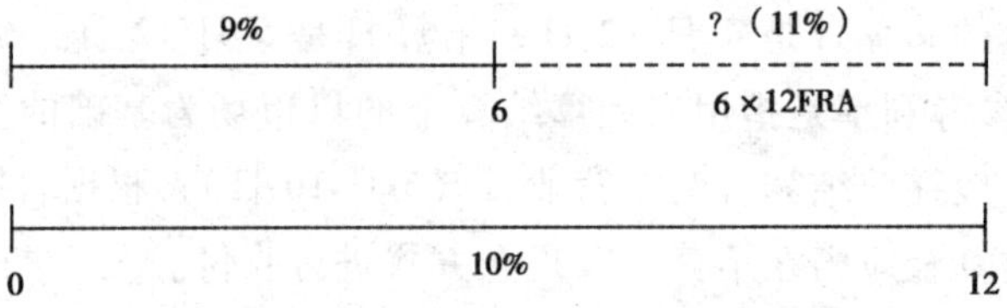


图2－7 利用FRA进行一年期投资

在这里，远期利率协议被用来填补1年中后6个月的时间缺口。由于FRA锁定了利率（不考虑违约风险），是一种确定的回报，因此根据无套利均衡条件，只有当这两个方案的最终收益结果相同时，才能保证定价的合理性。由于选择第一个方案的投资者在前6个月可获得高于第二个方案1%的收益，因此，选择第二个方案的投资者在后6个月应得的收益必须比第一个方案高出大约1%，也就是说，这份6×12FRA的价格大致可以定为11%。

利用这种简易的定价方法，人们可以估算出任何一份FRA的价格。

当然我们也可以采用更为精确的计算方法。假设利息均为半年支付，那么两种投资方式收益相当等价于（1+5%）（1+5%）=（1+4.5%）（1+X），X=5.5%，即FRA利率为5.5%×2=11%。

（二）远期外汇合约的价值分析

1. 远期外汇合约的定义。远期外汇合约（Forward Exchange Agreement，FXA）是指

外汇买卖双方在成交时先就交易的货币种类、数额、汇率及交割的期限等达成协议，并用合约的形式确定下来，在规定的交割日双方再履行合约，办理实际的收付结算。远期外汇合约的主要目的就是规避汇率风险，不论是有远期外汇收入的出口企业，还是有远期外汇支出的进口企业，都可以与银行订立远期外汇合约，按预约的价格，在将来到期时进行交割，避免进口产品成本上升和出口销售收入减少的损失，以控制结算风险。

按照远期的开始时期划分，远期外汇合约又分为直接远期外汇合约（Outright Forward Foreign Exchange Contracts）和远期外汇综合协议（Synthetic Agreement for Forward Exchange，简称 SAFE）。前者的远期期限是直接从现在开始算起，而后者的远期期限顺从未来的某个时点开始算起，因此实际上是远期的远期外汇合约。如 3×6 远期外汇综合协议是指从起算日之后的三个月（结算日）开始计算的为期 3 个月的远期外汇综合协议。

由于直接远期外汇合约较为简单直观，下面的讨论将主要以远期外汇综合协议为对象。

远期外汇综合协议的买方在结算日按照合同中规定的结算日直接远期汇率用第二货币买入一定数量的原货币（Primary Currency），然后在到期日再按合同中规定的到期日直接远期汇率把一定名义金额原货币出售给卖方。因此，远期外汇综合协议实质上是名义上的远期对远期掉期交易，只不过远期外汇协议不需要全部资金的实际流动，双方只需要在结算日结算因市场汇率变化给双方带来的盈亏即可。

2. 远期汇率。远期汇率（Forward Exchange Rate）也称期汇率，是交易双方达成外汇买卖协议，约定在未来某一时间进行外汇实际交割所使用的汇率。

远期汇率的报价方法通常有两种，一种是报出直接远期汇率，另一种是报出远期差价。一般情况下，远期汇率的标价方法是后者，即仅标出远期的升水数或贴水数。在直接标价法的情况下，远期汇率如果是升水，就在即期汇率的基础上，加上升水数，即为远期汇率；如果是远期贴水，就在即期汇率的基础上减去贴水数，即为远期汇率。在间接标价法的情况下，正好相反，远期汇率如果是升水，就要在即期汇率的基础上减去升水数，即为远期汇率；如果是远期贴水，就要在即期汇率的基础上加上贴水数，即为远期汇率。

远期汇率也有买入价和卖出价，所以远期汇率的升水数或贴水数，也都有大小两个数。在直接标价法的情况下，远期汇率如果是升水，则把升水数的小数加入即期汇率的买入价，把升水数的大数加入即期汇率的卖出价。在间接标价法下，如果远期升水，则从即期汇率的卖出价减去升水数的大数，从即期汇率的买入价减去升水数的小数。在间接标价法的情况下，如果远期升贴水数是大数在前，小数在后，即说明是远期升水；如是小数在前，大数在后，即说明是远期贴水。

在考虑远期汇率决定之前，我们先看下面这个例子。假设投资者希望在三个月后将美元兑换成日元，应该怎么做呢？方法有两个，一个是现在将美元兑换成日元，把日元存定期三个月，另外一个方法是现在先将美元存三个月定期，到期后再连本带息兑换成日元。这两种方法获得的日元一定是一样的，否则市场就会出现套利的机会。但是美元和日元的利率是不同的，所以两种方法所使用的汇率水平也不同，第一种方法使用了即期汇率，而第二种方法使用的是远期汇率。所以远期价格主要是即期汇率加减两种货币的利率差所形成的。如果把美元（即第一个货币或数值不变的货币）当作是 A 货币，而把日元（即第二个货币或数值变化的货币）当作是 B 货币，它们的远期计算公式是：

远期汇率（F）=即期汇率（S）+即期汇率×（B 货币无风险利率－A 货币无风险利率）×远期天数÷360

如果用连续复利来表示，则公式为：

$F = Se^{(r-r_f)(T-t)}$

式中，r 为 B 货币无风险利率；$r_f$ 为 A 货币无风险利率。

从这个计算公司可以看出，在即期汇率确定的情况下，远期汇率主要与这两种货币的利率差和远期的天数有关。而远期汇率如果 B 货币的利率高于 A 货币的利率，公式中的中括号值为正数，远期汇率就高于即期汇率，称为升水，中括号值称为升水点；如果 B 货币的利率低于 A 货币的利率，中括号值为负数，远期汇率就低于即期汇率，称为贴水，中括号值称为贴水点。而在两种货币的利率都确定的时候，远期期限越长，升水点或贴水点就越大，远期汇率与即期汇率的价差也越大。

比如说美元一个月期的同业拆借利率为 2.46%，日元的利率为 0.11%，美元/日元的即期汇率为 120.45，用这些因素就可以计算出一个月期美元/日元的远期汇率了：

一个月期美元/日元汇率＝120.45＋120.4×（0.11%－2.46%）×30/360＝120.45＋（－0.24）＝120.21，也就是说，美元/日元一个月期贴水 24 点（美元远期贬值）。

远期汇率的计算公式是国际金融市场上比较重要和有用的一个计算公式。通过计算公式我们可以发现：远期汇率与 A、B 这两种货币汇率的未来变动趋势没有一点关系，远期汇率贴水（低于即期汇率）并不代表这两种货币的汇率在未来一段时间会下跌，只是表明 A 货币的利率高于 B 货币的利率；同样，远期汇率升水也不代表货币汇率在将来要上升，只是表明 A 货币的利率低于 B 货币的利率。远期汇率只是与 A、B 这两种货币的利率和远期的天数有关。掌握这点对我们运用远期业务防范汇率风险十分有用。

1997 年，中国银行的远期结汇价格高达 8.4 以上，超过当时 8.27 的即期汇率。当时人民币资金市场紧缺，人民币同业拆借利率高达两位数（假设为 13%），而美元的同业拆借利率不到 5%，以此计算 4 个月期美元/人民币的远期汇率为：

4 个月期美元/人民币汇率＝8.27＋8.27×（13%－5%）×120/360＝8.27＋0.22＝8.49

所以，当年确信人民币汇率不会贬值的进出口公司，利用中国银行公布的较高的远期结汇牌价，纷纷将未来出口收入的外汇与中国银行签订远期结汇协议，在别的公司还只能用8.27的即期牌价结汇时，他们已经可以享受到8.3、8.4甚至高达8.5的远期结汇牌价办理出口结汇，不到一亿美元的出口收汇，这些公司通过中国银行“外汇锦囊”中的远期结汇业务额外获得了数百万元人民币的汇兑收入。

同样，在1999年，由于担心美国经济出现通货膨胀，美国联邦储备银行多次提高了美元的利率，使美元的同业拆借利率高达6.5%，而人民币的同业利率大幅度下降到3%左右，使中国银行的远期结售汇牌价由大幅度的升水变为大幅度的贴水，4个月期的远期售汇价格不到8.2，较近8.3的即期售汇牌价贴水了0.1，许多需要购买美元支付进口需要的公司又纷纷与中国银行签订远期售汇合同，同样的售汇金额，节省了数百万元人民币的购汇费用，极大地改善了公司的经营效益。

3. 远期外汇合约的结算。在交易日，交易双方就结算日和到期日将兑换的原货币的名义金额AS和AM，相关的直接远期汇率K和$K^*$（其中K为合同中规定的结算日T时刻的直接远期汇率，$K^*$为合同中规定的到期日$T^*$时刻的直接远期汇率）和合同远期价差$W_K$（即$K^*-K$）达成协议，据此可以算出第二货币的名义金额。

在确定日，双方根据市场汇率确定即期结算汇率FR、到期日远期结算汇率$FR^*$和远期价差$W_R$，并通过比较直接远期汇率、合同远期价差和即期结算汇率、远期结算价差，算出结算金额。

在计算结算金的方法中，最常见的有两种：一是汇率协议；二是远期外汇协议。

汇率协议的结算金计算公式为：

$$结算金 = A_M \times \left[\frac{W_K - W_R}{1 + i \times \frac{D}{B}}\right]$$

式中，$A_M$表示货币到期日名义本金数额，i表示结算日第二货币对应期限的无风险利率，D表示合同天数，B表示第二货币计算天数通行惯例（360天或365天）。

远期外汇协议的结算金计算公式为：

$$结算金 = A_S \times \left[\frac{K^* - F_R^*}{1 + i \times \frac{D}{B}}\right] - A_S \times (K - F_R)$$

式中，$A_S$表示原货币结算日的名义本金数额，在大多数远期外汇综合协议中$A_M = A_S$。

尽管结算金计算时均用原货币来定义名义本金，但结算金都是用第二货币来表示的。如果结算金为正，表示卖方支付给买方；如果结算金为负，则买方应该支付给卖方。

## 二、期货合约的价值分析

可以证明，如果无风险利率恒定，且对所有到期日都不变时，两个交割日相同的远期合约和期货合约有同样的价格。但是在现实世界中，一般情况下利率变化是无法预测的，则远期价格和期货价格从理论上讲就不相同了。虽然现实中期货合约的种类很多，但我们主要分析几种主要的期货合约的价值分析。

### （一）股票指数期货

股票指数期货是指买入或卖出相应股票指数面值的期货合约，而股票指数面值则定义为股票指数乘以某一特定货币金额所得的值。所有的股票指数期货合约均是现金交割，而非实物交割。

以标准普尔500指数为例。该指数是一个包括500种股票的组合：400种工业股、40种公用事业股、20种交通事业股和40种金融机构股。该指数样本股票的市值占纽约股票交易所全部上市公司股票总市值的80%。在芝加哥商品交易所交易的该指数期货合约价格为指数乘以500。

大部分股票指数可以看作未付红利的证券，这里的证券就是计算指数的股票组合，证券所付红利就是该组合的持有人收到的红利。因为可以认为股票指数是提供已知红利收益率的证券。下面用股票指数期货为例来分析一般的提供已知收益率证券的期货合约的定价。

根据合理的近似，可以认为红利是连续支付的，并设 q 为红利收益率，可以得到期货价格 F 为：

$$F = Se^{(r-q)(T-t)}$$

其中，r 为市场利率；T 为到期日；t 为当前时点；T－t 为距离到期日的时间；S 为现货价格。

### （二）外汇期货合约

由于外汇的持有人能够获得货币发行国的无风险利率的收益（例如持有人能将外汇投资于该国货币标价的债券），因此，外汇与提供已知红利收益率的证券是一样的。

设 $r_f$ 为外汇利率且连续计算复利，变量 S 代表以本币表示的一单位外汇的即期价格，则可得外汇期货价格为：

$$F = Se^{(r-r_f)(T-t)}$$

实质上这就是典型的利率平价关系。当外汇的利率大于本国利率时（$r_f > r$），从上式可以看出 F 始终小于 S，且随着合约到期日 T 的增大，F 值减小，即远期外汇贴水。同样，当外汇的利率小于本国利率时（$r_f < r$），从上式中可知 F 始终大于 S，且随着合

约到期日 T 的增加，F 值也增加，即远期外汇升水。

**（三）利率期货合约**

利率期货合约可以视为一种固定利率的存款。通过期货进行投机的人，会希望以低利率借入资金（以较高价格卖出期货）而以高利率贷出资金（以较低价格买入期货）。在瞬息万变的期货交易市场中，由于许多交易商凭直觉操作，这样一种交易策略会使交易者很容易犯错。因此，利率期货的最初设计者们将此类期货设计为按照一种指数“价格”交易，而不是以利率本身作为价格。这一指数价格被定义为：

$$p = 100 - r_F$$

其中，p 为指数价格；$r_F$ 为以百分数表示的远期利率。

假设 $T^*$ 年期的即期利率为 $r^*$，T 年期的即期利率为 r，利率均为连续复利，且 $T^* > T$，则根据远期利率的公式，可以计算出从 T 到 $T^*$ 之间的远期利率为：

$$r_F = \hat{r} = \frac{r^* T^* - rT}{T^* - T}$$

## 三、互换的价值分析

绝大多数金融衍生产品的定价都依赖于无套利均衡分析，互换的定价也不例外。互换中最常用的是利率互换和货币互换，两种互换定价方法非常相似。

**（一）利率互换的价值分析**

典型的利率互换是固定利率与浮动利率之间的交换，浮动利率通常采用某个利率指数加减若干点数的形式予以确定，例如，LIBOR（伦敦银行同业拆放利率）加若干个基点便是最常见的浮动利率报价方式。因此，这里所谓的互换定价，是指确定与浮动利率相交换的固定利率的大小，即“浮动利率的固定利率价格”。在前述 AA 与 BB 公司进行的利率互换中，如果 AA 公司向 BB 公司支付 LIBOR 的浮动利率，那么，BB 公司应当向 AA 公司支付多大的固定利率就是互换定价所要解决的问题。

我们用图形来考察互换双方的现金流，图中向上的箭头表示资金流入，向下的箭头表示资金流出；又用等长度的实线箭头表示固定利率利息的支付，用不同长度的虚线箭头表示浮动利率利息的支付；横轴代表时间。于是，交易双方的现金流可简易表示如图 2－8：

再考虑如下一个债券组合：购买 1 份价格等于面值的附息票债券（称为等价面值债券），设其面值为 P，息票利率为 i；同时售出 1 份相等金额且期限匹配的浮动利率债券，由于浮动利率债券需要在未来一系列特定的日期重新确定其利率水平，故其利率现在尚不能确定。显然，这个债券组合相当于发售浮动利率债券为购买固定利率债券融

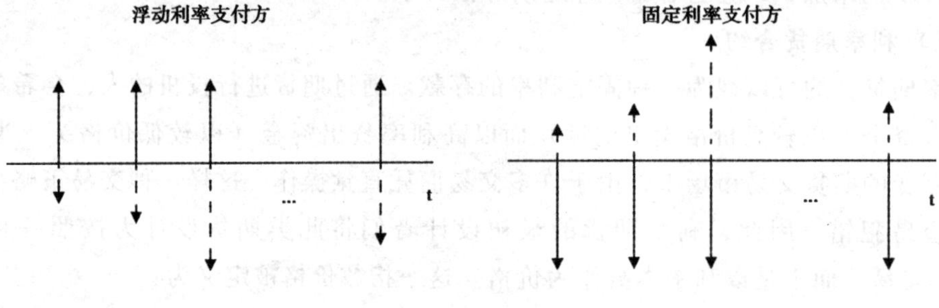


图 2-8　利率互换双方的现金流

资，其现金流如图 2-9：

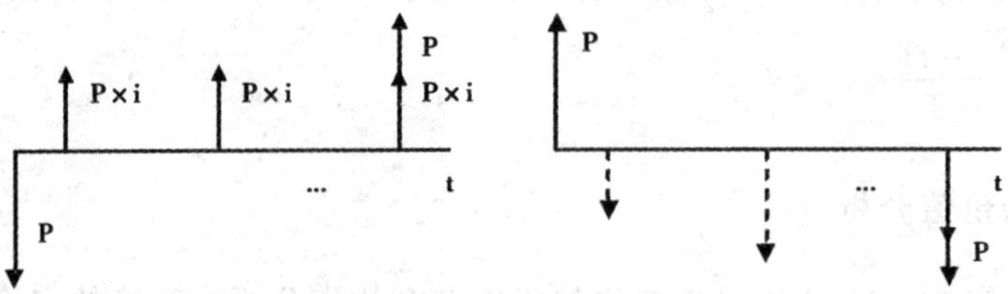


图 2-9　固定利率债券与浮动利率债券的现金流

将两个图合并，便可得到该债券组合的净现金流，其中，来自本金（P）的现金流相互抵消，只剩下两份债券的固定利率及浮动利率的利息支付。

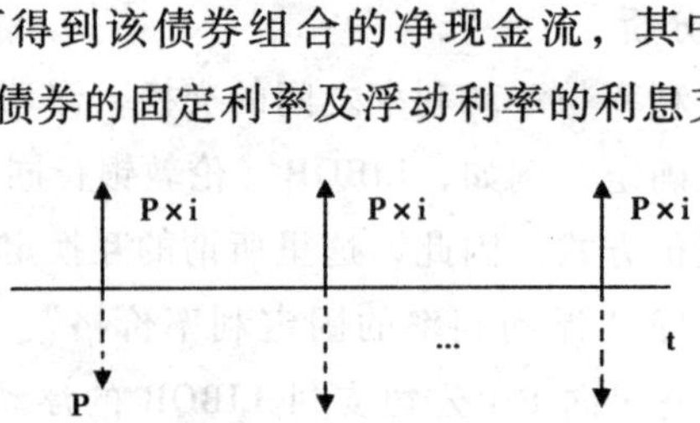


图 2-10　固定利率债券与浮动利率债券组合的现金流

通过对比，可以发现这与利率互换交易中浮动利率支付方的现金流惊人地一致，这就是说，该债券组合等同于利率互换中以浮动利率交换固定利率。用金融工程的术语来表述，即利率互换可以分解为两个债券头寸的组合。因此，利率互换的定价就是确定价格等于面值的债券（等价债券）的合理息票利率 i。

在无套利条件下，债券价值等于未来现金流的贴现价值，由于债券价值与面值相等，因此：

$$P=\sum_{t=1}^{n}\frac{P\times i}{(1+r_t)^t}+\frac{P}{(1+r_n)^n}$$

式中，$r_t$（$t=1, 2, \cdots, n$）为零息票利率；零息票利率是零息票债券的到期收益率，可以理解为即期利率。它可用于对任何未来的现金流进行估值，而互换又可以被系统地分解为一系列的现金流，因此，通过零息票利率即可求得这些现金流的现值，从而给出互换的合理定价。

根据上面的公式，有：

$$i=\frac{1-\frac{1}{(1+r_n)^n}}{\sum_{t=1}^{n}\frac{1}{(1+r_t)^t}}$$

这就是利率互换的定价公式。

买入远期利率协议意味着在协议到期时将获得结算金款项以补偿预定的固定利率与最终市场利率之间的差额。若浮动的市场利率超过预定的固定利率，则 FRA 的买方获得净支付；反之，则由买方进行支付。这与互换交易中固定利率支付方所面临的情况相似。在任何一个互换阶段，若浮动利率高于固定利率，则固定利率支付方将收取净利息；反之，则须向对方支付利息。所以，利率互换可视为一系列以固定利率交换浮动利率的远期利率协议的组合，就固定利率支付方而言，互换交易中的每一次利息交换都相当于购买一份相应期限的远期利率协议。从这样的思路出发，同样可以给利率互换合约估值或定价。

对于零息票利率定价法，还可以这样来理解：由于利率互换可分解为 1 份等价面值债券和 1 份浮动利率债券的组合，所以，利率互换合约的价值等于两份债券价值之差，即：

$$VSW=Vf_x-Vf_1$$

式中，VSW 为互换合约的价值；$Vf_x$、$Vf_1$ 分别表示等价面值债券和浮动利率债券的价值。显然，$Vf_x$ 和 $Vf_1$ 又表现为一系列现金流的现值之和，其中，$Vf_x$ 由固定利率（等价面值债券的息票利率）的利息流经零息票利率贴现而来，$Vf_1$ 由浮动利率的现值利息流构成，只不过未来的浮动利率要用远期利率或 FRA 利率来度量。根据无套利均衡条件，在初始时刻，使 VSW = 0 的固定利率即为该利率互换合约的均衡价格。

考虑一个本金为 1000 万美元的 5 年期利率互换，期限为 1—5 年的零息票利率依次为 7.0000%，7.2591%，7.5256%，7.8008%，8.0861%，根据零息票利率可以计算远期利率序列为 7.0000%，7.5188%，8.0606%，8.6306%，9.2350%。假设互换交易按照 8.0000% 的固定利率进行，则固定利率债券的现金流为每年 800000 美元，以对应的零息票利率贴现之后，可得 $Vf_x = 3221235$ 美元；浮动利率债券的利息支付依远期利率的不同而不同，如第 1 年支付利息 700000 美元，…，第 5 年支付利息 923500 美元，经零息票利率贴现后可得 $Vf_l = 3221235$ 美元。由此可知 $VSW = 0$，说明 8.0000% 的互换定价是合理的。利用定价公式，我们也可以得到相同的结果。

**（二）货币互换的价值分析**

与利率互换相似，货币互换定价也可以利用同样的方法。为了描述方便，我们考虑一份固定利率对固定利率货币互换，其中一种货币简称为本币，另一种货币简称为外币。

对于本币来说，利率互换的现金流如图 2－11 所示：

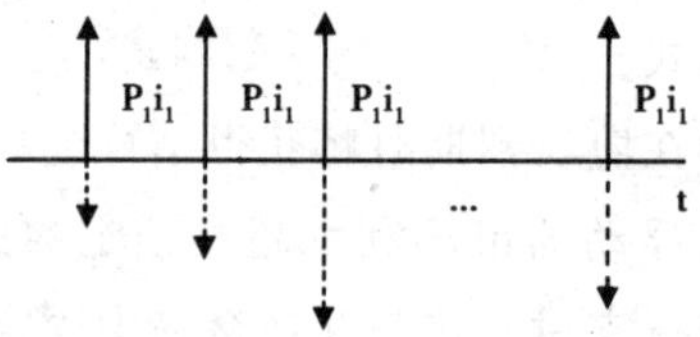


图 2－11　本币的利率互换现金流

式中，$P_1$ 为以本币衡量的本金（等价面值债券的面值）；$i_1$ 为本币利率互换交易中的互换利率（等价面值债券的息票利率）。如前所述，在均衡情形下，无论是固定利率的支付还是浮动利率的支付，考虑期末本金偿还之后，其现值之和都应等于面值 $P_1$，从而使该利率互换的净现值为零。因此，在现金流量图 2－12 中，期初本金的流出，与期间利息及期末本金的流入之间具有等值的关系。

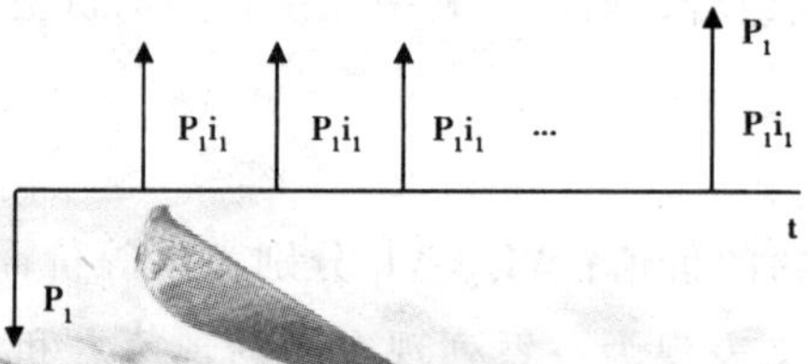


图 2－12　期初现金流与利息、期末现金流之间的均衡

同理，对于外币来说，若以 $P_2$ 表示本金，$i_2$ 表示外币利率互换的均衡利率，则其现金流如图 2－13 所示。这种情况下的均衡的净现值也等于零。

将这两个现金流图合并，可以得到图 2－14：

显然，合并后的总的净现值仍然为零。按照无套利均衡规则，以固定利率 $i_1$ 交换固定利率 $i_2$ 便是该货币互换的合理定价。

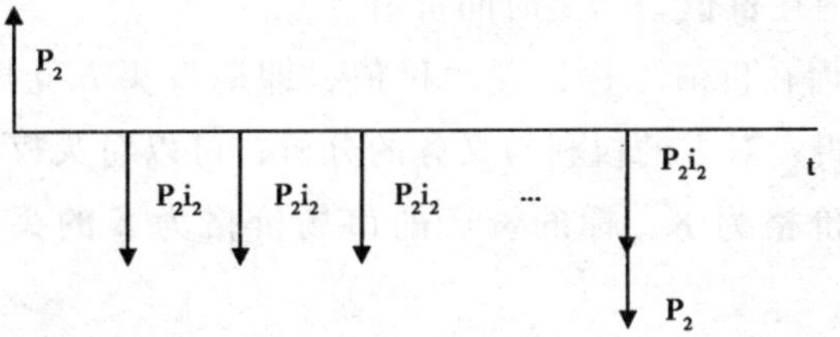


图 2－13　外币期初现金流与利息、期末现金流之间的均衡

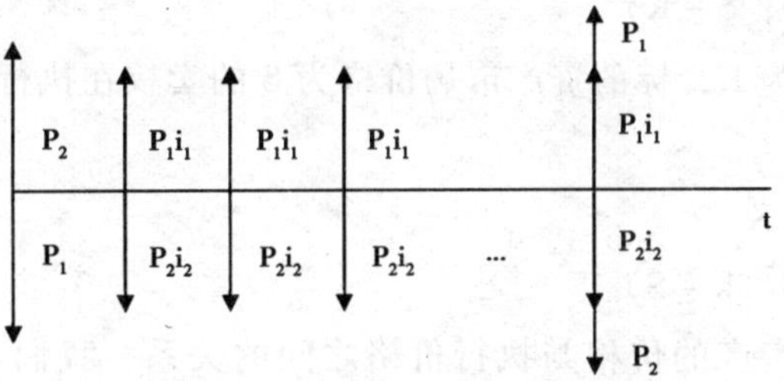


图 2－14　固定利率对固定利率的货币互换

例如，假设 5 年期英镑利率互换定价是 7%，5 年期美元利率互换定价是 6%，则英镑/美元货币互换的均衡价格应为交易一方以 7% 的固定利率支付英镑，另一方以 6% 的固定利率支付美元。

倘若能够知道本币的一系列零息票利率 $r_{1t}$（t＝1，2，…n）及外币相应期限的零息票利率 $r_{2t}$，那么，根据利率互换的零息票利率定价法，可得：

$$i_1 = \frac{1-\frac{1}{(1+r_{1n})^n}}{\sum_{t=1}^{n}\frac{1}{(1+r_{1t})^t}},\ i_2 = \frac{1-\frac{1}{(1+r_{2n})^n}}{\sum_{t=1}^{n}\frac{1}{(1+r_{2t})^t}}$$

在标准的货币互换中，期初本金可交换亦可不交换，因为通过期初即期汇率的换算可以使 $P_1$ 与 $P_2$ 相等，从而相互抵消；但是到了期末，随着汇率的变动，二者可能已不能相抵，所以本金应当按照期初的汇率水平进行交换，以保证其净现值等于零。

同样的方法还可以求得浮动利率对浮动利率以及固定利率对浮动利率货币互换的定价。

## 四、期权的价值分析

### （一）期权定价的基本原理

1. 期权的内在价值和时间价值。期权的价格受多种因素的影响，但从理论上说，由两部分组成，一是内在价值，二是时间价值。

（1）内在价值。内在价值也称为履约价值，即期权买方立即执行该期权所能获得的收益。根据对期权买卖双方的权利与义务的分析，可以对买权和卖权的内在价值做进一步分析。一个执行价格为 K，标的资产的市场价格为 S 的买权在执行日的价值 $P_C^*$ 为：

$$P_C^* = \begin{cases} S-K & S>K \\ 0 & S\leqslant K \end{cases}$$

或：$P_C^* = \max(0, S-K)$

同样，执行价格为 K，标的资产市场价格为 S 的卖权在执行日的价值 $P_p^*$ 为：

$$P_p^* = \begin{cases} 0 & S\geqslant K \\ K-S & S<K \end{cases}$$

或：$P_p^* = \max(0, K-S)$

根据期权的标的资产的价格与执行价格之间的关系，我们可以将其分为实值状态（in – the – money）、两平状态（at – the – money）和虚值状态（out – of – the – money），亦分别称为实值期权、两平期权和虚值期权。对于买权，如果标的资产的价格大于执行价格，该期权即处于实值状态；如果标的资产的价格等于执行价格，该期权即处于两平状态；如果标的资产的价格小于执行价格，该期权即处于虚值状态。对于卖权，如果标的资产的价格小于执行价格，该期权即处于实值状态；如果标的资产的价格等于执行价格，该期权即处于两平状态；如果标的资产的价格大于执行价格，该期权即处于虚值状态。这一关系如表 2 – 16 所示：

**表 2 – 16　　期权的价值状态**

| 价格关系 | 买权 | 卖权 |
|---|---|---|
| S > K | 实值 | 虚值 |
| S = K | 两平 | 两平 |
| S < K | 虚值 | 实值 |

（2）时间价值。时间价值是指期权的价格超过该期权内在价值那部分价值。在现实的期权交易中，各种期权通常都是以高于内在价值的价格买卖的，即使是两平期权或虚值期权，也会以大于零的价格成交。这是因为，随着时间的推移，基础资产市场价格可能会出现有利于期权购买者的变动。

期权的时间价值不易直接计算，一般以期权的实际价格减去内在价值求得。

2. 影响期权价格的因素。期权的价值受标的资产价格的稳定性、距到期日的时间、期权的执行价格、标的资产价格和无风险利率等因素的影响。

（1）标的资产价格的稳定性。由于期权的持有者只有权利而没有义务，当标的资产价格发生有利于持有者的变化时，持有者可以得到相应的好处；当标的资产的价格发生不利于持有者的变化时，持有者也不会遭受更多的损失。比如，一个执行价格为50元的股票买权，当标的股票的价格在40元—60元之间变化时，其最大价值是10元，最小价值是0。而当标的股票的价格在30元—70元之间变化时，其最大价值是20元，最小价值仍然为0。显然，当标的资产的价格波动增大时，标的资产价格出现有利于持有者的机会越多，而且最大值大于期权执行价格的幅度也越大。因此，标的资产的价格波动越大，期权的价格也越高。

（2）距到期日的时间。距到期日的时间越长，标的资产发生有利于期权持有者变化的机会越多，持有者也就有更多的机会获益，因此，在期权有效期内可随时执行的美式期权的价格越高。期权价格与时间因素的这一关系还表明，提前行使期权是不明智的。当美式期权持有者在期权到期日之前认为可以执行期权而获利时，应该出售期权。这样，不仅可以得到标的资产价格与期权执行价格之间的差额，还可以得到相应的时间价值。如果执行期权，则只能得到标的资产价格与期权执行价格之间的差额，但却损失了期权的时间价值。

（3）期权的执行价格。期权的执行价格越高，买权的价值越低，卖权的价值越高。

（4）标的资产价格。在执行价格不变的情况下，标的资产的市场价格越高，买权的价值越高，卖权的价值越低。

（5）无风险利率。无风险利率越高，买权的价值越高。因为买权在未来执行时要按照执行价格发生现金流出，无风险利率越高，这一现金流出的现值越低，所以买权的价值越高。对卖权来说，持有者的收益来自于未来执行时得到的收入，无风险利率越高，未来收益的现值越低，因此卖权的价值也越低。

3. 期权定价的基本方法。在一般的金融资产定价中，我们通常采用的是现金流量折现方法。即先估计未来的期望现金流量，再用资本成本对这一期望现金流量折现，从而得到相应资产的价值。但这种定价方法对期权这种衍生金融工具来说并不适用，其原因在于：（1）预测现金流量很困难和复杂；（2）无法确定期权的资本成本。当投资者购入一个股票买权后，他就拥有了持有股票的权力，但是该投资者为此投入的资金小于直接购买股票，由于存在着这种杠杆关系，期权的风险大于标的股票的风险。期权的风险是由执行价格与标的股票市场价格的差决定的，当标的股票价格变化时，期权的风险状况也在变化。标的股票的市场价格越高，买权的风险越低。因此，期权的风险随着标的股票价格的变化也在不断地变化，从而无法确定期权的风险，也就无法确定其资本成本。因此，我们必须采用另外的方法来确定期权的价格。

**（二）期权定价的基本方法**

期权作为一种衍生金融工具，是在金融工具的基础上发展出来的，它的收益变化可以由其他金融工具的组合构造出来。因此，期权的定价可以由以下方式进行：

（1）构造一个收益状况与期权相同的，由其他金融资产构成的资产组合；

（2）根据金融市场上的“无套利”原则，期权的价值一定与上述资产组合的价值相等。

**例**：设某人购入一份执行价格为125元，期限6个月的某公司股票的欧式买入期权，已知目前该公司股票价格为100元，6个月的无风险利率为4%。假设6个月后该公司的股票要么下跌至50元，要么上升至200元。

如果该公司的股票价格降至50元，该买权将一文不名，价值为0；如果该公司的股票价格升至200元，买权的价值为75元。

设另有一资产组合为：持有1股公司股票，同时按8%的年无风险利率借入48.08元，则在6个月后的收益状况如表2－17所示：

**表2－17　　资产组合的收益状况**

| | S'=50 | S'=200 |
|---|---|---|
| 1股股票 | 50 | 200 |
| 归还借款本金与利息 | －50 | －50 |
| 收益总计 | 0 | 150 |

由于在任何情况下资产组合的期末收益都正好是买权收益的2倍，所以2个买权的价值应与资产组合的价值完全相同，即：

2C＝1股股票的价格－无风险债券价格

＝100－48.08＝51.92（元）

所以：C＝25.96（元）

上述分析也可理解为：投资者购入1股股票，出售2个买权，正好构成一个无风险资产组合，如表2－18所示：

表 2－18　　无风险资产组合的构建与收益状况

| 项　目 | 初始投资收益 | 期末收益 | |
|---|---|---|---|
| | | S' =50 | S' =200 |
| 购买 1 股股票 | －100 | 50 | 200 |
| 出售 2 个买权 | 2C | 0 | －150 |
| 总　计 | 2C－100 | 50 | 50 |

由于不论期末出现何种情况，这一投资组合都可以保证得到 50 元的收益，所以这是一个无风险投资组合。无风险投资组合的收益率必然是无风险利率（否则将存在套利机会），因此，这一组合收益的现值为（无风险年利率为 8%）：50/1.04 = 48.08（元）

所以有：

$100-2C=48.08$

$C=(100-48.08)/2=51.92/2=25.96$（元）

上述两种无套利分析的结果告诉我们，买权的价格应为 25.96 元。如果买权的价格高于 25.96 元，则一定可以通过购买 1 股股票，出售 2 个买权，并借入 48.08 元获利；反之，如果买权的价格低于 25.96 元，可以反向操作获取同样的利润。

**（三）欧式期权的平价关系**

根据上述定价的思想，可以得到欧式期权的平价关系。

买权、卖权、标的资产和无风险债券四个金融工具是相互关联的，但其中只有三个的价格是独立的，我们可以通过其中三个金融工具的组合得到另外一个的价值。由此可推出买权卖权平价关系。

设投资者构造如下投资组合：出售一个执行价格为 K，期限为 t（即距到期日的时间间隔为 t），价格为 C 的股票买权，收入为 C；购买具有同一标的股票，同一执行价格和同一到期日的价格为 P 的股票卖权，支出为 P；按照市价 S 购入标的股票，支出为 S；按照无风险利率 $r_f$ 借入期限为 t，数额为 $K/(1+r_f)^t$ 的资金，收入为 $K/(1+r_f)^t$。这一投资组合当前的投资支出与期权到期时的支出如表 2－19 所示。

**表 2-19　　投资套利分析**

| 投资行为 | 当前收益 | 到期日收益 | |
|---|---|---|---|
| | | $S' < K$ | $S' > K$ |
| 出售买权 | $C$ | 0 | $K - S'$ |
| 购入卖权 | $-P$ | $K - S'$ | 0 |
| 购入标的股票 | $-S$ | $S'$ | $S'$ |
| 借入资金 | $K/(1 + r_f)^t$ | $-K$ | $-K$ |
| 总　计 | $C - P - S + K/(1 + r_f)^t$ | 0 | 0 |

由表 9-18 可知，上述投资组合在期权到期日不管标的股票的市场价格如何，都可以保证支出为 0。因此，这一投资组合的投资额也必须为 0，否则将存在无风险套利的机会。所以有：

$$C - P - S + K/(1 + r_f)^t = 0$$

或：

$$C + K/(1 + r_f)^t = P + S$$

考虑连续复利，买权与卖权平价关系为：

$$C + Ke^{r_f t} = P + S$$

**例：**假设股票价格为 40 元，执行价格为 45 元，无风险年利率为 10%，期限为 6 个月的欧式买权的价格 3.5 元，同样期限的欧式卖权的价格 5.4 元，在这种情况下：

$$C + K/(1 + r_f)^t = 3.5 + 45/(1 + 0.10)^{0.5} = 3.5 + 42.9 = 46.4\ (\text{元})$$

$$P + S = 5.4 + 40 = 45.4\ (\text{元})$$

由于二者不相等，相对 $P + S$ 来说，$C + K/(1 + r_f)^t$ 的价格被高估了，就存在着无风险套利的机会。正确的套利方法是买入被低估的投资组合 $P + S$，卖空被高估的投资组合 $C + K/(1 + r_f)^t$，即买入欧式卖权和标的股票，卖出欧式买权和无风险债券（即按照无风险利率借入资金），这一策略当前产生的现金流量如下：

$$C + K/(1 + r_f)^t - P - S = 3.5 + 42.9 - 5.4 - 40 = 1.0\ (\text{元})$$

6 个月后，期权和卖出的无风险债券（相当于按无风险利率借入的资金）到期。如果当时标的股票的价格高于 45 元的执行价格，卖出的买权将被执行，投资者将交出手中的标的股票，收到 45 美元，而这正好用于归还到期无风险债券的本息 [$42.9 \times (1 + 0.10)^{0.5} = 45$]，投资者没有任何额外支出。如果当时标的股票的价格小于 45 元的执行价格，卖出的买权将不被执行，而投资者将执行手中的卖权，卖出手中的标的股票，收到 45 元，用于归还到期无风险债券的本息，投资者同样没有任何额外支出。由于在持有这一投资组合可以在任何情况下都不必再发生任何现金流出，这样投资者在最初得到的1元钱就不需要付出任何代价，这就是无风险套利。显然，不论一个无风险套利组合的利润本身是多么微小，但只要存在这种机会，投资者就可以通过将这一投资组合放大而获得非常丰厚的利润。

有了买权卖权平价关系，我们就可以利用买权、卖权、标的资产和无风险债券四个金融工具中的任意三个的价值导出第四个金融工具的价值。比如：

$$P = C + K/(1 + r_f)^t - S$$

这表明，持有一个卖权，相当于持有一个买权，且持有一份无风险债券，同时卖空一个股票。在上例中，我们可以推出卖权的价值P应当为：

$$P = C + K/(1 + r_f)^t - S = 3.5 + 42.9 - 40 = 6.4\text{（元）}$$

**（四）二项式模型**

在上述讨论的基础上，我们介绍期权定价的二叉树方法。

1. 单期二叉树。设某股票当前的市场价格为 $S_0$，一期后价格可能上升为 $S_H$，也可能下降为 $S_L$，其价格变化的二叉树为：

0期　　　　1期

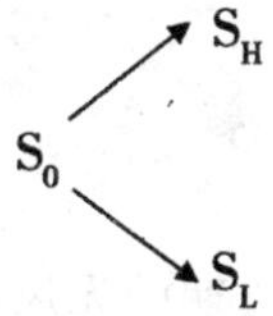


二叉树模型利用风险中性概率计算期权的价值。按照风险中性概率计算股票在1期的期望值，并用无风险利率贴现，其现值应当等于股票0期的价格。按照这一定义，可以得到如下等式：

$$S_0 = \frac{1}{1 + r_f}[W_H S_H + (1 - W_H) S_L]$$

式中，$W_H$ 为股票价格上升的概率；$(1 - W_H)$ 为股票价格下降的概率；$S_0$ 为0期时的股票价格；$r_f$ 为无风险利率。

不难求出：

$$W_H = \frac{S_0(1 + r_f) - S_L}{S_H - S_L}$$

值得指出的是，尽管我们称 $W_H$ 为股票价格上升的概率，但它实际上并不是真正意义上的概率。在各种讨论期权的著作和文章中，$W_H$ 常被称之为等价概率测度或伪概率（pseudo - probability）。

同样，如果一个买权未来的可能价值为 $C_H$ 和 $C_L$，则它在 0 期的价值 $C_0$ 为：

$$C_0=\frac{1}{1+r_f}[W_HC_H+(1-W_H)C_L]$$

**例**：已知某股票当前（0 期）价格 $S_0=70$ 元，6 个月后（1 期）的价格有两种可能：$S_H=100$ 元和 $S_L=50$ 元，无风险年利率 $r_f=8\%$（6 个月为 4%），求以这一股票为标的股票，执行价格为 75 元，期限 6 个月买权的价格。

容易求出：

$$W_H=\frac{S_0(1+r_f)-S_L}{S_H-S_L}=0.45$$

$$C_0=\frac{1}{1+r_f}[W_HC_H+(1-W_H)C_L]=10.96$$

即这一买权的价格应为 10.96 元。

2. 多期二叉树

**例**：某股票现价为 70 元，预计未来两期其价格将上下波动 10%，每期的无风险利率为 1%，问：一个执行价格为 72 元的买权的价值？

股票价格和期权价格变化的二叉树如下所示：

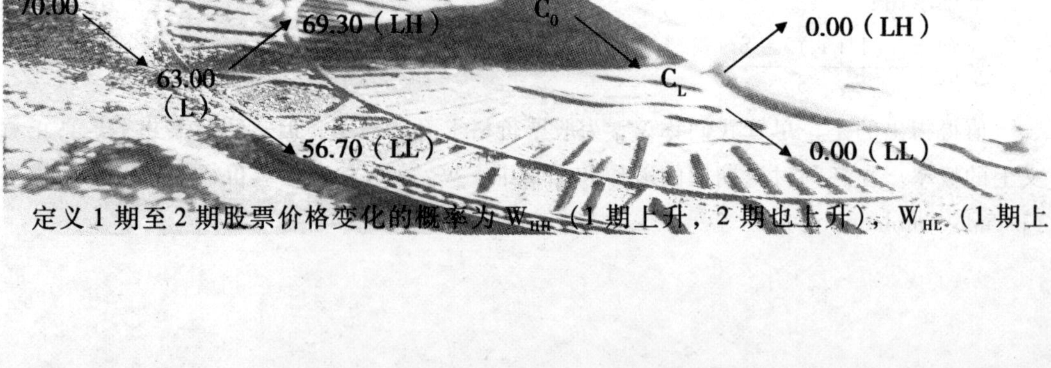


定义 1 期至 2 期股票价格变化的概率为 $W_{HH}$（1 期上升，2 期也上升），$W_{HL}$（1 期上

升，2 期下降），$W_{LH}$（1 期下降，2 期上升），$W_{LL}$（1 期下降，2 期也下降）。

利用风险中性概率公式，有：

$$S_H = \frac{1}{1+r_f}[W_{HH}S_{HH} + (1-W_{HH})S_{HL}]$$

$$S_L = \frac{1}{1+r_f}[W_{LH}S_{LH} + (1-W_{LH})S_{LL}]$$

可求出：

$$W_{HH} = \frac{S_H(1+r_f) - S_{HL}}{S_{HH} - S_{HL}} = 0.55$$

$$W_{HL} = 1 - W_{HH} = 1 - 0.55 = 0.45$$

同样，$W_{LH} = 0.55$

$$W_{LL} = 1 - W_{LH} = 0.45$$

因此，

$$C_H = \frac{1}{1+r_f}[W_{HH}C_{HH} + (1-W_{HH})C_{HL}] = 6.92$$

$$C_L = \frac{1}{1+r_f}[W_{LH}C_{LH} + (1-W_{LH})C_{LL}] = 0$$

不难求出，$W_H$ 与 $W_{HH}$ 相等，所以：

$$C_0 = \frac{1}{1+r_f}[W_HC_H + (1-W_H)C_L] = 3.77$$

三期乃至更多期依此类推。

**（五）布莱克—斯科尔斯公式**

二叉树模型所分析的是资产价格的离散变化，随着模型中定价期数的逐渐增多，资产价格和期权价值会逐步趋近统计学上的某种连续分布形态。如果我们认为资产价格的运动是连续的，那么二叉树模型中的期数将趋于无穷大，根据中心极限定理，二项分布收敛于正态分布，相对应的连续型分布的定价模型就是布莱克 - 斯科尔斯（Black - Scholes）定价公式。Black - Scholes 公式是用于计算期权价格一个重要公式，利用这一公式可以很方便地计算期权的价格。

Black - Scholes 公式为：

$$C = SN(d_1) - Ke^{-r_fT}N(d_2)$$

其中：

$$d_1 = \frac{\ln(S/K) + (r_f + \frac{\sigma^2}{2})T}{\sigma\sqrt{T}}$$

$d_2 = d_1 - \sigma\sqrt{T}$

式中，C 为欧式看涨期权价格；S 为标的股票的当前市价；K 为买权的执行价格；T 为距到期日的时间；$r_f$ 为无风险利率；σ 为股价变动的标准差。卖权的价格可以利用欧式期权平价关系，根据买权的价格求出。

不难看出，Black - Scholes 公式中所需要的各个参数除股价变动标准差 σ 外都是确定的和很容易得到的。股价变动标准差 σ 可以根据股票价格变化的历史数据进行估计。由于决定期权价值的是期权有效期内标的股票价格变化的标准差，而根据股票价格变化的历史数据估计的标准差只是标的股票过去的波动率，而不一定是未来的波动率，因此，由此计算出的期权价格只是一个近似的估计，并不是其准确值。

**例：**已知当前股票价格 S = 100 元，执行价格 K = 110 元，无风险利率 $r_f$ = 10%（年利率），据到期日时间 T = 0.5 年（6 个月），股票价格标准差 σ = 0.60（每年 60%），求买权的价格。

**解：**

$$d_1 = \frac{\ln(S/K) + \left(r_f + \frac{\sigma^2}{2}\right)T}{\sigma\sqrt{T}} = 0.105$$

$d_2 = d_1 - \sigma\sqrt{T} = -0.319$

查正态分布表，有：

$N(d_1) = N(0.105) = 0.5418$

$N(d_2) = N(-0.319) = 0.3745$

所以，买权的价格为：

$C = SN(d_1) - Ke^{-r_fT}N(d_2) = 15$

**（六）其他期权类产品的定价**

1. 认股权证。认股权证实质上是一种股票买权，因此，它的价值由确定股票买权的方法来决定，要受到标的股票市场价格、权证认购价格（即执行价格）、距认股权证到期日的时间长短、市场利率、股价波动率等因素的影响。但是与一般股票买权不同的地方是，认股权证的持有者在行使其权利时，公司向其交付的股票是新发行的股票（或者是公司所回收的，已退出流通领域的库藏股）。因此，执行认股权证将增加公司流通在外的股票数量。并由于认股权证的持有者在行使其权利时购入股票的价格低于股票的市场价格（否则认股权证的持有者就不会行使这一权利），这一权利的行使必然会对股票的市场价格产生稀释作用，而这反过来又会对认股权证本身的价值产生影响。

一般而言，这种稀释效应的存在会使权证价值低于普通股票买权的价值。

设认股权证执行前公司普通股总数为 N，认股权证数量为 M，每个认股权证可认购 q 股股票，认购价格为 K，认股权证执行前公司股东权益的总价值为 $V_0$。当认股权证的持有者行使其买权时，公司需按照认购价格 K 增发 Mq 股新股，收入 $M\times q\times K$。因此，认股权证执行后公司股东权益的总价值变为 $V_1=V_0+M\times q\times K$，股票总数量变为 N + Mq，每股股票的价值变为：

$$S_1=\frac{V_0+MqK}{N+Mq}$$

**例：**公司发行在外的普通股股票数量 N = 2000 万股，发行在外的认股权证数量 M = 400 万个，每个认股权证可以认购的普通股票数量 q = 0.5，认购价格为 35 元。认股权证的持有者在 $S_0=40$ 元时行使认股权。在行使认股权之前，公司股东权益的总价值 $V_0=40$（元/股）×2000（万股）= 8 亿元，总股票数 N = 2000 万股。行使认股权后，公司发行新股 Mq = 400（万）×0.5（股）= 200 万股，收入 MqK = 400（万）×0.5×35（元）= 7000 万元。公司股东权益的总价值 $V_1$ = 8 亿元 + 0.7 亿元 = 8.7 亿元，普通股股票总数量为 N + Mq = 2200 万股，股票价格为：

$$S_1=\frac{V_0+MqK}{N+Mq}=\frac{80000+7000}{2000+200}=39.54$$

稀释效应使股票价格下降了 0.46 元。考虑上述稀释后，认股权证行使认股权后的实际价值 $V_W$ 为：

$$V_w=q\times(S_1-K)=\frac{Nq}{N+Mq}\left(\frac{V_0}{N}-K\right)=\frac{Nq}{N+Mq}(S_0-K)$$

显然，与一般股票买权相比，其价值被稀释了，稀释因子为 $\frac{Nq}{N+Mq}$。[①]

基于上述对稀释效应的探讨，我们可以利用一般期权的定价公式进行权证的定价。

**例：**某公司发行 M = 1000 万个认股权证，公司股票的当前市场价格 $S_0=35$ 元，公司发行在外的普通股数量 N = 4000 万股，每一认股权证可认购的公司股票数量 q = 0.2 股，认股权证的认购价格（执行价格）K = 30 元，认股权证的有效期限 T = 5 年，股票价格变化率的标准差（年）σ = 0.50，无风险收益率 $r_f=5\%$。

**解：**将有关变量代入 Black - Scholes 公式有：

$$d_1=\frac{\ln(S/K)+\left(r_f+\frac{\sigma^2}{2}\right)T}{\sigma\sqrt{T}}=0.92$$

① 需要指出的是，市场是可以预计到认股权证对股票价值所产生的稀释效应的，因此会事先对股票价格进行调整，以避免相应的损失。

$d_2 = d_1 - \sigma\sqrt{T} = -0.20$

查正态分布表有：

$N(d_1) = N(0.92) = 0.8212$

$N(d_2) = N(-0.20) = 0.4207$

$C = SN(d_1) - Ke^{-rT}N(d_2) = 18.9$ 元

即购买一股普通股票的看涨期权的价值 C 为 18.9 元。

认股权证的稀释因子$\frac{Nq}{N+Mq}=0.19$。所以一个认股权证的价格为：

$V_W = 0.19 \times 18.9 = 3.59$ 元

2. 可转换债券。可转换债券是指由股份公司发行的，可以按一定条件转换为一定数量的公司普通股股票的公司债券。可转换债券的可转换性实质上也是一种股票期权或股票选择权，因此也可以利用期权定价的方法来评估其价值。

据不同的定义，可转换债券的价值可分为下述几种：

（1）转换价值。转换价值即可转换证券在转换为公司普通股时得到的普通股的市场价值，即：

$C_V = P_S \times C_R$

式中，$C_V$ 为转换价值；$P_S$ 为普通股股票市价；$C_R$ 为转换比例。

如果面值为 1000 元的可转换债券的转换价格为 40 元，股票的市场价格为 45 元，则该可转换债券的转换价值为：$45 \times 25 = 1125$ 元。

（2）纯粹债券价值和可转换性价值。纯粹债券价值是指可转换债券作为普通债券，将未来的利息和本金收入按照市场利率折现后的价值。而可转换债券市场价格与其纯粹债券价值的差，则称为可转换债券的可转换性价值，它所反映的是可转换债券所包含的认股权的价值。

3. 底价。可转换债券的转换价值与纯粹价值中的较高者为可转换债券的底价：

$M_V = \max(C_V, P_D)$

式中，$M_V$ 是可转换债券的底价；$P_D$ 是可转换债券的纯粹债券价值；$C_V$ 是可转换债券的转换价值。

底价是可转换债券市场价格的下限，可转换债券的交易价格不可能低于其底价。如果可转换债券中规定的转换价格高于普通股市价，则此可转换债券不具备任何可转换性价值，其底价即为其纯粹债券价值；如果可转换债券规定的转换价格低于股票的市场价格，则此可转换债券的可转换性价值大于零，其底价为它的转换价值。

**（七）可转换债券的价值分析**

可转换债券可以近似地看作一个普通债券与一个针对公司普通股票的买权的组合，所以可转换债券的价值也就是这二者的组合。下面我们通过一个简化的例子来说明可转换债券的定价。某公司发行面值 20 亿元的 5 年期可转换债券。初始转股价格为 5 元，全部转债可以转换成 4 亿份普通股。当时公司已有股份约 18 亿股。假设没有其他债务，公司也不准备公开发行新股。则在到期日，该可转换债券的纯粹债券价值与公司资产价值的关系如图 2－15a 所示，当公司价值大于 20 亿元时，债券的价值即为 20 亿元，当公司价值小于 20 亿元时，债券的价值即为公司的价值（不考虑破产成本等因素）。而转换价值与公司价值之间的关系则如图 2－15b 所示。由于公司普通股票为 18 亿股，可转债可转换 4 亿股，所以一旦可转债全部转换为普通股，可转债的持有者将分得公司价值的 2/11，所以可转债的转换价值为公司价值的 2/11。由于投资者有权利选择转换或者不转换，所以可转换债券的价值应当至少等于转换价值和债券价值中较高的一个。将二者结合起来，可转债在到期日的价值的下限如图 2－16 所示，当公司价值小于 20 亿元人民币时，债券持有者得到全部公司价值，但这一价值低于债券的面值；当公司价值介于 20 亿元人民币和 110 亿元人民币之间时，债券持有者得到全部面值；当公司价值大于 110 亿元人民币时，可转债的持有者将债券转换为公司普通股票，得到公司价值的 2/11（大于 20 亿元的债券面值）。

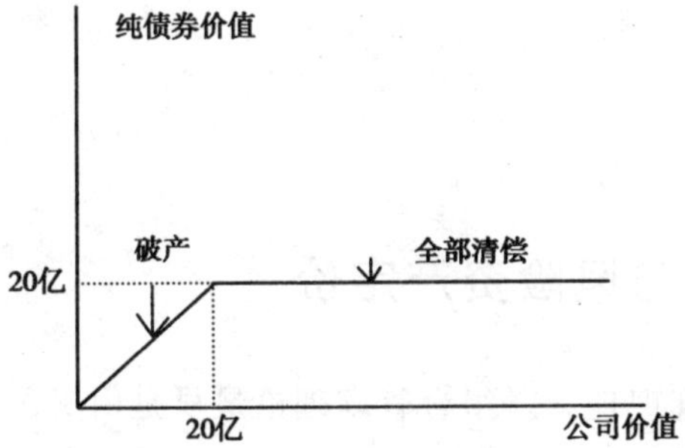


图 2－15a

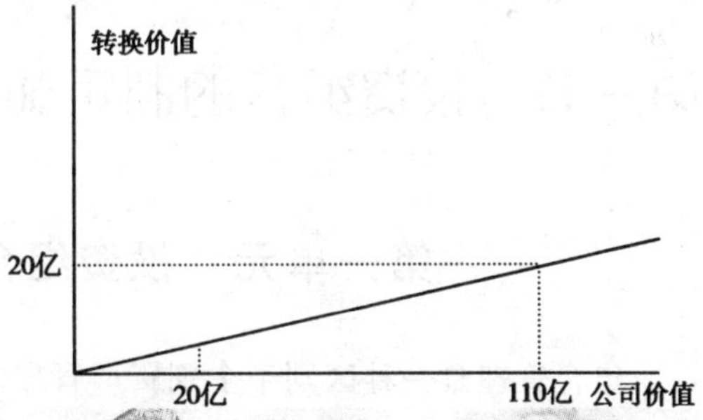


图 2－15b

在到期日前，由于可转债的买权价值中时间价值的存在，所以其价值与到期日时的价值略有不同，其图形如图 2－17 所示。

当然，如果可转债在转换时其转换价格低于普通股票的市场价格，则可转债的转换也会产生对股价的稀释效应。但如果股票市场是有效率的，能够充分预计到可转债转换后对股票价格的稀释作用，则股票价格将在可转债转换前作出一定的调整，从而减弱甚至消除可转债转换带来的价格稀释效应。

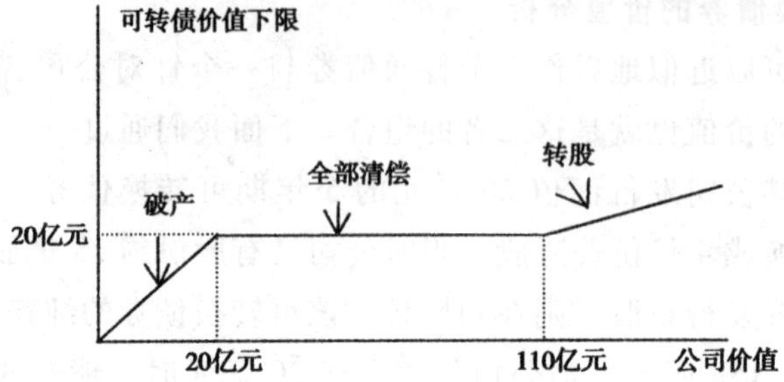


图 2－16

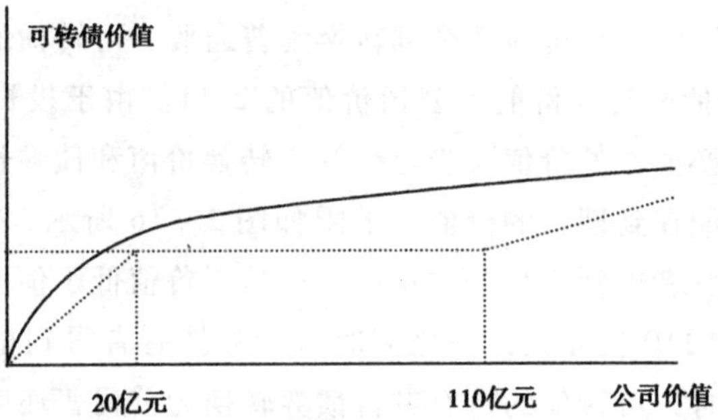


图 2－17

# 第三节　投资组合的制定和调整

## 第一单元　投资组合理论与风险资产定价

组合管理是一种区别于个别资产管理的投资管理理念。组合管理理论最早是由美国经济学家亨利·马柯维茨（Harry Markowitz）于 1952 年系统地提出的，他开创了对投资进行整体管理的先河。组合一词通常是指个人或机构投资者所拥有的各种资产的总称。证券组合是指个人或机构投资者所持有的各种有价证券的总称，通常包括各种类型的债券、股票及存款单等。

投资者构建证券组合的原因是为了降低非系统风险。投资者通过组合投资可以在投资收益和投资风险中找到一个平衡点，即在风险一定的条件下实现收益的最大化，或在收益一定的条件下使风险尽可能地降低。

构建证券组合为什么可以降低证券投资风险呢？人们常常会用篮子装鸡蛋的例子来

说明：如果我们把鸡蛋放在同一只篮子里，万一这个篮子不小心掉在地上，所有的鸡蛋就都可能被摔碎。如果我们把鸡蛋分放在不同的篮子里，一个篮子掉了，不会影响到其他篮子里的鸡蛋。资产组合理论证明，证券组合的风险随着组合所包含的证券数量的增加而降低，资产间关联性极低的多元化证券组合可以有效地降低非系统风险。

理性投资者的基本行为特征是厌恶风险和追求收益最大化。投资者力求在这一对矛盾中达到可能的最佳平衡。如果投资者仅投资于单个资产，他只有有限的选择。当投资者将各种资产按不同比例进行组合时，其选择就会有无限多种。这为投资者在给定风险水平的条件下获取更高收益提供了机会。当投资者对证券组合的风险和收益做出权衡时，他能够得到比投资单个资产更为满意的收益与风险的平衡。

关于这种平衡收益与风险的最优化证券组合方式，马柯维茨在他的论文中就已经提出了“均值—方差”模型，简化了证券组合选择方法，即只需要实现预期收益率最大化和收益率不确定性（风险）的最小化两者之间的均衡，便可以优化证券的组合方式。虽然马柯维茨提供的方法是完全精确的，然而这种方法必然要承担巨大的计算量，特别是在存在上千种证券的大规模市场，无法满足实际市场在时间上近乎苛刻的要求。此后，马柯维茨的学生夏普于1964年提出了著名的资本资产定价模型（CAPM）。林特纳和摩森也分别于1965年、1966年提出了这一思想。资本资产定价模型，在金融领域盛行了十多年，然而1976年，理查德·罗尔对这一模型提出了批评，因为这一模型永远无法用经验事实来检验。与此同时，史蒂夫·罗斯突破性地发展了资本资产定价模型，提出套利定价理论（APT）。这一理论认为，只要任何一个投资者不能通过套利获得无限财富，那么期望收益率一定与风险相联系。

本单元主要介绍投资组合理论和资本资产定价模型。

## 一、投资组合的风险和收益

投资组合选择就是投资者在风险和收益之间进行权衡的过程，因此要进行投资组合，首先要对投资组合的风险和收益进行衡量。马柯维茨利用预期报酬率和标准差来评估投资的收益和风险，因此，马柯维茨的投资组合模型也称为均值方差模型。

### （一）证券投资风险和收益的衡量

1. 证券投资收益的衡量

（1）确定性证券投资收益的衡量。投资收益可以用绝对数也可以用相对数来衡量，由于证券收益的绝对数与最初投入资金量的多少有关，所以证券投资的效果好坏或收益水平的高低，一般不以收益绝对数，而采用相对数指标衡量，即用一定期间内证券收益与期初投资额的比例数来衡量。衡量证券投资收益通常用持有期收益率（HPR）来表示，并且在不考虑货币时间价值因素的前提下使用。

证券持有期收益率又称为投资期利润率，通常以投资净收益即以收入和资本增益的总额与期初投资额相比的百分率表示。公式为：

$$HPR = \frac{P_1 + D_1 - P_0}{P_0}$$

式中，HPR 为证券持有期收益率；$D_1$ 为证券持有期收入，对股票投资者而言是股利，对债券持有者而言则是利息；$P_0$ 为证券的期初价格；$P_1$ 为证券的期末价格。当 HPR > 0 时，表示证券投资盈利；当 HPR = 0 时，表示证券投资没有损益；当 HPR < 0 时，表示证券投资亏损；HPR = -1 为极端情况，表示投资全部损失。

从上面的公式中不难看出，当证券收益总量一定时，证券的收益率与期初证券的价格呈反比关系：期初价格越高，其收益率越低；期初价格越低，其收益率越高。而证券价格的高低与所购买证券承受的风险有关，风险越大，证券价格越低，收益率可能越高。

（2）证券投资收益的概率分布。现实中投资者所面临的证券都是有风险的，并且投资者总是基于对证券投资收益的预期进行事前的买卖决策，这就涉及事前预计收益和风险的问题。如前所述，对投资活动来说，投资收益的可能结果和结果发生的概率分布决定了证券投资的期望收益和风险。因此，对投资收益和风险的衡量与计算，也就要从投资收益的概率分布入手。

概率分布就是指一项随机事件可能出现的所有结果的概率的集合。投资活动可能产生的种种收益可以看作一个个随机事件。如果把证券的实际收益率作为一个随机变量，其出现或发生的可能性，可以用相应的概率来描述。

概率分布分为离散型分布和连续型分布两种。离散型分布是指分布中的概率是可数的；连续型分布是指分布中的概率是不可数的。表 2-20 给出的是离散型分布的例子，分布图如图 2-18 所示；图 2-19 则给出连续型分布的图例。

**表 2-20　　投资项目 M 的收益分布**

| 收益额（万元） | 概率 |
|---|---|
| 400 | 10% |
| 500 | 20% |
| 600 | 40% |
| 700 | 20% |
| 800 | 10% |

（3）证券投资的期望回报。对于风险证券，通常采用期望值作为其收益的衡量指标，投资收益的期望值是指所有可能的收益值按照其发生概率所做的加权平均。离散型概率分布的期望值按下面所示的公式计算：

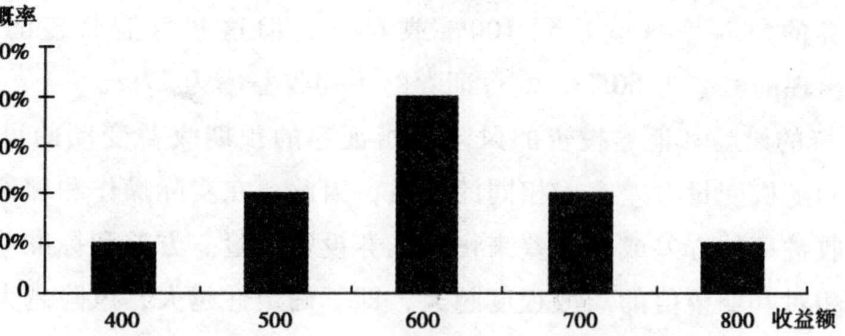


图 2－18　投资项目 M 的收益分布

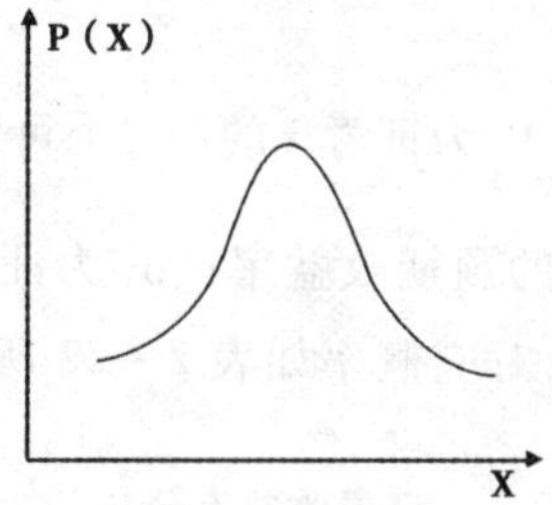


图 2－19　连续分布示意图

$E(R_i) = \bar{R}_i = R_{ij} \cdot P_{ij}$

式中，$E(R_i)$ 为证券 i 的预期收益率；$R_{ij}$ 为证券 i 的第 j 种可能的收益率；$P_{ij}$ 为证券 i 的第 j 个可能收益率发生的概率。

**例**：某证券的收益率概率分布如表 2－21 所示：

**表 2－21　　证券收益率分布**

| 估计收益率 | 概率 |
|---|---|
| 100% | 10% |
| 60% | 20% |
| 10% | 60% |
| －10% | 10% |

根据上述条件，该证券的预期收益率为：

$$E(R) = \sum R_j \cdot P_j$$

$$= 100\% \times 10\% + 60\% \times 20\% + 10\% \times 60\% + (-10\%) \times 10\%$$

$= 27\%$

虽然该证券的收益率可能达到 100% 或 60%，但这些可能收益的概率太小，而 10% 的收益率出现的概率为 60%，使得证券的平均收益率为 27%。

2. 证券投资的风险。证券投资的风险是指证券的预期收益变动的可能性及变动幅度。这一定义和随机变量方差有着相同的性质，因此，在实际操作和理论研究中通常都采用证券投资收益率的方差或标准差来衡量证券投资风险。方差和标准差越大，说明各种可能的结果相对其期望值的离散程度越大，即不确定性越大，风险越大。另外，由于标准差与期望值的量纲相同，便于直接比较，故人们更多地用标准差作为风险的度量基础。证券的标准差计算公式为：

$$\sigma_i^2 = \sum P_{ij}(R_{ij} - \bar{R}_i)^2$$

式中，$\sigma_i^2$ 为证券 i 的方差；$P_{ij}$为证券 i 的第 j 个可能收益率发生的概率；$R_{ij}$为证券 i 的第 j 个收益率；$\bar{R}_i$ 为证券 i 的预期收益率；$\sigma_i$ 为证券 i 收益率的标准差。

**例**：某证券的未来收益率及对应概率如表 2－22 所示：

**表 2－22　　证券收益率分布**

| 可能的收益率水平 | 概率 |
|---|---|
| 80% | 20% |
| 20% | 60% |
| -40% | 20% |

$$\bar{R} = \sum R_j P_j$$
$$= 80\% \times 20\% + 20\% \times 60\% + (-40\%) \times 20\%$$
$$= 20\%$$

$$\sigma^2 = \sum P_{ij} \cdot (R_{ij} - \bar{R}_i)^2$$
$$= 20\% \times (80\% - 20\%)^2 + 60\% \times (20\% - 20\%)^2 + 20\% \times (-40\% - 20\%)^2$$
$$= 0.144$$

$$\sigma = \sqrt{0.144} = 0.379$$

贝塔（β）系数

上面我们介绍了用方差来度量风险，但是方差度量的是金融产品的整体风险大小，不能区分不同风险因素对于总体风险的贡献程度。如，一只股票的价格波动幅度较大，计算得到的方差就会相应较大，我们可以说该只股票风险较大，但是我们不能说明到底是由于大盘的波动引起该股票价格的波动，还是由于公司本身的原因（比如管理层的变动、收购兼并活动，等等）引起价格的剧烈波动，也无法说明哪一个方面起的作用更大一些。如果要衡量一只股票的风险当中受大盘影响的因素的大小，即股票的系统风险，应该用β系数来衡量。

β系数是一种用来测定一种股票的收益受整个股票市场（市场投资组合）收益变化影响程度的指标。它可以衡量出个别股票的市场风险（或称系统风险），而不是公司的特有风险。其数学形式是：

$\beta = cov(i, M)/D(M)$

式中：$\beta_i$——股票 i 的β系数；cov（i，M）——股票 i 与市场投资组合 M 之间的协方差；D（M）——市场投资组合 M 的方差。

市场投资组合的β系数等于1。根据β的含义，如果某种股票的β系数等于1，说明其风险与整个股票市场的平均风险相同。如果某种股票的β系数大于1，说明其风险大于整个市场的平均风险，且数值越大，其风险越大；如果某种股票的β系数小于1，说明其风险小于整个市场的平均风险，且β值越小，其风险越小。

例如，一支个股β系数为1.3，说明当大盘涨1%时，它有可能涨1.3%，同理，大盘跌1%时，它有可能跌1.3%；但如果一支个股β系数为－1.3时，说明当大盘涨1%时，它有可能跌1.3%，同理，大盘跌1%时，它有可能涨1.3%。

当有很大把握预测到一个大牛市或大盘某个上涨阶段的到来时，应该选择那些高β系数的证券，它将成倍地放大市场收益率，为你带来高额的收益；相反在一个熊市到来或大盘某个下跌阶段的到来时，你应该调整投资结构以抵御市场风险，避免损失，办法是选择那些低β系数的证券。

由于证券的特有风险可以通过投资组合的方式分散掉，市场风险就成了投资人关注的焦点，因此β系数就成为证券投资决策的重要依据。

试想在股指期货推出以后，各大金融机构如何利用β系数来构建投资组合？

**（二）投资组合收益的衡量**

投资者通常不会把自己的全部资金投放在某一项资产上，而是同时持有多项资产。这种多项资产构成的集合，称为资产组合。如果同时持有的资产均为有价证券，也可以称为证券投资组合。

证券投资组合的投资收益率也可以用同样的方法来定义和计量，即：

$E(R_P) = R_P = R_{Pj} \cdot P_j$

式中，$R_p$ 为证券投资组合 P 的预期收益率；$R_{pj}$ 为证券投资组合 P 的第 j 种证券的收益率；$P_j$ 为证券投资组合 P 的第 j 种证券的收益率发生的概率。

容易证明：

$$R_{pj} = \sum X_i \cdot R_{ij}$$

式中，$X_i$ 为投资组合中证券 i 所占比重；$R_{ij}$为证券 i 的第 j 个收益率。

根据以上两式，通过以下推导可以得出证券投资组合的预期收益的另一种表达方式：

$$E(R_p) = E(\sum X_i \cdot R_{ij}) = \sum X_i \cdot E(R_{ij}) = \sum X_i \cdot \bar{R}_i$$

通过上式可以看出证券投资组合的预期收益率是组成证券投资组合的各种证券的预期收益的加权平均。

**例**：两种证券按照 50%：50% 的比例构成投资组合，两个证券的收益率分布如表 2－23所示：

**表 2－23　　两种证券的收益率分布**

| 估计收益率 | | 概率 |
|---|---|---|
| 证券 1 | 证券 2 | |
| 16% | 20% | 25% |
| 12% | 14% | 50% |
| 8% | 4% | 25% |

容易算出：

$R_1 = 16\% \times 25\% + 12\% \times 50\% + 8\% \times 25\% = 12\%$

$R_2 = 20\% \times 25\% + 14\% \times 50\% + 4\% \times 25\% = 13\%$

$R_p = 50\% \times 12\% + 50\% \times 13\% = 12.5\%$

**（三）投资组合风险的衡量**

与收益计算不同，证券组合的风险并不等于单个证券风险的加权平均，在大多数情况下，投资组合都能够分散部分风险（也即非系统性风险），从而降低总风险。在某些情况下，证券组合的风险比组合中任何一种证券的风险都低，甚至可能为零。

根据单个证券的风险计算公式，两种证券构成的投资组合风险为：

$$\sigma_p^2 = E(R_{pj} - \bar{R}_p) = \sum P_{pj} \cdot (R_{pj} - \bar{R}_p)^2$$

式中，$\sigma_p^2$ 为证券投资组合 P 的收益率方差；$R_{pj}$ 为证券投资组合 P 的第 j 个收益率；

$\bar{R}_p$ 为证券投资组合 P 的预期收益率。

我们先考虑两种证券组合的风险。假设 $R_{1j}$，$R_{2j}$分别为证券 1 和证券 2 在第 j 中情形中的投资收益率，$\bar{R}_1$ 和 $\bar{R}_2$ 分别为两者的期望回报率，$\omega_1$ 和 $\omega_2$ 表示两种证券在投资组合中所占的比重。那么由这两种证券构成的证券投资组合的风险如下：

$$
\begin{aligned}
\sigma_p^2 &= E\ (R_{pj} - \bar{R}_p)^2 \\
&= E\ [\omega_1 \cdot R_{1j} + \omega_2 \cdot R_{2j}) - (\omega_1 \bar{R}_1 + \omega_2 \bar{R}_2)]^2 \\
&= E\ [\omega_1\ (R_{1j} - \bar{R})\ + \omega_2\ (R_{2j} - \bar{R}_2)]^2 \\
&= \omega_1^2\sigma_1^2 + \omega_2^2\sigma_2^2 + 2\omega_1\omega_2 E\ [\ (R_{1j} - \bar{R}_1)\ (R_{2j} - \bar{R}_2)] \\
&= \omega_1^2\sigma_1^2 + \omega_2^2\sigma_2^2 + 2\omega_1\omega_2\sigma_{12} \\
&= \omega_1^2\sigma_1^2 + \omega_2^2\sigma_2^2 + 2\omega_1\omega_2\rho_{12}\sigma_1\sigma_2
\end{aligned}
$$

其中，$\sigma_{12}$是证券 1 和证券 2 回报率的协方差，$\rho_{12}$为两种证券回报率的相关系数。

从上式可以看出，证券投资组合的风险并不等于组合中各个证券风险的加权平均，它除了与单个证券的风险有关外，还与各个证券之间的互动性相关，表现为协方差或相关系数的影响。

当 $\rho_{12} = 1$ 时，两种证券完全正相关，此时有：

$$\sigma_p^2 = \ (\omega_1\sigma_1 + \omega_2\sigma_2)^2$$

由这两种证券构成的证券组合的风险（标准差）等于这两种证券各自风险（标准差）的线性组合。

当 $0 < \rho_{12} < 1$，这时两种证券之间存在着正相关关系，$\rho_{12}$越接近 1，正相关性越强，越接近 0，正相关性越弱。

当 $\rho_{12} = 0$ 时，两种证券相互独立，此时，证券组合的风险为：

$$\sigma_p^2 = \omega_1^2\sigma_1^2 + \omega_2^2\sigma_2^2$$

当 $\rho_{12} = -1$ 时，两种证券之间完全负相关，此时，投资组合的风险为：

$$\sigma_p^2 = \ (\omega_1\sigma_1 - \omega_2\sigma_2)^2$$

此时，投资组合的风险最小，并且如果 $\omega_1\sigma_1 = \omega_2\sigma_2$，那么 $\sigma_p = 0$。此时，两种证券的风险彼此完全相互抵消。

当 $-1 < \rho_{12} < 0$ 时，两种证券之间存在着负相关，此时，两种证券之间的风险不能完全抵消。

由以上分析可以得出如下结论：无论证券之间的投资比例如何，只要证券之间不存在完全正相关关系，证券组合的风险总是小于单个证券风险（以回报率标准差度量）的加权平均。

如果构成组合的证券有 N 个，我们可以利用同样的方法来计算组合的风险。

$$\sigma_p^2 = \sum_{i=1}^{N} \omega_i^2 \sigma_i^2 + \sum_{i=1}^{N} \sum_{j \neq 1}^{N} \omega_i \omega_j \rho_{ij} \sigma_i \sigma_j$$

**（四）投资组合的风险分散化效应**

从上面的分析可以看出，单独持有一种证券时，证券的风险状况由实际收益水平围绕期望收益的波动大小来衡量，波动越大，风险越高。然而，当一项证券纳入一个由众多证券组成的风险充分分散的投资组合中后，情况就起了变化。这时，投资者关心的不再是每一种证券本身的收益波动状况，而是整个证券组合的收益波动状况。在证券组合内，一种证券的收益波动可能会被另一种（或几种）证券的收益波动所抵消，对整个证券组合来说，决定其风险大小的最关键因素不是每一种证券的总风险的大小，而是它对整个投资组合风险的实际贡献大小，即那些无法通过组合分散的风险。因此，每一种证券的风险根据其能否被有效分散可以分为系统风险和非系统风险。

系统风险主要由经济形势、政治形势的变化引起，对绝大多数证券价值产生影响。而非系统风险只与个别证券的状况相联系，因此当投资者持有多种证券时，有些证券在一定时期内可能会因为受到正面因素的影响而使自身的价值增加，另一些证券在同一时期可能因受到负面因素的影响而使自身价值减少，这种增加和减少的相互抵消，会使投资组合中单项证券的收益变化特性趋于消失，即单个证券的非系统风险被有效分散了。投资组合中的证券数目越多，证券之间的相关性越弱，非系统风险的分散就越彻底。这种分散效应，可以从证券组合的方差和标准差公式中看出来。

前面已经给出 N 种证券组成的投资组合的方差公式为：

$$\sigma_p^2 = \sum_{i=1}^{N} \omega_i^2 \sigma_i^2 + \sum_{i=1}^{N} \sum_{j \neq 1}^{N} \omega_i \omega_j \rho_{ij} \sigma_i \sigma_j$$

第一项为各单项证券的方差的加权和，反映了每一证券各自的收益变化情况，可以理解为非系统风险，第二项为资产间的协方差之和，反映了各证券间收益变化的相关关系和共同运动，是系统风险。设投资者均匀投资，则 $\omega_i = 1/N$，则：

$$\sigma_p^2 = \sum_{i=1}^{N} (1/N)^2 \sigma_i^2 + \sum_{i=1}^{N} \sum_{j \neq 1}^{N} (1/N)^2 \rho_{ij} \sigma_i \sigma_j$$

$$= (1/N)^2 \sum_{i=1}^{N} \sigma_i^2 + (1/N)^2 \sum_{i=1}^{N} \sum_{j \neq 1}^{N} \rho_{ij} \sigma_i \sigma_j$$

令 $\bar{\sigma}^2 = (1/N)\sum_{i=1}^{N}\sigma_i^2$，则有：

$$(1/N)^2\sum_{i=1}^{N}\sigma_i^2 = (1/N)\,\bar{\sigma}^2$$

当 $N \to \infty$，$(1/N)\,\bar{\sigma}^2 \to 0$，这表明，当投资组合中证券数目增多时，非系统风险将逐渐消失。第二项为系统风险，设所有协方差项 $\rho_{ij}\sigma_i\sigma_j = Cov$，则第二项变为：

$$(1/N)^2\sum_{i=1}^{N}\sum_{j=1}^{N}Cov = \frac{N^2 - N}{N^2}Cov$$

当N逐渐增大并趋于无穷时，$\frac{N^2-N}{N^2}$趋近于1，即协方差项在资产组合中的证券数目增加时并不趋于零，而是趋于平均值。这个平均值就是所有投资活动的共同趋势，反映了系统风险。因此，系统风险是无法通过投资组合的风险分散作用来消除的。

认识和理解系统风险和非系统风险的区别是很重要的。对投资者而言，可以通过多样化的投资来分散与减少投资风险，但所能消除的只是非系统风险。希望通过多样化投资来彻底消除所有投资风险是不现实的也是不可能的。另外，在投资组合中的证券数目刚开始增加时，这种分散作用体现得相当显著，但随着证券数目不断增加，这种风险分散的作用逐渐减弱。一般来讲，当投资组合中的证券数目增加到15个到20个时，绝大部分非系统风险都已消除，继续增加证券数目对减少投资风险已没有太大的意义。投资组合的风险分散化效应如图2－20所示。

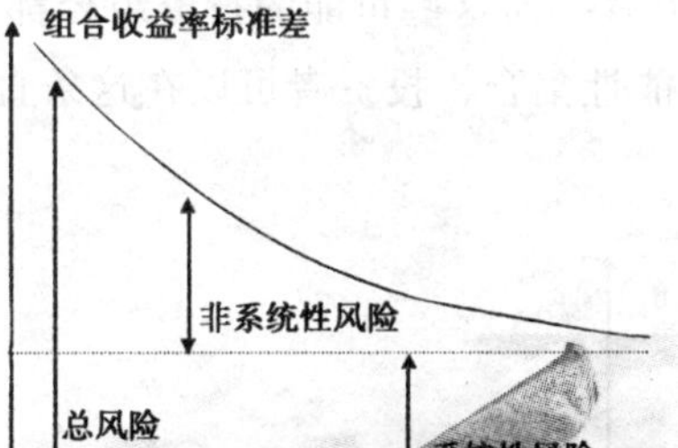


图2－20　投资组合的风险分散化效应

对证券投资而言，一个市场分散投资风险的能力取决于这个市场上所有证券的收益变动之间的相关性。如果不同证券的收益变化之间有很强的相关性，那么这一市场所能产生的风险分散效应将十分有限。

## 二、投资者对投资组合的选择

### （一）投资组合的可能性集合

由于风险和收益相伴而生，相辅相成，在证券投资中，我们通常把风险和收益结合在一起考虑，并常常用风险—收益状态来描述投资组合。利用证券的组合，可以极大地扩大投资者能够获得的投资机会，同时，由于投资组合的风险分散化效应，使得证券组合所形成的风险—收益状态具有一些复杂的特征。

1. 风险资产与无风险资产的组合。首先考虑一项风险资产与无风险资产的组合。无风险资产是指投资收益完全确定，不受任何风险因素影响的资产。如果投资者能利用无风险资产与风险资产共同构成他的资产组合，其资产组合集合相对于单纯使用风险资产构成资产组合时有较大的变化。

假设无风险资产的期望收益率为 $R_f$。由于其收益确定，故收益的标准差是 $\sigma_f=0$。设与之组合的风险资产的期望收益和标准差分别为 $E(R_A)$ 和 $\sigma_A$，组合中风险资产和无风险资产所占比例分别为 a 和（1-a），则组合的期望收益率和方差分别为：

$$E(R_p)=aE(R_A)+(1-a)R_f$$

$$Var(R_p)=a^2\sigma_A^2+(1-a)^2\sigma_f^2+2a(1-a)\rho_{Af}\sigma_f\sigma_A=a^2\sigma_A^2$$

$$\sigma_p=a\sigma_A$$

可以证明，这一资产组合的期望收益率与其标准差间存在线性关系，两种资产按不同比例构成的资产组合集合如下图所示。对于投资者而言，利用无风险资产和风险资产 A，可以构造多种投资组合方式，而这些可能的投资组合都位于直线 $R_fA$ 上，因此，我们把该直线称为投资组合可能性集合，投资者可以在这条直线上选择某一点作为其最终的投资组合。

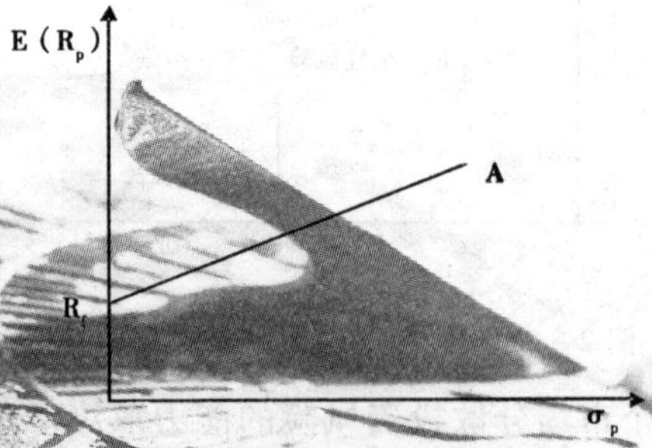


图 2－21 风险资产与无风险资产的组合

2. 风险证券与风险证券的组合。首先看两项风险资产的组合。设有 A、B 两种资产，资产 A 的期望收益为 $E(R_A) = 4.60\%$，标准差 $\sigma_A = 5.62\%$，资产 B 的期望收益为 $E(R_B) = 8.50\%$，标准差 $\sigma_B = 6.33\%$。将 A 和 B 按照各 50% 的比例组合成资产 AB，则 AB 的收益期望和方差分别是：

$$E(aR_A + bR_B) = aE(R_A) + bE(R_B) = 0.5 \times 4.60\% + 0.5 * 8.50\% = 6.55\%$$

$$Var(aR_A + bR_B) = a^2\sigma_A^2 + b^2\sigma_B^2 + 2abCov_{AB}$$

$$= a^2\sigma_A^2 + b^2\sigma_B^2 + 2ab\rho_{AB}\sigma_A\sigma_B$$

式中，$Cov_{AB}$ 和 $\rho_{AB}$ 分别是资产 A、B 收益的协方差和相关系数，两者具有等价关系，若给定 $\rho_{AB} = 0.1321$，则可以计算出资产组合 AB 的标准差为 0.2%。

用同样的方法，可以求得按任意比例将 A、B 两资产组合后的资产组合的期望收益和标准差。所有这些资产组合构成一个资产组合可能性集合，在期望—标准差平面上这些点构成连接 A、B 的一条曲线。

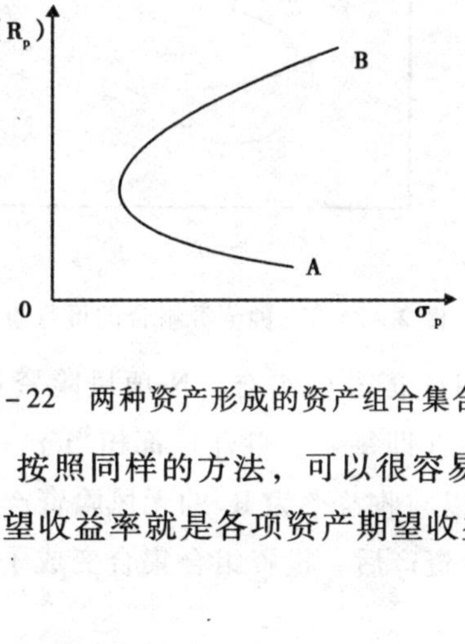


图 2－22　两种资产形成的资产组合集合

3. 多个风险证券的组合。按照同样的方法，可以很容易地得到 N 项风险资产构成的资产组合的收益和方差。期望收益率就是各项资产期望收益率的加权平均：

$$E(R_P) = \sum_{i=1}^{N} \omega_i E(R_i)$$

式中，$E(R_i)$ 和 $\omega_i$ 分别为第 i 种资产的收益和权重。

而组合收益率的方差为：

$$Var(R_P) = \sum_{i=1}^{N} \omega_i \sigma_i^2 + \sum_{i=1}^{N} \sum_{j \neq 1}^{N} \omega_i \omega_j \sigma_i \sigma_j \rho_{ij}$$

式中，$\sigma_i^2$ 为第 i 项资产的收益率方差；$\omega_i$ 含义同上；$\rho_{ij}$ 为资产 i、j 的相关系数。

N 项风险资产可以构成许多资产组合，可以证明，这些资产组合构成的投资组合集合是标准差—期望收益坐标平面上的一个伞形的区域，如图 2－23 所示，事实上，只要 N 大于或等于 3，资产组合集合就是如此。

图 2－24 显示了三种风险证券（下图中的 A、B、C）所构成的可行集合。

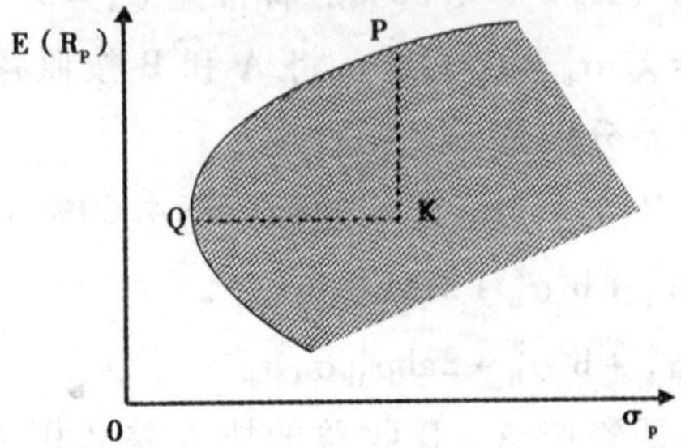


图 2－23 多种证券的资产组合集合

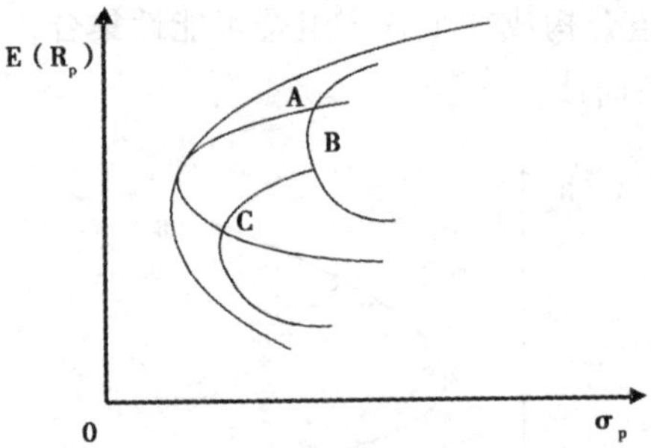


图 2－24 三种证券组合的可行集合

4. 无风险证券与多个风险证券的组合。N 项风险资产构成的资产组合如图 2－23 所示，这一集合中的每一点（即每一个组合）都相当于一个期望收益为 E（$R_p$），标准差为 $\sigma_p$ 的风险资产，它可以与收益率为 $R_f$ 的无风险资产构成一个新的直线型资产组合集合。从而使得引入无风险资产后，投资组合集合变成了一个扇形的区域，如图 2－25 所示。

**（二）投资组合的有效边界**

对应于每一个特定的预期收益率水平，市场上都存在着许多不同的证券组合，但这些组合的风险水平却各不相同。其中，在该预期收益率下风险最小的组合称为最小方差组合。风险厌恶的投资者在给定的预期收益水平下将选择风险最小的组合，在给定的风险水平上将选择收益最大的组合。满足这两个条件的组合构成投资组合的有效边界，它是理性投资者可能选择的所有证券组合的集合。

首先，来看第一个条件，在所有具有相同期望收益率水平的投资组合中，投资者会选择风险（方差）最小的投资组合。在每一个给定的可能的期望收益水平上，均有一个相应的方差最小组合。这些组合在图形上恰好构成可行集合的左边界，如图 2－26 所示。

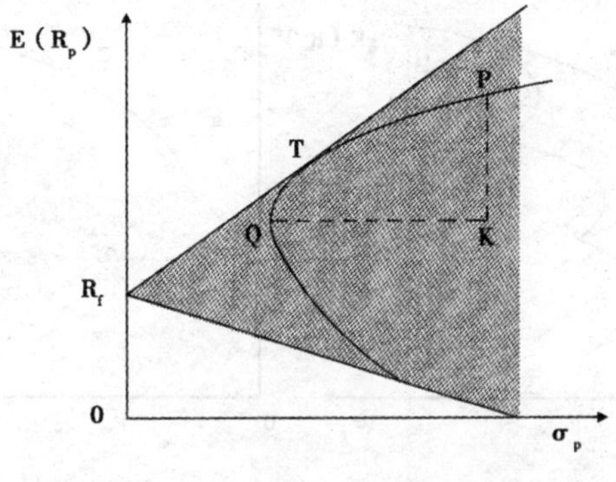


图 2-25 无风险资产与风险资产组合的再组合

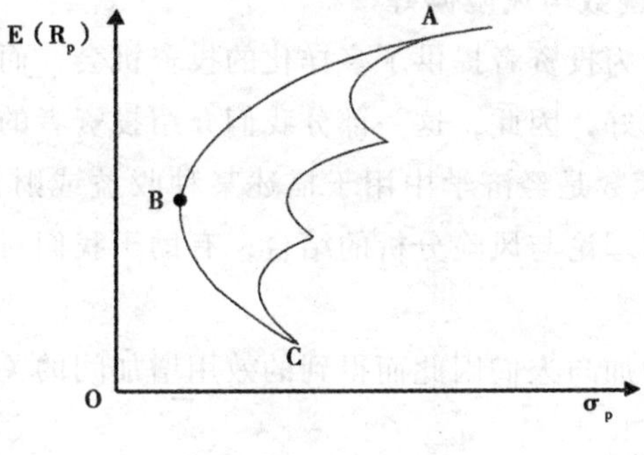


图 2-26 最小方差集合

另一方面，在给定相同方差（即风险）水平的组合中，投资者会选择期望收益率最高的证券组合。在每一个给定的可能的方差水平上，都有一个相应的期望收益率最高的组合，这些组合在图形上正好构成可行集合的上边界，如图 2-27 所示。

例如，在图 2-23 中，投资者将只在阴影区域的边缘部分选择他的投资组合，而不会进入阴影区域内部。因为只有位于投资组合集合边缘的组合满足投资者证券组合选择标准：既定收益水平下的风险最小化和既定风险水平上的收益最大化。所以，在不考虑无风险资产的证券市场上，投资组合有效边界是弧线 QP。这里，Q 为所有投资组合中方差最小的组合，也称为全局方差最小组合。

而在图 2-25 中，在所有直线型的资产组合中，连接无风险资产与风险资产组合的直线中斜率最大的才是投资者所能选择的最佳投资组合集合。这一集合中的所有资产组合，与其他可能的资产组合相比，在相同风险下有较高的收益，或在同一收益水平上风险较小。它是 N 项风险资产与无风险资产构成的资产组合集合的有效边界。在图中即为过 $R_f$ 点的与 QP 相切的切线 $R_fT$。

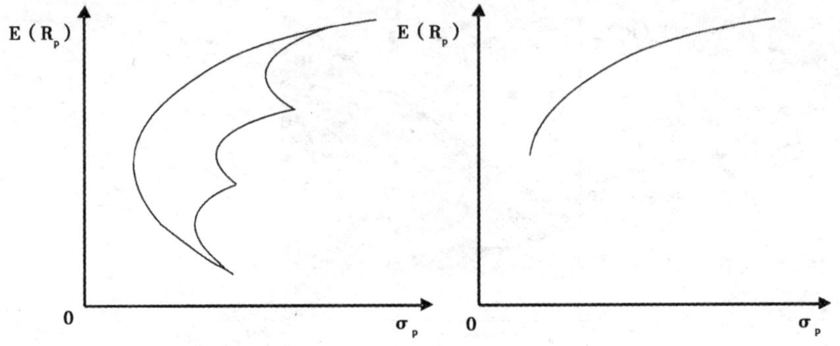


图 2－27　最高收益集合

**（三）投资者的效用函数与风险偏好**

各种证券的投资组合为投资者提供了多样化的投资机会，而投资者最终的投资选择还取决于他们的效用和偏好，因此，这一部分我们介绍投资者的效用函数和风险偏好。

1. 效用函数。效用函数是经济学中用于描述某种收益或财富为人们带来的效用多少的一种分析方法。效用理论与风险分析的结合，有助于我们对风险决策问题进行进一步的研究。

根据收益或财富的增加与人们因此而得到的效用增加间的关系，效用函数可分为三种：

第一种的形状如图 2－28 曲线所示，是边际效用递减的效用函数，这种效用函数表明人们的效用虽然随着收益或财富的增加而增加，但增加的速率却是递减的。比如，对一个收入不高的人，每月增加 100 元收入可以使他的效用比从前有一个较大的提高，但随着其收入的不断增加，每增加 100 元收入使其效用的增加幅度将逐渐减弱。这种效用函数的数学特征为：

$U'(X) > 0$；$U''(X) < 0$

式中：U 为效用，X 为收益或财富的数额。

第二种效用函数的形状如图 2－29 曲线所示，是边际效用递增的效用函数，具有这种效用函数的人，其效用不但随着收益或财富的增加而增加，而且增加的速率也逐渐加快，其数学特征为：

$U'(X) > 0$；$U''(X) > 0$

第三种效用函数是边际效用不变的效用函数，如图 2－30 所示。具有这种效用函数的人，其效用随收益或财富的增加以常数增加，即增加的速率不变，其数学特征为：

$U'(X) > 0$；$U''(X) = 0$

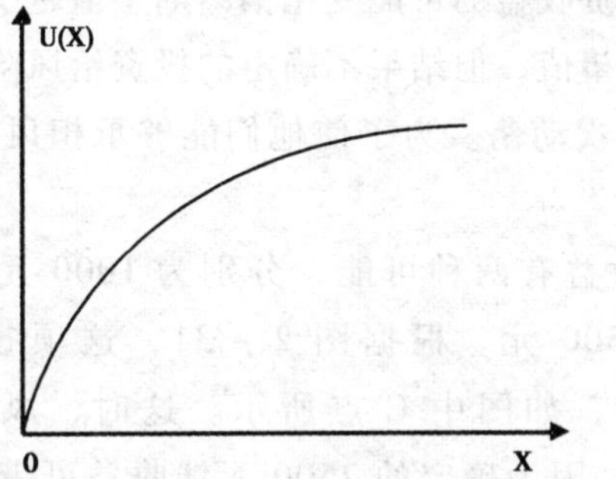


图 2－28　边际效用递减的效用函数

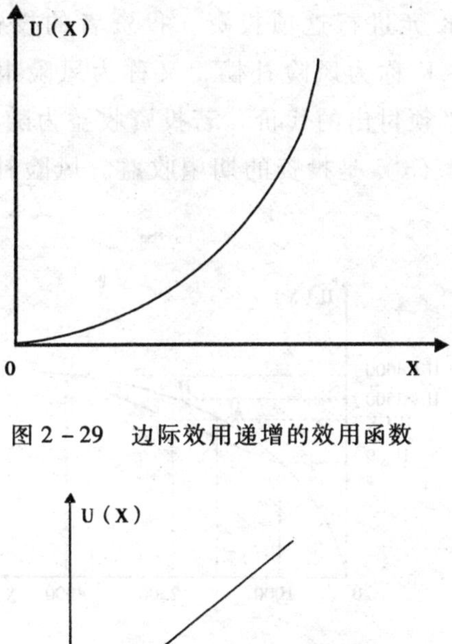


图 2－29　边际效用递增的效用函数

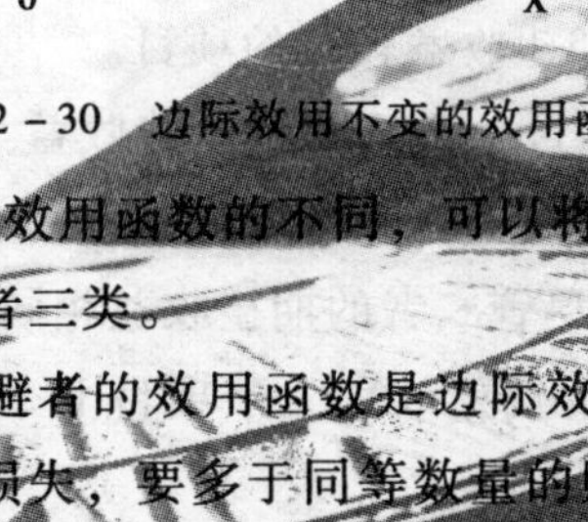


图 2－30　边际效用不变的效用函数

2. 风险偏好。根据人们的效用函数的不同，可以将其对待风险的态度分为风险回避者、风险爱好者和风险中立者三类。

（1）风险回避者。风险回避者的效用函数是边际效用递减的。对于他们来说，损失一定数量财富所导致的效用损失，要多于同等数量的财富增加所带来的效用增加额。

因此，这类投资者希望投资收益的可能变化偏离期望值越少越好。一个收益完全确定的投资，比一个具有相同期望值，但结果不确定的投资给风险回避者带来的效用要高。风险回避者喜欢平稳，不喜欢动荡。为了使他们能够承担风险，必须给予一定的风险报酬。

比如，某项投资的收益有两种可能，分别为1000元和4000元，其发生概率各为50%，期望收益为2500元。根据图2－31，这项投资的效用期望值为0.5U（1000）+0.5U（4000），如图中C点所示。这时，风险回避者是不会同意出资2500元进行这项投资的。因为确定的2500元钱收益可带来的效用如图中D点所示，高于投资期望收益所带来的效用期望C。只有当投资的支出额下降到K元，其效用大小U（K）（效用曲线上的M点）与投资收益带来的期望效用相等时，风险回避型的投资者才会同意出资K元进行这项投资。投资者的投资支出K与期望收益2500元之间的差额 $\pi=2500-K$ 称为风险补偿，又称为风险报酬，是为了促使风险回避者从事这项风险投资所必须付出的代价。若投资收益为随机变量x，则风险补偿为 $\pi=E(x)-K$，其中，E（x）是投资的期望收益。风险补偿的大小，随风险回避者效用曲线的不同而不同。

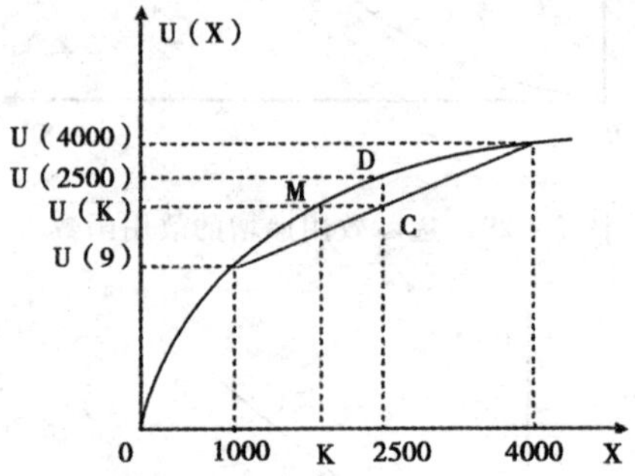


图2－31　风险回避者的效用函数

风险回避者选择投资项目的基本准则是：在期望收益相同时，选择风险较小的项目；在风险状况相同时，选择期望收益较高的项目。

比如，有A、B两个投资项目，项目A的可能收益为1000元和3000元，发生概率各为50%，期望收益为2000元。项目B的可能收益为0元和4000元，发生概率也各为50%，期望收益也为2000元。尽管二者的期望收益相同，但项目B的投资风险大于A。从图2－32可以看出，项目A的期望效用大于项目B的期望效用，投资者将选择项目A。

证券市场上的大多数投资者，尤其是个人投资者都是厌恶风险的，所以，我们在后面的讨论中都以风险厌恶作为投资者的风险偏好。

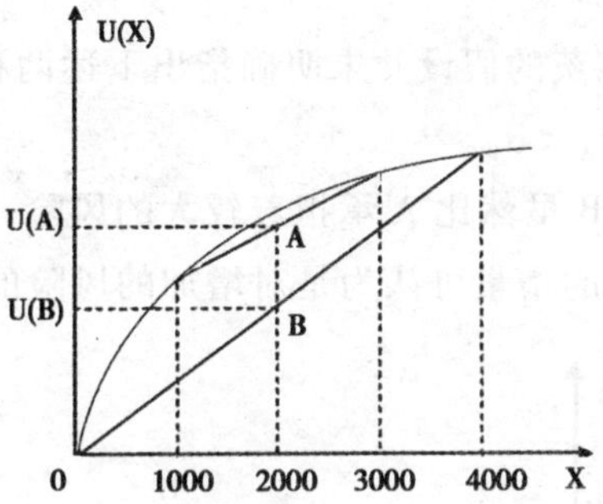


图 2-32 风险厌恶者的投资选择

（2）风险爱好者。与风险回避者恰好相反，风险爱好者的效用函数是边际效用递增的，如图 2-33 曲线所示。他们是冒险精神很强的投资者，喜欢收益的动荡甚于喜欢收益的稳定。他们选择投资项目的基本原则是：当期望收益相同时，选择风险大的项目，因为这将给他们带来更大的效用。如图所示，同样是 A、B 两个项目，对风险爱好者来说，项目 B 的效用更高，因此，他们将选择项目 B，而不是项目 A。

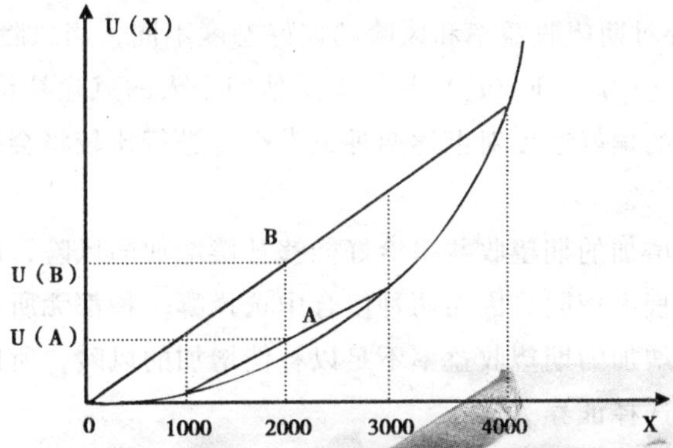


图 2-33 风险偏好者的项目选择

（3）风险中立者。风险中立者的效用函数是线性函数，其边际效用是常数，他们既不回避风险，也不主动追求风险。他们进行投资决策的唯一标准是期望收益的大小，而不管其风险状况如何，因为所有期望收益相同的投资将给他们带来同样的效用。

### （四）投资组合选择

在马柯维茨的假设下，投资者总会在有效边界上选择他们的证券组合，但不同的投资者会在有效边界上选择不同的最优证券组合。因为风险偏好程度存在差异，投资者会根据自己对期望收益和方差（风险）的具体偏好对有效边界上的组合进行比较，作出最终选择，

1. 无差异曲线。马柯维茨的假设并未明确指出下述两种组合 A 和 B 之间的优劣：

$E(r_A) < E(r_B)$ 且 $\sigma_A < \sigma_B$。

如图 2－34，证券组合 B 虽然比 A 承担着较大的风险，但它却同时带来了更高的期望收益率，这种期望收益率的增量可认为是对增加的风险的补偿。

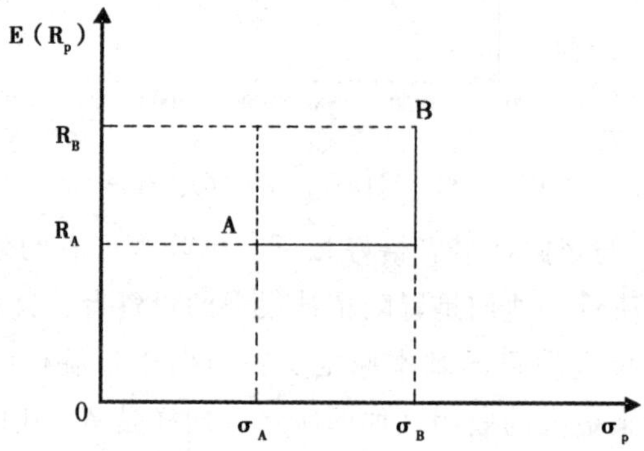


图 2－34　两种证券的比较

由于不同投资者对期望收益率和风险的偏好态度不同，当风险从 $\sigma_A$ 增加到 $\sigma_B$ 时，期望收益率的增量 $E(r_B) - E(r_A)$ 是否满足他们个人的风险补偿将因人而异。因此，按照投资者各自不同的偏好态度对上述两种证券组合进行比较将会得出完全不同的比较结果：

投资者甲认为，增加的期望收益率恰好能够补偿增加的风险，所以，A 和 B 两种证券组合对他来说满意程度相同，因而两种组合中选择哪一种都无所谓。

投资者乙认为，增加的期望收益率不足以补偿增加的风险，所以，B 不如 A 令他满意，即在他看来宁愿选择证券 A。

投资者丙认为，增加的期望收益率超过对增加的风险的补偿，所以，B 更令他满意。因而在两种组合中，他宁愿选择证券 B。

在同样的风险状态下，对期望收益率的补偿要求越高，表明投资者对风险越厌恶。比如上述三位投资者中，乙最厌恶风险，甲次之。

对一个特定的投资者而言，任意给定一个证券组合，根据他对期望收益率和风险的偏好态度，即按照期望收益率对风险补偿的要求，可以得到一系列满意程度相同的（无差异）证券组合。所有这些组合在均值方差（或标准差）坐标系中形成一条曲线，

这条曲线就称为该投资者的一条无差异曲线。

比如在图 2 - 35 中，某投资者认为经过 A 的曲线上的点（代表的组合）具有相同的满意程度，那么这条曲线就是该投资者穿过 A 的一条无差异曲线。有了这条无差异曲线，对该投资者而言，任何证券或证券组合均可与证券组合 A 进行比较：位于这条无差异曲线上的点（组合）与证券组合 A 无差异，如 B；位于该无差异曲线上方的组合，如 C，比证券组合 A 更满意（同样，比无差异曲线上的任何组合更满意）；相反位于过 A 的无差异曲线下方的组合，如 D，则不如 A（及无差异曲线上的任何组合）更满意。

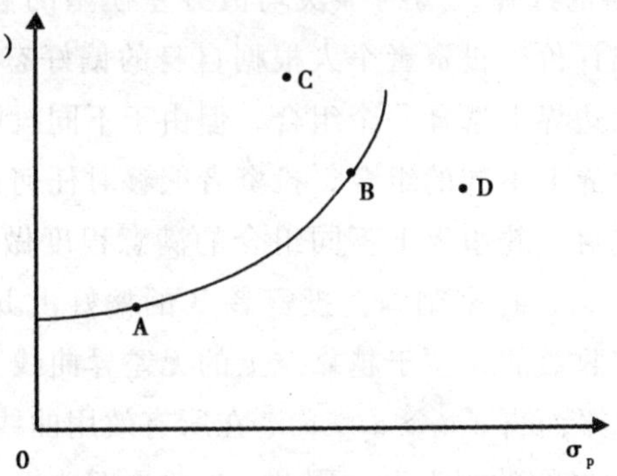


图 2 - 35 无差异曲线与组合的比较

当在均值方差坐标系中，将某投资者认为满意程度相同的点连成无差异曲线时，我们便得到无穷多条无差异曲线。所有这些无差异曲线的全体便称为该投资者的无差异曲线族。有了无差异曲线族，该投资者能够对所有的证券或证券组合进行比较：同一条无差异曲线上的组合满意程度相同；无差异曲线位置越高，该曲线上的组合的满意程度越高。如图 2 - 36 所示，从无差异曲线 $I_4$ 到 $I_1$，逐条曲线上组合的满意程度依次上升。

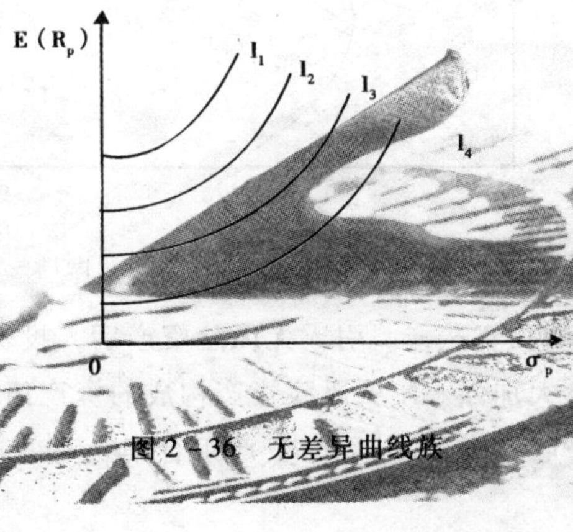


图 2 - 36 无差异曲线族

其次，无差异曲线满足下列特征：①无差异曲线向右上方倾斜；②无差异曲线随着风险水平增加越来越陡；③无差异曲线之间互不相交。

上述三个性质源于我们对投资者的期望收益率和风险的偏好态度所作的假定为：不知足而且厌恶风险。性质①和③很容易理解，而性质②的涵义是：随着风险水平增加，投资者要求的边际补偿率越来越大，即收益增加的速度快于风险增加的速度。每一个投资者都有自己的无差异曲线族，它反映了该投资者的偏好态度。不同投资者因为偏好态度不同，会拥有不同的无差异曲线族。

2. 只有风险资产时的选择。马柯维茨均值方差模型的假设，未对有效边界上的组合之间的比较关系作出评价，投资者个人根据自身的偏好态度拥有自己的无差异曲线。每个投资者均会在有效边界上选择一个组合，但由于不同投资者风险偏好态度的具体差异，他们会选择有效边界上不同的组合，投资者能够对任何证券之间的满足程度作出比较，特别是，他也就能对有效边界上不同组合的满意程度做出比较。如图 2－37 所示，投资者 A 的偏好由 $a_1$、$a_2$、$a_3$ 来刻画，投资者 B 的偏好由 $b_1$、$b_2$、$b_3$ 来刻画。由于投资者是厌恶风险、喜好收益的，位于越靠左上的无差异曲线上的组合满意程度越高，所以，就其代表的效用水平而言，$a_1 > a_2 > a_3$。在所有效用曲线中，与有效集相切的 $a_2$ 是投资者 A 所能达到的最好的效用水平，因此，p 即是理性投资者最终确定的证券投资组合。由于不同的投资者具有各不相同的无差异曲线，其与证券组合有效边界的切点也各不相同，因而投资者选择不同的投资组合，B 选择 q 点作为其组合选择。

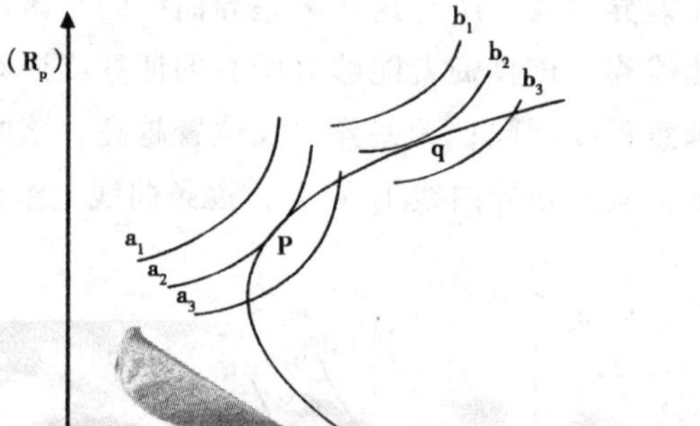


图 2－37　不同投资者的投资选择

3. 有无风险资产时的投资选择。引入无风险资产后，投资者有了借入借出资金的可能，其投资的灵活性大大加强。N 项风险资产构成的资产组合集合如图 2－38 所示，其有效边界为无风险资产收益率 $R_f$ 与风险资产组合集合有效边界相切的直线 $R_fT$。投资者将根据自己的无差异曲线在这一直线型有效边界上选择自己的投资组合。

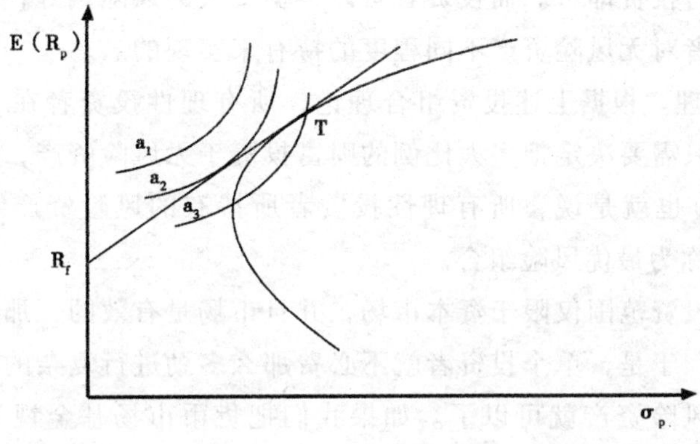


图 2－38　在存在无风险资产时投资者的组合选择

那些风险承受能力弱的投资者可在有效边界偏下的部分选择自己的资产组合，他们将全部资金分为两部分，一部分投资于无风险资产，一部分投资于风险资产，并且投资者越是追求低风险，在无风险资产上的投资比例越大。那些风险承受能力强，偏爱高风险的投资者，一般会在有效边界偏上的部分进行选择，他们将全部的资金投资于风险资产组合后，还按照无风险利率借入一部分资金投资于风险资产，风险偏好越强，借入资金越多。在一定的条件下，每个投资者都可以在这一有效边界上找到适合自己投资需求的资产组合。

4. 投资的分离定理。上述资产选择过程可以分为两个阶段。

第一个阶段是对风险资产进行选择，在这一阶段，投资者对每一项风险资产的期望收益和风险状况以及各资产间的相关性进行估计，在此基础上确定风险资产组合可能性集合及其有效边界。随后，投资者经 $R_f$ 向风险资产组合的有效边界引切线，切点 T 所代表的资产组合即为投资者应当持有的风险资产内部的组合。在这一阶段，投资者只需要考虑每项资产的期望收益、方差和相关系数，即只考虑风险资产本身的特性，而不需要考虑自身的风险偏好。因此，不管投资者之间的风险偏好差异多大，只要他们对风险资产具有相同的信息和判断，他们都将选择同样的风险资产组合。

第二阶段是最终资产组合的选择，投资者将选定的风险资产组合 T 和无风险资产相结合，构造出一个新的资产组合集合。在新的有效边界（对于所有投资者，这也是相同的）上，投资者根据自己的风险偏好安排所持有的无风险资产与风险资产的比例，选择适当的资产组合。

这种分阶段的资产选择过程称为"分离原理"，对投资决策有着很重要的指导意义。对于企业而言，当其代表股东进行投资决策时，可以不考虑他们的风险偏好，按照最佳的资产组合进行投资即可。而投资者可以根据个人的风险偏好，选择不同的风险程度，这是通过投资者对无风险资产不同程度的持有来实现的。

5. 共同基金定理。根据上述投资组合理论，所有理性投资者在一个理想的资本市场上进行投资时，只需要决定把多大比例的财富投资于无风险资产，把多大比例的财富投资于切点组合 T，也就是说，所有理性投资者所持有的风险资产组合完全相同，因此，切点组合 T 也称为最优风险组合。

如果投资者的投资范围仅限于资本市场，并且市场是有效的，那么市场组合就大致等于最优风险组合。于是，单个投资者就不必费那么多劲进行复杂的分析和计算，只要持有指数基金和无风险资产就可以了。如果我们把货币市场基金视为无风险资产，那么，投资者所要做的就是根据自己的风险厌恶程度，将资金分配于货币市场基金和指数基金。这就是共同基金定理。

## 三、资本资产定价模型

资本资产定价模型是现代金融学的奠基石。该模型是基于风险资产的期望收益均衡基础上的预测模型，对于资产风险及其期望收益率之间的关系给出了精确的预测。这一关系给出了两个极富创造力的命题。首先，它提供了一种潜在投资项目估计其收益率的方法。举例而言，投资者在分析证券时，极为关心股票在给定风险的前提下其期望收益与同期“正常应有”的收益之间的差距。第二，该模型使得我们能对不在市场交易的资产同样作出合理的估价。譬如说，证券一级市场的发行应如何定价？一个新的投资项目是如何影响投资者对公司股票收益的要求的？尽管资本资产定价模型同实证检验并不完全一致，但由于该模型的简单明了和该模型在诸多重要应用中的高度精确度，它仍然得到了广泛的应用。

### （一）CAPM 的基本假设

与大多数的经济理论一样，CAPM 模型建立在一系列的假设之上，这些假设包括：

1. 存在许多投资者，并且与整个市场相比每位投资者的财富份额都很小，所以，投资者都是价格的接受者，不具备“做市”的力量，市场处于完善的竞争状态。

2. 所有的投资者都有相同的投资期限。所有的投资者都是“近视”的，只关心投资计划期内的情况，不考虑计划期以后的事情。

3. 投资者只能交易那些公开交易的金融工具，如股票、债券等，即不把人力资本（教育）、私人企业（指负债和权益不进行公开交易的企业）、政府融资项目等考虑在内。并假设投资者可以不受限制地以固定的无风险利率借入或贷出资金。

4. 税收和交易成本都可以忽略不计，信息是免费的，并且立即可得，即市场环境是无摩擦的。

5. 所有投资者的行为都是理性的，都遵循马科维茨的投资组合选择模型优化自己的投资行为。也就是说，当面临风险（标准差）相同的两种选择时，所有投资者都选择具有较高预期收益率的那一种；当面临预期收益率相同的两种选择时，所有投资者都选择具有较小风险的那一种。

6. 所有的投资者都以相同的观点和分析方法来对待各种投资工具，他们对所交易的金融工具未来的收益现金流的概率分布、预期收益率和方差等都有相同的估计。也就是具有一致的预期。

上述假定代表着我们的“如果怎么，那么就会怎么”分析中的“如果”部分的内容，显然这些假定忽略了现实生活中诸多复杂的现象，但利用这些假定，我们可以洞察证券市场均衡的许多重要内幕。

我们可以由以上关于有价证券和投资者的假定得出这样一些含义：

1. 所有投资者将按照包括所有可交易资产的市场资产组合（M）来按比例地复制自己的风险资产组合，为了简化起见，我们将风险资产定为股票。每只股票在市场资产组合中所占的比例等于这只股票的市值（每股价格乘以股票流通在外的股数）占所有股票市值的比例。

2. 市场资产组合不仅在有限边界上，而且资产组合也相切于最优资本配置线上的资产组合，这样一来，资本市场线也是可能达到的最优资本配置线，所有的投资者选择持有市场资产组合作为他们的最优风险资产组合，投资者之间的差别只是投资于最优风险资产组合的数量与投资于无风险资产的数量相比，比例上有所不同而已。

3. 市场资产组合的风险溢价与市场风险和个人投资者的风险厌恶程度是成比例的。

4. 个人资产的风险溢价与市场资产组合 M 的风险溢价是成比例的，与相关市场资产组合的 β 系数也成比例。β 系数是用来测度股票与市场一起变动的情况下证券收益的变动程度的。

**（二）市场证券组合与资本市场线**

由于每一个投资者所面临的实际情况是相同的，他们对证券的期望回报率、方差、协方差和无风险利率的估计是一致的。在这一条件下，所有投资者将构造出完全相同的风险资产组合集合，选择出相同的最佳风险资产组合 T，并将自己的资产在无风险资产与最佳风险资产组合 T 之间做适当的分配。这是前面所提到的分离定理的内容，这一节，我们将说明，切点组合就是市场证券组合 M。

市场证券组合是 CAPM 中一个重要概念，在模型中它作为价格（收益率）已知的资产对其他资产进行定价。市场证券组合是由所有市场上的证券组成的，在这一组合中投资在每种证券上的比例等于它的相对市场价值。可以证明，当市场处于均衡时，市场证券组合即为切点证券组合，从而每个人的有效边界都是相同的：由通过无风险证券和市场证券组合的射线构成。

根据一般均衡的原理，证券市场均衡是指在某一价格体系下，每种证券的需求量正好等于市场上存在的证券数量，而无风险利率使得资金借贷平衡。显然，在均衡时，每一种证券在切点证券组合 T 的构成中都占有非零的比例，这是分离定理的结果。我们知道，每一个投资者所选择的证券组合中的风险证券间比例都是相同的，他们都选择 T 作为证券组合中的风险证券组成部分。如果每个投资者都购买 T，但是，T 并没有包括市场上的所有证券，那么就没有一个投资者会购买不包含在 T 中的证券，根据基本的供求原理，其价格必然会下降，在未来预期不变的情况下，这就间接导致该证券收益率提高，从而会刺激投资者对它的需求。这种调整会一直持续到切点证券组合 T 中包含了每一种证券为止。

在市场均衡的基础上，可以定义均衡价格和均衡回报率。如果一个风险资产回报率向量 $\bar{r}=(\bar{r}_1, \cdots, \bar{r}_N)^T$ 和无风险利率 $R_f$（相应的，风险资产价格向量 $\bar{p}=(p_1, \cdots, p_N)^T$ 和无风险债券价格 $p_f$，使得市场均衡，则称其为均衡回报率（均衡价格）。

由于每个投资者所持有的风险证券组合都相同，在均衡的条件下，证券市场供求相等，所以，T 即为市场证券组合。这就是说，在市场均衡状态下，所有投资者按照各个风险资产在全部风险资产的市价总值中所占的价值比例来构造自己的风险资产组合，而投资者的风险偏好仅仅表现在风险组合与无风险证券之间的权衡上。

从理论上讲，市场资产组合应包含全部风险资产，包括金融资产（证券、期货、期权等）和实物资产（黄金、不动产等）在内。但实际上，人们往往用全部股票来代替全部风险资产，并进一步用股票指数来作为市场资产组合的代表。在很多实证研究中，我们也看到，股票指数被看作市场资产组合的代表。

根据前面的推理，所有投资者都以市场资产组合作为自己的风险资产投资。这样，市场资产组合 M 与无风险资产构成的全部资产组合集合的有效边界（图 2－39 中的直线 $R_fM$）就是所有投资者选择自己的资产组合的最佳集合。这个直线型资产组合集合就称为资本市场线（Capital Market Line，简记为 CML），它描述了市场均衡时，有效证券组合的期望回报率和风险之间的关系：当风险增加时，对应的期望回报率也上升。其余的证券组合都落在这条直线之下，因为资本市场线上的证券组合是有效组合。

由图 2－39 可知，CML 在纵轴上的截距为 $R_f$，斜率为 $\frac{E(R_M)-R_f}{\sigma_M}$，其方程为：

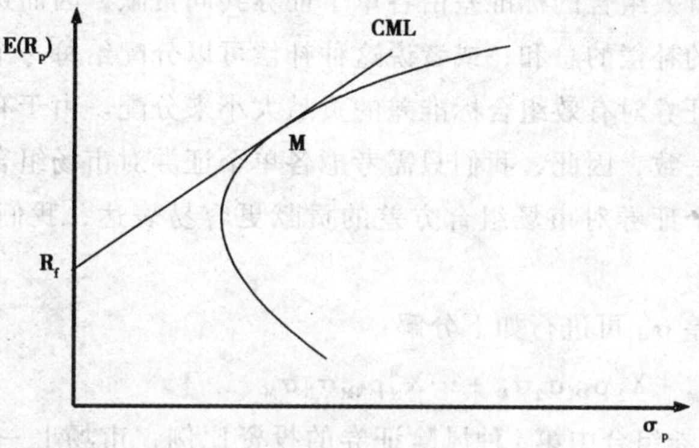


图 2－39 资本市场线

$$E(R_p) = R_f + \frac{E(R_M) - R_f}{\sigma_M}\sigma_p$$
$$= R_f + \beta[E(R_M) - R_f]$$

其中：

$\beta = \frac{\sigma_p}{\sigma_M}$。

资本市场线的方程对有效组合的期望收益率和风险之间的关系提供了十分完整的阐述——有效组合的期望收益率由两部分构成：一部分是无风险利率 $R_f$，它是由时间创造的，是对放弃即期消费的补偿；另一部分则是对承担风险 $\sigma_P$ 的补偿，通常称为风险溢价，它与承担的风险 $\sigma_P$ 的大小成正比，其中的系数（也就是资本市场线的斜率）代表了对单位风险的补偿，通常称之为风险的价格。β 度量了组合 P 的绝对风险相对于市场组合绝对风险的比例，我们称之为系统风险。

资本市场线的特征可以由两个关键的数字来刻画。第一个是资本市场线的截距，它是无风险资产的收益率，这反映了资金的时间价值，即投资者愿意推迟消费而得到的确定的未来收益的补偿。第二个是资本市场线的斜率，称为单位风险的溢价，表示的是当有效证券组合回报率的标准差增加一个单位时，期望回报率应该增加的数量。因此，由资本市场线所代表的资产组合集合的有效边界上各资产组合的期望收益由两部分构成，一部分是资产的时间价值，一部分是资产的风险价值，即：

期望收益 = 时间价值 + 风险价格 × 风险数量

= 时间价值 + 风险价值

### （三）证券市场线

由资本市场线所反映的关系可以看出，在均衡状态下，市场对有效组合的风险即标准差提供补偿。而有效组合的标准差由各单个证券共同贡献，因而这种补偿可视为对各单个证券承担风险的补偿的总和，或者说这种补偿可以分配给每一个单个证券。显然这种分配应按各单个证券对有效组合标准差的贡献大小来分配。由于有效组合中风险证券的构成与市场组合一致，因此，我们只需考虑各单个证券对市场组合标准差的贡献情况即可。鉴于考虑单个证券对市场组合方差的贡献更容易表达，我们不妨对方差进行考察。

市场组合的方差 $\sigma_M^2$ 可进行如下分解：

$$\sigma_M^2 = X_1^M \rho_{1M}\sigma_1\sigma_M + X_2^M \rho_{2M}\sigma_2\sigma_M + \cdots X_N^M \rho_{NM}\sigma_N\sigma_M$$

式中：$X_i^M$ 为证券组合中第 i 种风险证券的投资比例，市场上一共存在 N 种风险证券；$\sigma_i$ 为第 i 种证券的标准差；$\rho_{iM}$ 为第 i 种证券与市场组合 M 的相关系数；$\rho_{iM}\sigma_i\sigma_M$ 为单位资金的第 i 种证券对市场组合 M 的方差所做的贡献，通常称之为证券 i 与市场组合 M 的协方差，记作 $\sigma_{iM}$。

期望收益率 $E(R_M) - R_f$ 可被视为市场对市场组合风险 $\sigma_M^2$ 的补偿。而单个证券所获得的风险补偿则应考虑其对 $\sigma_M^2$ 作出的相对贡献，即：

$$\frac{\sigma_{iM}}{\sigma_M^2}[E(R_M) - R_f]$$

于是有：

$$E(R_i) - R_f = \frac{\sigma_{iM}}{\sigma_M^2}[E(R_M) - R_f]$$

令

$$\beta_i = \frac{\sigma_{iM}}{\sigma_M^2}$$

则每一个证券的期望收益

都可以表示成：

$$E(R_i) = R_f + \beta_i[E(R_M) - R_f]$$

这就是经典的 CAPM 模型，分别由 Lintner（1965 年）、Mossin（1965 年）和 Sharp（1964 年）独立提出。CAPM 表明：单个证券 i 的期望收益率与其对市场组合方差的贡献率 β 之间存在着线性关系，而不像有效组合那样与标准差（总风险）有线性关系。从定价角度考虑，无论单个证券还是证券组合，均可将其 β 系数作为风险的合理测定，其期望收益与由 β 系数测定的风险之间存在线性关系。这个关系在以期望收益为纵坐标、β 为横坐标的坐标系中代表一条直线，这条直线被称为证券市场线（SML）。当 P 为市场组合 M 时，β = 1，因此，证券市场线经过点［1，E（$R_M$）］。当 P 为无风险资产时，β 系数为 0，期望收益率为无风险利率 $R_f$，因此，证券市场线也过点（0，$R_f$），如图 2-40 所示。

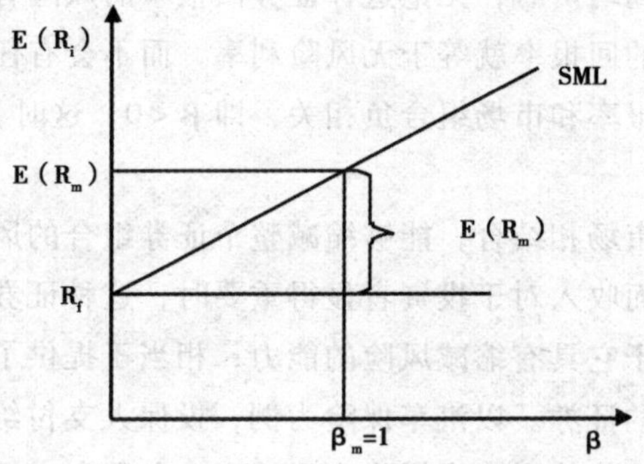


图 2-40 证券市场线

证券市场线为评估投资业绩提供了一个基准。一项投资的风险确定，以 β 值测度其投资风险，证券市场线就能得出投资者为补偿风险所要求的期望收益及货币的时间价值。

由于证券市场线是期望收益——β 系数的几何表达，所以，"公平定价"的资产一定在证券市场线上，也就是说，他们的期望收益同风险是相匹配的，则在均衡市场中，所有的证券均在证券市场线上。假定证券市场线是估计风险资产正常收益率的基准，证券分析旨在推测证券的实际期望收益，如果某只股票被认为是好股票，即认为其价格被低估了，那么就会有偏离证券市场线给定的正常收益的超额期望收益出现，这一期望收益大于资本资产定价模型给出的值，价格高估的股票的期望收益则低于证券市场线给出的值。

股票实际期望收益同理论期望收益率之间的差，我们称之为阿尔法系数，记为 α。例如，如果预期市场收益率为 16%，某只股票的 β 值为 1.5，短期国库券利率为 7%，依据证券市场线可以得出这只股票的理论期望收益率为：7% +1.5 ×（16% -7%）= 20.5%。如果这只股票的实际期望收益率为 21%，这就意味着 α = 0.5%。很显然，α 大于零表明该股票为投资者提供的收益率超过了其应得收益率，也就是说该收益率除了对投资者承担的系统风险提供补偿外，还有超额收益，是值得投资的。

我们通常称证券市场线的斜率 E（$R_m$）$-R_f$ 为风险价格，而 β 称为证券的风险。由 β 的定义，可以看出，对证券风险的正确衡量是其与市场证券组合的协方差而不是其方差。

为了进一步理解这一点，我们下面考虑几个极端的情形。首先，假设某种证券组合与市场组合是完全无关的，即 $\beta=0$，则由证券市场线可以得出：

$$E[R]=R_f$$

这说明，当市场达到均衡时，无论这种证券回报率的风险有多大，只要这种风险可以被分散掉，这种证券的回报率就等于无风险利率，而不会有任何的风险酬金。

如果某种证券的回报率和市场组合负相关，即 $\beta<0$，这时，

$$E[R]<R_f$$

原因是这种证券与市场相结合，能够缩减整个证券组合的风险，在整个市场表现不佳、投资者财富缩水因而收入对于投资者显得重要时，这种证券可以提供高收入抵消其他投资的损失。正是由于它具有缩减风险的能力，相当于提供了一种保险，所以，投资者愿意接受这种低回报的证券。以汽车保险为例，投保人支付给保险公司一元钱，可能只能预期收回 0.5 元，其他的则作为保险公司的开支和盈利。但是，投资者为什么要进行这样的交易呢？就是因为购买保险可以降低投资组合的整体风险，保单的收益至少与你组合中的一种资产（即汽车）的价值负相关。当你的车在道路上安全地行驶时，你的保单没有任何回报；当你的车撞向路边的大树时，你的车可能就不值什么钱了，但你的保单却能给你带来高额的回报。出于同样的原因，投资者愿意投资收益率与其他股票负相关的股票。因为它们可以降低投资组合的总体风险。

每个证券对市场证券组合标准差的贡献依赖于其与市场证券组合的协方差，因此，衡量证券风险的证券量是其与证券市场组合的协方差。市场证券组合的协方差越大的证券，给整个经济造成的风险也越大，但是，标准差大的证券给整个经济造成的风险不一定比标准差小的证券造成的风险大。在这里，协方差是一种无法规避的风险，当市场达到均衡时，只需对无法规避的风险进行补偿。

有关 β 的另一种性质是，证券组合的 β 值等于构成它的证券的 β 值的加权平均，这里的权重等于各个证券在证券组合价值中所占的比例。

由证券市场线表示的均衡关系是市场供需共同作用的结果。给定一组证券的价格，投资者首先计算期望回报率和协方差，然后求最优的证券组合。如果对某种证券的总需求量不等于市场上该证券的供给，价格就会进行调整，直到市场出清为止。

在 CAPM 的分析体系中，个体投资者是价格接受者，对他们而言，证券的价格和前景是固定的，他们只能改变持有证券的数量；而对于整个市场而言，证券的数量是固定的，而价格是变动的。在任何完全竞争的市场里，均衡使得价格的调整一直持续到对所有证券的总需求量与市场上存在的数量达到一致时为止。

**（四）CAPM 的简单应用**

利用资本资产定价模型可以根据已测知 β 系数估计某证券的期望收益，也可以利

用已知某行业的β系数，对该行业的投资期望收益作出估计，并作为该行业资本成本的参考。

反过来，如果已知某证券的期望收益，同时又可以测量出市场资产组合的期望收益 $E(R_M)$ 和无风险收益 $R_f$，也可以利用CAPM模型计算出该证券的β系数。

**例1**：已知无风险资产的收益率为6%，全市场组合的预期收益率为10%，股票A的β为0.75，股票B的β为2。试计算股票A和B各自的预期收益率及风险报酬。

解：已知 $R_f=6\%$，$E(R_M)=10\%$，$\beta_A=0.75$，$\beta_B=2$，故根据CAPM模型，可以计算出：

股票A的预期收益率为：

$E(R_A)=R_f+\beta_A[E(R_M)-R_f]=6\%+0.75\times(10\%-6\%)=9\%$

股票A的风险报酬为：

$E(R_A)-R_f=\beta_A[E(R_M)-R_f]=0.75\times(10\%-6\%)=3\%$

股票B的预期收益率为：

$E(R_B)=R_f+\beta_B[E(R_M)-R_f]=6\%+2\times(10\%-6\%)=14\%$

股票B的风险报酬为：

$E(R_B)-R_f=\beta_B[E(R_M)-R_f]=2\times(10\%-6\%)=8\%$

利用CAPM，我们还可以判断某个股票的价格是高估还是低估，从而可以为选择股票提供依据。例如，某股票β值为1.5，无风险收益率为6%，市场组合的收益率为14%，如果该股票的期望收益率为20%，那么该股票价格被低估还是高估？

很显然，如果CAPM正确，那么在市场均衡时，该证券的理论收益率应该是18%，目前，该证券的期望收益率为20%，表明该股票的价格被低估，是值得投资的。

**例2**：某股票的β值为0.8，当前价格为每股46元，预计一年后该股票将涨至59元，公司不分红。已知市场组合的收益率为12%，无风险利率为4%。运用CAPM，验证该股票是否被正确定价了？作为投资者，你是否会买入该股票？

根据CAPM，均衡时，该股票的理论收益率为：

$E(R)=R_f+\beta[E(R_M)-R_f]=4\%+0.8\times(12\%-4\%)=10.4\%$

根据该股票的价格变动，其期望收益率为：

$$E(R)=\frac{59-46}{46}=28.3\%$$

该股票被低估，如果你对该股票未来的涨势预测正确，那就应该买入。

**（五）CAPM局限性及资产定价理论的发展**

资本资产定价模型因为对投资收益的来源和形成给出了极为精辟的解释，使人们对投资收益的本质有了深刻的了解，从而在金融理论和投资操作得到了广泛的承认，并被誉为现代金融理论的理论基石之一，模型的主要提出者夏普、马柯维茨等也因这一贡献而获得了1990年度的诺贝尔经济学奖。对CAPM的大量实证研究表明，该理论模型深刻地揭示了资本和证券市场的运动规律，对人们在证券市场上的投资行为具有重要的指导意义。它们的基本结论表现在如下几个方面：

1. 证券和资产的价值是通过投资者、借款者和贷款者之间的竞争，在资本和证券市场上确定的。

2. 资本和证券的收益与其所含的系统风险相关联，投资者主要靠承担系统风险而获得风险报酬，资本和证券市场的运行由风险回避者所主导。

3. 资本和证券市场的主要功能，是使所有金融资产等价，即使得金融资产的市场价格做到各个金融资产有相同的收益与风险关系，形成一个单一的风险价格。

4. CAPM的结论对评估不动产投资等同样适用，投资者要为所承担的系统风险而得到相应的补偿。

另一方面，尽管CAPM已经得到广泛的认可，但这一模型所考虑的因素过于简单，在实际运用中，仍存在一些明显的局限，主要表现在：

1. 某些投资项目或资产、证券，特别是一些新兴行业，由于缺乏历史数据而难以估计其系统风险，即β。

2. 由于经济的不断发展变化，各种资产的β值也会产生相应的变化。因此，依靠历史数据估算出的β值对未来的指导作用必然要打折扣。

3. CAPM是建立在一系列假设之上的，而某些假设与实际情况有较大的偏离。

由于上述局限，CAPM只能大体描绘出资本市场和证券市场运动的基本图像，而不能准确地描绘出它的一切。因此，在运用这一理论和模型时，应该更注重它们所揭示的规律，而不是它们给出的具体数字结论。

**（六）套利定价理论（APT）**

为解决CAPM的这一不足，Ross于1976年提出了属于多因素模型的套利定价理论。这一理论指出投资收益同时受多个系统风险因素的影响，只有同时考虑多个系统风险因素的影响，才能在实际中较好地估计投资的期望收益。

经过30年的发展，APT在资产定价理论中的地位已不亚于CAPM。相对CAPM，APT模型更具一般化，因为它对投资者仅仅根据预期收益率和标准差对组合投资进行选择，而APT则是对投资者的效用函数进行假设，但是，这些假设的限制条件大大放宽。

1. 套利定价理论的原理。套利定价理论其实是一个类似于资本资产定价模型的均衡状态下的资产定价模型，这一模型得出与资本资产定价模型相似的结论（如风险和收益之间的线性关系，风险越大，收益越大）。但是，两者却是以不同的假设为基础的，在导出资本资产定价模型时，我们假设所有的投资者都按照均值—方差准则进行投资。在这种假设下，投资者把资本市场线（CML）的斜率最大化，在给定的标准差水平下寻求预期收益率最高的证券。在导出套利定价理论时，罗斯没有回避风险，也没有假定均值—方差为决策依据，相反，他认为预期收益率和风险之间存在正比例关系是因为在证券市场上没有套利的机会，如果投资者可以找到这样一个资产组合，其初始净投资为零而又赚到一定的正收益，那么所有的投资者都将会去投资这类具有吸引力的证券。结果这种资产组合的价格将会发生变化，直到均衡状态下正的收益率降为零并且这种诱人的投资机会从市场消失为止。实际上，当这种交易不再存在时，我们就失去了套利机会，并且我们得到了一种与资本资产定价模型非常类似的风险—收益关系。

套利是投资者利用证券市场上的套利机会来赚取无风险利润的行为。套利行为是现代有效市场的一个决定性因素，根据套利定价原理，当市场存在错误定价时，市场上的少数理性投资者会立即通过套利操作，构筑大额套利头寸，产生巨大的市场力量，将偏离的市场价格推至市场均衡状态。

2. 套利定价理论的基础假设。当投资者可以得到无风险利润，却不用做净资产投资时，就出现了套利的机会。例如，假设 IBM 股票在上海证券交易所卖人民币 60 元，而在深交所卖人民币 58 元，投资者就可以在深交所买同时在上海交易所卖，在不增加任何自有资金的情况下，投资者就可以获得每股人民币 2 元的无风险收益。一价法则指出，如果两种资产在所有经济意义的相关方面都相等，则它们的市场价格应相同。套利者利用了一价法则：一旦发现有违背法则的情况，他们就开始实施贱买贵卖的套利行为。随着套利的进行，低价的市场价格上扬，高价的市场价格被压低，直到套利机会消失。

套利机会的出现是理解套利定价理论的关键，如果投资者能够发现这样的一种投资，其未来收益率为正值并且初始投资为零，那么这一投资就抓住了套利机会。然而，如其他资产定价原理一样，APT 同样是有其基本假设前提的，可以概括为以下几个方面：

（1）收益率是由某些共同因素及一些公司的特定事件决定的，这就被称为收益产生过程；

（2）市场上存在大量不同的资产；

（3）允许卖空，所得款项归卖空者所有；

（4）投资者偏向于高收益的投资策略。

3. 套利定价理论模型

套利定价理论假设证券收益率由一个或多个因素所决定。根据因素的多少，衍生出来单因素套利定价模型和多因素定价模型。

(1) 单因素套利定价模型。如果市场受到且只受到一种因素的普遍影响，我们便可以分析每种证券对该因素变动的敏感性。这种敏感性通过建立如下方程来描述：

$$r_{it} = a_i + b_i F_t + \varepsilon_{it}$$

式中：$r_{it}$ 为证券 i 在 t 期的实际收益率；$b_i$ 为证券 i 对因素 F 的敏感性；$F_t$ 为 t 期的单因素预期值；$\varepsilon_{it}$ 为证券 i 在 t 期的残差项，残差项代表收益率中不受因素影响的那一部分收益，且残差项的平均值（期望）为 0，不同证券的残差之间亦不相关。

对证券收益率建立的这样一种模型称为单因素模型。

根据单因素模型的形式和假设可以按如下方式来计算期望收益率、方差和协方差：

$$E(r_i) = a_i + b_i E(F)$$

$$\sigma_i^2 = b_i^2 \sigma_F^2 + \sigma^2(\varepsilon_i)$$

$$\sigma_{ij} = b_i b_j \sigma_F^2$$

上述三个关系对任意时期 t 都适用，因而略去了时间指标 t。

实际上，市场组合收益率难以得到，常用市场指数来代替，即以市场指数作为单因素，这时的单因素模型称为市场模型。于是市场模型的方程可表示为：

$$R_i = \alpha_i + \beta_i r_I + \varepsilon_i$$

式中：I 为市场指数；$r_I$ 为市场指数 I 的收益率。

指数模型极大地简化了证券的期望收益率、方差及证券间的协方差的计算。在完成这些计算以后，可按照马柯维茨模型确定有效边界，继而在给定的无风险利率下，可确定最优风险组合。

同讨论特征线模型类似，证券或证券组合的总风险可分解为因素风险和非因素风险。这种分解来自于：

$$\sigma_p^2 = b_p^2 \sigma_F^2 + \sigma^2(\varepsilon_p)$$

投资分散化的结果是因素风险趋于平均化和非因素风险将不断减少而近似于 0。

(2) 多因素套利定价模型。当一个共同因素不足以反映证券间的关联性时，考虑增加模型中因素个数是一种可行的办法。一般地，设证券收益率普遍受到若干个共同因素 $F_1$，$F_2$，…，$F_k$ 的影响，可建立下列多因素模型来描述证券收益率对这 K 个因素的敏感性：

利用多因素模型，证券 i 的期望收益率可表述为：

$$E(r_i) = a_i + b_{i1} E(F_1) + \cdots + b_{iK} E(F_K)$$

式中：$F_1$，$F_2$，…，$F_k$ 为 K 个因素在 t 期的预期值；$b_{i1}$，$b_{i2}$，…，$b_{ik}$ 为证券 i 对这 K 个因素的敏感性。

但计算方差和协方差的复杂性较单因素模型有所增加。这时不仅要用到各因素的方差，还要用到因素间的协方差：

$$\sigma_i^2 = \sum_{s=1}^{K} b_{is}^2 \sigma_{F_s}^2 + 2\sum_{s<l} b_{is} b_{il} \sigma_{F_s F_l} + \sigma^2(\varepsilon_i)$$

$$\sigma_{ij} = \sum_{s=1}^{K} b_{is} b_{js} \sigma_{F_s}^2 + \sum_{s<l} (b_{is} b_{jl} + b_{il} b_{js}) \sigma_{F_s F_l}$$

式中：$\sigma_{F_s F_l}$为因素 $F_s$ 和 $F_l$ 间的协方差。

和单因素模型一样，一旦完成上述计算，便可以导出马柯维茨模型中的有效边界，继而对给定的无风险利率可以确定出最优风险组合。

同样，证券或证券组合的风险可分解为因素风险和非因素风险，投资分散化将使因素风险平均化，使非因素风险减少并趋于0。

因素 F 可以是各种经济变量，如 GDP 增长率、CPI、工业生产、通货膨胀、风险报酬与贴水、实质消费、原油价格等，也可以是股票价格指数收益率等。如果只有一个因素，这个模型可以称为单因素模型，如果因素的个数大于一个，就称之为多因素模型。

因素模型的假设基础是证券之间存在的关联性。但它认为证券之间的关联性是一种或多种因素的变动对不同证券所产生的影响的间接反映。因素模型正是企图捕捉这些影响证券价格的因素，并用一种线性结构来描述这些因素对每种证券收益率的影响。

**多因素模型中的因素**

我们在哪里能找到这些因素呢？

当我们需要确定这些因素时需要遵循两个原则：(1) 我们只能用系统因素来解释证券收益。如果模型要求几百个影响因素，则无法对证券收益进行有意义的描述；(2) 我们在建立模型时需要找到那些对风险溢价有意义并且投资者关心的因素。经过反复的经验总结，我们可以将影响证券收益的因素归集为以下几个方面：

(1) 行业生产变化百分比（IP）；

(2) 预期通货膨胀变化百分比（EI）；

(3) 不可预期的通货膨胀变化百分比（UI）；

(4) 长期公司债券比长期政府债券多出的收益（CG）；

(5) 长期政府债券比短期政府债券多出收益（GB）。

由此可以得到以下在持有期间 t 的证券收益五因素模型，它是随宏观经济指标而变化的函数：

$$r_{it} = \alpha_i + \beta_{iIP}IP_t + \beta_{iEI}EI_t + \beta_{iUI}UI_t + \beta_{iCG}CG_t + \beta_{iGB}GB_t + \varepsilon_{it}$$

另一个详细说明宏观经济因素、系统风险的相关来源的方法，是使用公司特征经验代替系统风险。1993 年，Fama 和 Fench 提出了决定投资收益的三因素模型，这一模型认为市场风险报酬，公司规模和股票账面价值与市场价值之比三个因素是决定投资收益的基本因素，考虑这三个因素后，就可以较为全面地确定投资的期望收益了。

$$r_{it} = \alpha_i + \beta_{iM}R_{Mt} + \beta_{iSMB}SMB_t + \beta_{iHML}HML_t + \varepsilon_{it}$$

式中，SMB 为小减大，即小股票比大股票多的资产组合收益；HML 为高减低，即高市场比率股票比低比率市场股票多的资产组合收益。应注意这一模型中市场指数起着重要作用，它可被用来分析源于宏观经济因素的系统风险。

4. 套利定价理论模型的应用。套利定价模型同资本资产定价模型在资产组合管理中应用的范围差不多，只是具体的决策依据和思路依模型的不同而有差异。

（1）应用于积极的组合管理。在积极的组合管理中，可以利用对因素非预期波动的挖掘，判断资产价值是被高估还是低估，来选择资产，调整资产组合。例如，如果公认的通货膨胀率是 3%，而组合管理者预测其应为 1% 的话，那对该投资者来说意外的通货膨胀率为 -2%，投资者依此估算的资产收益率就会低于市场公认的收益率，投资者可调整资产组合，卖出价值被高估的资产。如果该组合管理者预测的是对的，他获得的是超额利润。

（2）应用于消极的组合管理。在消极的组合管理中，套利定价模型可以帮助投资者在已确定因素的情况下，建立一个最佳风险组合的资产组合，即 β 值的最佳组合。这种策略对只包含几种不同资产类型的大资产组合比较合适，因为它充分利用了不同类型资产对不同因素变动具有不同的敏感度的特点。例如，债券和股票的收益率一般对利率因素的反应是相反的；所以，当资产组合很大时，各组合部分的特殊风险就可以被分散。

5. 套利定价理论与资本资产定价模型的比较

（1）两者的联系。APT 和 CAPM 在本质上是一样的，都是一个证券价格的均衡模型。在一定条件约束下，套利定价理论导出的风险收益关系与资本资产定价模型的结论完全一样。因此，CAPM 只是 APT 的一个特例而已，这也是 APT 比 CAMP 需要更少前提的主要原因。在此可以比较单因素套利定价模型和市场模型：

单因素 APT 模型：$r_{it} = a_i + b_iF_t + \varepsilon_{it}$

市场模型：$r_{it} = \alpha_i + \beta_iR_{Mt} + \varepsilon_{it}$

当 APT 模型中的共同因素就是市场组合的意外因素时，单因素 APT 模型和 CAPM

模型具有相同的表达形式。也就是说，若影响证券收益的共同因素仅有市场因素，且该因素的影响可用市场资产组合收益的变动进行衡量，则 APT 和 CAPM 是一致的。

（2）两者的区别。尽管 APT 和 CAPM 存在一定联系，两者的区别又是明显的，主要体现在以下几个方面：

①APT 强调的无套利均衡原则，其出发点是排除无套利均衡机会，若市场上出现非均衡机会，市场套利力量必然重建均衡，从而使得无套利均衡分析是现代金融学的基本研究方法，为金融资产定价提供了一种基本思想；而 CAPM 是典型的风险收益均衡关系主导的市场均衡，是市场上众多投资者行为结果均衡的结果，这是两者根本的区别。

②CAPM 是建立在一系列假设之上的非常理想化的模型，这些假设包括马柯维茨建立的均值—方差模型时所作的假设。这其中最关键的假设是，所有投资者的无差异曲线建立在证券组合回报率的期望和标准差之上。相对 CAPM，APT 的前提假设则简单得多，从而使得 APT 不但大大减少了 CAPM 有效边界的计算量，而且使 APT 更符合金融市场运行的实际。

③CAPM 仅考虑来自市场的风险，强调证券的风险时用某一证券的相对市场组合的 β 系数来解释，这只能告诉投资者风险的大小，但无法告诉投资者风险来自何处。而 APT 不仅考虑了市场本身的风险，而且考虑了市场之外的风险，尤其是多因素套利定价理论考虑证券收益受到多个因素的影响，这对证券收益率的解释性较强。由于这一原因，尽管 APT 在内涵和应用方面均有很大的吸引力，但在理论严密上却相对不足。因此，APT 并不能取代 CAPM，而被认为是 CAPM 的一种补充和修正。

④APT 强调无套利原则，这种无套利均衡定价是通过充分分散化的投资组合的分析而得到的，对单项资产的定价结论并不一定成立。由此，尽管组合中单个资产定价失衡，但对整个资产组合而言由于失衡的相互抵消而并未失衡。而根据 CAPM 强调的市场均衡原则，当单项资产在市场上失衡时，在 CAPM 条件下所有的投资者都会同时调整自己的投资头寸以重建均衡。

⑤CAPM 假定了投资者对待风险的类型，即属于风险规避型的投资者；而 APT 未对投资者的风险偏好作出规定，因此，套利定价理论的适应性大大增强。

目前，资本资产定价模型，套利定价理论和 Fama 与 French 的三因素模型都得到了较多的重视，国际市场上一些重要的咨询公司都会定期公布与这三个模型有关的数据，如 CAPM 模型的 β 系数，Fama 与 French 的三因素模型中的有关系数，以帮助使用者利用这些数据计算投资的期望收益或投资项目的资本成本等相关指标。

## 来自遥远的传说

金融市场对风险的评价决定着企业的投资行为，如果市场的评价是错误的，将会发生什么情况呢？

投资者自己的良好感觉很少被肯定，但在过去的20年中，自己决定投资行为模式的公司大大增加，他们的模型是建立在人们的理性思维上的。如果理性思维的假定不对，公司是否有作出错误选择的危险？

一个被称为“资本资产定价模型”，或简称为CAPM的模型被广泛的应用于现代金融领域。几乎所有希望守住自己一块摊子——如守住一个商标、一家工厂或一家公司的并购行为——的经理都必须部分地参照资本资产定价模型来评价自己的决定。原因是这个模型告诉我们应如何计算投资者期望中的收益。如果股东想获利，在任何情况下都得跨越这一模型所规定的“必要收益率”。

虽然资产资本定价模型很复杂，但也可以将其简化成下面5个方面：

(1) 投资者可剔除某些风险，譬如工人罢工的风险、老板辞职的风险等，可将这些风险分散到许多地区与部门。

(2) 某些风险，如全球性衰退的风险，不能通过分散化来消除。所以，即便资产组合篮子中装进了市场上所有的各种股票若干，也仍会有风险。

(3) 必须注意的是有时可从安全性更强的资产，如国库券中获取收益，但我们却常常拥有较大风险的资产组合。

(4) 某项投资的收益在某种程度上仅取决于它对市场资产组合风险的影响程度。

(5) 有一种简单的测定资产组合篮子风险的方法，这就是复制β，β表示投资风险与市场风险的关系。

正是β使资本资产定价模型身价百倍。虽然投资者有可能面临许多风险，但分散了风险的投资者仅关心那些与市场篮子相关的风险。β系数不仅告诉管理人应如何计算这些风险，同时也容许他们将风险直接转移到要求收益率中。如果某项投资的远期利润低于要求收益率，这项投资就不值得投资者考虑。

对于安全性高的投资，比如说国库券，其β为0，风险较大的投资，相对于无风险的投资来说，应有一个溢价收益，而这就增加了β。那些投资风险与市场风险大致相匹配的投资的β是1，根据定义，这些投资应达到市场收益水平。

假定某公司面临两个投资项目：A与B。投资A的β值为0.5，也就是说，当市场价值上升或下降10%时，它的收益上升或下降5%，如图2-41所示。所以，其风险溢价仅是市场的两倍，所以它必须是市场风险的两倍，它必须能够获得更高的收益与支出相匹配。

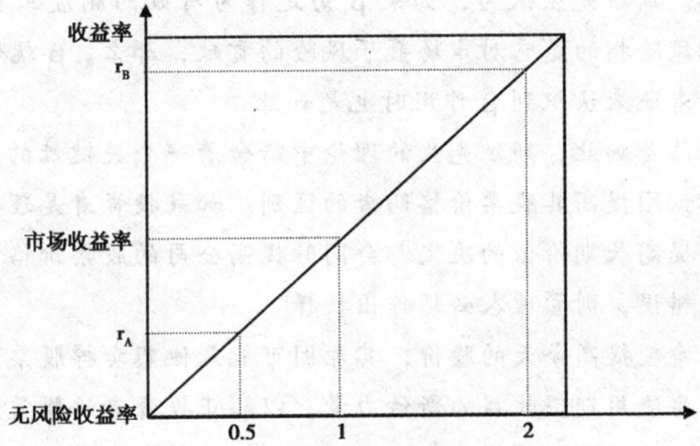


图 2-41 收益率与风险溢价的关系

## 永远不要故意过低定价

资本资产定价模型也有一个小问题：金融学家发现，β 在解释公司股票收益上并没有多大用处，更重要的是，另外，还有一项指标可以很好地解释这些收益。

这一指标就是公司的账面价值（资产负债表上的价值）与市场价值的比率。有几项研究发现，一般来说，账面—市值比率高的公司其长期收益率高，即便在调整了风险的 β 之后仍然如此。

这一账面—市值效果的发现在金融学家之间引起了广泛的争议。人们都同意一定的风险必定会带来高收益，但在如何测度风险上却颇有争议。一些人认为，既然投资者是理性的，这一账面—市值效果就一定会引来额外的风险因素。他们由此得出结论：管理人应把这个账面—市值效果考虑进他们的要求收益率中。他们还把这一可能出现的要求收益率命名为"期望收益的新估计量"，或 NEER。

另一些金融学家却对这一方法提出质疑。因为并无明显的额外风险与高账面—市值比率相关联的迹象，所以，他们认为投资者会被这一概率误导。简单地说，这些人认为高账面—市值比率在获取高额收益的作用上无足轻重。如果这些公司的管理人试图越过这些被抬高了的必要收益率，他们就得放弃许多可以投资的资产组合。专家意见不一，让那些循规蹈矩的管理人该如何是好？

在一篇新发表的论文中，美国麻省理工学院商学院的经济学家杰里米·斯坦给出了一个两者兼顾的答案。他说，如果投资者是理性的，则 β 不是唯一的风险测度工具，这时管理人应停止对它的作用。反过来，如果投资者是非理性的，在许多情形下，β 仍是有效的测度工具。斯坦先生认为，如果 β 仍是作为有效的测度工具识别出市场的基础风险，这个基础风险指的是它对市场篮子风险的贡献，那么，β 就值得引起管理人的重视，即便在投资者还未认识到 β 作用时也是如此。

通常，但并非总是如此，斯坦先生的理论中暗含着一个关键性的区别：这就是提高公司长期的价值与试图提高其股票价格两者的区别。如果投资者是理性的，就不存在这个区别：任何能够提高长期价值的决定都会同时提高公司的股票价格。但如果投资者正在犯着可预见性的错误，则管理人必须作出抉择。

例如，如果他希望提高今天的股价，其原因可能是他想卖掉股票或阻止公司被接管的企图，他通常需要使用期望收益的新估力量，以纠正投资者的错觉。但如果他的目的在于提高长期价值，他通常会继续使用 β。由于斯坦先生的理论对市场做了鉴别，他把这个遥视市场与 NEER 不同的方法称为"资产的基础风险"，或 FAR 法。

斯坦先生的结论无疑会惹翻许多公司老板，这些老板平时喜欢斥责投资者缺乏远见。他们责备资本资产定价模型的方法，是因为这一方法假定投资者判断无误，而这个假定在做决策时起了重要作用。但现在有了斯坦先生的说法，情况就变成如果他们是正确的，而他们的投资者是错误的，则那些有远见的管理人都不得不成为资本资产定价模型的最大的追随者了。

资料来源："Tales from the FAR Side", The Economist. November 16, 1996, p. 8.

## 第二单元 资 产 配 置

在投资规划过程中，需要一定投资策略的指导，以尽可能地提高收益、降低风险、降低成本，并且使投资结果与投资目标相匹配（金额和时间）。投资策略的首要问题是决定资金如何在主要资产类别中进行分配，资产类别包括股票、债券、基金、不动产、黄金、现金等非常广泛的内容，这样的过程被称为资产配置。

资产配置实质是一种风险管理策略，基于投资者的投资目标、风险偏好或风险承受能力的不同，平衡可投资品种（现金、股票、债券、衍生品）的风险——收益特征来减少市场波动对投资组合的影响。

如果资产中股票的比例较高，则资产的风险水平就较高，如果现金等无风险资产的比例较高，则资产的风险水平就较低。同样，如果期望取得较高的收益率，则应多配置股票等风险型资产，如果期望本金安全，则应尽量配置无风险资产。不同的财富水平、不同的财富阶段对资产类别的选择会表现出较大的差异，如图 2－42 所示。

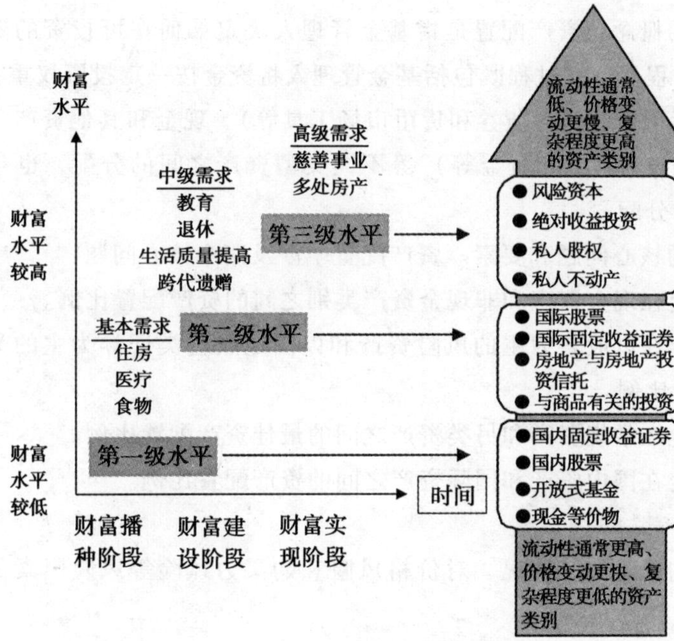


图 2－42 资产类别与投资需求

资料来源：戴维·达斯特著：《资产配置的艺术》。

## 一、资产配置概述

### （一）资产配置的内涵

1926 年出版的《华尔街日报》曾向投资者推荐这样一个证券组合：25% 的稳健的债券，25% 的优先股，25% 的普通股和 25% 的投机性证券。近百年的这个简单组合，实际上已经体现了资产配置的思想。

所谓资产配置（asset allocation）是指根据投资需求将投资资金在不同资产类别之间进行分配，通常是将资产在低风险、低收益证券与高风险、高收益证券之间进行分配。

资产配置是投资过程中最重要的环节之一，也是决定投资组合相对业绩的主要因素。一方面，在不完全有效市场环境下，投资目标的信息、盈利状况、规模、投资品种的特征，以及特殊的时间变动因素对投资收益有影响，可以通过分析和组合减少风险，因此，资产配置能起到降低风险提高收益的作用。另一方面，随着投资领域从单一资产扩展到多资产类型、从国内市场扩展到国际市场，单一资产投资方案难以满足投资需求，资产配置的重要意义与作用逐渐凸显出来，它可以帮助投资者降低单一资产的非系统风险。

1. 资产配置的概念。资产配置是指基金管理人决定如何在可投资的资产类型之间进行分配资金的过程。这一过程既包括基金管理人将资金按一定投资权重在股票、固定收益类证券（包括国债、公司债券和货币市场工具等）、现金和其他资产（包括房地产项目、房地产信托投资基金和黄金等）等不同类型资产之间的分配，也包括资金在不同类别资产内部的分配。

2. 资产配置的核心问题和要素。资产配置中涉及四个核心问题：

（1）如何确定在现金资产和非现金资产类别之间的资产配置比例。

（2）如何确定在以股票为主的风险资产和以固定收益类证券为主的无风险资产类别之间的资产配置比例。

（3）如何确定在常规资产和另类资产之间的最佳资产配置比例。

（4）如何确定在国内资产和国际资产之间的资产配置比例。

资产配置的要素：

（1）投资者的风险偏好情况、对价格风险和购买力风险等风险因素的风险承受能力与效用函数。

（2）确定各种资产类别在投资期间的风险收益及其相关关系。

（3）在可承受的风险水平上构造能够提供最优收益率的投资组合。

（4）投资者是否对投资组合的资产配置进行再平衡，是倾向于定期还是不定期对投资组合的资产配置进行再平衡。

3. 资产配置的演变。资产配置作为一种风险管理策略并不是一种固定不变的模式。尤其随着金融市场发展和投资者风险管理水平的提高，资产配置的发展历程在不断演化，与之相对应的配置资产也呈现不断变化，如图 2－43 所示。

第一阶段：始于 20 世纪 30～80 年代的传统模式，资产配置主要包括股票、债券和现金。在这一阶段，许多投资者开始受到资产配置观念的影响，作为这个过程的一部分，他们兼收并蓄了多种多样的投资策略，包括大盘、中盘和小盘股票，价值型和成长型的投资风格。对于许多投资者来说，债券也被纳入作为实现资产配置分散化的主要方式。在这一投资指引下，其经典的投资原则是资产组合包括 60% 股票、30% 债券和 10% 现金，如图 2－43a 所示。

第二阶段：自 20 世纪 80 年代中期至末期，资产配置除了传统资产外，还包括海外资产和其他资产。随着金融市场环境的变化，投资者在关注传统资产类别的同时，越来越倾向于一些类似于股票的另类资产，开始把部分资产转投至风险投资基金、房地产、杠杆买断交易（LBO）、石油及天然气投资项目，以及国际和新兴市场股票及债券等，如图 2－43b 所示。

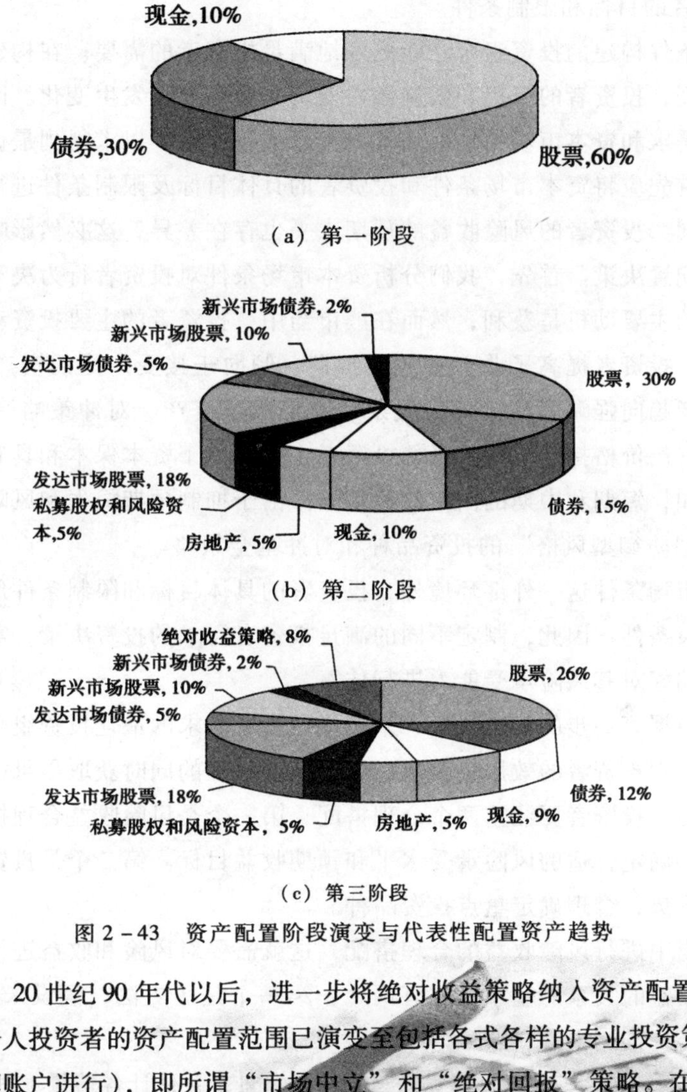


（a）第一阶段

（b）第二阶段

（c）第三阶段

图 2－43　资产配置阶段演变与代表性配置资产趋势

第三阶段：20 世纪 90 年代以后，进一步将绝对收益策略纳入资产配置。在这一阶段，专业投资者和个人投资者的资产配置范围已演变至包括各式各样的专业投资策略（一般通过基金或专业管理账户进行），即所谓"市场中立"和"绝对回报"策略。在股票市场领域，包括认股权证和可转换股套利、封闭式对冲基金和交叉拥有权套利、混合证券套利，及其他涉及衍生工具的投资技术策略。在固定收益市场方面，包括期货、掉期安排、信贷风险和收益曲线图错位定价，及附带和明确期权技术策略等，如图2－43c所示。

4. 资产配置的程序。在构建投资组合的过程中，投资经理不仅要考虑组合构成中的股票和债券部分，而且还必须决定在整个投资组合中不同资产的合理构成。

投资者如何选择资产进行投资组合配置，通常需要首先考虑以下两个条件：

（1）资本市场条件；

（2）投资者的目标和限制条件。

结合这些条件构建的投资组合才能更好地满足投资者的需要。在构建投资组合的过程中应该注意到，投资者的目标和限制条件及资本市场都会发生变化。因此，需要根据更新的投资者需求和资本市场的预期随时对组合进行调整，以求得到最优组合。

第一步，首先应将资本市场条件和投资者的具体目标及限制条件进行归纳。由于资本市场条件不同，投资者的风险收益的预期水平也存在差异，这必然影响到投资者的投资动机和资产配置决策。首先，我们分析资本市场条件对投资者行为决策的影响。在牛市中，投资者的主要动机是获利；然而在熊市当中，投资者的主要投资动机却是避免损失。在牛市中，投资者提高了收益和风险预期，倾向于接受广泛的资产类别和执行策略。许多投资者趋向强调资本增值，股票和类似股票资产、对冲策略受到投资者的青睐。而在金融资产价格持续下跌阶段，投资者主要集中于资本保本和具有防御性特征的投资品种，例如，短期和中期的固定收益债券。由于抑制预期损失和风险意识提高，投资者倾向强调“防御型风格”的投资品种和对冲基金策略。

除了资本市场条件这一外部环境外，投资者的具体目标和限制条件形成了资产配置决策的自身约束条件。因此，制定不同的满足投资者需求的投资决策，需要根据投资者的风格—收益偏好对其风险承受能力进行估算。

第二步，根据第一步的相关条件，来选择投资者要求的最佳投资组合。由于资产配置的本质是要实现投资者的效用最大化，即在控制风险的同时获取尽可能大的收益。因此，在这一步中，投资者要注重两个合理搭配，第一个是风险收益合理搭配，根据投资者的具体情况，确定合适的风险承受水平和预期收益目标。第二个是投资品种的合理搭配，结合市场形势，合理确定重点投资品种。

在第一步当中进行风险收益的合理搭配，这就需要对风险和收益进行估算，而估计潜在资产风险收益的关系的基本方法有两个：第一个是历史法，假设未来与过去相似，并根据过去的历史推测未来；

另一个方法是情景法，即通过建立适当的经济情景，并估计各情景下的收益率和方差。情景法与历史法的区别在于，两种预测方法在预测过程中的分析难度和预测的时间范围不同，在情景法中，关键是对经济前景进行确定，从而估计类别资产的风险与收益。例如，在高增长低通胀的经济情景下，股票表现出绝对和相对最高的收益率，而债券却表现出较低的收益率。在通货紧缩时期，债券的收益率显得异常突出，而股票的收益率却很低。

第三步，资产组合的评估与调整，进行资产配置再平衡。最优资产配置的实际绩效要达到投资者的投资预期或目的可能需要经历较长的时间，之后进入资产配置程度的第三步，即资产组合的评估、调整与再平衡过程。按照这一程序，投资者通过将信息加入到最优资产配置中，可以对投资组合进行调整。由于资本市场条件发生了根本性的变化或者投资者条件出现了变化，这样，投资者根据他们对风险以及对市场收益率相对无风险收益率变化幅度的预期，可以调整其对风险资产和无风险资产的投资比率，以及不同投资工具之间的比率，从而使投资组合管理成为一个动态过程。

**（二）资产配置中的资产类别**

资产配置的主要资产类别可以归纳为四大类资产：股票、固定收益类证券、现金和另类资产，而且各类资产还包括许多子类别资产。投资者通过了解各种主要资产类别的特性来作出理性的资产配置决策。

1. 经济周期对不同类别资产收益的影响。经济周期的变动决定了股票、债券和现金等不同资产形式的相对收益率的变化。投资者在资产配置决策前，有必要首先对宏观经济周期的演变趋势进行准确识别，并据此对各种资产的相对收益变化进行科学预测，从而才可能进行正确的资产配置决策，这是投资者能否取得优秀投资业绩的决定性前提。

表 2－24　美国经济增长周期不同阶段的资产收益率

| | 阶段 1 | 阶段 2 | 阶段 3 | 阶段 4 |
|---|---|---|---|---|
| 标准普尔 500 | 11.4（4.5） | 8.1（5.7） | 1.0（8.8） | 22.5（8.0） |
| 政府债券 | 9.9（3.2） | 2.8（3.0） | 8.0（6.5） | 16.1（6.6） |
| 小盘股 | 18.28（8.9） | 9.2（8.7） | －7.4（9.8） | 29.6（13.3） |
| 全球股票资产 | 11.2（5.4） | 13.0（4.9） | －2.6（10.2） | 22.6（8.9） |
| 商品 | 6.3（6.2） | 23.6（5.1） | 19.9（10.8） | －3.76（7.3） |
| 现金 | 5.6（0.6） | 6.5（0.3） | 8.25（0.4） | 8.1（0.7） |

从表 2－24 中，我们可以看到，在第一阶段，宏观经济处于复苏阶段，股票略强于债券，两者都强于现金。这是因为经济增长的第一阶段，经济处于谷底并向持续非通胀的增长轨迹上发展。由于宏观经济复苏，社会投资的边际收益不断增加，投资需求和耐用消费品的持续增长推动经济回暖。与此相应，周期类股票收益大幅增长，股票市场表现较好。同时在这一阶段，尽管经济增长明显超过社会的生产能力，但通货膨胀仍在可控制的范围内，货币政策环境较为宽松，使得债券的表现相对良好。同时，由于宽松的

货币政策，也使得现金收益率比较低。

第二阶段，宏观经济处于上升阶段，股票略强于现金，但利率也处于上升阶段，债券收益率偏弱。

第三阶段，宏观经济发生转折，经济增长率下降，现金、债券收益率明显强于股票。

第四阶段，宏观经济处于经济周期的底部，股票和债券表现较好。但是，利率偏低，现金资产收益偏低。

2. 权益类资产。经济周期的不同阶段，不但对不同资产类别的资产的收益率造成差别，即使在权益资产内部，不同行业的收益增长特性也存在显著差异，从而决定了不同行业的股票投资收益率存在较大的差异。因此，投资者应该根据所处经济周期的不同增长阶段，对其权益类资产在不同行业、不同部门间进行资产配置，并适时进行动态调整，以增强投资组合的降低风险和增加收益的潜力。投资者可以根据不同经济周期阶段上各个行业相对于整个市场的价格表现，进行有效资产配置决策。由于股票市场是宏观经济的晴雨表，股市周期一般提前于经济周期，因此，投资者的权益资产配置就可以根据这个规律去寻求最佳投资点，并根据不同类别资产的特性对资产进行动态调整与配置。在股票市场上，最常见的分类方法之一就是增长类股票和非增长类股票。增长类股票一般有高的增长率和较低的红利收益，非增长类股票一般有较低的持续增长率和相对高的红利收益率。而在非增长类中，依据不同行业对经济周期的敏感度不同又可分为周期类、稳定类和能源类股票，如表 2－25 所示。除此之外，还可以把股票分为价值股和成长股、大盘股和小盘股。

**表 2－25　　按主要部门划分行业增长类**

| 增长类 | 非增长类 | | |
|---|---|---|---|
| | 周期类 | 稳定类 | 能源类 |
| 传媒 | 钢材 | 食品饮料 | 石油 |
| 网络 | 机械 | 商业（零售连锁） | 煤气 |
| 电子信息 | 有色金属 | 公用事业 | 天然气 |
| 软件 | 原材料 | 电信 | |
| 旅游 | 建筑 | 金融 | |
| 酒店娱乐 | 化工 | 医药 | |
| 电器 | 纺织 | | |
| | 电器设备 | | |

（1）按照与经济周期的关系分类

①增长类。这些公司主要是处在行业周期成长阶段的新兴公司，他们与经济周期关系不大，其盈利增长速度预计要超过一般的公司。因此，这类公司一般将大多数盈利投入在可盈利的投资项目上，管理层希望借此能提高公司的价值，因此，这类公司即使支付股利，也不会太多，通常将大部分收益留存在公司，甚至相当多的公司从不支付股利。

②周期类。这些公司受经济周期影响比一般公司更大，对 GDP 的增长十分敏感，在经济衰退期间其盈利比一般的公司下降得更快，在经济发展期间比一般的公司上升得更快。

③稳定类。这些公司受经济周期的影响比一般公司要小。在经济衰退期间其盈利比一般公司下降得慢，在经济发展期间比一般公司要上升得慢。这些公司受通货膨胀的影响最大，这是因为食品、饮料和零售业等行业在承受通货膨胀带来成本上升的同时，却很难将上涨的价格转移给消费者，只是公司的成本随着边际利润也在下降。但在通货膨胀放缓或是在没有通货膨胀的时候，其盈利状况较好。更值得投资者关心的是，这类公司在经济周期回落时，会表现出超强的优势，因此，稳定类股票有时称为防御型股票，他们的 β 值较低，宏观经济变化对其影响不大。不论是处于经济周期的上升阶段还是经济周期的下降阶段，防御行业都具有相对持续的景气状态。稳定类公司中的公用事业股票，公司盈利能力强，公司派息率较高，往往把大部分税后净利润作为股利分配给股东，表现出较强的收益特征，公司分红派息率甚至超过银行同期存款利率。

④能源类。能源公司为生产商和消费者提供能源，这类公司与经济增长敏感度相对较高，其盈利受经济周期的影响，但能源类公司相对于整体市场的表现与能源价格相关，因此，可以直接从增加的需求或较高的能源价格中获益。

针对以上不同权益资产风格和特点，投资者可以根据经济周期特征和资本市场环境实施类别轮换动态配置策略。

（2）按照公司成长性划分。20 世纪 90 年代以来，投资管理领域一个重要的发展就是创造了机遇价值型和成长投资型的投资组合策略。关于价值型和成长型投资者的不同，在于两种投资类型和对公司绩效的认识存在较大差异。在此，我们可以借用市盈率指标来说明：

市盈率 = 每股价格/每股收益

其中，每股收益可以用公司当前的收益，也可以用未来的预期收益来计算，投资者是否将某只股票加入其投资组合，关键在于投资者对公司当前收益和未来收益的权衡上。

具体而言，价值型投资者将：①关注市盈率的价格，并通过一些比较分析方法确信股票价格很便宜；②并不太关心当前的收益或者影响收益率增长的基本因素；③经常隐含地假设该股票的市盈率低于正常水平，时常会对其价格进行纠正。而成长型投资者将：①关注市盈率的每股收益及其经济决定因素；②积极寻找未来每股收益将会迅速增长的公司；③经常隐含地假设市盈率在近期内不变，这意味着如果其收益率增长得到实现，股票价格将会上涨。

以上分析可见，价值型投资者重点关注股票的价格，预期市场对价格的纠错调整和公司可能的基本面改善；相反，成长型投资者重点关注公司未来的状况，而较少关注股票的价格。

尽管价值型和成长型投资在概念上区分是明显的，但是，在实际投资中对各种股票类型进行划分却是一件十分困难的事情。为此，理财规划师应使用可以获得的财务指标对持有的个股和基准投资组合进行界定。

（3）按照公司规模划分。按公司规模分类，股票可以划分为大市值的大盘股和小市值的小盘股。经大量研究发现，两类资产的业绩回报率和波动率存在很大的差异。

一般而言，小盘股的回报率要比大盘股高，表2－26显示1963年至1993年间，美国纽约股市的小市值公司股票的波动率要远远大于大市值股票。

**表2－26　　美国小盘股和大盘股的业绩表现（1963～1993年）**

| 阶　段 | 小盘股回报率 | 大盘股回报率 |
|---|---|---|
| 1963～1968 | 30.9 | 12.2 |
| 1969～1974 | －13.6 | －3.4 |
| 1975～1983 | 35.3 | 15.7 |
| 1984～1990 | 2.6 | 2.6 |
| 1991～1993 | 29.2 | 15.6 |

如前所述，由于股票价值型或成长型特征与公司规模密切相关，因此，在投资实践中可以将股票价值型或成长型特征与公司规模特征结合起来，按照公司的不同特征进行组合搭配，就可以改进不同投资者投资组合的风险收益状况。

下面我们用表2－27来表述一个简单的投资类型矩阵。这个由规模和价值成长特征构成的投资类型矩阵，被用来对投资者的投资策略进行分类。在这一投资类型矩阵中，投资者可以根据投资偏好对投资类型进行选择。

表 2－27　　投资类型矩阵

| | |
|---|---|
| 大盘股——价值型 | 大盘股——成长型 |
| 小盘股——价值型 | 小盘股 |

3. 金融衍生品配置。《机构投资者》报道，早在 1993 年，美国投资股指期货的养老基金就已经达到三分之一以上，在这些投资之中，以资产配置为目的的达到 37%，以套期保值为目的的占 29%，以套利为目的的占 27%。此外，美国 1996 年的一份全球衍生品调查报告表明：在机构投资于股指期货等衍生品的目的方面，风险管理占到 60%，资产配置占 43%，指数化投资占 40%，国际资产注入占 24%，市场时机选择占 18%，现金管理占 18%，收益保证占 52%。

由此我们也可以看出，风险管理一直是金融衍生品的一个主要功能，而其资产配置的作用也是比较重要的。金融衍生品的资产配置功能主要表现为可以帮助投资者以较低的成本获得较高的收益，并且为调整资产组合的风险性与收益性提供了方便。我国在 20 世纪 90 年代也曾经推出过金融衍生品，但最后以失败告终。近几年，大陆已经重新推出权证、股指期货，未来还可能继续推出国债期货等金融衍生品，下面我们以股指期货为例，学习金融衍生品在资产配置中的作用。

股指期货的流动性、杠杆性和交易双向性使其在资产配置中发挥着重要的作用，具体有以下三个表现。

（1）通过改变股票组合的 β 值来改变组合风险。资产配置的一个重要功能即是达到风险收益合理搭配，根据投资者的具体情况，确定合适的风险承受水平和预期收益目标。前面在投资组合理论中我们提到，β 度量了组合 P 的绝对风险相对于市场组合绝对风险的比例，由此我们也不难看出，通过股指期货的买卖可以对目标股票组合的 β 值进行调整，具体调整公式如下：

$$\beta_T S = \beta_S S + N_f \beta_f f$$

式中，$\beta_T$ 为目标股票组合的 β 值；S 为股票组合的市值；$\beta_S$ 为原股票组合的 β 值；$N_f$ 为需要交易股指期货合约的数量；$\beta_f$ 为股指期货的 β 值；f 为股指期货合约的面值。

由这个公式我们也不难得出，为了得到特定 β 值的股票组合，需要买进或者卖出的股指期货合约的数量 $N_f$：

$$N_f = \frac{\beta_T - \beta_S}{\beta_f} \cdot \frac{S}{f}$$

**例**：某投资公司目前拥有的股票组合市值为 750000000 元，该股票组合的 β 值为 0.9，现在该公司财务人员认为市场将在未来三个月内走弱，因此，需要将公司股票组

合的 β 值下调，并且制订出目标 β 值为 0.6。而目前三个月到期的沪深 300 股指期货的价格为 1500000 元，β 值为 0.96，那么，计算该投资公司应当交易三个月到期的沪深 300 股指期货合约的数量如下：

$$N_f=\frac{\beta_T-\beta_S}{\beta_f}\cdot\frac{S}{f}=\frac{0.6-0.9}{0.96}\cdot\frac{750000000}{1500000}=-156.25$$

即该投资公司应当卖出 157 份三个月到期的沪深 300 股指期货合约。

**例**：以上例中的投资公司为例，该公司拥有的股票组合市值为 750000000 元，该股票组合的 β 值为 0.9，现在该公司财务人员认为市场将在未来三个月内走强，因此，需要将公司股票组合的 β 值上调，并且制订出目标 β 值为 1.2。目前三个月到期的沪深 300 股指期货的价格为 1500000 元，β 值为 0.96，那么，计算该投资公司应当交易三个月到期的沪深 300 股指期货合约的数量如下：

$$N_f=\frac{\beta_T-\beta_S}{\beta_f}\cdot\frac{S}{f}=\frac{1.2-0.9}{0.96}\cdot\frac{750000000}{1500000}=156.25$$

即该投资公司应当买入 157 份三个月到期的沪深 300 股指期货合约。

在现实中的股指期货资产配置策略中，经常用的有以下两种：

合成 α 基金：股票多头 + 股指期货空头（β = 0）

合成投资指数基金：固定收益产品 + 股指期货多头（β = 1）

（2）套期保值。前面在金融衍生工具部分的学习我们已经知道，套期保值是金融衍生产品的一个重要功能之一，具体是指买入（卖出）一定数量与现货市场交易方向相反的期货合约，以期在未来某一时间通过卖出（买入）期货合约来补偿现货市场价格变动所带来的实际价格风险。按照具体操作方式还可以分为多头套期保值和空头套期保值。

在资产配置过程中，按照投资者不同的目的，我们还可以把套期保值分为积极套期保值和消极套期保值。其中，消极套期保值以最小化投资风险为目的，买入（卖出）与现货市场数量相当、但交易方向相反的期货合约，以期在未来某一时间通过卖出（买入）期货合约来补偿甚至完全规避现货市场价格变动所带来的实际价格风险。这种套期保值策略不涉及对未来市场的预测。

积极套期保值则是在投资者的风险容忍度之内，以最大化投资收益为目的。这种套期保值首先要求投资者能够承受一定的风险，然后通过对市场未来风险与收益的合理预测对其所能承受风险以外的股票仓位进行套期保值，以达到其保证投资组合价值不跌破某一底线，同时又保留有上升空间的投资目的。

在现实中很多投资者都是采取积极套期保值与消极套期保值相结合的策略，以根据自身的实际需求构造风险与收益的最佳结合点。

（3）提高投资效率。下面我们分三种情况来介绍股指期货提高投资效率的功能。

第一种情况：

众所周知，由于机构投资者一般股票资产配置数量比较大，市场冲击成本会比较高，这也就是我们常说的，由于机构投资者买卖量比较大，通常会造成股价涨停或跌停。举个例子来说，当某只股票型基金在股票市场大举建仓的话，一般会导致股票价格大幅度上涨，必然导致基金建仓成本的不断提高从而造成一定的损失，与此同时，我们也应当注意到，股价的上升进而会拉动沪深 300 指数的上升，在这种情况下，沪深 300 股指期货的价格也会相应提高，如果该基金在大量买进股票的同时做多一定量的沪深 300 股指期货合约，就可以从期市的获利中冲抵现市的亏损。这样我们便实现了在既定成本的前提下，缩短资产配置用时的目的。

第二种情况：

资产在股票和债券之间的配置是机构投资者一个很重要的决策。而在现实中，由于投资者的风险控制要求，大多数国内的偏股型证券投资基金都会把股票投资比例和债券的投资比例分别规定在一定的范围之内。但是，在很多时候，基金管理公司在有把握把风险控制在一定水平的基础上时会对收益性有更高的要求，这时就需要调整股票和债券的比例以达到提高收益的目的，例如，某基金原来股票投资比例为 60%，债券比例为 40%。现在该基金预期股票市场近几个月内将出现一轮新的上涨行情，从而希望尽快将股票比例提高到 70%，债券比例降低为 30%。从上面第一种情况的分析我们知道，这时候如果直接在股票市场上建仓，因投入资金量大，会带来很高的市场冲击成本。这时该基金可以通过买入一部分的股指期货，卖出一部分的国债期货的方法将资产比例调整到计划的比例。接下来的几个月，如果果然股票市场出现了上涨，尽管该基金实际股票比例没有变，但因参与了股指期货市场，该基金管理公司仍然获得了一个比较好的收益。这时候如果该基金公司的财务人员认为股票市场会回落，他们可以将期货头寸平仓，将比例恢复到原来水平。但如果该基金认为股票市场仍然会维持相当长一段时间的良好表现，他们也可以在现货市场上慢慢调股建仓，同时将股指期货头寸平仓，并逐步减持债券头寸同时将国债期货空头平仓，将现货比例调整到股票 70%、债券 30% 的水平。

第三种情况：

股指期货在股票停牌或者即将派发红利的情况下也能提高配置效率，举例来说，如果某基金管理公司想购置某股票资产，而此时该股票是停牌状态，则该基金管理公司就可以通过在股指期货市场买入一定数量的沪深 300 股指期货合约，待股票复牌后，在股票市场购入股票，同时在股指期货市场抛售期指合约，从而达到股票建仓的目的。

4. 国际资产配置。将资金在不同的资产之间进行有效配置能规避大量的风险，但每个区域经济环境各有不同，在同一时间段风险和收益性表现出很大的差异性，为了在既能达到分散投资控制降低风险的同时分享全球各地区经济成长的成果，对资产进行全球配置是必要的。

（1）全球资产配置有利于分散风险。一般而言，全球资产配置有利于从资产组合角度分散风险，不同市场具有不同的风险、回报及相关性，从而使他们成为构造全球资产配置的重要原因。通过不同市场之间的分散可以在相同的预期收益下承担更小的风险或在相同的风险下获取更高的预期收益。

从 2003 年到 2004 年，我国的证券市场指数与世界证券市场指数的相关性来看，其间的指数相关程度为负，这样国内投资者完全可以通过全球资产配置进行分散风险。至于分散风险的效果，可以根据不同国家的投资权重加权组合的收益率的均值和方差进行分析。从资产组合构造的角度而言，全球化的资产配置显然可以大大降低证券组合的风险，这是因为证券组合的风险在足够分散后将取决于市场风险。

（2）全球资产配置有利于拓展投资范围，寻找投资机会。对于投资者而言，降低投资风险并非完全是进行资产配置的唯一原因，资产配置的收益也是其考虑的重点。经过大量的实践证明，全球资产配置在分散投资风险的同时，也有助于提高资产组合的收益。

自 20 世纪 70 年代以来，全球各地区的经济发展的同步性逐渐被打破。全球各地区经济之间的经济增长的轨迹的多样性为投资资金的空间分配创造了条件。在任何时间，投资者都可以根据各个市场周期的不同而投资于最有吸引力的市场，例如，在 1971 年到 1989 年这 18 年间日元对美元升值 3 倍，股指翻了 20 倍；6 个最大城市的房价，1980 ~ 1990年涨了 4 ~ 5 倍。而韩国在 1985 年到 1990 年，5 年韩元升值 30%，股市翻了 5 倍；而 1998 年到 2005 年，韩元升值 70%，股市翻了 4 倍。我国台湾地区 1985 年到 1990 年，5 年台币升值 60%，股市翻了 12 倍；台北市 1987、1988、1989 年的房价分别上涨 57%、97%、78%。新加坡 1985 年到 1995 年，10 年间新加坡元升值 60%，股市翻了 5 倍。

（3）国际投资市场的主要风险：国家风险和汇率风险。投资于国外证券的风险，比投资于本国证券的风险要大得多。除了像国内投资所面对的宏观经济风险、市场风险和产业风险等一般性因素之外，还要面临国家风险和汇率风险。

国家风险也被称为政治风险，是指一个国家的政治经济环境发生重大变化的可能性所导致收益的不确定性。在政治风险中，又往往以政策风险表现最为突出。具体而言，外国政府可能限制、征税或完全禁止货币间的兑换，给投资者将国外投资利润兑换为本国货币能力带来不确定性。由于这种政策的变化，投资者将国外的现金汇回本国的能力便出现了不确定性。如果有完全被没收的可能性，那么政治风险就很大。美国被认为是世界上国家风险最小的国家，因为它的政治和经济体制最稳定。在政治经济不稳定国家进行投资，在确定必要收益率时，必须加以股价风险溢价。

汇率风险，是指将来将外国货币兑换为投资者所在国货币的不确定性。即使在购买外国证券时，未来的外国货币在兑换成本国货币时汇率的不确定性。从某种程度上而言，汇兑风险可以通过在远期外汇市场进行套期保值来降低，但是，完全消除与风险性投资资产相关的汇兑风险是不可能的。因为远期或期货合约可以用来保证预期的现金流动，然而一旦实际的资金流量大于或小于预期值，那么部分外国货币标价的资产就要按照到期的即期汇率进行兑换。由于无法准确预期未来的即期汇率，整体的风险就必然受到影响，因此，在计算资产配置国际化的过程中，有必要将汇率的变动考虑到收益率的计算中去。

（4）国际投资估值与资产配置。在构建最优投资组合时，我们不仅要考虑风险和回报，还要考虑如何按照国际资产的估值进行资产配置。国际投资银行对世界主要金融市场分析，主要采用自上而下的三步分析法：

首先，考察一个国家或地区的总体经济状况及与证券估值有关的一些因素，如GDP、通货膨胀率和利率等经济基本要素。由于世界经济发展的非同步性，这些因素在不同国家或地区的分布具有较大的差异性。

其次，通过对基本经济情况的分析，列出不同国家或地区公司的收益增长率的估计值。同时也给出其他股票市场变量的估计值，包括市净率、市盈率、股利收益率、股利增长率等。这些序列在国家和地区之间的差异也较大。根据这些指标，可以对不同市场的估值水平进行比较，以此判断市场估值水平是否高估。

最后，对主要国家的经济和股票市场进行了详尽分析之后，投资者可以根据国际投资估值，在世界范围内进行配置。国际配置的核心程序之一就是根据经济运行及其金融市场状况对类别收益率进行预测，从而将资产在股票、债券和现金之间进行分配。

（5）我国个人资产国际化配置路径。资产配置的国际化在成熟的自由资本市场，早已为人们所使用，并且取得了令人瞩侧目的业绩。由于我国资本市场没有对外开放，因此，之前我们讲的资产配置几乎都是指资产如何在不同的资产类别之间进行配置。但是，从长期来看，中国资本市场对外开放是必然的，因此，资产配置的国际化也是未来的一种趋势。

根据我国银监会2005年颁发《商业银行代客境外理财办法》中的相关规定，个人可以以自有外汇或者以人民币购汇购买商业银行的外汇理财产品，间接投资海外市场，但是，当时的这种对外直接投资的投资对象非常有限，基本限制在固定收益率类品种上，由此也产生了一大批非法在境内大批吸收客户到境外进行保证金外汇交易的金融机构。

2007年，国家进一步放宽了QDII的投资对象，所谓QDII，是在一国境内设立，经该国有关部门批准从事境外证券市场的股票、债券等有价证券业务的证券投资基金，它是在货币没有完全实现可自由兑换、资本项目尚未开放的情况下，有限度地允许境内投资者投资境外证券市场的一项过渡性的制度安排。银监会颁布的《关于调整商业银行代客境外理财业务（QDII）境外投资范围的通知》对商业银行开办代客境外理财业务境外投资范围的有关规定作出了调整，按照规定，银行可以设计相应的理财产品，接受个人的认购要求，募集人民币资金，直接投资于海外股票市场。

QDII产品主要有以下几类：第一类是投资于某票据，预期收益与汇率或股指挂钩，与市场上原有的与汇率或股指挂钩的外汇理财产品类似。所不同的只是原来客户承担的是国内发行理财产品的机构信用风险，而现在的QDII产品变成了由客户直接承担境外机构的信用风险。第二种类型为开放式短债型。相对于第一种类型QDII产品公布的比较明确的收益区间，该类产品只提供了一个业绩比较基准，此业绩比较基准是衡量投资产品收益的一个市场参考水平，或者说是管理人希望达到的收益目标，而最后实际的收益结果最终将取决于市场的变化和管理人的运作水平。此外，一般的QDII产品均有明确投资期限，分别为6个月或1年，银行与投资者均不得提前赎回该产品。而中国银行的一款QDII产品则类似于客户比较熟悉的开放式基金，对客户而言并无固定投资期限，客户可根据自身需要，按照中国银行公布的产品净值随时赎回。可以说，这款产品具有超强的流动性。

QDII的政策以及个人可以直接投资港股的预期使得我国个人资产可以进行国际化配置。虽然很多人认为，目前全球的股市都在不同程度上存在一定的泡沫，但是，相对于中国股市而言，西方发达国家的股市经过长时间的运作已经进入一个操作比较规范的时期，而其信息也相对对称，因此，从这个角度来看，投资国外的股市在一定程度上可以降低投资风险，同时由于全球时差的缘故，投资于西方国家的股市可以大大提高资金运用的效率。

然而，QDII投资引入了外汇风险，同时也把以前客户承担的国内发行理财产品机构的信用风险变成了由客户直接承担境外机构的信用风险。

2007年8月，中国国家外汇管理局公布了《国家外汇管理局关于开展境内个人投资境外证券市场试点的批复》，批复的主要内容有：①同意在天津滨海新区开展境内个人直接投资境外证券市场试点。②境内个人可以自有外汇或购汇投资境外证券市场，购汇规模不受《个人外汇管理办法实施细则》规定的年度购汇总额限制。③试点期间投资范围首先为在香港证券交易所公开上市交易的证券品种。④中国银行其他境内分支机构与天津分行签订合作协议后，可办理天津分行个人证券投资外汇账户见证开户及代收中银国际证券代理账户开户申请材料。

政府发布本次批复的目的是显而易见的，那就是降低国内A股市场的过剩流动性与外汇储备，同时支持香港股市。毋庸置疑，虽然本次批复只开放了天津一个试点，但是却为全国个人投资者投资港股提供了一个高效、合法的资金划转途径。

众所周知，香港股市的H股长期以来存在明显的相对于A股的折价现象，于是随着这次批复的正式发布，很多个人投资者对投资港股抱有很大的期望，但是，需要注意的是，相比较于A股，港股市场在制度性方面还存在有很多的不同，具体比较如表2－28所示。

**表2－28　　港股与A股的比较**

| 比较内容 | 港　股 | A股 |
|---|---|---|
| 交易规则 | T＋0，当天买卖次数无限制，可沽空 | T＋1，融券卖空的门槛很高 |
| 交易手段 | 网上交易为主，可电话委托 | 基本相同，更便捷 |
| 股票透支 | 可透支，当天买卖不计息，隔夜收息 | 融资交易门槛较高 |
| 交易品种 | 品种丰富，股票、恒生期货、期权、认股权、对冲基金 | 品种较单一，股票、基金、权证 |
| 涨跌幅度 | 无涨跌幅限制 | 普通股涨跌10%，ST股涨跌5% |
| 流通深度 | 自由体系市场，国际游资自由进出，交易活跃 | 市场相对封闭，换手率高 |
| 新股认购 | 券商提供1:9融资额度，中签率高，基本人手1份 | 中签率比较低，券商不提供融资额度派息 |

资料来源：证券周刊。

由上面的比较我们也可以看出，相比较于投资A股，投资港股又增加了若干额外的风险：

第一，汇率风险。目前港股投资只限于港币，即使有数据表明目前H股相对于A股的折价率已经达到2004年以来的历史最高点，由于香港目前仍然实行对美元的联系汇率制，而人民币近一段时间对美元连续的升值，会在一定程度上抵消港股由于折价而产生的较高的投资价值；

第二，卖空风险。港股市场比较独特的一点是有做空机制，还可以卖空股指期货和买入看空权证。所谓“多头不死，空头不止”，拟入港股的个人投资者一定要准备好做空的投资理念，切莫只凭 A 股市场一味做多的惯性就仓促入市。

第三，涨跌幅风险。没有涨跌幅限制的市场风险是显而易见的。在我国从 1996 年 A 股实行涨跌幅限制之前，1993 年左右，出现的“ST 兴业”事件就是一个很惨痛的教训，投资港股让我们不得不再次面临这样的挑战。

第四，新股认购风险。大家都知道新股上市首日不受涨跌幅限制，由于目前 A 股市场的火爆，近一段时间特别是 2007 年之后上市的绝大多数新股在上市首日会出现一个较高的溢价，故而现在很多人会把申购新股当作是一种无风险套利。而港股市场由于券商提供 1∶9 融资额度，中签率高，基本人手一份，在上市首日可能不会有较高的溢价甚至有跌破发行价的风险。

此外，港股市场的参与主体和投资理念与国内完全不同，大部分没有港股知识的国内个人投资者不敢贸然进入港股市场。因此，试图进入港股市场的个人投资者需要谨慎。

**资产国际配置的魅力——以 A 股市场和 H 股市场为例**

上海 A 股市场和香港股票市场，同属于亚太地区日趋重要的新兴市场。由于历史原因，中国许多内地公司股票同时在香港和大陆挂牌交易，但是，香港市场和内地市场具有严重分割性，两个市场的市场规模、投资者结构和投资理念差异很大，于是造成两个市场的估值水平差异很大。尤其在 2000 年前后，中国内地 A 股的市盈率比同期香港市场的市盈率高出很多。2000 年以来，随着中国经济景气上升的推动，香港恒生中国企业指数不断走高，从 1200 点启动到 2004 年年底已经突破 5000 点，但是，由于内地市场估值偏高，在证券市场国际接轨化的过程中，内地市场的股价指数却不断走低，从 2001 年的 2200 点高位不断下跌，2005 年最低时突破 1000 点。而同期香港 H 股指数与上海 A 股指数收益率的相关系数为 $-0.44$，在这期间，若投资者能够进行国际资产配置，2001 年初在内地市场抛售股票，并在香港 H 股市场买进股票，这种操作不但能够避免中国内地股市的 4 年下跌风险，而且获得了香港 H 股市场不菲的投资收益，这就是国际资产配置的魅力。

**（三）国别效应和行业效应**

对于全球化股权投资而言，最重要的资产配置策略可以分为基于“国别效应”的

“市场分散化原则”和基于“行业效应”的“行业分散化原则”两大类，这两类原则的比较如表 2－29 所示。

**表 2－29　　市场分散化原则与行业分散化原则**

| | 基于“国别效应”的“市场分散化原则” |
|---|---|
| 风险分散效应的来源 | 各国（地区）独立的货币、财政和汇率政策所造成的不同国家（地区）市场之间的分隔状态，导致了各国（地区）市场之间的低相关 |
| 资产配置策略 | 只要将不同市场的证券组合就可以有效地提升有效边界 |

应当说明的是，“行业分散化原则”并不否认各国（地区）之间证券市场之间的低相关性，而是认为上述低相关性主要来源于各国（地区）之间的行业特征的差异。尽管如此，适当的资产配置原则在确定投资组合管理策略时还是占据着非常重要的位置，这对于从事国际化投资的中国投资者而言尤为重要，我们可以通过比较美国和中国投资者面临的全球化资产配置问题来理解这一点。

以美国投资为例，其所持有的资产中相当一部分是美国市场资产，而美国市场是世界上公认的信息比较透明、流动性强、对投资者保护也较好的市场，与美国市场具有类似特点的证券市场包括主要发达国家的市场（如英国、德国、法国和日本等国的市场），我们将上述市场统称为“发达市场”。对于美国投资者而言，在进行全球化投资时既可以在上述发达市场进行投资，或者在新加坡、中国香港特区、韩国等比较发达的新兴市场经济体的证券市场投资，也可以在诸如中国大陆、印度、巴西等发展中的新兴市场进行投资。由于新兴市场一般处于发展初期，信息透明化程度、市场流动性、投资者保护措施等相对较差，这导致了大部分新兴市场的风险相对较高。

对于美国投资者而言，由于其资产中的相当一部分属于发达市场资产，因此在发达市场之间的相关性较强（或者说“国别效应”较差）的情况下，就可以通过投资于新兴市场，利用新兴市场与发达市场之间的低相关性分散风险，也就是说，在这种情况下，美国投资者仍然可以通过基于“国别效应”的“市场分散化原则”来提升投资组合的整体有效边界。但对于中国投资者而言情况则大不相同，由于中国投资者的相当比例的资产属于新兴市场资产，如果再投资于新兴市场，就可能大大增加组合的整体风险（或者更准确地说，所获得的投资分散化带来的风险的降低很可能无法抵消所增加的国家风险）。

进入 21 世纪以来，伴随着全球经济和金融的不断繁荣，世界各国的证券市场都有了不同程度的发展，从总体上来看，目前全球规模最大、流动性最好，因而也最适合于投资者进行全球化投资的证券市场均位于美国、欧盟地区和日本。从行业角度来看，情况仍然类似，主要集中于发达国家的企业。关于全球配置中的国别效应和行业效应，需要注意以下三点：

（1）在全球经济一体化发展迅速的形势下，各主要证券市场之间的相关性明显增加，因此，国别效应明显降低；相反，由于大量跨国公司的存在，事实上造成了上市公司的“全球化分散效应”。所以，即使在美国市场构建行业组合，其风险收益特征也明显优于在全球各主要市场之间构建市场组合。

（2）从行业组合来看，在组合和风险程度较低（即标准差较小）的情况下，全球行业组合的有效边界优于美国市场行业组合，而在组合的风险程度较高的情况下相反。也就是说，风险容忍度较低（风险厌恶程度较高）的投资者更适合于投资全球行业组合，而风险容忍度高（风险厌恶程度较低）的投资者则更适合于在美国市场构建行业组合。

（3）从市场组合来看，折合美元的全球主要市场组合的有效边界优于以其本国货币计价的全球主要市场组合。该结果与一个重要问题有关，即全球化投资是否需要对冲汇率风险。折合成美元的市场组合相当于将投资组合的收益直接转换成美元，而不考虑汇率风险对冲；而以本国货币计价的市场组合相当于不考虑该国货币与美元之间的汇率风险，即对汇率风险进行了完全的对冲（且不考虑风险对冲成本）。

## 二、战略性资产配置

资产配置过程通常分为两个不同的过程：注重长期的策略性资产配置和发掘短期机会的战术性资产配置。

战略性资产配置主要是研究组合风险和长期收益之间的权衡关系，以及对有效的长期资产配置的选择，即投资者希望各类资产的长期平均持有量。选择出的最优资产配置被称为战略性资产配置，而且通常用一个战略性基准来表示。战略性资产配置结构一旦确定，一般在较长时期内（如 1 年以上）不再变动和调整。一般而言，战略性资产配置是实现投资目标的最重要的保证，从投资业绩的来源讲，战略性资产配置是证券投资基金业务最首要的最基本的源泉。战略性资产配置突出体现了投资者在风险和收益之间的权衡结果，即按一定的方式将资产配置在一起，以满足投资者在一定风险水平上的回报率最大的目标。

### （一）战略性资产配置的基本要素

1. 确定投资组合里面可以包括的合适资产和投资范围。

2. 确定这些合适的资产在计划持有期内的预期回报率和风险水平。

3. 在估计各种资产的预期回报率和风险之后，利用投资组合理论和资产配置优化模型。

4. 找出在每一个风险水平上能提供最高回报率和投资组合集，并确定投资组合的有效边界。

在可容忍的风险水平上选择能提供最高回报率的投资组合，作为战略性资产配置——在投资组合的有效边界上选择最适合的组合点。

**（二）战略性资产配置的类型**

1. 高收益高风险型。采用这种配置战略的投资目标是注重资本增值，使投资者的资金能在一定时间内获得较大的成长幅度。

2. 长期成长与低风险型。采用这种配置战略的投资目标是注重长期投资，使投资者获得较稳定的投资报酬，避免投资风险。

3. 一般风险与收益平衡型。采用这种配置战略的投资目标是根据市场的变化，适时调整投资组合，实现收益与风险平衡，使投资者能定期得到合理的收益，并将部分收益转化为再投资。

**（三）战略性资产配置的优化模型**

战略性资产配置的基本原理就是马柯维茨的投资组合理论。下面通过一个具体的例子，来说明战略性资产配置的优化过程。

假设理财规划师根据对投资者信息的分析得出投资者可以在选择股票、债券和短期国库券这三大类资产进行配置。通过对过去的资料分析，得出三类资产的风险收益以及资产之间的相关系数，如表 2－30 所示。

**表 2－30　　主要资产类别的风险和回报率特征（%）**

| 资产类别 | 回报率 | 标准差 | 相关系数 | | |
|---|---|---|---|---|---|
| | | | 股票 | 债券 | 短期国库券 |
| 股票 | 12.10 | 14.00 | 1.00 | | |
| 债券 | 8.40 | 7.00 | 0.20 | 1.00 | |
| 短期国库券 | 3.60 | 3.00 | 0.05 | 0.24 | 1.00 |

表中显示，股票回报率最高，短期国库券的回报率最低，债券介于两者之间。按回报率标准差衡量的资产风险与已实现回报率一致，股票的波动最大，而短期国库券的回报率波动最小。最后，股票和短期国库券在整个期间几乎是零相关，与债券轻微正相关；而短期国库券与债券为中度正相关。

资产配置过程的下一步是制定能提供最优风险—回报率组合的资产组合。假设使用估计得到的风险和回报率数据，得到了表2－31中的五个有效投资组合。

表2－31　有效投资组合

| | A | B | C | D | E |
|---|---|---|---|---|---|
| 期望回报率 | 12.1 | 11.9 | 11.6 | 11.3 | 10.8 |
| 标准差 | 10.9 | 9.7 | 8.2 | 6.7 | 4.8 |
| 资产混合 | | | | | |
| 股票 | 85 | 75 | 63 | 50 | 35 |
| 债券 | 5 | 15 | 25 | 25 | 10 |
| 短期国库券 | 10 | 10 | 12 | 25 | 55 |
| 合计 | 100 | 100 | 100 | 100 | 100 |
| 回报率超过5%的概率 | 74 | 76 | 79 | 83 | 89 |

表2－31中给出了有效边界上反映不同风险水平的五个最优投资组合。表中列示了各投资组合的预计回报率和用标准差衡量的投资组合风险。此外，表中显示了投资组合的构成，即投资组合中各资产类别的权重。最后，表中表明了超过特定最低水平的概率。这个最低水平表示投资者特别关注的、应超过的临界值。

在最优投资组合中持有股票的比例直接关系到组合的风险，风险—回报率随着最优权益比例的增加而提高；短期国库券则相反。债券在适度风险的投资组合中的权重高于其在高风险或低风险投资组合中所占的权重。

战略资产配置过程最后一步是选择满足投资者需要的投资组合。对风险有高承受能力的投资者将选择高风险组合。而风险承受能力低的投资者则选择低风险组合。

战略性资产配置代表的是长期投资决策，也称为资产配置政策，也就是根据投资者风险收益权衡的结果，确定的一项长期的资产配置基准比例，以实现长期的投资目标。而这种长期的战略性资产配置是决定投资业绩的主要因素。

布林森、胡德和比伯尔（1986）通过对82家大型的、拥有多元化资产的美国养老基金1977～1987年的投资组合样本进行分析后发现，投资收益差异的91%来自资产配置决策。决定基金总回报波动中的大部分可由投资管理过程中的波动解释——时机、证券选择和资产配置决策，如图2－44所示。

为解释资产配置对投资业绩的重要性，我们可以借助图2－45对这种投资决策进行说明：

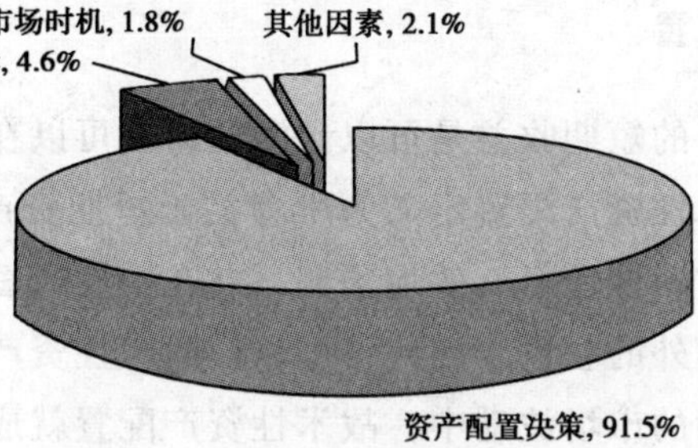


图 2－44　美国养老基金在 1977～1987 年期间业绩贡献分解

资料来源：Brinson et al.，1991。

第一，资产配置综合了不同类别资产的主要特性，在此基础上形成投资组合，相对每一个组成部分，该投资组合都具有更好的风险—收益特征。

第二，资产配置不断进行认知和平衡的权衡过程，其中，在投资者的时间跨度、资本保值目标和预期的收益来源等方面的权衡尤其重要。

第三，资产配置需要设定最小化和最大化的限制因素，以确保选择足够多的资产类别而不是将投资资金过分集中于某类资产。

第四，资产配置有利于实现多种类别资产和特定投资品种的分散投资，从而将投资组合的期望风险特征和投资者自身的风险承受能力相匹配。资产配置通过分散投资寻求在一段足够长的时间周期内提供更高的投资回报和更低的投资风险，并对投资者承担无法分散的波动性予以适当补偿，而并非利用有限的资产去适应市场的变化。

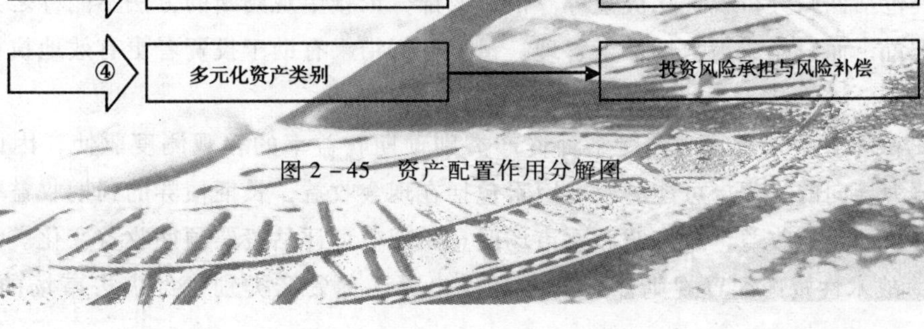


图 2－45　资产配置作用分解图

## 三、战术性资产配置

如果认为各类资产的短期收益是可以预测的，就可以在短期对资产的配置进行积极管理。我们可以把战术性资产配置定义为所有关于短期资产配置行为的积极投资过程，即投资者通过对市场波动性进行有效地预测，并在中期或短期内对长期资产配置比例的某种偏离，进而获取额外的收益。因此，可以说战术性资产配置是中短期投资管理过程中的决定环节。在短期的市场波动中，战术性资产配置就成了投资者在市场获利的重要技术手段，有效地制定并执行科学的战术性资产配置，不仅能分散投资的可能风险，同时更能获得更大短期回报，因而，有越来越多的机构投资者重视战术性资产配置的应用。战术性资产配置一般都倾向于客观的分析而不是依赖于主观的判断，往往通过运用包括回归分析和最优化方法在内的分析工具来帮助预测和决策。

### （一）战术性资产配置的理论基础

战术性资产配置在动态调整资产配置状态时，需要根据实际情况的改变重新预测不同资产类别的预期收益情况，但未能再次估计投资者偏好与风险承受能力是否发生了变化。也就是说，战术性资产配置实质上假定投资者的风险承受能力与效用函数是较为稳定的，在新形势下没有发生大的变化，于是只需要考虑各类资产的收益情况变化，这是战术性资产配置的理论基础。因此，战术性资产配置的核心在于对资产类别预期收益的动态监控与调整，而忽略了投资者是否发生变化。

### （二）战术性资产配置的特征

大多数战术性资产配置过程一般具有相同原则，但结构与实施准则各不相同。例如，一些战术性资产配置依据的是各种预期收益率的简单对比，甚至只是简单的股票对债券的单变量决定。也有决策者将情绪化措施或者宏观经济条件标准合并在内，以提高价值驱动决定的时效性。另一些战术性资产配置可能还包含技术措施。因此，战术性资产配置有如下主要特征：

1. 战术性资产配置一般是建立在一些分析工具基础上的客观、量化过程。这些分析工具包括回归分析或优化决策等。依赖或部分依赖主观判断的方法不能称之为战术性资产配置，而只能成为常规平衡管理。量化分析结果有助于投资者更有效地执行既定规则。

2. 战术性资产配置主要受某种资产类别预期收益率的客观测度驱使，因此，属于以价值为导向的过程。可能的驱动因素包括在现金收益、长期债券的到期收益率基础上计算股票的预期收益，或按照股票市场股息贴现模型评估股票预期收益变化。

3. 战术性资产配置规则能客观地测度出哪一种资产类别已经失去市场的注意力，

并引导投资者进入这一不受人关注的资产类别，其动机来源于这一个事实：不被市场关注的投资类别通常需要支付更高的收益率才能够吸引资本的流入，因此，预期收益率较高。

**（三）市场时机选择与证券选择**

战术性资产配置主要是通过市场时机选择和证券选择实现的。市场时机解决的是何时在市场指数基金和安全资产之间转移资金的问题。这里所说的安全资产是指国库券或货币市场基金，决策的依据也就是市场作为整体是否优于安全资产的业绩。

证券选择则是在某类资产内部的具体券种选择，同样的战略性资产配置，可能由于不同投资者证券选择能力的差异而产生不同的结果。

## 四、动态资产配置

动态资产配置是指那些针对不同类型的资产在市场层面发生的变动，直接机械地改变资产分类配置的投资技术。最常见的动态资产配置方法有三种，分别是购买并持有、固定比例组合和投资组合保险。

**（一）购买并持有**

购买并持有策略的特征是：购买初始资产混合，并在长时间持有这种混合。不管资产相对价值发生怎样的变化，这种战略也不特意进行积极地再平衡。它是一种便于操作和分析的简单战略。

图 2－46 显示了一个购买并持有战略的支付图。该战略是 60% 的股票和 40% 的货币市场工具的混合。当股票市场水平是 100 元时，全部投资组合的价值为 100 元。股票市场价值每增加 1 元，投资组合价值增加 0.6 元。投资组合的最低价值是 40 元。

从图 2－46 中可以看出，该战略的增长潜力是无限的，可以分享股票市场不断上升所带来的收益。由于在持有组合的过程中不进行调整，因此，各类资产的相对权重将随着市场的变化而改变。在较高的市场水平上，股票的百分比权重将较大，而在较低的市场水平上，股票的百分比权重将减少。这是没有投资组合再平衡的自然结果。

**（二）固定比例组合**

与购买并持有战略相比，固定比例组合战略保持投资组合中各类资产的固定比例。例如，有一个 60/40 的股票与货币市场混合，如图 2－47 所示。为保持这一混合，投资者需要在股票市场变化时，对投资组合进行再平衡。当股票市场价值上涨时，股票在投资组合中的比例将上升，所以，投资者需要在股票市场上升时卖出股票并且再投资于货币市场；反之，当股票市场下跌时，股票在投资组合中所占的比例将变小，投资者需要减少在货币市场的资产，并且再投资于股票。

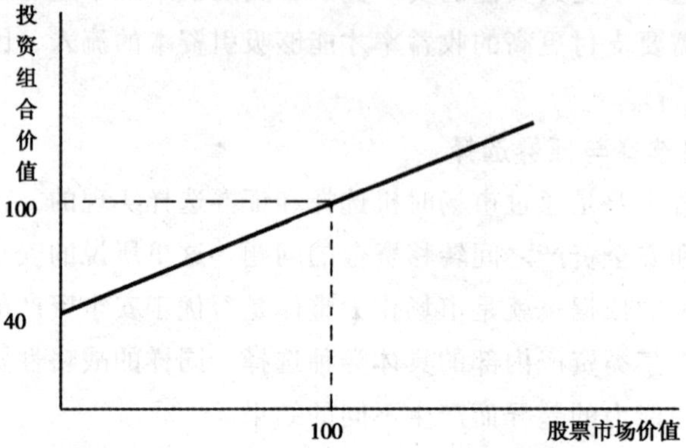


图 2－46　购买并持有策略的投资组合价值

图 2－47 显示，与购买并持有战略的线性支付模式相比，在股票市场上涨时卖出股票和在股票市场下跌时买进股票的过程所得出的支付模式是一条曲线。在较高的市场水平上，恒定混合战略的回报率低于购买并持有战略。因为在股票市场上涨时，恒定混合战略通过卖出股票减少了有较高回报率的资产所占的比例。在较低的股票市场水平上，恒定的混合战略的回报率减少，这是因为在股票市场下跌时，该战略实施了购买股票的方案。换句话说，当市场表现为强劲的上升或下降趋势时，恒定混合战略将差于购买并持有战略。这种战略在市场向上运动时放弃了利润，而在市场向下运动时增加了损失。

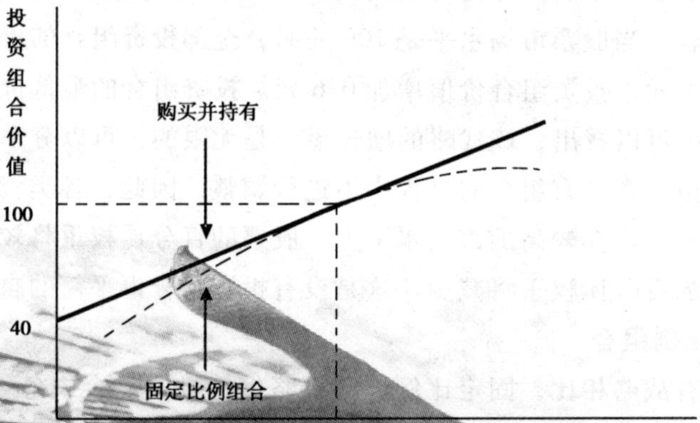


图 2－47　固定比例组合策略的投资组合价值

例：投资者初始财富为 100 元，他打算采用一个两年期 60∶40 的固定比例组合策略。无风险利率为 5%（两年到期的零息债券）。现有数据为 $S_0=100$，$r=5\%$，$T=2$，

$V_0=100$。表 2－32 说明了两年期 60∶40 的固定组合策略在熊市时的情况。表中 t 代表第 t 个月末，投资者在每个月末对投资组合进行动态调整。$P_{股票t}$和 $P_{债券t}$分别代表股票和债券在对应时点的价格；$A_t$ 和 $B_t$ 分别代表股票和债券在第 t 个月末调整后的价值；$A_{t-1,t}$和 $B_{t-1,t}$分别代表投资者持有的股票和债券头寸在第 t 个月末组合调整之前的市场价值。

**表 2－32　　熊市中固定比例组合策略的表现**

| t | $P_{股票t}$ | $P_{债券t}$ | $A_{t-1,t}$ | $B_{t-1,t}$ | t | $A_t$ | $B_t$ |
|---|---|---|---|---|---|---|---|
| 0 | 100 | 90.48 | | | 100 | 60 | 40 |
| 1 | 97.06 | 90.86 | 58.24 | 40.17 | 98.40 | 59.04 | 39.36 |
| 2 | 94.85 | 91.24 | 57.70 | 39.53 | 97.22 | 58.33 | 38.89 |
| 3 | 94.08 | 91.62 | 57.86 | 39.05 | 96.91 | 58.15 | 38.77 |
| 4 | 90.73 | 92 | 56.08 | 38.93 | 95.00 | 57.00 | 38.00 |
| 5 | 87.58 | 92.39 | 55.02 | 38.16 | 93.19 | 55.91 | 37.27 |
| 6 | 83.22 | 92.77 | 53.13 | 37.43 | 90.55 | 54.33 | 36.22 |
| 7 | 78.23 | 93.16 | 51.08 | 36.37 | 87.45 | 52.47 | 34.98 |
| 8 | 74.97 | 93.55 | 50.28 | 35.13 | 85.41 | 51.25 | 34.16 |
| 9 | 73.19 | 93.94 | 50.03 | 34.31 | 84.33 | 50.60 | 33.73 |
| 10 | 70.29 | 94.33 | 48.60 | 33.87 | 82.47 | 49.48 | 32.99 |
| 11 | 66.52 | 94.73 | 46.83 | 33.13 | 79.96 | 47.97 | 31.98 |
| 12 | 64.84 | 95.12 | 46.76 | 32.11 | 78.88 | 47.33 | 31.55 |
| 13 | 63 | 95.52 | 45.98 | 31.68 | 77.67 | 46.60 | 31.07 |
| 14 | 59.41 | 95.92 | 43.94 | 31.20 | 75.14 | 45.08 | 30.06 |
| 15 | 57.24 | 96.32 | 43.44 | 30.18 | 73.62 | 44.17 | 29.45 |
| 16 | 54.36 | 96.72 | 41.95 | 29.57 | 71.52 | 42.91 | 28.61 |
| 17 | 52.64 | 97.13 | 41.55 | 28.73 | 70.28 | 42.17 | 28.11 |
| 18 | 50.42 | 97.53 | 40.39 | 28.23 | 68.62 | 41.17 | 27.45 |
| 19 | 48.86 | 97.94 | 39.90 | 27.56 | 67.46 | 40.48 | 26.98 |

续表

| t | $P_{股票t}$ | $P_{债券t}$ | $A_{t-1,t}$ | $B_{t-1,t}$ | t | $A_t$ | $B_t$ |
|---|---|---|---|---|---|---|---|
| 20 | 45.53 | 98.35 | 37.72 | 27.10 | 64.82 | 38.89 | 25.93 |
| 21 | 42.99 | 98.76 | 36.72 | 26.03 | 62.75 | 37.65 | 25.10 |
| 22 | 39.02 | 99.17 | 34.18 | 25.21 | 59.38 | 35.63 | 23.75 |
| 23 | 35.64 | 99.58 | 32.54 | 23.85 | 56.39 | 33.84 | 22.56 |
| 24 | 33.33 | 100 | 31.64 | 22.65 | 54.30 | 32.58 | 21.72 |

牛市时，这样的策略业绩不错，但是，买进并持有策略的业绩更好。如表 2－33 所示。

**表 2－33　　　　牛市中固定比例组合策略的表现**

| t | $P_{股票t}$ | $P_{债券t}$ | $A_{t-1,t}$ | $B_{t-1,t}$ | t | $A_t$ | $B_t$ |
|---|---|---|---|---|---|---|---|
| 0 | 100 | 90.48 | | | 100.00 | 60.00 | 40.00 |
| 1 | 103.59 | 90.86 | 62.15 | 40.17 | 102.32 | 61.39 | 40.93 |
| 2 | 106.62 | 91.24 | 63.19 | 41.10 | 104.29 | 62.57 | 41.72 |
| 3 | 110.26 | 91.62 | 64.71 | 41.89 | 106.60 | 63.96 | 42.64 |
| 4 | 113.67 | 92.00 | 65.94 | 42.82 | 108.75 | 65.25 | 43.50 |
| 5 | 117.52 | 92.39 | 67.46 | 43.69 | 111.15 | 66.69 | 44.46 |
| 6 | 120.37 | 92.77 | 68.31 | 44.64 | 112.95 | 67.77 | 45.18 |
| 7 | 125.35 | 93.16 | 70.57 | 45.37 | 115.94 | 69.57 | 46.38 |
| 8 | 128.79 | 93.55 | 71.47 | 46.57 | 118.05 | 70.83 | 47.22 |
| 9 | 132.3 | 93.94 | 72.76 | 47.42 | 120.17 | 72.10 | 48.07 |
| 10 | 137.2 | 94.33 | 74.77 | 48.27 | 123.04 | 73.83 | 49.22 |
| 11 | 141.77 | 94.73 | 76.28 | 49.43 | 125.71 | 75.43 | 50.28 |
| 12 | 146.53 | 95.12 | 77.96 | 50.49 | 128.45 | 77.07 | 51.38 |
| 13 | 150.69 | 95.52 | 79.26 | 51.60 | 130.85 | 78.51 | 52.34 |
| 14 | 152.75 | 95.92 | 79.59 | 52.56 | 132.15 | 79.29 | 52.86 |
| 15 | 154.94 | 96.32 | 80.42 | 53.08 | 133.50 | 80.10 | 53.40 |
| 16 | 159.19 | 96.72 | 82.30 | 53.62 | 135.92 | 81.55 | 54.37 |
| 17 | 161.26 | 97.13 | 82.61 | 54.60 | 137.21 | 82.33 | 54.89 |
| 18 | 164.77 | 97.53 | 84.12 | 55.11 | 139.23 | 83.54 | 55.69 |

续表

| t | $P_{股票t}$ | $P_{债券t}$ | $A_{t-1,t}$ | $B_{t-1,t}$ | t | $A_t$ | $B_t$ |
|---|---|---|---|---|---|---|---|
| 19 | 166.64 | 97.94 | 84.49 | 55.93 | 140.41 | 84.25 | 56.17 |
| 20 | 168.15 | 98.35 | 85.01 | 56.40 | 141.41 | 84.85 | 56.56 |
| 21 | 170.38 | 98.76 | 85.97 | 56.80 | 142.77 | 85.66 | 57.11 |
| 22 | 173.53 | 99.17 | 87.25 | 57.35 | 144.59 | 86.76 | 57.84 |
| 23 | 177.36 | 99.58 | 88.67 | 58.08 | 146.75 | 88.05 | 58.70 |
| 24 | 181.48 | 100.00 | 90.09 | 58.95 | 149.04 | | |

但是，恒定混合战略在多变的市场中可能是有利的。为了便于说明，我们可以假设市场价格从100元下降到80元。在该点，恒定混合投资者通过购买股票进行再平衡，但购买并持有战略不做任何调整。如果市场恢复到100元的初始水平，购买并持有投资者将处于从前同样的位置，而恒定混合投资者将处在一个更高的水平。因为恒定混合投资者在较低价格水平上已经增加了股份。现在，在当前的100美元价格下，投资者比以前拥有更多的股份。

图2－48说明了两个战略的支付图。直线AB表明实施购买并持有战略的投资组合价值。购买并持有投资者的支付图型是一条上升或下降的简单直线。相反对固定比例策略的投资者而言，支付直线的斜率每次都会发生变化，投资组合的定期调整改变了持有股票的数量。

图2－48 固定比例组合策略在易变市场中的表现

### （三）投资组合保险

投资组合保险的一种简化形式是著名的恒定比例投资组合保险（CPPI，constant - proportion portfolio insurance）。它比更著名的以期权为基础的投资组合保险使用起来简便很多。这一简化投资组合保险战略的一般形式是：

股票金额 = m ×（全部投资组合价值 - 最低价值）

在运用这一战略时，投资者要确定表示投资组合最低价值的一个最小数量。全部投资组合价值与最低价值之间的差异表示对最低价值提供有效保护的保护层。CPPI 使用大于 1 的乘数 m。给定一个乘数和最低价值，我们可以根据公式确定投资于股票的数量。

假设投资组合的价值为 100 元，希望的最低价值为 75 元，所以，开始时的保护层为 25 元。假设取 m = 2，我们得出在股票上的初始投资为 50 元，即 2 ×25 元。并得到 50/50 的初始投资组合。假设股票市场有 20% 的下跌，即从 100 降到 80，投资者的股票价值从 50 下降到 40，投资组合总价值为 90 元。这时，保护层为 15 元，因此，运用 CPPI 原则，适当的股票头寸为 30 元，因此，需要卖出 10 元的股票，并将其投资于货币市场工具。而当市场上升时，应通过减少投资于货币市场工具的余额来买入股票。

CPPI 的战略是，在股票下跌时将其卖出，在股票上涨时将其买进。在 CPPI 战略下，即使在严重衰退的市场，也能期望投资组合运行得至少与最低价值一样好。该种战略在股票价格下降时，越来越多的投资与货币市场工具。当投资组合价值接近最低价值时，股票防护减少到 0。当然，这有一个前提，就是在市场下降期间，投资者能适时进行再平衡。股票市场的急剧降低或缺乏流动性可能缩短这些过程的巡回并使这种以保险为基础的战略的收益降低。

图 2 - 49 中比较了两种战略。与购买并持有战略相比，CPPI 过程可以被特征化为一条曲线。在市场极端，相对于购买并持有战略而言，CPPI 战略运作特别好。在市场的高水平上，该战略通过在市场上升时不断购买更多数量的股票来有效地运用了杠杆放大作用；相反，在市场下降时该战略通过乘数效应更快地减少了股票，与购买并持有战略相比，该战略减少了市场下降的影响。

另一方面，在无趋向或不景气的市场上，CPPI 战略相对较差，因为市场逆转通常是这类市场的特征。而逆转对于 CPPI 是有害的。因为意味着投资者在较高价格上买入股票，而在较低价格上卖出股票。

### （四）动态资产配置策略的比较

表 2 - 34 比较了三个资产配置战略的特征。首先，它表明了当市场上升及下降时，是否需要采取再平衡行动；其次，它也表明了这些战略的支付模式类型；再次，它表明

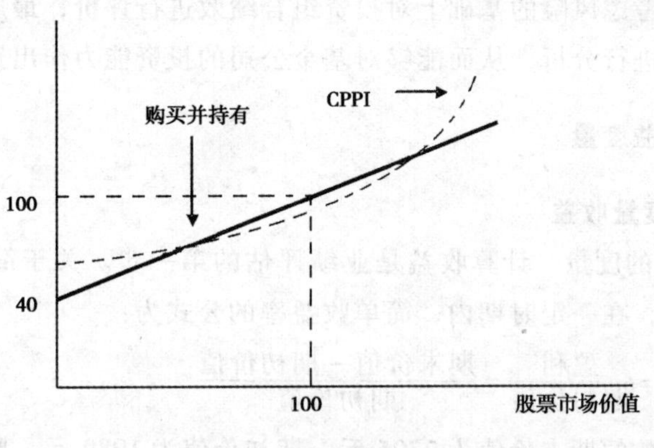


图 2－49　投资组合保险策略的投资组合价值

了对各战略有利或不利的市场环境；最后，它显示了有效实施这些战略所需要的市场流动性。

表 2－34　　三种资产配置策略特征的比较

| 策　略 | 市场下降/上升 | 支付模式 | 有利的市场环境 | 要求的流动性 |
|---|---|---|---|---|
| 购买并持有 | 不行动 | 直线 | 牛市 | 小 |
| 恒定比例 | 下降时购买<br>上升时出售 | 凹 | 易变，无趋向 | 适度 |
| 投资组合保险 | 下降时出售<br>上升时购买 | 凸 | 强趋向 | 高 |

# 第三单元　投资组合业绩评估

通过前面几个单元的学习，我们已经对如何去构建一个投资组合有了一定的了解，但是，我们也发现，这个过程对于投资者的专业知识水平的要求以及时间和经验的要求是很多人都无法达到的，因此，要真正自己实施起来非常困难，而基金公司作为专业的投资机构，发行的每一只基金都是针对一部分人而设计的投资组合。而且会根据市场行情等的变化随时调整组合，实现动态资产配置，因此，我们个人投资者可以选择基金来进行投资，以解决个人在配置资产组合时的一些难题。但是，选择基金时，需要对基金投资组合的业绩进行客观评价。这不仅要求投资者能够准确地度量投资组合的风险和收益，而且还能够在考虑风险的基础上对投资组合绩效进行评价，最后，还需要对决定投资组合业绩的因素进行分析，从而能够对基金公司的投资能力作出正确的判断。

## 一、风险和收益度量

### （一）确定和度量收益

1. 单期收益率的度量。计算收益是业绩评估的第一步。关于简单收益率的衡量方法，前面已经学过，在一定时期内，简单收益率的公式为：

$$简单收益率\ R=\frac{盈利}{期初价值}=\frac{期末价值-期初价值}{期初价值}$$

**例：**假定某指数的期末价值为2305元，期初价值为1989元，则该期内的简单收益率为：

$$R=\frac{2305-1989}{1989}=15.89\%。$$

2. 多期收益率的度量。在计算多期平均收益时，通常有两种选择：算术平均和几何平均。如果单期收益率采用前面的算法，那么在计算多期平均收益率时，应当采用几何平均。

**例：**假设投资者要评估下面两种投资的年均收益率，两种投资在过去两年中的收益率如表2-35所示：

**表2-35　两种资产连续两年的收益率**

| 资　产 | 第一年收益率 | 第二年收益率 | 两年平均（算术平均） |
|---|---|---|---|
| A | 100% | -50% | 25% |
| B | 10% | 10% | 10% |

那么，哪一项投资的实际收益水平更高呢？

假设两项投资的初始价值均为100元，很容易计算出两年后A的期末价值为100元，B的期末价值为121元。因此，算术平均不能反映多期投资的真实收益水平，此时只能采用几何平均的方法。

利用几何平均的方法可以算出：

资产A在过去两年中的平均收益率为：

$$\sqrt{(1+100\%)\times(1-50\%)}-1=0$$

资产B在过去两年中的平均收益率为：

$$\sqrt{(1+10\%) \times (1+10\%)} - 1 = 10\%$$

**（二）确定和度量风险**

度量投资组合绩效的另一个方面是投资组合的风险。风险分析的两个重要问题是风险的对称性以及系统风险和非系统风险的分解。

1. 风险的对称性

（1）对称风险。在投资组合理论中，往往假设证券收益可正可负，服从正态分布。在此假设下，使用方差或者标准差来度量风险并没有问题，因为标准差可以量化评估收益率在某区间内波动的概率。

（2）非对称风险。方差、标准差这种度量风险的方法具有容易量化的优点，但是，该方法仅适用于收益曲线线性的情况，而不能用于非线性收益曲线的情形（例如期权），因为在非线性收益曲线的情况下投资者面对的是非对称的风险。

投资者通常把收益的下降看作风险，这种观点就是一种非对称风险观点。收益（或者负债）的非对称性也要求必须考虑非对称风险。在进行投资组合业绩评估时，非对称风险通过下面三个途径来处理：①通过 delta（价格对标的资产市价的一阶导数）使风险对称化；②将结构性投资工具（如期权）与线性收益工具分离，分别进行分析；③不使用标准差，而使用适合非对称分布的其他统计指标。

2. 系统性风险与非系统性风险。很多定价模型（如 CAPM、APT、债券定价模型）都能够用来计算系统风险。例如，债券的修正久期就度量了债券价格对利率变动的敏感度，从而可以度量利率变动对债券价格的影响，也就是理论上可以预测的风险。但是，即使对于债券组合而言，虽然系统风险是总风险中最大的组成部分，但与其他不可预测因素相关的非系统风险仍然存在。

在进行投资组合业绩评价时，我们往往更强调系统风险。根据所要分析的投资组合的类型，只要系统风险是总风险的主要组成部分，就可以把系统性风险作为风险度量的合适标准。

**（三）现金流与绩效度量**

在多期投资中，如果存在多次现金流入和流出，对业绩评价就会造成影响，此时，需要在不同情形中应用不同的绩效度量指标。

1. 内部收益率。从投资者角度讲，在长期内可以用内部收益率（Internal Rate of Return，IRR）来计算投资的预期平均收益率和实际收益率。内部收益率是指使得所有各期的现金流入的现值等于初始现金流出（初始投资额）的折现率，公式如下：

$$CF_0 = \sum_{t=1}^{n} \frac{CF_t}{(1+IRR)^t}$$

这个公式与债券定价中到期收益率的公式完全一致，只是把 $CF_0$ 换成 $P_0$，把 $CF_t$ 换成 C 或者 M。

**例**：假设你进行了一项投资，初次投入资金为 10000 元，在以后的 4 年中，每年收入 3000 元，则你的年收益率为多少？

利用公式 $10000 = \sum_{t=1}^{4} \frac{3000}{(1+IRR)^t}$，可以求得 IRR = 7.714%。

内部收益率只是投资者理论上的平均收益。在上面这个例子中，如果投资者在每年收到现金流时，都可以按照这一收益率进行再投资，并持有到第四年末，才可以使得最初的投资在 4 年中产生 7.714% 的收益率。要使得投资者在 4 年中获得 7.714% 的收益率，则最初的 10000 元投资在第四年末应该收回 $10000\ (1+7.714\%)^4 = 13176.7$ 元。投资者在每年收到 3000 元收入时，如果不进行再投资，只是简单地储存，那么在第四年末只能累积收回 12000 元，平均年收益率仅有 $\sqrt[4]{12000/1000} - 1 = 4.663\%$。因此，利用内部收益率来描述多期平均收益时，需要注意该指标的假设。

另外，现金流在不同时间点的分布会影响内部收益率的结果，比如上面这个例子中，假设 4 年中每年现金流入分别是 0 元，2000 元，4000 元，6000 元，加总仍然是 12000 元，但是，此时内部收益率公式：

$10000 = \frac{0}{1+IRR} + \frac{2000}{(1+IRR)^2} + \frac{4000}{(1+IRR)^3} + \frac{6000}{(1+IRR)^4}$，可以求得 IRR = 5.65%。

与前面的例子相比，由于现金流的回收被推后了，每次现金流能进行再投资的收益减少，因此，导致投资的收益水平下降，表现为内部收益率下降。

2. 时间加权的收益率。利用内部收益率可以较好地反映单项投资在多期的收益水平。但是，在对投资经理的业绩进行评价时，却存在问题。由于投资经理（例如基金经理）对现金流入和流出没有能力控制，即使他们的投资能力较高，也可能因为现金流入的分布而只能得到较低的 IRR。

**例**：A、B 两个投资经理人，具有相同的投资能力。在一个两年的投资期内，分别能够获得 25% 和 5% 的投资回报率。假设每个经理人都从投资者处获得 500000 元的资金，但是，A 是在期初一次性获得，B 是在第一年初和第一年末分两次获得，每次 250000 元。可以计算 A、B 的投资组合期末价值：

组合 A：500000（1+25%）（1+5%）=656250（元）

组合 B：250000（1+25%）（1+5%）+250000（1+5%）=590625（元）

利用通常的 IRR 方法来计算投资组合的回报率如下：

A：$500000 = \frac{656250}{(1+IRR_A)^2}$，$IRR_A = 14.56\%$

B：$250000=\frac{-250000}{(1+IRR_B)}+\frac{590625}{(1+IRR_B)^2}$，$IRR_B=11.63\%$

但这里显然没有公正地评价投资组合经理的投资能力。

因此，更好的方法是利用时间加权的投资回报率（即几何平均收益率），此时可以发现，两个投资者的投资能力相当。

$$r_A=r_B=\sqrt{(1+25\%)(1+5\%)}-1=14.56\%$$

## 二、风险调整的绩效指标

较高的投资收益率可能是在承受较高风险的情况下取得的，仅仅根据投资收益率来评价业绩并不全面，必须兼顾收益和风险两个方面。因此，需要对投资收益进行风险调整，下面介绍几种常用的指标和方法。

### （一）夏普比率

夏普比率就是一个可以同时对收益与风险加以综合考虑的指标。夏普比率又被称为夏普指数，由诺贝尔奖获得者威廉·夏普于1966年最早提出，目前已成为国际上用以衡量基金绩效的最常用的一个标准化指标。夏普指数是指在一段评价期内的基金投资组合的平均超额收益率超过无风险利率部分与该基金的收益率的标准差之比。其计算公式为：

$$S_P=\frac{R_P-r_f}{\sigma_P}$$

式中：$R_P$ 为投资组合 P 的平均收益率；$r_f$ 为无风险利率；$\sigma_P$ 为投资组合 P 收益率的标准差，是投资组合 P 总风险的数学度量。

如果夏普比率为正值，说明在衡量期内投资组合的收益率超过了无风险利率，在以同期银行存款利率作为无风险利率的情况下，说明投资比银行存款要好。夏普比率越大，说明该投资组合单位风险所获得的风险回报越高。以夏普比率的大小对投资组合，例如，基金的表现加以排序的理论基础在于，假设投资者可以以无风险利率进行借贷，这样，通过确定适当的融资比例，高夏普比率的基金总是能够在同等风险的情况下获得比低夏普比率的基金高的投资收益。例如，假设有两个基金 A 和 B，A 基金的年平均净值增长率为20%，标准差为10%，B 基金的年平均净值增长率为15%，标准差为5%，年平均无风险利率为5%，那么，基金 A 和基金 B 的夏普比率分别为1.5和2，依据夏普比率基金 B 的风险调整收益要好于基金 A。为了更清楚地对此加以解释，可以以无风险利率的水平，融入等量的资金（融资比例为1:1），投资于 B，那么，B 的标准差将会扩大1倍，达到与 A 相同的水平，但这时 B 的净值增长率则等于25%（即2×15% −5%）则要大于A基金。使用月夏普比率及年夏普比率的情况较为常见。

夏普指数评估投资组合绩效的优点是它并不需要以资本资产定价模型是否成立和市场组合是否已经确立为前提；其缺点是该指数是建立在事后资本市场线之上的，它所计算的是相对于组合总风险的回报率，即是以回报率的标准差作为风险度量指标的。

夏普比率在计算上尽管非常简单，但在具体运用中仍需要对夏普比率的适用性加以注意：（1）用标准差对收益进行风险调整，其隐含的假设就是所考察的组合构成了投资者投资的全部。因此，只有在考虑在众多的基金中选择购买某一只基金时，夏普比率才能够作为一项重要的依据；（2）使用标准差作为风险指标也被人们认为不很合适；（3）夏普比率的有效性还依赖于可以以相同的无风险利率借贷的假设；（4）夏普比率没有基准点，因此，其大小本身没有意义，只有在与其他组合的比较中才有价值；（5）夏普比率是线性的，但在有效边界上，风险与收益之间的变换并不是线性的。因此，夏普指数在对标准差较大的基金的绩效衡量上存在偏差；（6）夏普比率未考虑组合之间的相关性，因此，纯粹依据夏普值的大小构建组合存在很大问题；（7）夏普比率与其他很多指标一样，衡量的是基金的历史表现，因此，并不能简单地依据基金的历史表现进行未来操作；（8）在计算上，夏普指数同样存在一个稳定性问题：夏普指数的计算结果与时间跨度和收益计算的时间间隔的选取有关。

### （二）特雷纳指数

特雷纳指数利用证券市场线SML进行基金业绩的评价，度量了单位系统风险所带来的超额回报。

特雷纳指数（Treynor Ratio）又称波动回报率，由美国经济学家特雷纳提出，其计算公式为：

$$T_P = \frac{R_P - r_f}{\beta_P}$$

式中：$R_P$为投资组合P的平均收益率；$r_f$为无风险利率；$\beta_P$为投资组合P的β系数，考察的是投资组合P的系统性风险。

计算每只基金的特雷纳指数，与市场基准组合的特雷纳指数相比较，特雷纳指数越大，表明基金的业绩越好；反之，则表明该基金的业绩越差。

投资者投资的资产品种很多，既买基金，又买股票、国债，单纯以收益率的标准差作为风险指标就不太合适。较理想的指标是该基金的β值。与夏普比例中的标准差反映的是基金的总风险不同，β值反映的是基金的系统性风险和市场风险，不包括基金的个别风险，相应的经此市场风险系数调整的超额收益，即特雷纳比例对于拥有多种资产的投资者来说，投资于某个基金的个别风险可通过持有多只基金来得到分散。

特雷纳指数应用的局限是它是建立在资本资产定价模型基础上的。假如投资组合中的某些资产并不按此模型定价，则按 β 值进行业绩调整就不太合适。

在实际运用中应当同时用这两项指标进行基金评级。而在运用这两项指标进行基金评级时，可能结果并不一致。因为某个基金可能市场风险大而特雷纳指数小，但其有个别风险从而总风险小，夏普比例大；另一个基金可能市场风险小而特雷纳比例大，而有个别风险因而总风险大，夏普比例小。所以，可以通过一定的权数把这两个指标统一起来，进行整体评判。当然，也有可能两个比例都比较大或都比较小。

需要注意的是对于夏普指数和特雷纳指数来说，当组合收益率的均值为负时，波动较大的基金，排名反而靠前，在市场持续低迷时期，可能会产生错误的结论。

**例：**有 A、M、Z 三只基金，其收益率和风险如表 2－36 所示，则可以计算出各自的夏普指数和特雷纳指数。

**表 2－36　　三只基金的收益风险情况及各项指标**

| 基金 | 回报率 | 无风险利率 | 超额回报率 | 标准差 | β 值 | 夏普指数 | 特雷纳指数 |
|---|---|---|---|---|---|---|---|
| A | 8 | 2 | 6 | 15 | 0.67 | 0.400 | 8.9 |
| M | 9 | 2 | 7 | 21 | 1.0 | 0.333 | 7.0 |
| Z | 10 | 2 | 8 | 32 | 1.33 | 0.250 | 6.0 |

### （三）詹森 α

詹森 α 表示实现的（或预期的）收益与根据资本资产定价模型得出的理论收益之间的差异。公式为：

$$\alpha_P = R_P - [r_f + \beta_P (R_M - r_f)]$$

式中，$\alpha_P$ 为投资组合的詹森 α。

詹森 α 可以理解为用市场风险调整的超额收益率。利用资本资产定价模型，可以判断一定市场风险水平（$\beta_P$）下投资组合（如基金）的理论收益率应该是多少。如果观察到的实际收益率大于理论收益率，说明该组合的绩效优于市场；如果小于理论收益率，说明该组合的绩效不如市场。

### （四）Fama 的业绩成分

前面几种方法是对基金总体业绩的分析，有时需要将基金业绩进行比较细致的分解，并对业绩成分进行评价。Fama 提出了一种针对上述三种风险调整回报率方法的详细分析框架，由此能得出对基金业绩比较细致的分析。图 2－50 是 Fama 对业绩成分进行分解的框架图。纵轴表示回报率，横轴为用标准差和 β 值表示的风险。

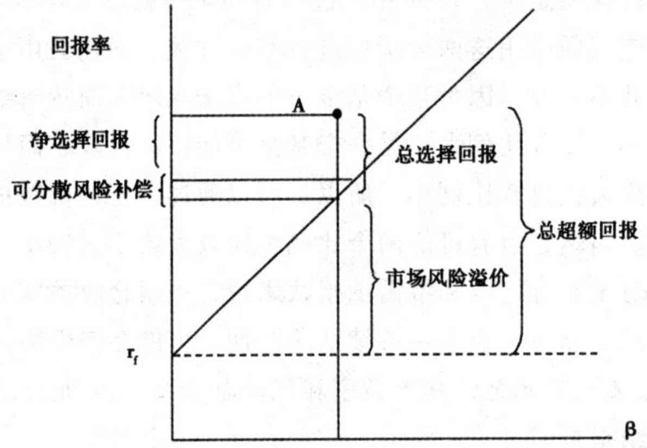


图 2－50　Fama 的业绩成分

图中的斜线是证券市场线（SML），$r_f$ 为无风险收益率。

风险增溢 =（$R_m - R_f$）×β，$R_m$ 为市场回报率。

选择回报率 = 超额回报率－风险增溢。

假设图中的 A 代表前面例子中的 A 基金，其 β 值为 0.67，市场组合的期望收益率为 8%，无风险利率为 2%，则 A 的理论回报率为 6.7%，其业绩分解如下：

总超额回报率 = 总选择回报率 + 市场风险溢价

$r_m - r_f = (r_m - r_{A_A}) + (r_{A_A} - r_f)$

$8\% - 2\% = (8\% - 6.7\%) + (6.7\% - 2\%)$

$6\% = 1.3\% + 4.7\%$

A 的总超额回报为 6%，其中，总选择回报为 1.3%，市场风险溢价为 4.7%。从公式可知，这里的总选择回报就是前面的詹森 α，即 A 的收益率超过其理论收益率的水平。

为了努力获得超过平均值的回报率，经理们通常要舍弃一些分散性，也就是要以面临更高的投资组合风险为代价。首先使用 CML 决定与用标准差表示的总风险所匹配的回报率是多少。市场组合的标准差 $\sigma_m$ 为 21%，基金 A 的标准差 $\sigma_A$ 为 15%，则根据资本市场线方程：

$r_{\sigma_A} = r_f + (r_m - r_f)\,\sigma_A/\sigma_m = 6.28\%$

净选择回报率 =（$r_A - r_{\beta_A}$）－（$r_{\sigma_A} - r_{\beta_A}$）= 0.42%

因为与可分散风险匹配的附加回报率总是非负的，所以，净选择回报率总是不大于总选择回报率。只有当投资组合完全分散时，两者才相等。

### 三、相对投资绩效分析

#### （一）管理人的基准比较

衡量单个投资组合的业绩，并将其与事先设定的目标进行对比只是一个技术性问题。但是，要想识别某个投资组合经理能力的高低，还需要将其与一定的基准进行比较，这就是相对投资绩效分析。

相对绩效分析是建立在对具有相似投资性质和目标的投资组合所进行的统计分析基础之上的。投资组合管理人个体尽管不适合作为一个绝对的基准，但是它非常有助于从数量上客观评估市场上的投资业绩分布。在操作时，通常将某投资经理的业绩与其他专门从事同样资产类别的证券管理者的业绩进行比较。

#### （二）指数和基准

指数通常用于表示市场整体的变化特征，在金融领域，指数被广泛应用于四个方面：

1. 金融市场的分析。
2. 绩效度量。
3. 指数化。
4. 衍生工具。

根据指数的用途，指数构建的方法不同，有简单的算术平均指数，也有加权指数。在各种不同的指数中，资本加权绩效指数在绩效度量中使用最多。绝大多数的国内指数和国际指数都按照这种方法编制。

选择合适的基准指数，对于投资组合的绩效度量是不可或缺的因素。合适的基准指数应该具备以下特征：

1. 基准应该反映出资人的投资目标。
2. 基准应该在经理人操作之前确定。
3. 基准应该具有可投资性，可以通过另外一个消极策略复制出来。
4. 在所包含证券种类和收益计算方法方面，基准应该与投资组合具有可比性。
5. 基准指数应该是透明的。

#### （三）风格基准比较

正如前面提到，管理人个体作为基准可能是不合适的，因此，可以选择指数作为比较的基准。但是，对于特定投资组合经理来说，应该选择哪个指数作为基准呢？

基准的首要目的是在投资之前确定出一个现实的绩效标准，它能够反映投资经理的投资风格。而经理的业绩表现和所选择基准之间的差异将被视为该经理的投资能力。因此，基准应该尽量地模仿经理的投资风格。例如，一个专攻超大盘股的基金经理可能从沪深300指数的300种证券开始，然后，剔除流通股份在10亿元以下的股票，这样一来，最初的股票参照指标沪深300指数就需要进行缩减，并构造出一个更适合的投资基准组合。

事实上，市场上已经有一些公开发布的投资风格指数，它们可以在构造基准投资组合时使用。

**一些公开的风格指数**

S&P中盘资本400指数　该指数评估美国市场上中盘上市公司的绩效，该指数被超过95%的美国基金经理和基金计划出资人使用。S&P中盘资本400指数成分股的价值超过250亿美元。

S&P小盘资本600指数　在美国市场上小盘公司仍然吸引着投资者。S&P小盘资本600指数正在获得积极的经理人的广泛接受，该指数日益受到欢迎是因为其较高的流动性，指数成分股市值约80亿美元。

S&P/Barra成长和价值指数　以价格—账面价值比率作为基础，价值型指数包括了那些价格—账面价值比率较低的公司，而成长型指数则包括了那些该比率较高的公司。

Russell 1000指数　Russell 1000指数评估Russell 3000指数中规模最大的1000家公司的绩效，它代表了Russell 3000指数中大约92%的市值。

Russell 1000成长型指数　Russell 1000成长型指数评估了Russell 1000指数中具有高价格—账面价值比率和较高成长价值的公司的绩效。

Russell 1000价值型指数　Russell 1000价值型指数评估了Russell 1000指数中具有较低价格—账面价值比率和较低成长价值的公司的绩效。

Wilshire大盘750指数　该指数是Wilshire 5000的一个次级指数，主要用于评估大盘股的绩效。它代表了Wilshire 5000中最大的750只股票的市值加权投资组合。

Wilshire大盘价值指数　该指数包括Wilshire大盘750指数中符合Wilshire价值标准的证券。

Wilshire大盘成长指数　该指数包括Wilshire大盘750指数中符合Wilshire成长标准的证券。

沪深300风格指数系列　以沪深300指数为样本空间，该指数系列共4只指数，包括沪深300成长指数和沪深300价值指数、沪深300相对成长指数和沪深300相对价值指数。沪深300风格指数系列的推出，从风格特征的角度进一步刻画了沪深300指数，也为投资者提供了新的业绩基准和资产配置工具。

## 四、绩效归因分析

绩效归因分析试图区分市场时机选择与证券选择对业绩的影响。具体而言，业绩归因需要比较经理的实际投资组合的回报率与实现确定的基准的回报率，并将两者差异分解为配置效应和选择效应。

绩效归因分析主要有回归方法和代数方法。

### （一）运用回归方法的归因分析

1. 简单回归模型。简单回归模型基于CAPM，其回归方程如下：

$$r_{p,t} - r_{f,t} = \alpha_P + \beta_P \cdot (r_{M,t} - r_{f,t}) + \varepsilon_t$$

式中，$\varepsilon_t$ 代表回归中的残差项。

从方程来看，回归得到的 $\alpha_P$ 其实就是前面詹森 $\alpha$ 的估计值。通过回归，可以检验詹森 $\alpha$ 是否显著，也就是说该投资经理是否持续地取得高于市场或低于市场的业绩。

但是，简单回归建立在CAPM正确的基础上，因此，其结果需要谨慎对待。

**例：**下表为某基金20个交易日的净值和净值增长率数据，以及上证指数收盘价格和收益率数据，无风险利率取一年期存款利率2.50%，则日无风险利率约为0.01%（一年按250个交易日计算）。

| 序号 | 日期 | 某基金 | | 上证指数 | |
|---|---|---|---|---|---|
| | | 单位净值（元） | 收益率 | 收盘 | 涨跌幅 |
| 1 | 2010/12/20 | 12.752 | -1.76% | 2852.92 | -1.41% |
| 2 | 2010/12/17 | 12.98 | -0.38% | 2893.74 | -0.15% |
| 3 | 2010/12/16 | 13.03 | 0.00% | 2898.14 | -0.46% |
| 4 | 2010/12/15 | 13.03 | -0.05% | 2911.41 | -0.54% |

续表

| 序号 | 日期 | 某基金 | | 上证指数 | |
|---|---|---|---|---|---|
| | | 单位净值（元） | 收益率 | 收盘 | 涨跌幅 |
| 5 | 2010/12/14 | 13.037 | 0.59% | 2927.08 | 0.14% |
| 6 | 2010/12/13 | 12.961 | 2.35% | 2922.95 | 2.88% |
| 7 | 2010/12/10 | 12.663 | 1.10% | 2841.04 | 1.07% |
| 8 | 2010/12/9 | 12.525 | -1.83% | 2810.95 | -1.32% |
| 9 | 2010/12/8 | 12.758 | -1.22% | 2848.55 | -0.95% |
| 10 | 2010/12/7 | 12.915 | 0.73% | 2875.86 | 0.65% |
| 11 | 2010/12/6 | 12.821 | 0.00% | 2857.18 | 0.52% |
| 12 | 2010/12/3 | 12.821 | 0.17% | 2842.43 | -0.04% |
| 13 | 2010/12/2 | 12.799 | 1.19% | 2843.61 | 0.71% |
| 14 | 2010/12/1 | 12.649 | 1.04% | 2823.45 | 0.12% |
| 15 | 2010/11/30 | 12.519 | -1.48% | 2820.18 | -1.61% |
| 16 | 2010/11/29 | 12.707 | 0.26% | 2866.36 | -0.19% |
| 17 | 2010/11/26 | 12.674 | -0.31% | 2871.7 | -0.92% |
| 18 | 2010/11/25 | 12.713 | 1.32% | 2898.26 | 1.34% |
| 19 | 2010/11/24 | 12.547 | 0.89% | 2859.94 | 1.12% |
| 20 | 2010/11/23 | 12.436 | -1.38% | 2828.28 | -1.94% |

利用表中数据进行回归，得到 $\alpha_P = 0.001$，尽管 $\alpha_P > 0$，但在统计上不显著，其 t 值为 1.10，对应的 P 值为 28.53%（P 值越小，$\alpha_P$ 就越显著地异于 0，一般认为 P 小于 5% 时统计上显著）。因此，不能认为该基金具有持续超越市场的能力。

需要说明的是，为了更好地对投资业绩进行评估，需要考察长期的表现，本例中，只选择了 20 个交易日的情况，只是为了对该回归模型进行说明。

2. 复杂回归模型。业绩归因主要用于分析时机选择和证券选择的贡献，因此，回归模型主要是为了对这两种因素进行分析。

测度市场时机的模型很多，最基本的两个模型即 TM 模型和 HM 模型。Treynor 和 Mazuy（1966）首次对基金经理的时机选择能力进行了计量分析。他们认为，如果基金能够预测市场收益，那么，当它认为市场收益高时，将持有更高比例的市场投资组合，反之，则会减少市场组合的持有比例。组合收益和市场收益之间会呈现出非线性的函数关系。据此，他们建立了一个包含二次项的模型用来检验基金的市场时机把握能力。TM 模型为：

$$R_t - R_{f,t} = \alpha + \beta_1 r_{mt} + \beta_2 r_{mt}^2 + \varepsilon_t$$

式中，$R_t$ 为基金投资收益率；$R_{ft}$ 为无风险收益率；$R_{mt}$ 为市场基准收益率；$r_{mt} = R_{mt} - R_{ft}$ 表示市场基于无风险收益的超额收益率；$\beta_1$ 表示基金投资组合系统风险的贝塔值；$\varepsilon_t$ 为方程误差项。

$\alpha$ 表示基金选股能力，$\alpha > 0$ 意味着投资组合具有优于市场的选股能力，有正选股能力。$\alpha < 0$ 意味着投资组合具有劣于市场的选股能力，选股能力为负。如果 $\alpha$ 在方程中显著为零，则表示基金不具备优于或劣于市场的选股能力，不具备选股能力。

$\beta_2$ 表示基金的择时能力，$\beta_2 > 0$ 表明基金经理具有成功把握市场时机的能力，有正择时能力。$\beta_2 < 0$ 表明基金经理具有反方向把握市场时机的能力，具有负的择时能力。若 $\beta_2$ 在方程中显著为零，则表示基金不具备把握市场时机的能力，不具备择时能力。

在 TM 模型出现之后，Adman 等（1986）论证了 TM 模型衡量市场择时能力的有效性。Gupta（2001）利用 TM 模型对印度 737 只共同基金在 1994 年 4 月至 1999 年 3 月的业绩进行了分析，发现择时能力为负值，且大部分样本的 t 检验不显著，总体上呈现负的市场时机选择能力。

除 TM 模型外，Henriksson 和 Merton（1981）的 HM 模型也是最为常用的描述基金择时能力的模型。HM 模型是一种评价市场时机把握能力的非参数检验模型，与其他模型不同的是，它不要求使用者必须掌握有关市场收益分布或任何证券估价的特定模型。相较 TM 模型的渐进二项式调整，HM 模型的调整更为直接。它采用的形式简单明了，即基金经理要么预测股票市场收益高于无风险资产的收益，要么预测无风险资产收益高于股票市场收益。如果基金经理希望把握市场时机，他就会根据其预测情况，调整基金持有的市场组合和无风险资产的比例。通过对市场收益高于或低于无风险收益的条件概率进行分析，即可判断基金是否具有市场时机把握能力。HM 模型为：

$$R_t - R_{ft} = \alpha + \beta_1 r_{mt} + \beta_2 \max(0, r_{mt}) + \varepsilon_t$$

式中，$R_t$ 为基金投资收益率；$R_{ft}$ 为无风险收益率；$R_{mt}$ 为市场基准收益率；$r_{mt} = R_{mt} - R_{ft}$ 表示市场基于无风险收益的超额收益率；$\beta_1$ 表示基金投资组合系统风险的贝塔值；$\max(0, r_{mt})$ 意为取 0 和 $r_{mt}$ 二者中的最大值。$\varepsilon_t$ 为方程误差项。

$\alpha$ 表示基金选股能力，$\alpha > 0$ 意味着投资组合具有优于市场的选股能力，有正选股能力。$\alpha < 0$ 意味着投资组合具有劣于市场的选股能力，选股能力为负。如果 $\alpha$ 在方程中显著为零，则表示基金不具备优于或劣于市场的选股能力，不具备选股能力。$\beta_2$ 表示

基金的择时能力，$\beta_2>0$ 表明基金经理具有成功把握市场时机的能力，择时能力为正。$\beta_2<0$ 表明基金经理具有反方向把握市场时机的能力，具有负的择时能力。若 $\beta_2$ 在方程中显著为零，则表示基金不具备把握市场时机的能力，不具备择时能力。

在实证分析中，Henriksson 和 Merton（1981）运用 HM 模型，对 1968～1980 年 116 家共同基金进行回归检验，发现基金在整体上并不能够成功地把握市场时机，也没有明显的选股能力。Chang 和 Lewellen（1984）利用 1970～1979 年间 67 只基金的月度收益数据，采用 HM 模型也得出了类似的结论。Gupta（2001）对印度 73 家共同基金在 1994 年 4 月至 1999 年 3 月的业绩用 HM 模型进行了分析，也得到同样的结论。相似的研究还有 Veit 和 Cheney（1982）。

**例**：利用上例同样的数据，可以对 TM 模型和 HM 模型进行检验。

在 TM 模型 $R_t-R_{ft}=\alpha+\beta_1 r_{mt}+\beta_2 r_{mt}^2+\varepsilon_t$ 中，回归得出的 $\alpha=0.002$，对应的 t 值为 1.7，P 值为 9.39%。$\beta_2=-7.51$，对应的 t 值为 -1.45，P 值为 16.54%。这说明该基金具有一定的证券选择的能力，而在市场时机选择方面的能力较弱。但从统计上讲，两者均不显著。

在 HM 模型 $R_t-R_{ft}=\alpha+\beta_1 r_{mt}+\beta_2 \max(0, r_{mt})+\varepsilon_t$ 中，回归得出的 $\alpha=0.003$，对应的 t 值为 2.17，P 值为 4.41%。$\beta_2=-0.48$，对应的 t 值为 -1.84，P 值为 8.30%。这说明根据 HM 模型，该基金具有证券选择的能力，而在市场时机选择方面的能力较弱。

**（二）运用代数方法的归因分析**

代数分析方法是将投资组合实际业绩与基准业绩的差异直接用代数方法分解为时机选择或证券选择，从而对投资绩效进行归因。

绩效归因的代数方法中，最著名的就是布林森等人提出的 BHB 模型。该模型将投资组合的绩效进行了分解，如表 2-37、表 2-38、表 2-39、表 2-40 和表 2-41、表 2-42、表 2-43 所示。

表 2-37　　　　**BHB 模型对绩效的分解**

| | | 证券选择 | |
|---|---|---|---|
| | | 积极 | 消极 |
| 市场时机选择 | 积极 | （Ⅳ）<br>实际的投资组合回报 | （Ⅱ）<br>政策和时机选择回报 |
| | 消极 | （Ⅲ）<br>政策和证券选择回报 | （Ⅰ）政策回报<br>（消极投资组合基准） |

根据表 2－37，可以将投资组合绩效进行如下的归因分解：

表 2－38 绩效归因

| 积极回报率归因： | |
|---|---|
| 时机选择 | Ⅱ－Ⅰ |
| 证券选择 | Ⅲ－Ⅰ |
| 其他（交叉项） | Ⅳ－Ⅱ－Ⅲ＋Ⅰ |
| 总计 | Ⅳ－Ⅰ |

具体计算过程如下：

表 2－39 绩效归因的计算

| | | 证券选择 | |
|---|---|---|---|
| | | 积极 | 消极 |
| 市场时机选择 | 积极 | （Ⅳ）<br>$\sum_i (W_{ai} R_{ai})$ | （Ⅱ）<br>$\sum_i (W_{ai} R_{pi})$ |
| | 消极 | （Ⅲ）<br>$\sum_i (W_{pi} R_{ai})$ | （Ⅰ）<br>$\sum_i (W_{pi} R_{pi})$ |

表 2－39 中：

Wpi＝消极投资组合（基准组合）中资产类别 i 的权重；

Wai＝实际投资组合（积极组合）中资产类别 i 的权重；

Rpi＝消极投资组合（基准组合）中资产类别 i 的回报率；

Rai＝实际投资组合（积极组合）中资产类别 i 的回报率。

根据这一模型，布林森等人对美国投资基金的绩效进行归因分析，发现：在投资组合的收益中，几乎 94% 可以由其资产战略性配置来解释，同时，积极投资对收益率的贡献为负，市场时机选择不仅没有提升投资组合的绩效，反而使投资收益率下降了 0.66 个百分点；而积极的证券选择同样使投资收益率下降了 0.36 个百分点。因此，投资者应该做一个好的战略资产配置者，而不要希望通过积极的市场时机选择和证券选择来提高收益。

**表 2－40　　布林森等人所计算的投资组合绩效**

| | | 证券选择 | |
|---|---|---|---|
| | | 积极 | 消极 |
| 市场时机选择 | 积极 | （Ⅳ）<br>9.01% | （Ⅱ）<br>9.44% |
| | 消极 | （Ⅲ）<br>9.75% | （Ⅰ）<br>10.11% |

**表 2－41　　布林森等得到的市场时机选择与证券选择对业绩的贡献**

| | |
|---|---|
| 时机选择 | －0.66% |
| 证券选择 | －0.36% |
| 其他 | －0.07% |
| 总计 | －1.10% |

**例**：假设某投资机构设定的基准组合为：股票 60%、债券 30%、现金 10%，并且预测者三类资产的期望收益率分别为 8.6%、9.2% 和 5.4%。但在该投资期间内，实际的投资组合为：股票 50%、债券 38%、现金 12%，三类资产的实际收益率分别为 9.7%、9.1% 和 5.6%。

**表 2－42**

| 资产类别 | 投资权重 | | 投资回报率 | |
|---|---|---|---|---|
| | 实际（Wai） | 基准（Wpi） | 实际（Rai） | 基准（Rpi） |
| 股票 | 0.50 | 0.60 | 9.70% | 8.60% |
| 债券 | 0.38 | 0.30 | 9.10% | 9.20% |
| 现金 | 0.12 | 0.10 | 5.60% | 5.40% |

根据上述信息，按照布林森等的业绩归因方法可以计算出投资组合绩效表。

**表 2－43**

| | | 证券选择 | |
|---|---|---|---|
| | | 积极 | 消极 |
| 市场时机选择 | 积极 | （Ⅳ）<br>8.98% | （Ⅱ）<br>8.44% |
| | 消极 | （Ⅲ）<br>9.11% | （Ⅰ）<br>8.46% |

因此，市场实际选择对投资组合业绩的贡献为Ⅱ－Ⅰ＝8.44%－8.46%＝－0.02%，证券选择对投资组合业绩的贡献为Ⅲ－Ⅰ＝9.11%－8.46%＝0.65%。而其他因素的影响则为Ⅳ－Ⅱ－Ⅲ＋Ⅰ＝8.98%－8.44%－9.11%＋8.46%＝－0.11%。

# 第三章

# 税收筹划

**学习目标**

税收筹划对于理财规划师而言，是一项重要的专业技术。通过本章的学习，考生要熟悉税收筹划相关基础知识，掌握纳税筹划基本原则和方法，在法律允许的范围内为客户作出适当的纳税筹划建议。

**本章结构**

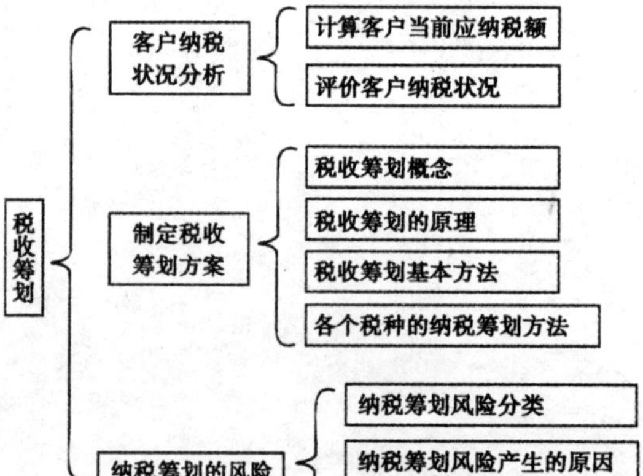

**本章重点与难点**

**重点：**

1. 税收筹划原理
2. 税收筹划基本方法
3. 各税种的筹划方法

**难点：**

1. 名义税率、平均税率、实际税率的区分
2. 个人所得税筹划方法

# 第一节 客户纳税状况分析

## 一、计算客户当前应纳税额

理财规划师在对客户进行税收筹划的过程中，首先需要了解客户当前的应纳税额。对于如何计算客户当前应纳税额，可以参考基础知识中税收基础部分的内容，这里就不再赘述。

## 二、评价客户纳税状况

### （一）分析客户税负状况

税收负担是指国家征收的税款占纳税人税源数量的比重，从纳税人的角度看，它反映出纳税人在缴纳税款时的负担水平，即承担了多少税款。

准确分析纳税人的税负状况，要比较分析纳税人的名义税率和实际税率，边际税率和平均税率。分析纳税人是否在存在选择空间的情况下适用了较高的名义税率或边际税率，分析纳税人实际税率的高低，分析其实际税率、平均税率与其他纳税人的差异情况，从而有效地降低实际税负。

名义税率即为税率表所列的税率，是纳税人实际纳税时适用的税率。名义税率有比例税率、定额税率、累进税率三种形式。实际税率是纳税人真实负担的有效税率，在没有税负转嫁的情况下，它等于税收负担率。有些税种由于实行免税额、税前扣除和超额累进征收制度，纳税人负担的税款低于按税率表上所列税率计算的税款，形成名义税率与实际税率的偏差，实际税率通常低于名义税率。

平均税率是衡量纳税人税收负担的重要指标。例如，某人某月取得工资收入 7400 元，扣除 2000 元的免征额，其应纳税所得额为 5400 元，应纳税额为 705 元；该笔工资收入的平均税率约为 13.1%（705÷5400）。一般来说，在累进税率的情况下，除了个人的收入落入累进税率的第一等级以外，其收入的平均税率都会低于边际税率。例如在本例中，该个人的收入适用的边际税率为 20%，而平均税率仅为 13.1%。

实际税率又称有效税率，也是衡量纳税人税收负担的一个重要指标。由于存在着费用扣除或免征额等规定，纳税人的计税依据往往小于课税对象的金额，所以实际税率（有效税率）也往往低于平均税率。例如，在上例中，纳税人实际缴纳的税款为 705 元，收入总额为 7400 元，那么这笔工资收入的有效税率约为 9.52%（705÷7400），低于 13.1% 的平均税率。

边际税率指在征税对象的一定数量水平上，征税对象的增加导致的所纳税额的增量与征税对象的增量之间的比例。由于累进税率大体上符合边际税率的设计原则，因而在经济分析中往往就是指累进税率；在比例税率条件下，边际税率等于平均税率；在累进税率条件下，边际税率往往要大于平均税率。

**（二）分析高税负的成因**

一般说来，由于税收具有固定性的特征，即在征税以前国家就以法律的形式规定了征税对象以及统一的比例或数额，并只能按规定的标准征税，因此纳税人所承担的税负也应该是一定的。但是，由于国家的政策导向，经济活动本身的复杂性，纳税人对其生产经营活动的不同安排以其对税法理解的差异或是偏差，也经常会造成税负的加重，这对纳税人实现自身利益的最大化是不利的。通常，纳税人高税负的形成原因有以下几项：

1. 纳税人的活动（行为、产品、行业）是国家限制或具有惩罚倾向的，通常会适用较高的税率或享受较少的优惠，从而使税负加重。这一点在我国的消费税政策中体现的最为明显：消费税将一些过度消费会对人身健康、社会秩序、资源环境造成危害的特殊消费品（如烟、酒、鞭炮、实木地板、汽油、柴油等）和非生活必需品中的某些奢侈品（如化妆品、贵重首饰、珠宝玉石、高尔夫球具等），以及高能耗或高档消费品（如小汽车、摩托车、游艇等）纳入其征税范围，体现了国家引导消费方向、调节消费结构、公平收入分配的政策意图，因此，在税负不能完全转嫁的情形下，从事这些行业或生产、经营此类应税消费品的纳税人，无疑承担着比其他普通商品生产者更为沉重的税收负担。

2. 对税法的具体规定缺乏了解或对税法的理解存在偏差，未能充分利用税法中可以降低税负的有关规定，因而未能享受到本可以享受的降低税负的好处。例如，增值税实施细则规定，纳税人兼营非应税劳务的，应分别核算货物或应税劳务与非应税劳务的销售额。不分别核算或不能准确核算的，其非应税劳务与货物一并征收增值税。由于增值税的基本税率是 17%，而且兼营中的非应税劳务一般很少有可以抵扣的进项税额，所以合并征收增值税通常会使应纳税额大幅增加。又如，《营业税暂行条例》第七条规定，纳税人兼营免税、减税项目的，应当单独核算免税、减税项目的营业额；未单独核算营业额的，不得免税减税。上述规定可以看作是对纳税人会计核算不健全的一种惩罚，同时也是对其加强核算、准确明晰地进行账务处理的一种鞭策。纳税人应该关注税法中的类似规定，以使自己生产经营活动的安排尽量符合合理降低税负的需要。

3. 对税收优惠政策缺乏充分了解和掌握，或是未能在了解和掌握的基础上用好用足税收优惠政策，又或是没有履行税法要求的必要程序，从而未能享受税收优惠带来的降低税负的好处。比如，《个人所得税法》及其实施条例以及财政部、国家税务总局的若干规定等，都对部分个人所得项目（如国债和国家发行的金融债券利息所得，教育储蓄存款利息所得等）给予了减免税的优惠。个人所得税纳税人及扣缴义务人都应对此关注，防止因政策掌握不准而多缴税款。又如，对于一些能够享受税收优惠（如减免税、加计扣除、税收抵免等）的纳税人，税法都有在指定期限内报请税务机关批准或提供相关证明材料等方面的规定，因此，纳税人在了解、用足税收优惠政策的同时，也要注意享受这些优惠的程序性规定。

4. 纳税人、扣缴义务人和其他当事人发生了违反税收相关法律规定的违法行为而被税务机关征收滞纳金、处以罚款等，导致其税负增加。《税收征管法》规定：纳税人未按照规定期限缴纳税款的，扣缴义务人未按照规定期限解缴税款的，税务机关除责令限期缴纳外，从滞纳税款之日起，按日加收滞纳税款 0.5‰的滞纳金；纳税人未按照规定的期限办理纳税申报和报送纳税资料的，或者扣缴义务人未按照规定的期限向税务机关报送代扣代缴、代收代缴税款报告表和有关资料的，由税务机关责令限期改正，可以处 2000 元以下的罚款；情节严重的，可以处 2000 元以上 10000 元以下的罚款，此外，《税收征管法》对偷税、欠税、抗税等违法行为也都有相应的处罚规定。纳税人、扣缴义务人和其他当事人应熟知这些法律规定并严格遵守，以防止发生不必要的损失。

## 第二节 制订税收筹划方案

### 一、税收筹划的概念

税收筹划（Tax Planning）又称节税（Tax Saving），是纳税人在法律允许的范围内，通过对经营、投资、理财等经济活动的事先筹划和安排，充分利用税法提供的优惠和差别待遇，以减轻税负，达到整体税后收益最大化。

税收筹划的目的是纳税人通过减轻自己的税收负担，实现税后收益最大化。从一般意义上讲，市场经济条件下，纳税人经济活动的目的在于自身利益最大化，而政府征税减少了其既定的收益。在纳税成为不可避免的情况下，纳税人依托国家法律法规和政策导向，通过资金的合理配置，行为的恰当选择，获取收益与纳税负担的最佳配比，从而使税后收益最大限度的增长。税收筹划的行为主体是纳税人，纳税人本身可以是税收筹划的行为人，也可以聘请税务顾问或会计师进行税收筹划。

## 二、税收筹划的原理

通过税收筹划合理合法地使纳税人少纳税或不纳税，必须首先掌握税收筹划的基本原理。

### （一）绝对节税原理

绝对节税是指税收筹划直接使纳税人缴纳税款的绝对额减少。绝对节税原理是：在各种可供选择的纳税方案中，选择缴纳税款最少的方案。绝对节税可以是直接减少某一个纳税人的缴纳税款的总额，也可以是直接减少某一个纳税人在一定时期缴纳税款的总额，比如，5 年的纳税总额。

绝对节税原理又有直接节税原理与间接节税原理。

1. 直接节税原理。直接节税指直接减少纳税人应当缴纳税款的绝对额。

**【例 3 - 1】**某公司是一家生产性企业，年不含税销售额一直保持在 80 万元左右。该公司年不含税外购货物额为 70 万元左右。该公司如果作为增值税小规模纳税人，适用 3% 的征收率纳税，如果作为增值税一般纳税人，适用 17% 税率纳税。该公司可以在增值税一般纳税人和小规模纳税人之间进行选择。

具体纳税方案分析如下：

方案 1：作为增值税小规模纳税人

应纳增值税税额 $= 80 \times 3\% = 2.4$（万元）

方案 2：作为增值税一般纳税人

应纳增值税税额 $= 80 \times 17\% - 70 \times 17\% = 1.7$（万元）

将两个方案的税负进行比较，方案 1 比方案 2 多纳税 0.7 万元，也就是说该公司如果作为增值税的一般纳税人要比作为小规模纳税人税负轻。因此，如果条件允许，该公司应当按照税法的要求建立健全财务和会计核算制度，申请成为增值税一般纳税人。

2. 间接节税原理。间接节税指纳税人缴纳税款的绝对额没有减少，但纳税人的税收客体所负担的税收绝对额减少，间接减少了另一个或一些纳税人税收绝对额的节税。

【例3-2】布朗先生拥有2000万元的财产，他有一个儿子，一个孙子，并且都很富有。布朗先生去世后财产由他的儿子继承，儿子去世后财产由孙子继承。假定这个国家的遗产税税率为50%。如果布朗老人的儿子继承了财产后，没有减少也没有增加财产总额，然后遗赠给布朗的孙子，孙子继承了财产后也没有减少和增加财产值，孙子去世时再遗赠给孙子的子女。每次财产的继承都要缴纳遗产税。

那么，按照现在的遗赠顺序，布朗的财产所负担的遗产税计算如下：

三个环节承担的遗产税总额 = 2000×50% + 1000×50% + 500×50%

= 1750（万元）

如果布朗考虑到他的儿子已经很富有，为了少缴纳遗产税，而将他的财产直接遗赠给其孙子，这样布朗的财产可以少缴纳一次税，承担的遗产税总额和间接节减的纳税额计算如下：

纳税总额 = 2000×50% + 1000×50% = 1500（万元）

间接节减的纳税额 = 1750 - 1500 = 250（万元）

**（二）相对节税原理**

相对节税是指一定时期纳税人的纳税总额并没有减少，但一段时间内各个纳税期的纳税数额发生变化，主要是纳税时间推迟，或前期纳税少、后期纳税多，相对增加了税后收益，相对于收益而言纳税总额相对减少。

【例3-3】某公司为一家高科技企业，进口一条价值20万元的生产线。会计制度规定该固定资产的预计使用年限为5~8年，预计净残值为8000元，采用直线法计提折旧。假定该企业资金成本为10%。

如果该公司按8年折旧期计提折旧，则：

年固定资产折旧额 = （200000 - 8000）÷8 = 24000（元）

每年少缴企业所得税 = 24000×25% = 6000（元）

如果该公司将折旧的年限定为5年，则：

年固定资产折旧额 = （200000 - 8000）÷5 = 38400（元）

每年少缴企业所得税 = 38400×25% = 9600（元）

尽管该固定资产折旧期限的改变，并未影响到应缴企业所得税的总额。但考虑到资金的时间价值，采用较短的折旧年限对固定资产计提折旧，对企业更有利。

相对节税主要是考虑了货币时间价值。货币时间价值是指货币在周转使用中，由于时间因素而形成增值。通常使用的手段有推迟实现应税所得或提前列支扣除项目，这样推迟了税款的缴纳，相当于取得一笔政府无息贷款，可以使纳税人在本期有更多的资金用于投资和经营活动，将来可以获得更大的投资收益，相对节减了税收。

**（三）风险节税原理**

绝对节税和相对节税，都是纳税人基于没有任何风险前提下的少纳税或不纳税，即税收筹划中没有风险或不用考虑风险。实际上无论绝对节税还是相对节税，往往都存在一定的风险。税收筹划是一种经济行为，在错综复杂而又不断发展变化的经济和社会现实环境中，所有经济行为都有风险，只不过风险程度不同而已。很多情况下节税与风险成正比，节税越多，风险越大。因此，税收筹划除了要考虑货币的时间价值外，大多数情况下还要考虑税收筹划的风险价值。风险价值是指投资者因冒风险进行投资而获取的超过一般投资收益率那部分额外收益。一般风险越大，风险价值也就越大。

风险节税是指一定时期和一定环境条件下，把风险降低到最小程度去获取超过一般税收筹划所节减的税额。风险节税主要是考虑了节税的风险价值，它与绝对节税原理、相对节税原理并行不悖。风险节税原理又分为确定性风险节税原理和不确定性风险节税原理。

1. 确定性风险节税原理。节税风险有些具有一定的确定性，比如，各国的税收优惠、各国的税率差异等。此外，各国的税制变化、经济周期、市场利率、通货膨胀、企业的发展和收益变动幅度等都有一定的确定性。这些确定性风险因素在税收筹划时必须要考虑进去，可以作为一个定量考虑进去，把这种风险节税称为确定性风险节税。

在确定性风险节税中，一般根据以往的数据和经验，运用概率论来量化风险，用计算期望值的方法来选择节税方案。假定由于确定性风险因素，一个纳税人的两个节税方案如下：

**【例 3－4】**某生产企业从事某项投资活动的年投资收益率为 10%，其采取不同的投资方式应缴纳的企业所得税也不同。经过分析，该企业在一定时期税前所得相同的情况下，对于应缴纳的企业所得税有两种不同的节税方案对应两种不同的投资方式。不同投资方式下的具体节税方案如下：

方案 1：第一年要纳税 100 万元的概率为 30%，纳税 120 万元的概率为 50%，纳税 150 万元的概率为 20%；第二年要纳税 120 万元的概率为 20%，纳税 150 万元的概率为 40%，纳税 180 万元的概率为 40%；第三年要纳税 150 万元的概率为 20%，纳税 180 万元的概率为 60%，纳税 200 万元的概率为 20%。

方案2：第一年要纳税60万元的概率为40%，纳税80万元的概率为40%，纳税100万元的概率为20%；第二年要纳税80万元的概率为20%，纳税100万元的概率为50%，纳税120万元的概率为30%；第三年要纳税180万元的概率为30%，纳税200万元的概率为60%，纳税220万元的概率为10%。

那么，在同时考虑货币时间价值的情况下，应该选择的最佳节税方案分析如下：

（1）计算采用不同节税方案后3年的税收期望值。

方案1：

第1年的税收期望值 $=100\times30\%+120\times50\%+150\times20\%=120$（万元）

第2年的税收期望值 $=120\times20\%+150\times40\%+180\times40\%=156$（万元）

第3年的税收期望值 $=150\times20\%+180\times60\%+200\times20\%=178$（万元）

方案2：

第1年的税收期望值 $=60\times40\%+80\times40\%+100\times20\%=76$（万元）

第2年的税收期望值 $=80\times20\%+100\times50\%+120\times30\%=102$（万元）

第3年的税收期望值 $=180\times30\%+200\times60\%+220\times10\%=196$（万元）

（2）折算税收期望值的现时价值。

方案1的期望税收现值 $=[120\div(1+10\%)]+[156\div(1+10\%)^2]+[178\div(1+10\%)^3]$
$=371.75$（万元）

方案2的期望税收现值 $=[76\div(1+10\%)]+[102\div(1+10\%)^2]+[196\div(1+10\%)^3]$
$=300.65$（万元）

(3)计算考虑确定性风险因素情况下方案2比方案1多节减的税额。

方案2比方案1多节减的税额 $=371.75-300.65=71.1$(万元)

这样,通过计算可使各个可供选择的节税方案中的确定性风险因素数量化,以此作为节税的依据。案例中,应该选择方案2,因为它比方案1节减更多的税收。

2. 不确定性风险节税原理。税收筹划中的确定性风险只是相对而言的,现实生活中许多税收筹划存在着不确定性风险。比如,国际税收筹划中的汇率问题就有很大的不确定性,能够正确地预测出汇率的变化是非常困难的,跨国节减的税收很可能由于汇率变化而完全抵消,甚至增加税收。因此,不确定性风险因素在税收筹划时也是必须要考虑的。把这种风险节税称为不确定性风险节税。

对于税收筹划中的不确定性因素,通常的做法是用主观概率来计算其风险程度和风险价值,首先通过主观概率把不确定性因素转化为确定性因素,然后就可以进行定量分析。主观概率是指在没有大量历史数据资料和实际经验的情况下,根据有限的资料和经验合理地估计随机事件发生可能性大小的数值。

由于不确定性节税方案与实际结果的偏离程度往往要大于确定性节税，因此，为了保证节税的切实可行，必须考虑节税结果对期望值的偏离程度，即风险程度。一般用标准差来反映不确定性节税的风险程度：标准差越大，风险程度也越大。

【例3－5】假设A公司现有甲、乙两套节税方案，由于政策的变化，两套方案均带有不确定性，每套方案的节税额以及概率如表3－1所示：

表3－1

单位：万元

| 发生概率 | 甲方案节税额 | 乙方案节税额 |
|---|---|---|
| 0.3 | 90 | 20 |
| 0.4 | 15 | 15 |
| 0.3 | －60 | 10 |

甲方案的预期节税额 $=0.3\times 90+0.4\times 15+0.3\times(-60)=15$（万元）

乙方案的预期节税额 $=0.3\times 20+0.4\times 15+0.3\times 10=15$（万元）

仅从期望值上来看，两套节税方案的预期节税额都是15万元，接下来分析它们各自的标准差：

$$\sigma_i=\sqrt{\sum_{i=1}^{n}(X_i-\bar{X})^2\times P_i}$$

$$\sigma_{甲}=\sqrt{(90-15)^2\times 0.3+(15-15)^2\times 0.4+(-60-15)^2\times 0.3}$$
$$=58.09$$

$$\sigma_{乙}=\sqrt{(20-15)^2\times 0.3+(15-15)^2\times 0.4+(10-15)^2\times 0.3}$$
$$=3.87$$

通过标准差的对比可知，$\sigma_{甲}>\sigma_{乙}$，所以不确定性节税方案乙的风险较小。

不过，标准差是一个绝对值，只能用于税收期望值相同的节税方案，对于税收期望值不同的不确定性节税方案，则要用标准差系数来反映风险程度。同样，节税方案的标准差系数越大，风险程度也越大。

【例3－6】假设A公司现有甲、乙两套节税方案，由于政策的变化，两套方案均带有不确定性，每套方案的节税额以及概率如表3－2所示：

表 3-2 单位：万元

| 发生概率 | 甲方案节税额 | 乙方案节税额 |
| --- | --- | --- |
| 0.5 | 80 | 30 |
| 0.3 | 30 | 25 |
| 0.2 | -20 | 15 |

甲方案的预期节税额 = 0.5 × 80 + 0.3 × 30 + 0.2 × （-20） = 45（万元）

乙方案的预期节税额 = 0.5 × 30 + 0.3 × 25 + 0.2 × 15 = 25.5（万元）

$$\sigma_i = \sqrt{\sum_{i=1}^{n} (X_i - \bar{X})^2 \times P_i}$$

$$\sigma_{甲} = \sqrt{(80-45)^2 \times 0.5 + (30-45)^2 \times 0.3 + (-20-45)^2 \times 0.2}$$

$$= 39.05$$

$$\sigma_{乙} = \sqrt{(30-25.5)^2 \times 0.5 + (25-25.5)^2 \times 0.3 + (15-25.5)^2 \times 0.2}$$

$$= 5.68$$

标准差系数 $V_\sigma = \frac{\sigma_i}{E_i}$

$$V_{甲} = \frac{\sigma_{甲}}{E_{甲}} = \frac{39.05}{45} = 0.87$$

$$V_{乙} = \frac{\sigma_{乙}}{E_{乙}} = \frac{5.68}{25.5} = 0.22$$

通过标准差系数的对比可知，$V_{甲} > V_{乙}$，所以不确定性节税方案乙的风险较小。

**（四）组合节税原理**

在现实经济活动中，税收筹划的最终目标是节税最大化或税后收益最大化，而纳税人税负的轻重或税收收益的多少又是受多种因素共同影响的。因此，在税收筹划中往往需要同时运用多种税收筹划技术和方法，也就是运用组合节税原理。

税收筹划是对未来经济活动的纳税方案做出选择，由于经济活动及某些情况下税收政策的变动，会使税收筹划设计的纳税方案在给纳税人带来一定收益的同时也存在一定的风险。每一筹划技术和方法带来的收益的加权平均数是税收筹划的整体收益，但税收筹划的风险不是每一技术和方法带来的风险的加权平均数。因此，税收筹划中各种技术和方法的组合运用不会降低税收筹划的收益，但是能够有效降低税收筹划的风险。

组合节税主要是考虑到各种税收筹划方法、技术间的相互影响，在一定时期和一定环境下，通过多种技术和方法的综合运用，使节税总额最大化、节税风险最小化。

## 三、税收筹划的基本方法

### （一）避免应税收入（或所得）的实现

从减轻税收负担的角度来看，纳税人要尽量取得不被税法认定为是应税收入（或所得）的经济收入，这是个人税收筹划的基本方法。

根据我国现行税法规定，几乎各税种中都存在此类筹划的空间。例如，财产的增值部分只要不变现一般就不对其课征所得税，这也是各国所得税法的一个普遍规定。当个人的财产增值以后，如果将其出售转让，则增值部分的变现收入就变成了应税所得，个人要缴纳所得税。因此，从税收筹划的角度考虑，个人尽量不要将财产的增值部分变现，如果需要资金，可以用财产作抵押进行信贷融资（当然还要比较税款和利息成本的大小）。

另外，税法中还会有一些免税收入的规定，纳税人即使取得了这类收入也不用缴纳所得税。如我国《个人所得税法》规定，对个人取得的国债和国家发行的金融债券利息、教育储蓄存款利息以及股票转让所得免征或暂免征收个人所得税。个人在进行金融投资时，应当考虑这些免税的因素。如，一般家庭要考虑和安排子女长大后接受非义务教育（指九年义务教育之外的全日制高中、大中专、大学本科、硕士和博士研究生教育）的费用。根据现行规定，以在校小学四年级（含四年级）以上的学生作为储户在办理储蓄存款业务的金融机构（不含邮政储蓄机构）开办教育储蓄（限零存整取定期储蓄存款，存期为一年、三年和六年，最低起存金额为 50 元，本金合计最高限额为 2 万元），不仅可以享受优惠利率（零存整取按整存整取的利率计息），而且存款的利息也免征个人所得税。按照新的《教育储蓄存款利息所得免征个人所得税实施办法》规定，教育储蓄一人一生中可以享受三次，为就读全日制高中（中专）、大专和大学本科、硕士和博士研究生时，每个学习阶段可分别享受一次 2 万元教育储蓄的免税优惠。教育储蓄可以享受两大优惠政策：一是在国家规定对个人所得的教育储蓄存款利息所得，免除个人所得税（利息的 20%），由此教育储蓄的实得利息收益率就比其他同档次储种高 20% 以上。从 2008 年开始，储蓄存款利息暂免征收个人所得税。这一税收优惠同其他储种相比，在目前的个人所得税政策下已经没有区别。将来国家如果根据宏观经济形势调整储蓄存款个人所得税，教育储蓄的优势依然存在。二是教育储蓄作为零存整取的储蓄，享受整存整取的优惠利率。所以，个人在进行储蓄存款时，应根据子女教育的需要合理安排选择教育储蓄，并尽量将三次2万元教育储蓄存款的限额用足。

需要指出的是，纳税人取得的实物收入一般也是要缴纳个人所得税的。我国《个人所得税法》就规定，纳税人的所得为实物的，应当按照所取得实物的凭证上注明的价格，计算应纳税所得额；无凭证的实物或者凭证上所注明的价格明显偏低的，由主管税务机关参照当地的市场价格，核定应纳税所得额。因此，如果工作单位向个人提供实物津贴，实物的所有权归属于个人，那么这种实物收入也要缴纳个人所得税。但如果实物的所有权不归属到个人，个人只是对其进行使用，从中得到便利，那么就可以不缴纳个人所得税。例如，企业购置一批小汽车，汽车归企业所有，但将小汽车分给职工个人使用，这时小汽车就不是个人的实物所得，职工个人不用就其缴纳个人所得税。

又如，我国现行《增值税法》规定，个人销售自己使用过的属于征收消费税的机动车、摩托车、游艇，售价超过原值的，按4%的征收率计算税额后再减半征收增值税，售价未超过原值的，免征增值税。由此规定可知，当转让价高于转让物原价时，按规定缴纳的各项税费必须小于或等于转让价高于原价的部分才是可取的。

可以通过设定不等式方程来明确转让价格的确定。

令转让物的原价为x，转让价（含税）为Y，则有：

$$Y \div (1+4\%) \times 4\% \times 50\% \times (1+7\%+3\%) \leqslant Y-x$$

解之得：$Y \geqslant x/0.98$

通过这一不等式可以看到，若当x=9800元时，有Y≥10000元。假定某人将使用过的原价为9800元的一辆摩托车转让给他人。若想以高于原价的价格转让，转让价至少要达到10000元，他才是合算的。否则，他不如选择以低于9800元的价格转让以享受免税的待遇。

再如，我国现行《营业税法暂行条例》规定，自2003年1月1日起，以不动产、无形资产投资入股，参与接受投资方利润分配，共同承担投资风险的行为，不征收营业税。在投资后转让其股权的也不征收营业税。假定某人准备将新购置的可以商住两用的自有房屋出售，按照现行政策规定，他需要在转让房屋时缴纳营业税、城市维护建设税、土地增值税、教育费附加等税费，此外还须按“财产转让所得”项目缴纳个人所得税，总税负显然不低。但此人若能找到合适的投资渠道，以房屋对某公司入股，他可以在获得长期股利分配和投资后再转让股权之间进行合理的选择。而此时，此人转让其持有的股权不需要缴纳营业税等税费。根据现行个人所得税政策规定，在此人转让其持有的股权时，需要缴纳个人所得税；但根据“股票转让所得暂不征收个人所得税”的规定，此人在转让其持有的股票时不需要缴纳个人所得税。

**（二）避免适用较高税率**

税率是决定纳税人税负高低的主要因素之一。各税种的税率以及同一税种各税目的税率大多存在一定的差异。一般情况下，适用税率高，应纳税额就多，税后收益就少，因此，尽量使所从事的经济活动适用较低的税率，对纳税人降低税收负担意义重大。

例如，在个人所得税中，通过均衡地取得应税所得以及税目之间的合理转换来避开较高的适用税率都可以较好地达到节税的目的。

1. 个人所得税通常采用超额累进税率，我国工资薪金的个人所得税按月计征，并实行九级超额累进税率。这时，纳税人的应税所得越多，其适用的最高边际税率可能也就越高，从而纳税人收入的平均税率和实际有效税率都可能提高。所以，在纳税人一定时期内收入总额既定的情况下，其分摊到各个纳税期内的收入应尽量均衡，最好不要大起大落，以避免增加纳税人的税收负担。

**【例 3－7】**张先生就职于某企业，其企业生产的产品具有特殊性，销售收入的取得不均衡，因此，职工工资的发放也随着销售情况而有规律的变化，通常是前半年工资低，后半年工资高。张先生全年的工资收入为 48000 元，前 6 个月每月工资为 2000 元，后 6 个月每月工资为 6000 元（假设不考虑五险一金）。

张先生全年应缴纳的个人所得税为 2850 元。

应纳税额 = [（6000 − 2000）× 15% − 125] × 6 = 2850（元）

如果企业根据历年工资发放情况，将全年工资按月平均发放，则张先生每月工资为 4000 元，全年应缴纳个人所得税为 2100 元。

应纳税额 = [（4000 − 2000）× 10% − 25] × 12 = 2100（元）

张先生应缴纳的个人所得税，在企业均衡发放工资时比实行“先抑后扬”的工资发放办法减少了 750 元（2850 − 2100）。

我国现行个人所得税法除了允许三个特定行业（采掘业、远洋运输业、远洋捕捞业）和实行年薪制的企业经营者采取“按年计税、分月预缴”的征税办法（如实行年薪制的经营者一般按月领取基本收入，年度终了领取效益收入，他们在纳税时要按每月的实际收入和适用税率预缴所得税，在汇算全年的税款时应合计其全年基本收入和效益收入，再除以 12 计算其平均月收入，并依此计算其全年的应纳税额），其他企业和个人都要按月计算缴纳个人所得税。这样，不均衡的工资发放就会给这些按月计税的职工增加税收负担。

2. 个人取得的所得，按照提供所得的单位与个人之间是否存在着稳定的雇佣与被雇佣关系，可以确认为“工资薪金所得”或“劳务报酬所得”。现行《个人所得税法》规定，个人取得的工资薪金所得适用 5% ~45% 的九级超额累进税率；劳务报酬所得适用20%的比例税率，对一次所得畸高的还有加成的规定。因此，同一项经济活动，在雇佣与非雇佣之间进行适当的安排，进而在工薪所得与劳务报酬所得之间的相互转化，可能改变税收负担。一般来说，当一项劳动所得（作必要扣除后）按工薪所得税目适用税率低于20%时，纳税人应通过某些适当的变通措施（如与接受劳务的单位签订劳动合同以使自己成为一名兼职人员）与提供所得的单位构成雇佣与被雇佣的关系，进而按工薪所得纳税，这样一来，税负会比按劳务报酬纳税有所降低。根据现行《个人所得税法》对"工资薪金所得"和"劳务报酬所得"的应纳税额的计征办法，将月工资薪金所得与劳务报酬所得的税负进行比较，当个人取得的月收入低于19375元时，作为工资薪金所得课税税负较低；当月收入超过19375元时，作为劳务报酬所得课税税负较低。

**【例3-8】** 2009年1月份张先生从单位获得工资类收入600元，由于单位工资较低，张先生同月在A公司做了一份兼职工作，收入为每月2200元。

张先生与A企业没有固定的雇佣关系，则按照现行税法规定，工资、薪金所得与劳务报酬所得分开计算征收。这样，工资、薪金所得没有超过基本扣除限额2000元，不需缴纳个人所得税，而劳务报酬所得应当缴纳个人所得税。

应纳税额 = (2200 - 800) ×20% = 280（元）

因而张先生1月份应纳税额为280元。

如果张先生与A公司有固定的雇佣关系，则由A公司支付的2200元作为工资薪金收入应与张先生单位支付的工资合并缴纳个人所得税。

应纳税额 = (2200 + 600 - 2000) ×10% - 25 = 55（元）。由此，每月可以节税225元（280 - 55），一年则可节省税收2700元。

又如，由于税法对兼营属不同税率、兼营属不同税种以及兼营免税项目的提供货物或劳务行为都有鼓励分别核算或者说"惩罚"不分别核算的相应规定，所以，纳税人对这些兼营行为都应该尽量分别核算，否则要从高适用税率征税，或者不能享受免税优惠，导致税负加重。

再如，在消费税中，由于税率普遍较高，各税目间税率差异又较大，通过避开高税率来降低税负收效更为明显。现行消费税规定，纳税人将应税消费品与非应税消费品组成成套消费品销售的，应根据组成产制品的销售金额按应税消费品的最高税率征税。根据上述规定，如果工业企业对不同税率的应税消费品，采取先分别销售给商业企业，然后再由商业企业负责包装，组成成套消费品，这样可以大大降低消费税税负。

**（三）充分利用"税前扣除"**

各国税法中都有一些允许纳税人税前扣除的条款，纳税人应当充分利用这些规定，多扣除一些费用，缩小税基，减轻税负。尤其是当纳税人的所得适用超额累进税率时，如果纳税人可以多扣除一些费用，缩小了税基，其所得适用的最高边际税率和实际税负就会下降。

例如，个人出租住房，如果不进行装修，租金可能会较低，但如果进行了装修，租金就会提高。而《个人所得税法》规定，房屋装修费每月可以在税前列支800元（上限），按20%的税率计算，列支了这800元的装修费每月可以少纳税160元，每年少纳税1920元。这等于国家每年替个人负担了1920元的装修费用。如果房屋装修后租金提高得较多，那么房主在房屋出租前进行一定的装修就可能是有利可图的。

又如，公益性捐赠行为即可以满足个人从事公益事业的愿望，也可以在一定程度上减轻税负。尤其是个人所得适用超额累进税率时，通过捐赠可以降低其适用的最高边际税率，减轻税负。例如，我国《个人所得税法》规定，个人将其所得通过非营利性的社会团体和国家机关向社会公益事业以及遭受严重自然灾害地区、贫困地区的捐赠，捐赠额未超过纳税人申报的应纳税所得额30%的部分，可以从应纳税所得额中扣除；而个人将其所得通过上述组织和机构向红十字事业、教育事业、公益性青少年活动场所和非营利性老年福利机构等进行的捐赠，可以在税前全额扣除。充分运用捐赠扣除降低税负是个人所得税筹划的一个重要方法，由于我国现行《个人所得税法》对个人的公益性、救济性捐赠规定有捐赠限额，超过部分不允许扣除，因此，在捐赠数额确定的情况下，将一次性的大额捐赠分为多次的限额内捐赠可以降低捐赠者的税负。

此外，由于我国个人所得税属于分类所得税制，有的收入项目按月（如工资薪金所得）或按年（如对企事业单位承包、承租经营所得）计算应纳税额，但多数收入项目则是按次计算应纳税额。纳税人取得一次收入，就可以扣除一次费用，然后计算出应税所得和应纳税额。在收入一定的情况下，如果属于纳税人多次取得的收入，其可以扣除的费用金额就会加大，相应的，应税所得和应纳税额也会减少。例如，我国《个人所得税法》规定，劳务报酬所得凡属一次性收入的，以取得该项收入为一次，按次确定应纳税所得额；凡属于同一项目（如设计、装潢、医疗、咨询、讲学、表演等共29项）连续性收入的，以一个月内取得的收入为一次，据以确定应纳税所得额；但如果纳税人当月跨县（含县级市、区）提供了劳务，则应分别计算应纳税额。根据上述规定，如果一个纳税人要给某企业提供咨询服务，则咨询服务最好是跨月进行，并且咨询费也是分月取得，这样可以多次取得收入，多次扣除费用；如果咨询服务必须在同一个月内完成，则纳税人可以考虑跨县来提供咨询服务，例如分别在A县向总公司以及在B县向分公司提供咨询服务，这样纳税人就可以在一个月内两次取得收入，分别扣除费用。又比如，个人在出版社出版著作，按现行税法规定，如果该图书加印，则作者取得的加印稿酬不属于一次新的稿酬收入，不能扣除费用；但如果作者对图书进行修订，并取得再版稿酬收入，则属于取得另一次收入，可以扣除费用后计税。

当然，在流转税中，也并非没有利用“税前扣除”节省税款的可能。例如，在营业税中，对于联运业务、工程分包或转包业务、转贷业务、有价证券等的买卖业务、广告代理业务等都规定了相应的税前扣除项目，充分理解税法的规定，准确进行税前扣除可以减轻不必要的税负。

**（四）推迟纳税义务发生时间**

推迟纳税可以使个人在不减少纳税总量的情况下获得货币的时间价值。推迟纳税义务的好处有：有利于资金周转，节省利息支出，以及由于通货膨胀的影响，延期以后缴纳的税款币值下降，从而降低了实际纳税额。因为按照贴现的原理，延迟缴纳的税款现值一定小于当期缴纳的等额税款。税款越晚缴纳，其经济成本就越低。

例如，个人参加可以享受免税待遇的企业年金计划，这种养老金计划在国外一般采用所谓的EET的征税模式（E代表免税，T代表课税），即个人在工作期的缴费是免个人所得税的（E），其缴费的投资收益也是免税的（E），但个人退休后每月领取的养老金是需要纳税的（T）。如果个人加入了EET模式的养老金计划，就可以推迟工资、薪金个人所得税的纳税义务。我国目前政府举办的基本养老保险计划在课税模式上属于EEE，个人在领取基本养老保险计划的养老金时也不需要缴纳个人所得税。今后，我国还将大力发展EET课税模式的企业年金（补充养老保险）计划，所以职工从纳税筹划角度考虑，也应当积极加入这种企业养老金计划。

又如，现行增值税按纳税人销售货物或应税劳务的结算方式不同，规定了不同的纳税义务发生时间。据此可知，在其他条件相同的情况下，纳税人应尽量多采取直接收款、预收货款、委托代销等销售或结算方式，以推迟销项税额的确认时间，避免在没有收到货款的情况下先行缴纳税款。

再如，税法上对包装物连同货物销售或收取押金的某些特殊规定，也使纳税时间的筹划成为可能。纳税人如果想在包装物上节省税款，关键是不能将其作价随同产品销售，而应采取收取包装物押金并单独记账核算的方式实现，因为，按现行税法规定，纳税人为销售货物而出租、出借包装物收取的押金，单独记账核算的，时间在1年以内，又未过期的，押金收入不并入销售额计算纳税，待包装物按合同约定而实际逾期或1年期满后再并入企业的销售额纳税。这样一来，首先是推迟了增值税的缴纳，若所包装货物为消费税目中的应税消费品，更可以使消费税税负同时得到递延，这都相当于纳税人获得一笔无息贷款。

**（五）利用税收优惠**

税法中的减免税等税收优惠规定，为纳税人节税筹划提供了可能性。

在增值税方面，相关税收优惠包括：（1）纳税人销售自己使用过的属于应征消费税的机动车、摩托车、游艇，售价超过原值的，按照4%的征收率减半征收增值税；售价未超过原值的，免征增值税。（2）个人（不包括个体经营者）销售自己使用过的除游艇、摩托车、汽车以外的货物免税。（3）销售额未达到起征点的，免征增值税。起征点幅度一般规定如下：销售货物的起征点为月销售额2000～5000元；销售应税劳务的起征点为月销售额1500～3000元；按次纳税的起征点为每次150～200元。2004年1月1日起，对于销售水产品、畜牧产品、蔬菜、果品、粮食等农产品的个体户，以及以销售上述农产品为主的个体工商户，其起征点一律确定为月销售额5000元，按次纳税的，起征点一律确定为每次（日）销售额200元。

营业税方面，营业额达到或者超过起征点即照章全额计算纳税，营业额低于起征点则免于征收营业税。营业税起征点的一般规定如下：（1）按期纳税的起征点（除另有规定外）为月营业额1000～5000元；（2）按次纳税的起征点（除另有规定外）为每次（日）营业额100元。各省、自治区、直辖市人民政府所属地方税务机关可以在规定的幅度内根据当地实际情况确定本地区适用的起征点并报财政部、国家税务总局备案。

营业税的相关减免项目包括：（1）个人从事技术转让、技术开发业务和与之相关的技术咨询、技术服务业务取得的收入，免征营业税。（2）个人转让著作权，免征营业税；将土地转让给农业生产者用于农业生产，免征营业税。（3）对个人按市场价格出租的居民住房，暂按3%的税率征收营业税。另外，为了切实减轻个人买卖普通住宅的税收负担，积极启动住房二级市场，对个人购买并居住超过两年的普通住宅，销售时免征营业税；个人购买并居住不足两年的普通住宅，销售时营业税按销售价减去购入原价后的差额计征；个人自建自用住房，销售时免征营业税。（4）对纳入全国试点范围的非营利性中小企业信用担保、再担保机构，可由地方政府确定，对其从事担保业务的收入，3年内免征营业税。（5）单位和个人提供营业税应税劳务、转让无形资产和销售不动产发生退款，凡该项退款已经征收过营业税的，允许退还已征税款，也可以从纳税人以后的营业额中减除；单位和个人提供营业税应税劳务、转让无形资产和销售不动产时，因受让方违约而从受让方取得的赔偿金收入，应并入营业额中征收营业税；因财务会计核算办法改变，将已经缴纳过营业税的预收性质的价款逐期转为营业收入时，允许从营业额中减除。

个人所得税方面，税法规定的免纳税的项目有：（1）省级人民政府、国务院部委和中国人民解放军以上单位，以及外国组织颁发的科学教育、技术、文化、卫生、体育、环境保护等方面的奖金。（2）国债和国家发行的金融债券利息。（3）按照国家统一规定发给的补贴、津贴。指按照国务院规定发给政府特殊津贴和国务院规定免纳个人所得税的补贴、津贴。发给中科院和工程院资深院士每人每年1万元的津贴免征个人所得税。(4) 福利费、抚恤金、救济金、保险赔款、军人转业费、复员费。(5) 按照国家统一规定发给干部、职工的安家费、退职费、退休工资、离休工资、离休生活补助费。(6) 依照我国法律应予免税的各国驻华使馆、领事馆的外交代表、领事官员和其他人员所得。中国政府参加的国际公约以及签订的协议中规定的免税所得。(7) 对乡镇及以上政府或经县及以上政府主管部门批准成立的有机构有章程的见义勇为基金或类似性质组织，奖励见义勇为者的奖金或奖品，经主管税务机关核准后免征。(8) 企业和个人按照省级以上人民政府规定的比例提取并缴付的住房公积金、医疗保险金、基本养老保险金、失业保险金，不计入个人当期的工资、薪金收入，免予征收个人所得税。超过规定比例缴付的部分计征个人所得税。个人领取原提存的住房公积金、医疗保险金、基本养老保险时免征个人所得税。

在其他一些小税种上，也都有相应的税收优惠政策。契税优惠的一般规定包括：城镇职工按规定第一次购买公有住房，免征契税。因不可抗力灭失住房而重新购买住房的，酌情减免；城镇土地使用税的减免税项目包括：个人所有的居住房屋及院落用地，免税单位职工家属的宿舍用地，集体和个人办的各类学校、医院、托儿所、幼儿园用地；印花税的税收优惠主要体现在一些免税政策上，包括财产所有人把财产赠给政府、社会福利单位、学校所书立的书据；无息、贴息贷款合同；房地产管理部门与个人签订的用于生活居住的租赁合同。

此外，一些具有期限规定的特定优惠政策也值得在进行税收筹划时很好地利用。如下岗职工从事社区居民服务业取得的营业收入，3年内免征营业税。做好税收筹划应熟悉税收优惠政策规定，尽力争取符合享受税收优惠的必要条件并用好用足这些政策资源，从而减轻税收负担。

## 四、各税种的筹划方法

### （一）所得税基本筹划方法

1. 针对纳税人的筹划

(1) 居民纳税人与非居民纳税人的转换。根据我国《个人所得税法》的规定，个人所得税的纳税义务人划分为居民纳税人和非居民纳税人。我国是根据住所标准和居住时间标准来判定居民纳税人和非居民纳税人身份的。居民纳税人是指在中国境内有住所，或者无住所而在中国境内居住满1年的个人。在中国境内有住所的个人，是指因户籍、家庭、经济利益关系，而在中国境内习惯性居住的个人。在境内居住满1年，是指在一个纳税年度（即公历1月1日起至12月31日止）内，在中国境内居住满365日。

在计算居住天数时，对临时离境应视同在华居住，不扣减其在华居住的天数。临时离境，是指在一个纳税年度内，一次不超过30日或者多次累计不超过90日的离境。

非居民纳税义务人，是指不符合居民纳税义务人判定标准（条件）的纳税人，即习惯性居住地不在中国境内，而且不在中国居住，或者在一个纳税年度内，在中国境内居住不满1年的个人。

按照现行《个人所得税法》规定，居民纳税人在我国负有无限纳税义务，要就来源于境内外的所得纳税；非居民纳税人在我国负有有限纳税义务，只就来源于境内的所得纳税。同时，我国对在境内无住所的外籍人士根据其居住时间制定了相应的税收优惠政策。主要是：其一，在中国境内无住所，但是居住1年以上5年以下的个人，其来源于中国境外的所得，经主管税务机关批准，可以只就由中国境内公司、企业以及其他经济组织或者个人支付的部分缴纳个人所得税；居住超过5年的个人，从第6年起，应当就其来源于中国境内外的全部所得缴纳个人所得税。其二，在中国境内无住所，但在一个纳税年度中在中国境内连续或者累计居住不超过90日的个人，其来源于中国境内的所得，由境外雇主支付并且不由该雇主在中国境内的机构场所负担的部分，免予缴纳个人所得税（见表3－3）。

表3－3　纳税人性质及其纳税义务表

| 我国境内居住时间 | 纳税人性质 | 境内所得 | | 境外所得 | |
|---|---|---|---|---|---|
| | | 境内支付 | 境外支付 | 境内支付 | 境外支付 |
| 居住＜90天 | 非居民纳税人 | √ | × | × | × |
| 90天＜居住＜1年 | | √ | √ | × | × |
| 1年＜居住＜5年 | 居民纳税人 | √ | √ | √ | × |
| 居住5年以上 | | √ | √ | √ | √ |

注：“√”为需要在我国缴纳个人所得税；“×”为在我国免缴个人所得税。

通常情况下，主要是对于在我国没有住所的外籍人士可以通过对其居住时间的把握，对纳税情况进行合理的筹划。通过对纳税在境内居住时间的调整或一个纳税年度临时离境时间的控制，可以确定纳税人属于居民纳税人还是非居民纳税人，从而调整所承担的纳税义务。同时，可以通过居住时间的调整使所得中由境外支付的部分享有免予征税的优惠待遇。

（2）有限责任公司与个体工商户、个人独资企业、合伙制企业的选择。从2000年1月1日起，我国对个人独资企业、合伙制企业停征企业所得税，其投资所得比照个体工商户的生产经营所得征收个人所得税。对于这几种投资方式，在收入相同的情况下，个体工商户、个人独资企业、合伙制企业、有限责任制企业（企业所得税纳税人）的税负是不一样的，有限责任制企业的税负最重。但个人独资企业、合伙制企业、有限责任制企业等三种企业，在发票申购、纳税人认定方面有优势，比较容易展开业务，并享受国家的一些优惠政策。在这三种形式中，有限责任企业风险较小；个人独资企业、合伙制企业由于要承担无限责任，风险较大，特别是个人独资企业还存在增值税一般纳税人认定等问题，加大了这类企业的风险。所以只要在有限责任制企业与其他任何形式纳税人之间进行负税情况的比较，从而作出纳税人身份的最终确定。以个体户和有限责任企业为例，个人对企事业单位承包经营后，工商登记为企业要先缴纳企业所得税，然后再按承包经营所得征收个人所得税。而登记为个体工商户的只征收一道个人所得税。可见，纳税人在进行工商登记时，对企事业单位承包或承租的经营方式作出选择，将直接决定纳税人税负的轻重。

另外，对实际经营不满 1 年的经营所得，在确定应纳税所得额时，两者的计算存在原则性差别：个体户生产经营不满 1 年的，应将其在实际生产经营期间内取得的所得换算为全年所得，以确定适用税率；而对实行承包、承租经营的纳税人，对在一个纳税年度承包、承租经营不足 12 个月的，应以实际承包、承租经营的月份数作为一个纳税年度计算纳税。可见，在实际经营不满 1 年而经营所得一定的条件下，前者的税负一般将重于后者。

**【例 3-9】**王先生夫妻共同经营一家水暖器材公司。王先生的妻子主要负责水暖器材销售的经营管理，王先生主要承接一些安装维修工程。预计其年销售水暖器材的应纳税所得额为 4 万元，安装工程的应纳税所得额为 2 万元。

在进行税收筹划前，作为个体户，要就其各类经营所得缴纳个人所得税。

全年应缴纳所得税 $=60000\times35\%-6750=14250$（元）

经过税收筹划，王先生和妻子分别注册成立一家个人独资企业，王先生的企业专门承接安装维修工程，王先生妻子的企业专门经营水暖器材销售。这样，每年收入同上，但整体税负却发生了变化。

安装维修工程的年应纳税额 $=20000\times20\%-1250=2750$（元）

水暖器材销售的年应纳税额 $=40000\times30\%-4250=7750$（元）

王先生与妻子合计纳税 10500 元，与没有分别经营时相比每年节税 3750 元。从流转税来看，由于水暖器材的销售收入缴纳增值税，安装维修收入缴纳营业税，由于增值税小规模纳税人征收率与营业税税率的差异，有可能会降低流转税的税负。当然这种转换需要支付一定的登记费、手续费和其他税费，是否要做这种筹划还要综合考虑影响税后收益的各种因素。

2. 计税依据的筹划

（1）工资薪金福利化。个人取得的工资薪金收入，可以通过雇主将其中的一部分现金收入转化为雇主提供的福利，同样可以满足其日常消费需要，却可以由此少负担个人所得税。

①雇主提供住所。个人在受聘时，可以与雇主协商，由雇主支付工作期间寓所租金，而薪金则在原有基础上适当调整，雇主负担不变，个人可以节税。

②雇主提供员工部分福利项目。企业提供免费膳食或者由雇主直接支付就餐的相关费用；使用由雇主提供的家具及住宅设备；雇主提供原由雇员自备的某些办公用品和设施；雇主提供车辆供员工使用，但该车辆不得再租与其他人使用；转售股票认购权；雇主为员工子女成立教育基金，提供奖学金给职工子女；使用由雇主缔结和约提供给员工的公用设施，如水、电、电话等。

（2）纳税项目转换与选择。我国现行个人所得税实行分类课征制，个人取得的不同性质的所得适用不同的税率和课征办法，因此，在个人所得一定的情况下税负会有所差异。通常情况下，表现为个人取得的工资薪金所得与劳务报酬所得的税负差异。在某些情况下，将个人取得的工资薪金所得与劳务报酬所得分开并分别纳税，会减轻税负，而在有些情况下，两项所得合并为工资薪金所得或劳务报酬中的一项，会减轻税负。

①劳务报酬所得转化为工资薪金所得。当应税所得比较少的时候，工资薪金所得的税前扣除2000元，要高于劳务报酬税前扣除800元或20%的数额，同时适用的税率比劳务报酬所得适用的20%的比例税率要低。在一定条件下将劳务报酬所得转化为工资薪金所得可以适当减轻税负。

②工资薪金所得转化为劳务报酬所得。在纳税人工资薪金所得较高，适用边际税率较高的情况下，将工资薪金所得转化为劳务报酬所得更有利于节税。

（3）“削山头”筹划。对于适用于累进税率的纳税项目，应纳税的计税依据在各期分布越平均越有利。

①年终一次性奖金的筹划。2005年1月1日起，对个人取得全年一次性奖金，包括年终加薪、实行年薪制和绩效工资办法的单位根据考核情况兑现的年薪和绩效工资，实行新的个人所得税计征办法。由于对年终奖金适用税率采取“先将雇员当月内取得的全年一次性奖金，除以12个月，按其商数确定适用税率和速算扣除数”，然后奖金的全部数额按照适用税率和速算扣除数计税。这样，在个人所得税税率为累进税率的情况下，“商数”数额的大小对奖金总额适用税率的高低至关重要，尤其是确定适用税率这个环节有些“类似”全额累进税率，奖金总额除以12个月计算的“商数”在税率临界点附近时，只要税率高于某一档次，其全部数额都要适用更高一个级次的税率。因此，在年终奖金发放时需要很好地筹划奖金的数额避免出现奖金数额增加不多，而税率

适用更高级次，税负增加较多甚至出现税负增加超过奖金增加的税负偏重的现象。在条件允许的情况下，在确定奖金总额适用税率时，尽可能让“商数”达到适用某档次税率的级距的上限数额，如500、2000、5000等，这样可以实现收益与纳税的最佳配比。

**【例3-10】** 2005年3月，某企业欲给该厂职工发放2004年度全年一次性奖金，经过对职工一年的业绩考核和奖励测算，其中100名职工获得年终奖一等奖金，发放金额为每人6012元。企业代扣代缴个人所得税。

按照现行办法规定计算，首先确定奖金的适用税率，即6012÷12=501元，其适用税率为10%，速算扣除数为25。每个职工就其取得的奖金应缴纳的个人所得税计算如下：

应纳税额=6012×10%-25=576.2（元）

全厂代扣个人所得税=576.2×100=57620（元）

现在将该企业一等奖金发放额度改为6000元，每人少发放奖金12元。

首先确定每个职工取得的奖金的适用税率，即6000元÷12月=500元，其适用税率为5%，速算扣除数为0。每个职工应缴纳的个人所得税计算如下：

应纳税额=6000×5%-0=300（元）

每人少发奖金12元，少纳税576.2元-300元=276.2元。全厂少缴纳个人所得税27620元。节税的效果尤其明显。

当然，在年终一次性奖金课税办法改变之后，将个人工资总额在月工资薪金与年终奖金之间进行合理的划分，是有效降低工资薪金适用税率，降低个人所得税负担的重要筹划方法。因此，企业可以在对职工全年收入进行预测或已经确定的情况下，对职工总收入在月工资薪金数额和年终奖金数额之间进行合理分割，以降低税负。这里的关键是每月工资薪金的数额和全年一次性奖金的数额的确定能够使总税负最低。

**【例3-11】** 某企业生产经营效益较好，员工每月工资为5600元，企业在发放工资时代扣代缴员工的个人所得税，如何发放员工全年工资可以节税。

按照目前企业发放工资的办法，每个员工全年应纳个人所得税计算如下：

应纳税额=［（5600-2000）×15%-125］×12

=415×12=4980（元）

现将企业员工工资的发放办法进行相应的调整，将员工每月发放的工资由5600元改为发放3600元，其余2000元作为一次性年终奖发放，每个员工年终发放奖金24000元。

这样，在每月发放工资时，员工工资适用的税率为10%，速算扣除数为25，应缴纳的个人所得税计算如下：

应纳税额=（3600-2000）×10%-25=135（元）

全年纳税 = 135 × 12 = 1620（元）

年终发放奖金时，首先确定适用税率，即 2000 元（24000/12），适用税率 10%，速算扣除数为 25。全年一次性奖金应缴纳个人所得税计算如下：

应纳税额 = 24000 × 10% - 25 = 2375（元）

工资与奖金共纳税 = 1620 + 2375 = 3995（元）

这与所有的收入都作为工资发放相比较，全年少纳税 985（4980 - 3995）元。

②工资分摊筹划。实际生活中，由于市场变化，或由于行业的季节性，或由于产品的周期性等，许多行业的职工工资收入起伏较大，这样，个人所得税的纳税很不均衡，总体上会加重纳税人的负担。因此，企业作为个人所得税代扣代缴义务人就应当根据对个人年内收入情况的预计做出收入分期的适当安排，在企业旺季少发一些奖金，或者在财务上先把奖金提出来，然后在业务淡季再适当发放。具体筹划方法可以参考第三单元中“避免适用较高税率”的筹划及其案例。

（4）劳务报酬所得的筹划

①分项计算筹划法。劳务报酬所得以每次收入额减除一定的费用后的余额作为应纳税所得额。税法列举的 28 种劳务报酬所得，若属于一次性收入的以取得该项收入为一次；属于同一事项连续取得收入的，以一个月内取得的收入为一次。这里的同一事项是指劳务报酬所得列举具体劳务项目中的某一单项。个人取得不同劳务项目的劳务报酬所得，应当加以区分并分别减除费用，计算缴纳个人所得税。

②支付次数筹划法。劳务报酬所得是按次纳税，精确地筹划取得劳务报酬的“次”数非常重要，因为若收入作为一次所得只能进行一次扣除，若收入数额偏高还会实行加成征收，而一次所得变为多次所得，可以多次扣除，也容易避免适用加成征收。劳务报酬所得中对“次”筹划的点主要是“同一事项连续取得收入”。对于同一项目取得连续性收入，以每月的收入为一次。但某些行业的收入获得具有时段性，这样收入时高时低，就可能造成总体税收较高。这时，进行一些简单的税收筹划就可以获得较高的回报。如可以协商把本应在 3 个月支付的劳务费在 1 年内支付，使该劳务报酬的支付每月比较平均，从而适用较低的税率，这样也可以使支付人不必一次支付较高费用，减轻了其经济负担。个人举办培训班和董事费收入均可采取此法。

③费用转移筹划。为他人提供劳务以取得报酬的个人，可以考虑由对方提供一定的福利，将本应由自己承担的费用改由对方提供，以达到规避个人所得税的目的。如由对方提供餐饮住宿、报销交通费、提供办公用品，安排试验设备等，扩大了费用支出，降低了自己的劳务报酬总额，从而使得该项劳务的实际税负降低。这些日常开支是不可避免的，如果由个人负担就不能从应税所得额中扣除，而由对方提供则能够扣除，虽然减

少了名义收入，但是实际收益却增加了。

（5）稿酬所得筹划

①系列丛书筹划法。如果一本书可以分成几个部分，以系列丛书的形式出现，则该作品将被认定为几个单独的作品，单独计算纳税，可能会节税。不过应当注意，首先，该著作要可以被分解成一套系列著作，而且该种发行方式不会对发行量造成太大影响。其次，由于此筹划方法的税收原理在于抵扣费用临界点对税负的影响，即在稿酬所得小于4000元时，实际抵扣标准将大于20%，所以，该种发行方式应保证每本书的稿酬小于4000元。

②再版筹划。在作品市场看好时，与出版社商量采取分批印刷的方法，以减少每次收入量。个人每次以图书形式在两处或两处以上出版、发表或再版同一作品而取得的稿酬所得，可以分别将各处取得的所得或再版所得按分次所得计征个人所得税。由于出版社对一本书再版比较麻烦，因此这种筹划也有局限，而且只是作为辅助的筹划来用。再有，这种筹划方法只有在该出版物市场看好的时候才能运用。

③增加前期写作费用筹划。税法规定，个人取得的稿酬所得只能在一定期限内扣除费用。众所周知，税率是固定的，应纳税所得额越大，应纳税额就越多。如果能在现有的扣除标准下，再多扣除一定的费用，或想办法将应纳税所得额减少，就可以减少税额。一般就是和出版社商量，让其提供尽可能多的设备或服务，这样就将费用转移给了出版社，自己基本上不负担费用，使得自己的稿酬所得相当于享受到两次费用抵扣，减少应纳税额。如以下费用：资料费、稿纸、绘画工具、写作工具、其他材料费、交通费、住宿费、试验费、餐饮费等。现在对收入明晰化的呼声越来越大，且由出版社提供写作条件易造成不必要的浪费，出版社可考虑限额报销制度。

（6）利息、股息和红利所得的筹划

①专项基金筹划。除了教育储蓄，税法对按照国家或地方政府规定的比例缴付的下列专项基金或资金存入银行个人账户所取得的利息收入免征个人所得税：住房公积金、医疗保险金、基本养老保险金、失业保险基金。可以将个人的存款以教育基金或其他免税基金的形式存入金融机构，不仅自己少缴纳税款，也能保障子女将来的教育开支和正常的生活秩序。但使用这种方法有一定的局限性，就是这些基金存放一般都有上限规定，加上存款实名制出台，该方法更是受到限制。

②所得再投资筹划。对于个人因持有某公司的股票、债券而取得的股息红利所得，税法规定要征收个人所得税。但为了鼓励企业和个人进行投资和再投资，各国都不对企业留存未分配利润征所得税。如果个人对企业前景看好，就可以将本该领取的股息、红利所得留在企业，作为对公司的再投资，而企业则可以将这部分所得以股票或债券的形

式记在个人名下。但如果个人感觉另一个公司更好，即使缴纳个人所得税后，再购买另一个公司的股票收益仍很大，则另当别论。

③充分利用国家优惠政策。目前免税的利息包括国债利息、金融债券利息。国债利息是指个人持有中华人民共和国财政部发行的债券而取得利息所得；国家发行的金融债券的利息，是指个人持有经国务院批准而发行的金融债券而取得的利息所得。根据财税［1998］55号文，对个人投资者买卖基金单位获得的差价收入，在对个人买卖股票的差价收入未恢复征收个人所得税以前，暂不征收个人所得税。对投资者从基金分配中获得的国债利息和个人买卖股票差价收入，在国债利息收入和个人买卖股票差价收入未恢复征收个人所得税以前，暂不征收个人所得税。个人在自己的投资意向中应对上述税收优惠政策给予足够重视和充分考虑。

（7）个体工商户所得的纳税筹划

①递延收入以降低税率。个体工商户生产经营所得适用5%～35%的超额累进税率，如果在12月份预计全年应纳税所得额将超过5万元，则可以将收入递延到下一年度，以达到递延纳税或降低税率的目的。递延方式有多种，比如采用分期收款或赊销方式销售商品，将货物推迟到次年1月发出等。

②增加费用扣除。主要是通过合理的方法来增加纳税年度的成本、费用等扣除项目以达到降低应纳税所得的目的。其方法主要有：

A. 合理确定存货领用、发出的计价方法。如当商品价格上涨时，采取后进先出法，反之采取先进先出法。但应注意存货计价方法一般1年内不得变化，筹划时应当结合市场行情于各个纳税年度的年初事先确定，并报税务机关备案。

B. 将个人或家庭的一些与企业生产经营有关的固定资产投入到该企业，以增加折旧费用，因为个体工商户、个人独资企业、合伙企业的投资者对企业债务承担的是无限责任，只要这些资产能与生产经营挂上钩，就可以投入到企业，因为即使不投到自己的企业，个人的所有财产一样要对企业的全部债务承担责任。

C. 将个人的资金以债务的方式投入到自己的企业，以获得利息扣除。其理由是法律对个体工商户、个人独资企业、合伙企业的资本金没有要求。但应当注意，个人的利息应按同期同类银行贷款利息预提挂账，但不要支付（提取）利息，这样可以递延交纳5%利息所得税。

（8）其他项目的筹划

①承包、承租经营所得的税收筹划。纳税人因收入额在不同纳税期的波动较大，而在按月计算缴纳个人所得税的情况下，要在高收入月份承担较高的税率，在收入较低的月份不能享受税法为个人提供的种种优惠，如法定费用扣除、较低的税率征收等。因

此，可以通过推迟或提前获得收入，或通过改变收入支付方式，如将一次支付改为多次支付，多次支付变为集中支付，使自己的收入尽量保持均衡。

②专利权节税筹划。对于从事高科技研究，或从事发明创造的人来讲，假如他已经取得了某项科研成果，并且申请了专利，那么是出卖专利还是自己办企业，或是以专利权投资入股？假设某人的专利转让收入为 20 万元，那么其应纳税额 3.2 万元［20×(1－20%)×20%］，税后收入为 16.8 万元，同时对于这项专利他将不再有第二次收入。如果他希望有长期收入，还是投资经营好。如果投资建厂，只要筹集建厂资金，然后可以通过产品销售取得收入。由于新建企业大多可以享受一些减免税优惠，而且他的专利权不是转让，不必为专利支付税收。因此，在税收负担上，他所要负担的仅仅是流转税、企业所得税，从而他的收入与税收负担之比，优于单纯缴纳专利权收入的个人所得税时的收入与税收负担之比。

如果专利持有人无意从事经营，若能找到理想的投资渠道，可以考虑以专利权投资入股，持有某公司一定比例的股权，日后就可以依据此项股权来参与公司利润的分配。假定他的专利权折股 20 万元，那么这 20 万将在一定期限内分摊到产品成本中，通过销售产品回收。除了企业应负担的税收外，他仅仅需要负担投资分红所负的税收额，而股票在没有转让之前是不需要负担税收的。这样，他就可以得到企业利润或资金配股所带来的收入，而他所要负担的税收是有限的，并且是在一个相当长的时期内负担的。

**（二）流转税基本筹划方法**

1. 增值税的筹划方法。

（1）纳税人身份的筹划。增值税纳税人身份的筹划，就是要如何选择一般纳税人和小规模纳税人身份以实现节税的目的。增值税纳税人包括两类，即一般纳税人和小规模纳税人。从人们的直观印象来说，一般认为小规模纳税人的税负重于一般纳税人。但是，自 2009 年 1 月 1 日起，小规模纳税人增值税征收率由过去的 6% 和 4% 一律调整为 3%，不再设置工业和商业两档征收率。况且，并不是任何情况下小规模纳税人的税负都高于一般纳税人，从现行增值税的计税方法来看，当纳税人的购进项目较少时，作为小规模纳税人是较为有利的。这可以从以下几个方面来进行比较：

①无差别平衡点抵扣率判别法。一般纳税人税负高低取决于可抵扣的进项税额的多少，其他条件不变的情况下，若可抵扣的进项税额较多，则适于选择一般纳税人，反之则适于做小规模纳税人。当抵扣额占销售额的比重（抵扣率）达到某一数值时，两种纳税人的税负相等，称之为无差别平衡点抵扣率。

一般纳税人应纳增值税额＝销项税额－进项税额

因为，进项税额＝可抵扣购进项目金额×增值税税率

增值率＝（销售额－可抵扣购进项目金额）/销售额

＝1－可抵扣购进项目金额/销售额

＝1－抵扣率

其中，销售额与购进项目金额均为不含税金额。

所以，进项税额＝可抵扣购进项目金额×增值税税率

＝销售额×（1－增值率）×增值税税率

由此，一般纳税人应纳增值税额＝销项税额－进项税额

＝销售额×增值税税率×增值率

＝销售额×增值税税率×（1－抵扣率）

小规模纳税人应纳增值税额＝销售额×征收率（3%）

当两者税负相等时，其抵扣率则为无差别平衡点抵扣率，即：

销售额×增值税税率×（1－抵扣率）＝销售额×征收率

抵扣率＝1－（征收率/增值税税率）

当增值税税率为17%，征收率为3%时，抵扣率＝82.35%。

结论：对于小规模纳税人，当抵扣率为82.35%时，两种纳税人的税负相同；当抵扣率低于82.35%时，适宜选择作为小规模纳税人；当抵扣率高于82.35%时，适宜选择作为一般纳税人。

②企业产品增值率判断法。从增值税的课税原理看，纳税人的货物增值率越高作为增值税一般纳税人的税负就越重，在小规模纳税人实行简易办法征税的情况下，在货物增值率较高的情况下，作为小规模纳税人的税负要轻于一般纳税人。因此，可以根据销售货物的增值率的高低来选择增值税的纳税人身份，从而降低税负。一般增值率与进项税额成反比关系，与应纳税额成正比关系，可以据此计算增值率。

增值率＝［销售收入（不含税）－购进项目价款］/购进项目价款×100%

一般纳税人应纳税额＝当期销项税额－进项税额

＝购进项目价款×（1＋增值率）×17%－购进项目价款×17%

＝购进项目价款×17%×增值率

小规模纳税人应纳税额＝购进项目价款×（1＋增值率）×3%

应纳税额无差别平衡点的计算如下：

购进项目价款×17%×增值率＝购进项目价款×（1＋增值率）×3%

增值率＝3%/（17%－3%）×100%＝21.43%

结论：当小规模纳税人的增值率为21.43%时，小规模纳税人与一般纳税人税负相

同，当增值率低于21.43%时，小规模纳税人的税负重于一般纳税人，当增值率高于21.43%时，一般纳税人税负重于小规模纳税人。

但现实情况是，是作为一般纳税人还是小规模纳税人往往不由纳税人自行决定，其认定要受税法上某些规定的制约，但即便如此，纳税人仍可考虑采取合并、分立、新建等方式进行税收筹划。即小规模纳税人可通过联合的方式使销售额符合一般纳税人的标准，进而完善会计核算转变成一般纳税人；而一般纳税人则可通过分立方式，缩小分立后各自的销售额，使其具备小规模纳税人的条件而转变为小规模纳税人，从而得到节税利益。

（2）增值税与营业税纳税人选择的筹划。由于我国增值税与营业税的并行征收，在实际经营中会出现兼营和混合销售的情况，税法规定了这两种情况的税务处理，如果纳税人经营中会出现上述情况，就要进行是缴纳增值税还是缴纳营业税的筹划。

①无差别平衡点增值率判别法。一般纳税人增值税的计算是以增值额作为计税基础，而营业税纳税人的营业税是以全部营业收入作为计税基础。在纳税人发生了混合销售行为，销售收入一定的情况下，是作为增值税的纳税人还是作为营业税的纳税人，税负有可能是完全不相同的，税负的高低主要取决于销售货物的增值率大小。一般来说对于增值率高的企业，适宜作为营业税纳税人；反之，适合作为增值税纳税人。在增值率达到某一数值时，两种纳税人的税负相等，这一数值称为无差别平衡点增值率。其计算公式为：

一般纳税人应纳增值税额 = 销项税额 - 进项税额

进项税额 = 可抵扣购进项目金额 × 增值税税率

增值率 = （销售额 - 可抵扣购进进项金额）/销售额

购进项目金额 = 销售额 - 销售额 × 增值率 = 销售额 ×（1 - 增值率）

这其中销售额与购进项目金额均为不含税金额。所以：

进项税额 = 可抵扣购进项目金额 × 增值税税率
　　　　 = 销售额 ×（1 - 增值率）× 增值税税率

由此，

一般纳税人应纳增值税额 = 销项税额 - 进项税额
　　　　 = 销售额 × 增值税税率 - 销售额 ×（1 - 增值率）× 增值税税率
　　　　 = 销售额 × 增值税税率 × 增值率

营业税纳税人应纳税额 = 含税销售额 × 营业税税率
　　　　 = 销售额 ×（1 + 增值税税率）× 营业税税率

其中，营业税的计税依据为全部销售额。

当两者税负相等时，其增值率就为无差别平衡点增值率，即：

销售额×增值税税率×增值率=销售额×(1+增值税税率)×营业税税率

增值率=(1+增值税税率)×营业税税率/增值税税率

当增值税税率为17%，营业税税率为5%时，增值率=(1+17%)×5%/17%=34.41%

这说明，当增值率为34.41%时，两种纳税人的税负相同；当增值率低于34.41%时，营业税纳税人的税负重于增值税纳税人，适于选择作为增值税纳税人；当增值率高于34.41%时，增值税纳税人的税负高于营业税纳税人，适于选择作为营业税纳税人。同理可以计算出增值税纳税人增值税税率为13%或营业税税率为3%时的无差别平衡点的增值率。

②购入产品价值占比判断法。现行税法规定，对于增值税一般纳税人发生了兼营行为，若分别核算，两项业务分别缴纳增值税和营业税，若不分别核算则统一缴纳增值税。在这种情况下对于增值税一般纳税人来说其发生兼营行为，主要考察企业的成本比例来决定是否分别核算。

假设某企业同时从事两项业务A和B。如果将A和B分别核算，那么A缴纳增值税，B应缴纳5%的营业税；但是如果企业未对两项业务实行分别核算，则A和B统一缴纳增值税。也就是说，是否分别核算，对于A业务来说，结果是一样的，区别主要在于B业务。

假设B业务每月可实现销售收入X（含税），其中设Y是为此购入产品的价值所占比例。那么，该纳税人的销项税额为[X/(1+17%)]×17%，进项增值税为[X·Y/(1+17%)]×17%，企业B业务的增值税负担是：

$T_1$=[X/(1+17%)]×17%-[X·Y/(1+17%)]×17%

当缴纳营业税时，企业B业务需要就全部收入，按照5%的税率缴纳营业税，即$T_2$=X×5%

经过计算可以得出，当Y大于65.59%时，B业务缴纳增值税的税负更轻；当Y小于65.59%时，B业务缴纳营业税税负更轻；当Y等65.59%时，增值税与营业税税负相同。若是营业税税率为3%，则这一比例为79.35%。这样，纳税人就可以根据营业税应税业务购入产品价值占比的高低来决定是否分别核算来减轻税负。

根据以上方法进行基本判断后，可以根据不同情况进行相应的纳税人身份的筹划。

第一，兼营的纳税筹划方法。现行税法对增值税纳税人兼营非应税劳务的行为规定的征税办法是：纳税人能分开核算的，分别征收增值税和营业税；不能分开核算的，一并征收增值税。根据这一规定，可以根据纳税人增值税非应税劳务缴纳增值税和缴纳营业税的税负比较决定是否分别核算。现行税法并没有对不分别核算的情况做出具体规定，因此，这就成为税收筹划的一个可利用空间。在兼营行为中，对属于营业税课税范围的应税劳务，纳税人可以选择是否分开核算，以选择有利的纳税方式。

第二，混合销售的纳税筹划方法。纳税人可以通过控制增值税应税货物和劳务与营业税应税劳务占整个销售收入的比例来达到选择缴纳低税负税种的目的。纳税人只要使增值税应税货物和应税劳务的销售额占总销售额的50%以上，即可缴纳增值税；反之，若营业税的应税劳务占到总销售额的50%以上，则需缴纳营业税。当然，这还只是针对数量上的限制而言的，销售行为是否属于混合销售，是需要国家税务总局所属的税务机关确定的，所以若通过混合销售业务纳税人身份的筹划来节税，首先要得到税务机关的确定。

（3）进项税额的筹划

①选择供货方的筹划。由于增值税小规模纳税人不能取得和开具增值税专用发票，也不能进行进项税额的抵扣，所以对于小规模纳税人而言，只要比较一下采购货物的含税价格，从中选择货物价格较低的供货方就可以达到增加税后收益的目的。对于增值税一般纳税人，如果其采购的货物是用于在建工程、集体福利、个人消费等增值税非应税项目，其选择方法同上，由于不能进行抵扣，只要比较一下各供货方货物的含税价格即可。以上方法是仅考虑税收因素的情况下作出的，企业在实际采购货物的过程中，除了税收因素外，还要考虑供货方的信誉、售后服务等条件，要进行全面比较。

②兼营免税或非应税项目的筹划。纳税人兼营免税项目或非应税项目，应当正确划分其不得抵扣的进项税额。对不能准确划分的，按下列公式计算不得抵扣的进项税额：

不得抵扣的进项税额 = 当月全部进项税额 ×（当月免税、非应税项目销售额、营业额合计/当月全部销售额、营业额合计）

纳税人可根据免税项目或非应税项目的情况，首先按照上述公式计算不得抵扣的进项税额与实际免税项目、非应税劳务不应抵扣的进项税额对比，如果前者大于后者，则应正确划分并按规定转出进项税额；如果前者小于后者，则无需在核算时进行划分，而按上述公式计算划分不得抵扣的进项税额。

2. 消费税的筹划方法

（1）针对纳税人的筹划。由于消费税是针对特定的纳税人在单一环节课税，因此可以通过生产相关应税消费品的企业合并，达到递延纳税或节省税款的目的。若两家企业生产的产品均为消费税的应税消费品，并且一家企业的应税消费品为另一家企业产品生产的原材料。在没有合并之前，两家企业均需要就自己生产的应税消费品在出厂销售环节缴纳消费税。合并后，原来企业间的购销关系转变为企业内部自产应税消费品连续生产应税消费品，这一环节的消费税得到了递延；若作为原材料的应税消费品属于不允许抵扣外购应税消费品已纳的消费税税款的产品，企业合并后则可以减轻企业的消费税税负。同时，企业合并也可以递延一部分应缴纳的增值税。

（2）计税依据的筹划

①设立独立核算的销售部门。消费税一般在生产环节缴纳，以后的批发、零售等各个环节不再缴纳消费税。如果能在生产环节将产品的价格降低，可直接得到节税利益。因而，关联企业中生产应税消费品的企业，如果以较低的价格将应税消费品销售给其独立核算的销售部门，则可以降低销售额，从而减少消费税额，而独立核算的销售部门处在销售环节，只缴纳增值税，因而这样可以使企业整体的消费税税负减少而增值税不变。应当注意的是，由于独立核算的销售部门与生产企业之间存在关联关系，按照税法规定，企业或者外国企业在中国境内设立的从事生产经营的机构，与其关联企业之间的业务往来，应当按照独立企业之间的业务往来收取或者支付价款、费用。否则，减少其应纳税收入或者所得额的，税务机关有权进行合理调整。因此，企业销售给独立核算销售部门的产品价格，应参照产品的市场平均销售价格适当确定。

②选择合理的加工方式。根据现行税法规定，委托加工的应税消费品，由受托方（个体工商户除外）在向委托方交货时代收代缴应缴纳的消费税税款，委托方收回后直接出售的，不再征收消费税。委托加工的应税消费品的计税依据为受托方的同类消费品的销售价格，没有同类消费品销售价格的，按照组成计税价格计税。企业自行加工的应税消费品，计税依据为消费品销售价格。在通常情况下，委托方收回委托加工的应税消费品后，要以高于成本的价格售出。不论委托加工费大于或小于自行加工成本，只要收回的应税消费品计税价格低于回收后直接出售的价格，委托加工应税消费品的税负就会低于自行加工的税负。对于委托方来说其收回的应税消费品对外销售价格高于委托加工环节的计税价格部分，实际上并未承担税负。

由于应税消费品加工方式不同而使纳税人税负不同，纳税人可以选择合理的加工方式进行税收筹划。可以考虑利用关联方关系，压低委托加工成本，达到节税的目的，即使不是关联方关系，纳税人也可以在估算委托加工成本上限、下限的基础上，事先测算企业税负，确定委托加工费的上限，以求使税负最低、净收益最高。

（3）税率的筹划。由于同一产品的性能、价格、原材料构成不同，其税率高低也不同。如酒类产品，分为粮食白酒、薯类白酒、酒精、啤酒、黄酒和其他酒等，分别适用不同税率。纳税人应针对消费品税率多档次的特点，正确进行必要的合并核算和分开核算，以求达到节税目的。当企业兼营不同税率的应税消费品时，应当分别核算不同税率应税消费品的销售额、销售数量。若未分别核算，从高适用税率，无疑将增加企业税负。同时，对于适用不同税率的应税消费品需要组成成套消费品销售的，可以通过分别销售，由商业企业进行简单包装的方式，避免组成的成套消费品适用高税率计税的情况发生。

3. 营业税的筹划方法

（1）征税范围的筹划。

①合作建房的税收筹划。合作建房，是指一方提供土地使用权，另一方提供资金，双方合作建造房屋。有两种方式，即纯粹的“以物易物”方式和成立“合营企业”方式，两种方式又因具体情况的不同产生了不同的纳税义务。

**【例 3－12】** 甲、乙两家企业均需要建房扩大经营规模，甲企业拥有地理位置优越的土地，但缺乏资金；乙企业资金充裕，但苦于没有合适位置的土地，均难以扩大经营规模。后经过协商，两家企业决定合作建房，甲企业提供土地使用权，乙企业提供资金。甲、乙双方约定均分建成后的房屋。经有关部门评估，该建成后的房屋价值 1000 万元，于是甲、乙两企业各分得 500 万元价值的房屋所有权。

对于甲乙双方的合作建房及分房行为，按照现行税收政策，甲企业属于以转让部分土地使用权为代价，换取房屋的所有权，发生了转让土地使用权的行为；乙企业属于以转让部分房屋的所有权为代价，换取土地使用权，发生了销售不动产的行为。

因此，甲企业需要按照转让无形资产缴纳营业税：

应纳税额 $= 500 \times 5\% = 25$（万元）

乙企业需要按照销售不动产缴纳营业税：

应纳税额 $= 500 \times 5\% = 25$（万元）

但是若甲、乙两家企业改变合作方式，双方采取分别以土地使用权和资金投资入股的方式合作建房，则可以不缴纳营业税。

即甲企业以土地使用权，乙企业以货币资金合股成立合营企业，合作建房，房屋建成后双方采取风险共担、利润共享的分配方式。按照现行营业税条例的规定，甲、乙企业均不需缴纳营业税，因此各节税 25 万元。

②材料供应及设备安装的税收筹划。按照现行营业税条例规定，从事建筑、修缮、装饰工程作业，无论怎样结算，营业额均包括工程所用原材料及其他物资和动力价款。因此，纳税人可以通过控制工程原料的预算开支，减少应计税营业额。

现行营业税条例规定，从事安装工程作业，凡所安装的设备价款作为安装工程产值的，营业额包括设备价款。因此，建筑安装企业在从事安装工程作业时，应尽量不将设备价款作为安装工程产值，可由建设单位提供机器设备，建筑安装企业只负责安装，取得的只是安装费收入，使得营业额中不包括所安装设备价款，从而达到节税目的。

③不动产销售的税收筹划。在不动产销售业务中，每一个流转环节都要缴纳营业税，并以销售额为计税依据。因此，应尽量减少流转环节，以取得节税利益。

**【例3-13】**某商贸公司因业务关系欠某个人独资企业200万元债务，经过双方协商决定，商贸公司以其一长期不用的库房作价200万元抵顶债务。随即该独资企业以200万元的价格将库房转让给某化学工业公司。

根据现行营业税条例规定，商贸公司和个人独资企业均需按照销售不动产缴纳营业税。

应纳税额 = 200 × 5% = 10（万元）

即商贸公司和独资企业分别就其转让不动产的行为缴纳10万元的营业税。

但是若该独资企业先与化学工业公司协商售房事宜，并使商贸公司直接与化学工业公司签订房屋买卖合同，化学工业公司支付200万元给商贸公司，商贸公司再以之偿还个人独资企业的欠款。这样，个人独资企业就避免了缴纳10万元的营业税。

（2）税率的筹划。现行营业税是按照行业的不同分别设计了3%、5%和20%的税率，不同行业不同税率。纳税人提供的应税劳务所属的行业不同，就可能由于适用不同税率而出现税负差异的情况，因此，科学筹划纳税人的应税行为，使其属于低税率的行业就是税收筹划的一项重要内容。

**【例3-14】**某工程承包公司承接了某建设单位的一个工程项目，工程总造价210万元。工程承包公司将该工程转包给了某施工单位，并在转包合同中约定支付给施工单位工程款200万元。

根据现行营业税政策，按照工程承包公司是否与建设单位签订承包合同，工程承包公司的业务可以适用营业税中两个不同的税目纳税。即建筑业适用3%的税率，服务业适用5%的税率。具体是：若建筑业总承包人将工程分包或转包给他人，以工程的全部承包额减去付给分包人的价款后的余额为营业额。工程承包公司承包建筑安装工程业务，如果工程承包公司与建设单位签订建筑安装工程承包合同的，无论其是否参与施工，均应按照“建筑业”税目征收营业税，如果工程承包公司不与建设单位签订承包建筑安装合同，只是负责工程的组织协调业务，对工程承包公司的此项业务则按照“服务业”税目征收营业税。

因此，在这一案例中，若工程承包公司没有与建设单位签订建筑安装工程承包合同，那么就只能按照“服务业”税目计算缴纳营业税。即：

应纳营业税 =（210 - 200）× 5% × 10000 = 5000（元）

如果工程承包公司与建设单位签订了建筑安装工程合同，那么就按“建筑业”税目计算缴纳营业税。即：

应纳营业税 = (210 - 200) × 3% × 10000 = 3000 (元)

工程承包公司与建设单位签订建筑安装工程合同，可以少纳税 2000 元。

(3) 税收优惠的筹划。根据营业税起征点以及各种减税、免税等税收优惠政策的规定，充分利用好各种优惠，恰当选择经营行为，使纳税人的经营行为符合税收优惠的条件，从而减轻税负。

**(三) 其他税种基本筹划方法**

1. 房产税的筹划方法。房产税是以房产为征税对象，依据房产价格或房产租金收入向房产所有人或经营人征收的一种税。房产税的征税对象是房产，包括与房屋不可分割的附属设施，但不包括独立于房屋之外的建筑物。房产税的征税范围是位于城市、县城、建制镇和工矿区的房屋，不包括农村房屋。房产税的计税依据是房产的计税价值或房产的租金收入。按照房产计税价值征税的，称为从价计税；按照房产租金收入计税的，称为从租计税。从价计税是按房产原值一次减除 10% ~30% 后的余值计征的；从租计税是按房产出租的租金收入计征的。从价计征税率为 1.2%，从租计征的税率为 12%，对个人按市场价格出租的居民住房用于居住的，暂按 4% 征收房产税。房产税应纳税额计算公式为：

应纳税额 = 计税依据 × 适用税率

根据以上规定，房产税的税收筹划应该主要围绕其征税范围、征税对象、计税依据及税收优惠进行。

例如，由于房产税的征税范围是位于城市、县城、建制镇和工矿区的房屋，不包括农村房屋。企业在选择厂址时，可考虑把企业设在乡村所在地，则无须缴纳房产税，相当于每年给企业带来一笔数额可观的收益。但是，这应该在不妨碍企业的长期发展战略、不增加不必要的成本费用的前提下进行。同时，需要指出的是，按照我国现行税法规定，在农村设立企业，除不征房产税外，也不征收城镇土地使用税，城市维护建设税按最低一档的税率 1% 征收。再考虑这些因素，在乡村建厂的节税意义更大。

另外，由于房产税的征税对象是房产，包括与房屋不可分割的附属设施，但不包括独立于房屋之外的建筑物。针对这一界定，纳税人应该明确区别房屋与独立于房屋之外的非房屋建筑物。在申报房产税时，应注意切不可误把建筑物当作房产而导致多申报纳税。

针对我国房产税对房地产行业调控的缺位、房价上涨过快等问题以及对增加地方政府主体税种的考虑，在《国务院批转发展改革委关于 2010 年深化经济体制改革重点工作意见的通知》中已明确提出"逐步推进房产税改革"，以期改革现有房产税政策，加强调控力度、增加地方政府税源。

2. 契税的筹划方法。契税是以所有权发生转移变动的不动产为征税对象，向产权承受人征收的一种财产税。契税的征税对象是境内转移土地、房屋权属的行为。具体包括国有土地使用权的出让、土地使用权的转让、房屋买卖、房屋赠与及房屋交换。

契税的计税依据是不动产的价格，依不动产的转移方式、定价方法不同，契税计税依据有以下几种情况：

（1）国有土地使用权出让、土地使用权出售、房屋买卖，以成交价格为计税依据。

（2）土地使用权赠与、房屋赠与，由征收机关参照土地使用权出售、房屋买卖的市场价格核定。

（3）土地使用权交换、房屋交换，以所交换的土地使用权、房屋的价格差额为计税依据。

（4）采取分期付款方式购买房屋附属设施土地使用权、房屋所有权的，按合同规定的总价款计征契税；承受的房屋附属设施权属如为单独计价的，按照当地确定的适用税率征收契税。

契税实行3%～5%的幅度税率，具体执行多少由省、自治区、直辖市人民政府视本地区实际情况而定。税法对用于某些特定单位及特定用途的土地、房屋有减、免税的规定，对契税筹划主要是掌握这些税收优惠政策，并加以合理利用。

3. 城镇土地使用税的筹划方法。城镇土地使用税是以城镇土地为征收对象，对拥有土地使用权的单位和个人征收的一种税。

城镇土地使用税的征税范围，包括在城市、县城、建制镇和工矿区内的国家所有和集体所有的土地，不包括农村集体所有的土地。城镇土地使用税是以纳税人实际占用的土地面积为计税依据。它采用定额税率，即采用有幅度的差别税额，按大、中、小城市和县城、建制镇、工矿区分别规定每平方米土地使用税年应纳税额。

由于土地使用税的征税范围与房产税相同，其筹划方法可以借鉴“房产税的税收筹划”。但同时，也应注意到土地使用税自身的一些税收优惠规定的应用。比如，个人所有的居住房屋及院落用地，免税单位职工家属的宿舍用地，集体和个人办的各类学校、医院、托儿所、幼儿园用地等，可享受相应的减免税优惠。

4. 印花税的筹划方法。印花税是对经济活动和经济交往中书立、使用、领受具有法律效力的凭证的单位和个人征收的一种税。其纳税义务人是在中国境内书立、使用、领受印花税法所列举的凭证并应依法履行纳税义务的单位和个人。

印花税的税目共有13个，包括购销合同、加工承揽合同、建设工程勘察设计合同、建筑安装工程承包合同、财产租赁合同、货物运输合同、仓储保管合同、借款合同、财产保险合同、技术合同、产权转移书据、营业账簿及权利、许可证照。其税率为比例税率和定额税率两种。比例税率从0.05‰～1‰不等；定额税率为5元，适用于“权利、许可证照”和“营业账簿”税目中的其他账簿项目。

印花税的计税依据有两种，计税金额和凭证件数。其应纳税额的计算公式为：

适用比例税率的为：应纳税额 = 计税金额 × 比例税率

适用定额税率的为：应纳税额 = 凭证件数 × 固定税额

印花税的筹划可以通过避免成为印花税的纳税人、递延纳税、减少流转环节以及合理压缩合同金额等途径实现，以下仅以压缩合同金额这一最易操作、最实用的方法来举例说明印花税的筹划：

印花税的计税依据是合同上所载的金额，因而出于共同利益，双方或多方当事人可以经过合理筹划，使各项费用及原材料等的金额通过非违法的途径从合同所载金额中得以减除，从而压缩合同的表面金额，达到少缴税款的目的。如企业甲和企业乙欲签订一加工承揽合同，数额较大。由于加工承揽合同的计税依据是加工或承揽收入，而且这里的加工或承揽收入额是指合同中规定的受托方的加工费收入和提供的辅助材料金额之和，因此，如果双方当事人能想办法将辅助材料金额压缩，问题便解决了。具体的做法就是由委托方自己提供辅助材料，如果委托方自己无法提供或是无法完全自己提供，也可以由受托方提供，当然这时的筹划就要分两步进行。第一步，双方签订一份购销合同，由于购销合同适用的税率为0.3‰，比加工承揽合同适用的税率0.5‰要低。只要双方将部分或全部辅助材料先行转移所有权，加工承揽合同和购销合同要缴纳的印花税之和便会下降。第二步便是双方签订加工承揽合同，其合同金额仅包括加工承揽收入，而不包括辅助材料金额。压缩金额筹划法在印花税的筹划中可以广泛的应用，比如互相以物易物的交易合同中，双方当事人尽量互相提供优惠价格，使得合同金额下降到合理的程度。当然这要注意一下限度，以免被税务机关调整价格，最终税负更重，以致得不偿失。

5. 车船税的筹划方法。车船税是指国家对行驶于境内公共道路的车辆和航行于境内河流、湖泊或者领海的船舶，依法征收的一种税。

车船税的征收范围，包括行驶于中国境内公共道路的车辆和航行于中国境内河流、湖泊或领海的船舶两大类。车船使用税实行有幅度的分类定额税率，按年征收，分期缴纳。如果纳税人缴纳车船使用税有困难的，各省均制定了定期减税或者免税的规定，纳税人如果满足条件应注意加以运用。此外，免税单位和纳税单位合用的车辆，能划分者，分别征收或免征车船使用税；不能划分者，一律照章纳税。另外，根据车船使用税暂行条例及其实施细则以及有关法律规定，用于某些特定单位及特定用途的车辆、船舶免征车船使用税的，应注意用好这些优惠政策。

# 第三节　纳税筹划的风险

目前，越来越繁杂的税收政策体系、经济环境和严格的税收征管，增加了纳税筹划的风险。怎么应对这些风险，本节内容将会从纳税筹划风险的分类、产生原因及控制原则三方面进行简单的介绍。

## 一、纳税筹划风险分类

1. 政策风险。纳税筹划是企业利用税收制度中有差异的税收导向政策和激励性开展（其中也包括国家为引导经济的良性运行而故意设置）的税收差异政策，如：所得税税收优惠的宽与广、税率的高与低差异，不同行业、地区的减免税差异，等等。随着税收制度的完善，纳税筹划方案会因政策的变动而变得毫无价值，甚至带来涉税的风险。由于目前我国正处于新一轮的税制改革中，税收政策变动比较频繁，导致税收筹划的结果有很大的不确定性，从而决定了纳税筹划政策风险的存在。由此可见，企业在进行纳税筹划时对政策的选择和利用存在风险。

2. 执法风险。我国税法对具体税收事项常留有一定的弹性空间。如税务机关可以对纳税人处以所偷税款50%以上至5倍以下的罚款等。由于我国面积大，经济情况复杂，税收征管人员多，税务人员业务素质参差不齐，对政策会有不同的理解、不同的贯彻执行方式、不同的执行标准，由此产生的税收政策法规执行的差异，既为企业提供了纳税筹划的空间，也带来了纳税筹划的风险。

3. 市场风险。纳税筹划是市场经济个体——企业的一种经营决策，个体的经济活动必然会受到整体经济环境的影响，很多理论上可行的方案在实践时会变得举步维艰。如，企业在西部开发地区或者民族地区投资经营，可以享受税收优惠政策，但企业会面临投资环境不完善、经济管理手段相对落后、供求关系不稳定、经营风险较高等问题，客观经济环境对纳税筹划方案的影响不容忽视。

4. 操作风险。企业纳税筹划的运行需要一些基本的财务处理技术，包括合理安排收入的确认时间以延期纳税、选择合理的成本计价方式以减低税负水平、费用扣除最大化的费用分类策划、筹资方案评估的成本收益比较等。而这些技术都要依靠企业的财务处理水平。从我国目前纳税人的业务素质来看，纳税人对税收、财务、会计、法律等相关政策和业务的了解及掌握程度并不高，因而其纳税筹划的风险较大。

5. 目标风险。纳税筹划是纳税人根据企业的经营发展预期作出的事前税收安排，要考虑企业的发展目标，选择有助于增加企业整体收益和发展规模经济的税务筹划方案。切忌为筹划而筹划，而没有从企业整体发展战略角度设计。如，有的企业资金紧张，但纳税筹划方案要求其大量涉足新领域，兴办新企业。纳税筹划方案设计不科学，纳税筹划的结果便可想而知。因此，纳税筹划方案应该是一个通盘考虑整体利益而不仅仅是减轻税收负担的决策。

## 二、纳税筹划风险产生的原因

### （一）税收筹划方案实施环境的不确定性

税收筹划方案是在特定环境下制定并实施。税收筹划环境至少应当包括内部环境和外部环境。内部环境是指纳税人自身的条件。纳税人为了获取税收利益，必须使企业的经营环境符合税收法律的特殊规定，这在一定程度上影响了企业经营的灵活性，从而增加企业经营机会成本。另外，当企业本身的经营项目发生变化时，纳税人就可能失去享受税收优惠的特定条件，从而无法享受税收经济利益。外部环境主要是指税收法律。税收政策并不是一成不变的，需要根据经济发展的需要做出调整，这在一定程度上增加了企业税收筹划风险。

### （二）纳税人业务水平不高

在税收筹划过程中，纳税人主要根据其对税收政策、税收筹划条件等的认识和判断来制定和实施税收筹划方案。因此，纳税人的业务水平越高，对财务、税务、会计、法律等相关政策越熟悉，税收筹划成功的可能性越大。目前，我国有些纳税人对相关政策以及业务本身的了解与掌握程度不高，难以达到纳税筹划预期的效果。

### （三）纳税人与税务机关权利与义务不对等

根据税收法律规定，纳税人与税务机关作为税收法律关系的权力主体，具有相应的权利和义务。纳税人在履行纳税义务的同时，拥有税收筹划权。但由于税务机关与纳税人之间是行政管理者与被管理者之间的关系，双方的权利与义务并不是对等的，即从某种程度上来说，税务机关是税收筹划的规则制定者，具有主动权。因此，如果税务机关修改相关税收法律而纳税人不能及时进行调整，那么纳税人将遭受损失。

### （四）纳税人与税务机关对税收筹划方案合法性的认定存在差异

税收筹划的首要原则就是坚持合法性。但税收筹划方案是否合法，在很大程度上取决于税务机关对税收筹划方案的认定。首先，由于税法对于大多数税种只做了一些基本规定，并没有设置具体的税收条款，从而使税务机关在对税收筹划方案合法性的认定中可能存在偏差。在一定的范围内，税务机关拥有自由裁量权。在纳税人与税务机关对税收筹划方案认定不同时，即使纳税人具有充分合理的理由，税务机关也可以利用“税法解释权归税务机关”而加以否定。其次，税收执法人员的专业判断也是导致征纳双方认定偏差的一个重要因素。

## 三、纳税筹划风险控制原则

正视税收筹划风险的客观存在，是为了纳税人更好地进行税收筹划。为了控制筹划风险，提高筹划利益，在具体进行筹划行为时除了讲究筹划方式方法外，还应遵循以下原则：

### （一）坚持合法性

依法纳税是每个公民应尽的义务，而进行税收筹划也是纳税人应有的权利。税收筹划应合法，这是税收筹划赖以生存的前提条件。税收筹划的合法性，具体包含三个方面的内容：首先，必须符合税收政策的引导趋势，进行积极的税收筹划，使得企业在享受有关税收优惠的同时，也顺应了国家宏观调控经济的意图；其次，操作过程中要注意“度”的把握，认识并划清与漏税、逃税、骗税、避税等其他减税方式之间的界限，坚持合法筹划，防止违法减税；再次，纳税人开展税收筹划，需要具备自我保护意识。既然税收筹划要在不违法或非违法的前提下进行，那么筹划行为离不合法的距离越远越好，这就是纳税人的一种自我保护意识。纳税人为了更好地实现自我保护，需要注意以下四点：

1. 增强法制观念；
2. 熟练掌握税收法律和法规；
3. 熟练掌握有关的会计处理技巧；
4. 熟练掌握有关税收筹划技巧。

### （二）保持适度的灵活性

由于企业所处的经济环境千差万别，加之税收政策和税收筹划的主、客观条件时刻处于变化之中，这就要求税收筹划时，要根据企业具体的实际情况，制定税收筹划方案，并保持相当的灵活性，以便随着国家税制、税法、相关的法规的改变及预期经济活动的变化随时调整项目投资，进行节税的应变调整，保证税收筹划目标的实现。

### （三）重视货币的时间价值

税收筹划的节税目标有两种表现形式：一是应缴纳税款绝对额的减少；二是延缓税款的实际缴纳时间，获得货币时间价值。前者的节税效果较为明显，易得到重视，后者的节税效果则较为隐蔽，容易被忽略。实际上这两者同等重要。现代企业的发展，不仅依赖于企业的积累水平，同时也有赖于已有资金的利用效果。延缓缴纳税款，虽然最终实际缴纳的税款没有减少，但缴纳时间的递延，可使企业无偿获得递延期间这部分税款资金的使用权，从而摊薄资金的使用成本，提高资金使用效率，同样达到节税目标。

### （四）树立风险意识，立足于事先防范

从事税收筹划的专业人员首先要树立税收筹划的风险意识，在接受委托时，要向委托人和接受筹划的纳税人说明税收筹划的潜在风险，并在委托合同中就有关风险问题签署具体条款，从而对或有风险有一个事先约定，减少可能发生的经济纠纷。在进行税收筹划过程中，要注意相关政策的综合运用，从多方位、多视角对所筹划的项目的合法性、合理性和企业的综合效益进行充分论证，随时随地注意税收筹划的风险防范。

### （五）努力提供一个适应税收筹划事业发展的社会环境

1. 税务机关要坚持依法治税，做到有法可依、有法必依、执法必严、违法必究，这就为税收筹划提供了一个良好的法律环境，从而激发税收筹划的社会需要。

2. 加强税收筹划理论的研究。税收筹划在西方发达的市场经济国家发展得已经比较成熟了，而在我国还仅仅是开始，还没有形成适应中国特色的市场经济的税收筹划理论。因此应该加强理论研究，尽快建立一套符合我国实际的税收筹划理论体系，以便指导税收筹划实践。

3. 加强税收筹划的宣传工作，造就一个有利于开展税收筹划活动的社会氛围。税收筹划不是偷税，也不是避税。但是现实中人们往往无法将其作适当的区分而一概加以反对，这显然不利于税收筹划事业能够顺利发展。

### （六）加强联系

加强与当地税务机关的联系，充分了解当地税务征管的特征和具体要求。进行税收筹划，由于许多活动是在法律的边界运作，税收筹划人员很难准确把握其确切的界限，有些问题在概念的界定上本来就很模糊，比如税收筹划与避税的区别等。况且各地的具体征管方式有所不同，税收执法部门拥有较大的自由裁量权。这就要求税收筹划人员在正确理解税收政策的规定性，正确应用财会知识的同时，随时关注当地税务机关税收征管的特点和具体方法。如果不能适应主管税务机关的管理特点，或者税收筹划方案不能得到当地主管税务部门的认可，就难以体现它应有的收益。聘请税收筹划专家，提高税收筹划的权威性和可靠性。

税收筹划是一门综合性学科，涉及税收、会计、财务、企业管理、经营管理等多方面知识，其专业性相当强，需要专业技能较好的专家来操作。因此对于综合性的税收筹划，聘请税收筹划的专业人士可以进一步的降低税收筹划的风险。

# 第四章

# 退休养老规划

**学习目标**

通过本章的学习，理财划划师应当能够根据客户的退休养老信息，分析客户的退休养老需求，学会制定退休养老规划方案。

**本章结构**

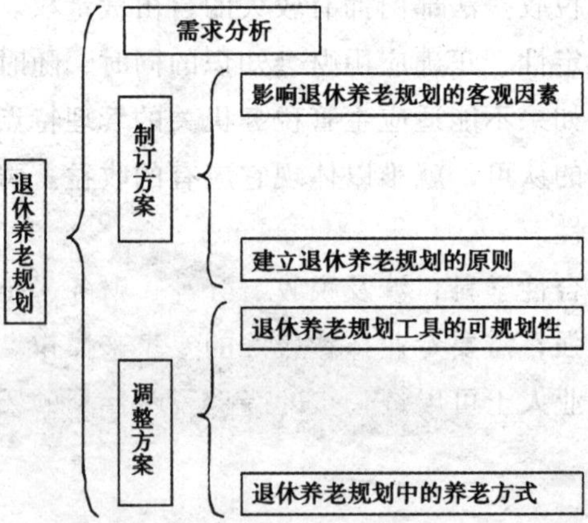

**本章重点与难点**

**重点：**

1. 养老规划需求分析及工作程序
2. 养老规划方案制定及工作程序
3. 影响退休养老规划的客观因素
4. 建立退休养老规划的原则
5. 养老规划方案调整及工作程序

**难点：**

1. 退休养老规划的相关计算
2. 预测退休目标
3. 预测退休后资金需求
4. 预测退休后收入来源
5. 计算退休金缺口
6. 制定并调整方案

# 第一节　需求分析

人的一生绝大多数的现金流入都取决于他所从事的职业。不同的职业、不同的职业地位，决定了人们不同的财富地位。如果说客户的资产是鸡蛋，那么他的职业就是那只下蛋的母鸡。作为客户财富管家的理财规划师，不仅要帮助客户管理财富，还要帮助他们找到最适合且能最大限度增加财富的职业渠道。可见，职业规划是一切理财规划的基础，也可以说是理财规划的最高境界。

1. 什么是职业规划。职业规划是涉及人一生的过程，包括职业定位，寻找工作，职业成长，更换工作和最终的退休。其目的是帮助人们找到最佳的职业发展方向，在精神和物质上获得最大的满足。理财规划师关注的是客户财富的增减和现金流的出入，不可避免地要涉及客户的职业及其发展问题。尤其为客户提供的有关养老规划的建议，基本上都是建立在对未来职业和现金流的预期上。客户在职业发展上的任何变动，都会直接影响到规划书的准确性。帮助客户在职业上实现更好的发展，从而形成财务上的优势，是理财规划师的工作内容之一。因此职业规划是理财规划师的必备技能。

2. 职业规划的理论回顾。

（1）Ginsberg，Ginsburg，Axelred and Herma 理论。该理论认为主要有四个因素影响职业选择：现实需要，教育因素，情感因素和个人价值。它假设职业选择是一个发展的过程。这种过程起源于人的幼年，结束于青年时期。在这个过程中个体要经过三个阶段：幻想阶段、试验阶段和现实阶段。

在幻想阶段，儿童自由地幻想各种职业选择。并在这个过程中，开始更加偏爱某些活动，这种偏爱和他未来的职业选择是密切相关的。

试验阶段开始于人的童年时期，直到高中毕业。青少年们开始进一步确认自己的兴趣所在，且有能力对某一职业选择进行评判。试验阶段是一个过渡的过程，通过这个阶段的努力和积累，青少年们开始了他们职业选择的过程，并意识到这种选择的结果和责任。

现实阶段横跨了青少年中期和青年时期，它也有三个阶段：探索阶段、具体化阶段和实施阶段。在探索阶段，青年们开始将他们的职业选择限制在个人喜好、技术和能力上。在具体化阶段，一个具体的职业选择被确定。并在接下来的实施阶段，开始选择能够实现这个职业目标的教育。

这个理论虽然描述了实现职业选择过程中，产生、发展、社会分类的过程，却无法符合所有青年进行职业选择的情况。

（2）职业选择的 Super 理论。Donald Super 创建了一种具有六个阶段的职业选择理论，这六个阶段是：

①具体化阶段年龄：14～18 岁

②明细化阶段年龄：18～21 岁

③实施阶段年龄：21～24 岁

④确定阶段年龄：24～35 岁

⑤巩固阶段年龄：35 岁

⑥退休准备阶段年龄：55 岁

Super 理论最重要的一个贡献是它强调了在职业选择过程中个人观念的重要性，他认为由于经历的累积，个人观念在人的一生中不断的改变和发展。人们一次次成功的更新他们的人生定位，并将它们应用在职业选择过程中。

虽然这个理论为职业选择的专业研究提供了理论基础，但是它忽略了妇女、不同种族和贫穷的因素，因此随着职业选择理论的发展，这个理论也渐渐不能适应形势。

（3）约翰·霍伦（Johnv Holland）的职业象征论。约翰·霍伦的理论是建立在他称之为人生定位这一概念的基础之上的，在他的理论中人生定位被解释为是建立在遗传和对环境需求进行反应的个人生命历史之上的一种发展过程。简单来说，人之所以会被某一种特别的职业所吸引，是因为它满足了他们的个人需求，并提供了自我满足感。

霍伦的理论建立在四种假设之上：①在我们的文化中，人可以被归类为现实型、钻研型、艺术型、社会型、冒险型和传统型中的一种。②同时也存在着六种相对应的环境模型：现实型、钻研型、艺术型、社会型、冒险型和传统型。③人们寻找着能锻炼自己的技术和能力的环境，表现他们的观点和价值，并承担合理的问题和角色。④个性和环境决定行为。霍伦创建了一种六边模型来说明个性和所占据的环境之间的关系。大量的研究都支持霍伦的职业象征论，但也有不同意见，其中最重要的一个是建立在偏见的产生的基础之上的，因为妇女通常只产生三种个性类型：艺术型、社会型和传统型。霍伦将这归结为社会因素，认为是社会最终将妇女引导到那些"妇女主宰"的职业中去的。

（4）兰特、布朗和 Hackett 社会认识职业理论。这一理论产生于阿尔伯特·班杜拉的社会认识论，并试图说明文化、性别、遗传天赋、社会关系和不可预料的人生事件这些可能影响和改变职业选择努力的因素。它着重研究个人效力、结果、预期和个人目标对个人职业选择的影响。

这一理论假设职业选择被个人发展的信念所影响，并通过以下四个主要的渠道进行改变：①个人成就；②替代学习；③社会同化；④生理状态和反应。所有这些方面是通过个人努力获得能力、取得成功，并通过以后继续使用这一能力获得进一步的成功来加强效力或信念这一过程来影响职业选择。这使人们更倾向于发展包含这种行为和努力的目标。通过这种从童年一直持续到成年时期的进化过程，一个人将他的视野固定在这种能获得成功的努力之上，并最终形成职业规划或目标。对于这一"成功"过程至关重要的是，人们将这种努力或行为看作能给他们带来成功和满足感的努力和行为。上述因素正是通过影响人们对成功可能性的领悟来影响职业规划的。如果人们对成功的实现感到很少的障碍，就会确定职业的选择；但如果成功路上的障碍巨大，人们对这一选择的兴趣就会减少。

对于青少年来说，大部分人确信一种职业能够带来成功，并因此感到在这一领域自己有着很大的能力。随着学习经历的增多，他渐渐形成了更深程度的能力，并因此影响着个人的自我效用和成功的信念，人们的职业兴趣和选择总是在这种形成与重塑中进行。

社会认识理论因其动态性质而有别于大部分现存的职业理论，正是由于它关注个人系统和个人信念，社会和经济在职业选择中的影响才渐渐被掌握。

3. 进行职业规划的过程。职业选择是整体职业规划中最为重要的阶段，主要包括以下四个步骤，一个人既可以在专业人士的辅导下，也可以自主进行规划。

（1）个人。搜集有关个人的全部信息，包括：①兴趣爱好；②价值评判；③角色定位；④技能情况；⑤喜欢的环境；⑥对职业发展的需要；⑦现实情况。

（2）选择。①要在你所感兴趣的领域选择职业；②调查你所喜欢的行业的状况；③研究人才市场；在缩小你的选择范围后，进一步搜集信息；①兼职、合作和成为志愿者的机会；②撰写材料；③通过面谈搜集信息。

（3）匹配。在这一过程中，你需要：①确认可能的工作；②评估这些工作；③研究可替代的选择；④同时进行长期和短期的选择。

（4）行动。为了实现你的目标，你需要：①如果有必要，寻找额外培训和教育的机会；②制定一个寻找工作的策略；③撰写你的简历；④搜集公司的信息；⑤递上简历；⑥准备面试。很多人在他的一生中都会更换三次到五次工作。其中一个原因是人们经常无法作出科学的职业选择，只有科学的职业选择才能保证你的选择是最适合的。即使是按照上面所有的步骤进行，并选择了一个适合自己的职业，也无法保证这一选择永远都是最好的。在更换工作时，人们要充分考虑到自己的资产负债状况，以防止发生财务危机。

4. 职业规划与理财。理财规划师毕竟不是专业的职业规划师，在对客户进行职业建议时，更看重的是客户现在和未来的财务状况，以及职业选择所能带来的现金流。理财规划师对客户的职业建议应该包括：

（1）需要。询问客户的兴趣爱好和希望发展的方向，确定职业发展范围。这包括分析客户的教育背景、兴趣爱好、所具有的技术和能力。可以让客户写下 10 条未来 5 年认为自己应做的事情，要确切，但不要有限制和顾虑哪些是自己做不到的，给头脑以充分空间。可以通过句子：“我死的时候会满足，如果……”想象假设你马上将不在人世，什么样的成绩、地位、金钱、家庭、社会责任状况能让你满足。根据客户的这些期望，可以反向推算出为了实现期望，所需要的资产数量，从而估计出客户需要在工作上取得成就的大小。

（2）SWOT（优势/劣势/机遇/挑战）分析。试着让客户分析自己的性格、所处环境的优势和劣势。以及一生中可能会有哪些机遇，职业生涯中可能有哪些威胁。这主要是试着让客户明确“我在哪儿”这个问题。

（3）分析资产负债表。制定客户的资产负债表，深入分析财务状况，列出未来可能会出现的财务危机。编制为了满足客户的未来预期所需要的财务报表，分析其中的差异，从而决定客户的职业发展和投资结构。

（4）使职业选择清晰化。根据客户认定的需求，他的优势、劣势、可能的机遇来勾画客户长期和短期的目标。例如，如果分析客户的需求是想进行研究工作，赚很多钱，有很好的社会地位，则他可选的职业道路会明晰起来。比如可以选择成为公司的研发专家，这要求他的优势包括丰富的专业知识和经验，优秀的团队合作技能和交流沟通技能。在这个长期目标的基础上，可以制定自己短期目标来一步步实现。

(5) 阻碍。写下阻碍客户达到目标的个性上的缺点，所处环境中的劣势。这些缺点一定是和客户的目标有联系的，而并不是分析自己所有的缺点。他们可能是客户的素质方面、知识方面、能力方面、创造力方面、财力方面或是行为习惯方面的不足。

(6) 制订提升计划。帮助客户写下要克服这些不足所需的行动计划。要明确，要有期限。可能会需要掌握某些新的技能，提高某些已经拥有的技能，或学习新的知识。

(7) 寻求帮助。建议客户针对自己的缺点，寻求父母、老师、朋友、上级主管和专业人士的帮助，以期更好的实现职业选择。

(8) 寻求提升。如果客户需要的是在现有的职位上获得进一步的提升，可以建议客户列出公司对他的要求和期望。做出哪种贡献可以在公司中脱颖而出？大部分人在长期的工作中趋于麻木，对自己的角色并不清晰。但是，就像任何产品在市场中要有其特色的定位和卖点一样，个人也要做些事情，一些相关的、有意义和影响但又不落俗套的事情，让这个公司知道你的存在，认可你的价值和成绩。成功的人士会不断对照公司的投入来评估自己的产出价值，并保持自己的贡献在公司的要求之上。

(9) 区分人生不同时期，不同性别，不同种族的差异。人生不同的时期，对职业上的要求有很大的不同。例如青年时期，又称为财务独立时期。对于青年来说，选择合适的职业发展方向和工作，从而脱离家庭，实现财务独立是最为重要的，这一时期所作的选择往往影响日后的整体发展，因此，理财规划师要帮助客户进行一生的财务预期，从而选择出合适的职业发展道路。

中年时期，由于有家庭和子女的压力，此时保证工作的稳定和发展是最为重要的，在客户没有很好的财务基础的情况下，应建议客户尽量不要辞职或进行职业上的冒险。并建议客户尽早为退休生活进行安排，对不足的部分可以通过职业上的发展和适当的投资策略进行补足。

在现代的中国，女性寻找工作仍旧比较困难，如果理财规划师面对的是一位女性客户，在对她进行职业发展上的建议时要注意考虑女性所特有的优势和劣势，从而使职业规划建议更具有可行性。目前，越来越多的外籍人士在中国工作，他们的职业发展道路通常与中国本土人士有很大的差异，这也是理财规划师所必须要考虑的。

总之，理财规划师在为客户提供职业建议时，一定要根据客户的实际情况，具体分析，不可套用程序或理论。职业规划本身就是一个十分重视个性的过程，任何脱离实际的建议，都可能导致全部职业规划甚至是理财规划建议的崩溃。

## 工作要求

### 工作程序

为了保证退休养老规划的准确性和有效性，首先应当结合客户的职业规划分析客户的退休养老需求。在分析客户的退休养老需求时，应当遵循以下几个步骤：

第一步，确定退休目标。

退休目标是指人们所追求的退休之后的一种生活状态。我们可以将确定退休目标分解成两个因素：退休年龄和退休后生活质量要求。

1. 退休年龄。对理财规划师来说，估计客户的退休年龄是非常重要的。因为确定了退休年龄就意味着确定了客户的剩余工作时间，从而为结合退休目标进而确定储蓄率奠定基础。根据相关法律法规，国家法定的企业职工退休年龄是男性年满 60 周岁，女工人年满 50 周岁，女干部年满 55 周岁。自由职业者的退休年龄国家没有强制性的规定，往往更加灵活。但是，随着中国人口老龄化趋势的发展，在总体上存在着推迟退休年龄的趋势。经济的景气状况以及自身的精神和身体状况也会对客户的退休年龄产生影响。如果客户较早地退休，他将不可避免地面对经济压力。

2. 退休后生活质量要求。客户的生活方式和生活质量要求应当是建立在对收入和支出进行合理规划的基础上，不切实际的高标准只能让客户的退休生活更加困难。在制定退休养老规划时，理财规划师要特别警惕客户为了短期利益而损坏退休生活的行为。应当指出，客户在退休年龄和退休后生活质量两方面的要求并不是孤立的，二者之间相互关联，例如客户在为了获得更多的时间享受退休生活，可能不得不降低退休后生活质量要求，而客户为了追求更高质量的退休生活，则必须延长工作时间，推迟退休年龄。

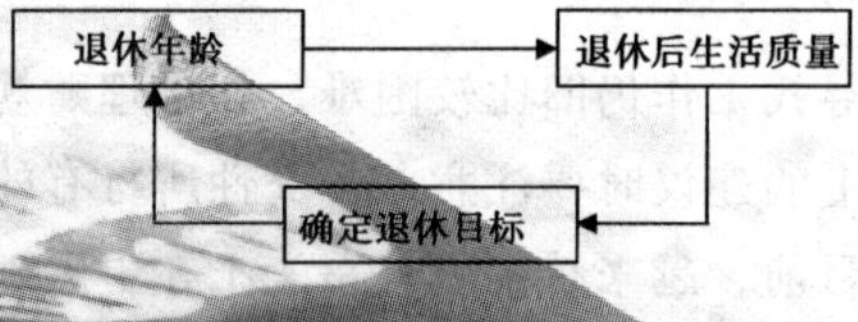


图 4－1　客户的退休目标

第二步，从退休后的支出角度预测资金需求。

退休后到底还可以活多久非个人所能控制，退休后的预期余寿并不是简单地用平均死亡年龄减退休年龄，每个人可以根据自己的健康状况或家族是否有长寿的遗传因素估计自己终老年龄。值得注意的是，退休后所面临的风险并不是死得太早的风险，而是活得太久以致于生活费用不够用的风险。因此，越保守的人应该假设自己能活得越长。比如说，超过了平均年龄，或超过了平均余寿，甚至假设自己可以活到 90 岁，并以此为基础，计算自己的退休总需求。由于医学科技的迅猛发展，应当充分考虑未来人类寿命普遍大幅提高带来的养老支出问题。

退休后选择不同的生活状态必然对应着不同的资金需求。确定了退休目标之后，就应当进一步地预测退休后的资金需求。进行这一预测的简单方法就是以当前的支出水平和支出结构为依据，将通货膨胀等各种因素考虑进来之后分析退休后的支出水平和支出结构的变化。这样，按差额调整以后，就大体得到了退休后的资金需求。当然，在预测资金需求时，不可能非常准确，因为许多不确定性的因素都会存在，理财规划师所能做的就是根据自己的专业知识进行大体估算。

每个家庭的消费习惯不同，但同一个家庭的消费习惯并不会因退休而有大幅改变。假使客户现在就有记录家庭收支的习惯，通过目前支出细目的相应调整来编制退休后的支出预算，会让退休后的生活目标更容易实现，具体来说，在调整的时候可遵循以下四个原则：

（1）按照目前家庭人口数与退休后家庭人口数的差异调整膳食和购买衣物的费用。如假设现在的家庭是上有两位父母，下有一个儿子和女儿的六口家庭，预计退休后，子女已经独立，因此生活费用可以按四人计算。

（2）去除退休前可支付完毕的负担，如子女的高等教育费用、房屋还贷每月应摊的本息、限期缴纳的保险费等都应该在还有工作收入时负担完毕，计算退休费用时可以将这些费用从现有费用中减除。

（3）减去因工作而必须额外支出的费用，如交通费和上班衣着费用。

（4）加上退休后根据规划而增加的休闲费用及因年老而增加的医疗费用。调整完以后的费用就是根据目前的价格水平所计算出来的退休时所要花费的费用，然后再参考过去年度的物价变化，设定通货膨胀率，最后就可以测算出退休后第一年的生活费用。

根据上面的程序算出来的只是退休后第一年的生活费用，随着人均寿命的延长，退休生活的年限逐渐增加，而且越早退休其退休后的生活期间越长。退休时要准备多少钱才能安度余生？最简单的算法是，不考虑这笔钱的投资收益率与以后每年通货膨胀率，或假设两者相互抵消，则退休时需准备的退休养老基金应该等于退休后第一年的生活费用乘以退休后余寿。

假设在 60 岁退休第一年的支出达到 10 万元，退休后若以 80 岁终老估计还可生存

20年，简单估算退休时需准备的退休养老基金为200万元（10万×20年）。

【例4-1】假设欧阳先生从事特殊行业，按照国家规定可以在55岁退休，妻子李某为银行职员，同样是55岁退休。夫妇俩同岁，距离退休还有20年，目前支出结构和规模如表4-1第二栏所示。为了对退休后的生活费用进行估计，理财规划师先根据退休后的预测按照目前的价格水平对支出结构和规模进行调整，如表4-1第三栏所示。假设通货膨胀率为3%，则调整后的4万元支出水平的购买力在退休后第一年与72244元的购买力等价（在计算这一步的时候，可以设N=20，I/Y=3，P=-40000，CPT F≈72244.45）。

表4-1　　退休后第一年生活费用的估计

| 项目（元） | 目前支出（万元） | 退休调整（万元） | 通货膨胀率 | 退休时终值（元） |
|---|---|---|---|---|
| 饮食 | 1 | 1 | 3% | 72244 |
| 衣物 | 0.5 | 0.3 | | |
| 交通 | 0.5 | 0.3 | | |
| 休闲 | 0.5 | 0.7 | | |
| 医疗 | 0.5 | 0.7 | | |
| 保费、房贷 | 2 | 0 | | |
| 子女教育 | 1 | 0 | | |
| 其他 | 1 | 1 | | |
| 合计 | 7 | 4 | | |

假设欧阳夫妇退休后的余寿为25年，则欧阳夫妇退休后所需退休养老基金的计算如下：

假设退休养老基金的投资收益率和通货膨胀率相抵消，则：

退休养老基金=72244×25=1806100（元）

也就是说，从欧阳夫妇刚刚退休这一时点看，也就是55岁时，夫妇俩需要1806100元的退休养老基金。

为什么上例中的退休养老基金等于1806100元（72244×25）呢？

在计算退休养老基金的时候，最简单的算法是，不考虑这笔钱的投资收益率与以后每年通货膨胀率，退休时需准备的退休养老基金应该等于退休后第一年的生活费用乘以退休后余寿。为什么是这样呢？这种逻辑背后有一个简单的数学道理，如图4-2所示。

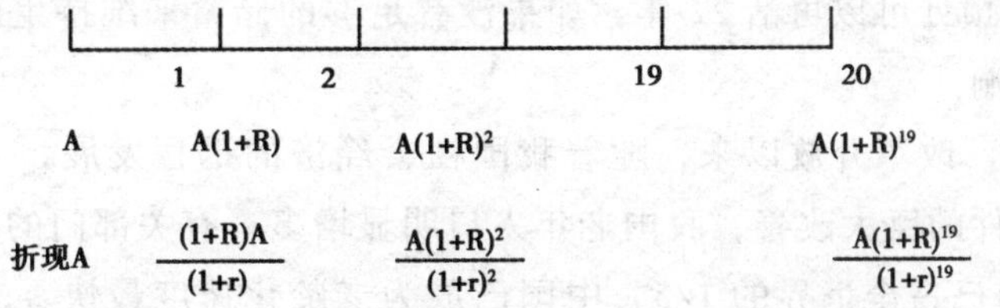


图 4－2　退休养老基金简单计算方法的数学推导

假设退休后第一年初即从退休养老基金中拿出 A 元用于第一年的退休生活之用。假设通货膨胀率为 R，则为保证同样的购买力，在第二年初需要拿 A（1 + R）。依此类推，第三年需要拿出 $A(1+R)^2$，第十九年年末需要拿出 $A(1+R)^{19}$。由于这笔钱是从退休养老基金中拿出，假设退休养老基金的收益率为 r，同时还假设 R = r，则将每年从退休养老基金中拿出的资金折现至第一年年初均为 A，进而折现值的总和为 20 × A。

当然，在假设退休后的退休养老基金的投资收益率和通货膨胀率相同时才采取上面那种简易的计算方法。在退休养老基金的投资收益率和通货膨胀率不同时，计算退休养老基金在退休时刻的折现值就更为复杂。

## 第二节　制订方案

### 一、影响退休养老规划的客观因素

任何一项退休养老规划都必须充分考虑经济社会发展等客观因素的影响，这些不以个人意志为转移的影响因素大致可以包括以下几个方面：

1. 退休时间。有些人会因为种种原因而提早退休，如工作太过劳累，对工作产生了厌恶情绪，健康状况不佳，家庭问题或者干脆是为了提前享受等等。此外，在某些情况下，雇主可能出于降低成本等考虑而推出提前退休的养老规划鼓励员工提早退休。

2. 性别差异。当代的职业妇女正大批涌入各种新兴领域（如金融证券领域），但是当她们退休时仍会发现其储蓄还是远远不够。根据美林证券公司的出生—工作—退休指数显示，一个年收入 3 万美金无传统养老金的单身妇女在 35 岁时需储蓄 31357 美金，从而使其到 65 岁退休时，能过上舒适生活。但是在同样情况下，一个男人只需要储蓄上述金额的 1/3，即 11881 美元，就够了。造成这种差别的原因之一是妇女的平均寿命比男人长 7 年，因此妇女需要更多的现金来应付这多出来的几年时间。在我国，一个

55 岁退休的妇女预计可以再活 22 年，如果没有足够的储蓄来维持生活的话，她的退休生活将会受到影响。

3. 人口结构。改革开放以来，随着我国社会经济的迅猛发展，人们生活水平的提高和医疗卫生条件的巨大改善，我国老年人口明显增多。有关部门的资料显示，目前我国 60 岁以上人口已占全世界的 1/5，中国已成为老龄化速度最快、老年人口最多的国家。到 2020 年，我国老年人口的比重将从现在的 7% 上升到 11.8%，预测当峰值到来时，65 岁以上老人比例将达到 23%。特别引人注目的还有高龄化问题——到 21 世纪中叶 80 岁及以上的老年人将可能超过 1 亿人，是现在老龄人口的 10 倍左右。在不少人眼中，老龄化就是沉重的负担，甚至一些老年人也认为自己正在成为社会的包袱，产生了巨大的心理压力。不仅如此，老龄化问题还带来一定的经济问题，社保养老基金在目前情况下已出现"空账"运行的状态，随着老年社会的到来和社保基金支出的增加，问题将会更加严重。因此，在此情况之下更应该提前进行退休养老规划。

4. 经济运行周期。虽然，在经济处于繁荣期积累的退休储蓄是有利的，反之则是不利的。但对于已经开始退休生活的人而言，经济周期的更替将改变其相对经济地位，进而影响其社会地位。具体到中国的情形，20 多年来，中国经济保持了持续高速增长，这在很大程度上得益于经济体制转轨带来的制度创新收益。随着市场经济体制的逐步确立，从长期来看，中国经济很可能会在今后一个时期从高速增长逐步过渡到平稳增长，显然这种情形对当前正处于积累退休储蓄的个人而言是有利的。因而这也可能正是当前我国居民进行个人退休养老规划时最有利的外部条件。

5. 利率及通货膨胀的长期趋势。根据简单的（复利）公式，利率对投资品价值的影响是不言而喻的，有时甚至是最主要的决定因素。此外，由于利率常常与通货膨胀率联动，因此利率的长期走势还将与物价因素一起影响个人退休的生活品质。

## 二、建立退休养老规划的原则

### （一）及早规划原则

要使退休后的生活过得丰富且有意义，就要未雨绸缪，预作规划与安排。准备养老基金，就好比攀登山峰一样，同样一笔养老费用，如果 25 岁就开始准备，好比轻装登峰，不觉有负担，一路轻松愉快地直上顶峰；要是 40 岁才开始，可能就会感到有些吃力，犹如背负背包，气喘吁吁才能登上顶峰；若是到 50 岁才想到准备的话，就好像扛着沉重负担去攀登悬崖一样，非常辛苦，甚至会力不从心。步入老年就像是访问另一个国度，如果在访问之前有充分的准备，你就更能享受它。这里有个例子，张三在 22 岁到 27 岁（岁末）之间每年拿出 2000 元用于投资，假设投资收益率为 12%，并且在 28

岁到62岁之间不进行投资，则从22岁到27岁6年之间12000元的投资额在62岁时（岁末）可以增值到856957元。李四在28岁到62岁之间每年拿出2000元用于投资，同样假设投资收益率为12%，则从28岁到62岁（岁末）35年间的投资在62岁（岁末）时可以增值到863327元。比较张三和李四两个人的投资方法，张三投资的时间较早，李四投资的时间较晚；张三投资了6年，总投资额为12000元，李四投资了35年，总投资额为70000元；但两人最终投资的结果却是差不多的。由此，可以得出结论，退休养老规划准备得早，可以使资金的使用达到事半功倍的效果。在条件允许的情况下，进行早期的强制性的储蓄是非常必要的。

**（二）弹性化原则**

退休养老规划的制定，应当视个人的身心需求及实践能力而定，若发现拟定的目标高远、窒碍难行，那么可以适当的调整一下，取而代之的是可行的策略与目标。同时，在规划未来退休生涯的目标时，可能会遇到一些未定的事件，比如，很可能未来十几年或者更长时间的经济不景气导致投资收益率下降，或者，由于所在工作单位近期效益不佳，导致收入水平的下降，等等。因此，退休养老规划应具有弹性或缓冲性，以确保能根据环境的变动而作出相应调整，以增加其适应性。

**（三）退休基金使用的收益化原则**

为了保证退休后的生活，比较传统的做法就是增加储蓄。事实上，在增加储蓄的时候，应当注意这部分储蓄的收益大小，因为任何资金都是有时间价值的。准备的退休基金在投资中应遵循稳健性的原则，但是这并不意味着要放弃退休基金进行投资的收益。通常，投资者总是在稳健性和收益性之间寻求一个折中方案，在保持稳健性的前提下，寻求收益的最大化。

**（四）谨慎性原则**

一些客户对自己退休后的经济状况过于乐观，他们或者高估了退休后的收入，或者低估了退休后的开支，在退休养老规划过程中过于吝啬，不愿动用太多的财务资源。造成这种乐观估计的原因有多种，例如，他们认为退休后的社会保障、企业年金和储蓄足以保障自己的养老生活，认为退休后的开支会显著下降，认为医疗保障会承担所有的医疗费用，等等。当然，客户在退休计划上的吝啬表现也可能是因为别的原因，比如，家庭负担过重或者个人的生活方式不同（有些人崇尚及时行乐，而较少考虑未来）。综上所述，在制定退休养老规划的过程中，应当本着谨慎性的原则，多估计些支出，少估计些收入，使退休后的生活有更多的财务资源。

## 工作要求

### 工作程序

上一节对客户的退休养老需求进行了分析，在此基础上就是预测客户的退休收入，并且找到退休后的资金需求和退休后的收入之间的差别，进而制定详尽的退休规划。

第一步，预测退休收入。

客户的退休生活最终都要以一定的收入来源为基础。事实上，客户的退休收入包括社会保障、企业年金、商业保险、投资收益和兼职工作其他收入等，如图4－3所示。

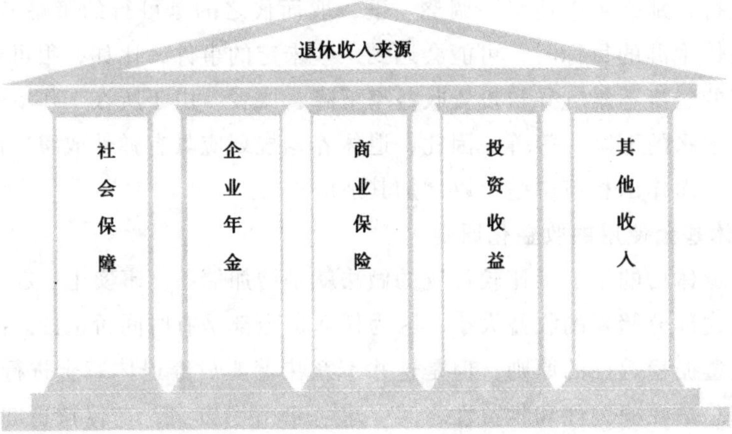


图 4－3 客户退休收入的来源

对客户退休收入的预测主要是基于客户当前的退休养老规划。通常来说，客户在向理财规划师求助之前已经有了一个初步的退休养老规划。此时，理财规划师应当对当前的方案进行全面的评估，并且根据具体的资产分配状况和预期的未来经济环境，对客户的退休收入进行大体的测算。通常，客户与理财规划师对退休收入的估计会有一定的差距。这一方面是因为客户对自己选择的退休养老规划方案往往相对乐观，另一方面则是因为客户在退休养老规划方面的经验和知识相对缺乏。事实上，由于退休养老规划往往涉及较长的时期，不确定因素很多，理财规划师对客户退休收入的估计也难免会出现一定的偏差，从而影响到退休养老规划方案的准确性。因此，理财规划师在预测客户退休收入时不应过分强调准确，而应充分利用理财规划师的专业判断。

需要注意的是，在预测退休后收入的时候，不仅需要将在退休收入在不同时点的额度预测出来，而且需要将退休后的收入额度折现至退休后的时刻，也就是考虑到货币时间价值后的折现值。在计算退休后折现值的时候需要使用恰当的折现率，这个折现率应该使用退休基金的投资收益率。

**【例4-2】**张某夫妇打算20年后退休，于是现在想对将来的退休生活做一下规划，他们根据自身的健康状况，设定退休后能生存25年。另外，估计退休后每年大概能得到40000元左右的退休金。则如果将这笔资金折现至刚刚退休的时候，那么，张某夫妇能够得到多少退休金的现值（假设折现率为3%）？

假设每年得到的40000元发生在退休后每一年的年初。使用财务计算器，可以计算如下：

可以先设置先付年金模式，然后设：N=25，I/Y=3，PMT=40000，CPT PV≈-717421.68也就是说，退休后每年的退休收入折现至刚退休的时候，其折现值为717421.68元。

特别提示：

在计算这一类题的时候，往往有几个假设：（1）将每年不规律的收入假设为规律的收入，如题目中将每年的收入假设为40000元。当然，实际生活中的收入并不是这么有规律性的。（2）将每年的收入值假设为发生在每一年的年初或年末。当然，具体在年初还是年末要根据题目要求。

客户退休的收入情况往往是不确定的。如果客户参加的是国家基本养老保险，则其退休后领取的基本养老保险金的名义值可能是每年小幅度增加的，具体的增加幅度也是不确定的。例如，根据《国务院关于完善企业职工基本养老保险制度的决定》（国发[2005]38号），“《国务院关于建立统一的企业职工基本养老保险制度的决定》（国发[1997]26号）实施后参加工作、缴费年限（含视同缴费年限，下同）累计满15年的人员，退休后按月发给基本养老金。基本养老金由基础养老金和个人账户养老金组成。退休时的基础养老金月标准以当地上年度在岗职工月平均工资和本人指数化月平均缴费工资的平均值为基数，缴费每满1年发给1%。个人账户养老金月标准为个人账户储存额除以计发月数，计发月数根据职工退休时城镇人口平均预期寿命、本人退休年龄、利息等因素确定。”其中，基础养老金由当地上年度在岗职工月平均工资和本人指数化月平均缴费工资共同决定的，而上年度在岗职工月平均工资一般来说是逐年增加的。因此，总的来说，退休后领取的基本养老保险金是逐年增加的。

如果客户同时已经参加了企业年金计划，则其退休后的收入情况要根据企业年金计划的相关规定确定。《企业年金试行办法》规定：“职工在达到国家规定的退休年龄时，可以从本人企业年金个人账户中一次或定期领取企业年金。职工未达到国家规定的退休年龄的，不得从个人账户中提前提取年金。”因此，对于企业年金的领取办法，国家给予了企业年金计划的制订者更多的灵活性。理财规划师应根据客户参加的企业年金计划来估计客户退休后的收入。

如果客户已经购买了商业性的养老保险，则其退休后的收入情况往往也是不容易确定的。退休后的收入状况要根据其所购买保单合同的内容进行确定。

如果客户的退休思想较为开放，那么可能采取“以房养老”的方式。如上海公积金管理中心推出的“以房自助养老”协议约定：65岁以上的老年人，可以将自己的产权房与市公积金管理中心进行房屋买卖交易，交易完成后，老人可一次性收取房款，房屋将由公积金管理中心再返租给老人。再如，又有些客户可能进行住房反向抵押贷款，即已经拥有房屋产权的老年人将房屋产权抵押给银行、保险公司等金融机构，而银行或保险公司按月或年支付现金给借款人，老人在去世后，房屋产权按照协议转让到银行和保险机构处。在这种以房养老的模式下，不仅客户的收入状况会发生变化，而且客户的支出情况也会发生变化。

总而言之，客户的收入情况一般不是很稳定的。理财规划师在制定退休养老规划方案的时候，必须根据客户的情况估计客户退休后的收入情况。退休后的收入实际上是退休后的生活保障，不同退休养老规划工具的收入构成了保障退休养老生活的不同“防线”。其中，保障退休后生活的第一道“防线”应当是国家的社会保险制度，如我国企业职工退休后获得的城镇企业职工基本养老保险金及公务员的退休金；第二道“防线”应当是企业年金收入；第三道“防线”应当是商业性养老保险的保险金收入；第四道“防线”应当是个人储备的退休养老基金；第五道“防线”应当是房产变现收入。这些“防线”对不同人来说有不同的作用，有的可能有这种保障，有的则不一定有这种保障。

第二步，找到差距并制定详细的退休养老规划。

在前面的步骤中，理财规划师已经确定了客户的退休后的资金需求，并且对客户退休后的收入进行了预测。通常客户的退休后的资金需求与对客户退休收入的预测之间会存在差距，并且这个差异往往表现为预测的退休收入达不到退休后的资金需求。

在制定退休养老规划方案的时候，往往先用退休养老资金的需求（折现值）减去退休后收入的折现值，这样就得到了退休养老基金的缺口（可以简称为“大缺口”）。由于客户往往目前已经积累了一定额度的退休养老基金，并且这些退休养老基金也是在不断的投资增值，因此，将已经积累的退休养老金基金求终值到退休的时刻。然后用上面计算出来的退休养老基金的（“大缺口”）减去已经积累的退休养老金基金在退休时候的终值，这样就得到了退休养老基金的小缺口（简称“小缺口”），如图 4－4 所示。

退休基金缺口 ＝ 资金需求（折现） － 退休收入（折现）<br>已有资金的积累（终值）

图 4－4 退休养老基金缺口的计算

进一步地，这个“小缺口”就是客户应当从现在开始积累退休养老基金所要达到的目标。为了达到这一目标，客户可以采取“定期定投”（即类似年金、固定时期、固定额度的投入）的方式，或者其他方式向退休养老基金投入。再进一步而言，理财规划师应当建议客户以什么样的形式保存退休养老基金。一般来讲，退休养老基金的保存方式应当主要是银行存款、债券和基金等形式，同时，也可以在股票市场行情较好的时候配置少量的股票。资产配置的原则应当是在安全的基础上保持适当的收益率。

**【例 4－3】** 王先生夫妇今年均刚过 35 岁，打算 55 岁退休，估计夫妇俩退休后第一年的生活费用为 9 万元，考虑到通货膨胀的因素，夫妇俩每年的生活费用估计会以每年 3% 的速度增长。夫妇俩预计可以活到 80 岁，并且现在拿出 10 万元作为退休基金的启动资金，每年年末投入一笔固定的资金进行退休基金的积累。夫妇俩情况比较特殊，均没有缴纳任何社保费用。夫妇俩在退休前采取较为积极的投资策略，假定年回报率为 6%，退休后采取较为保守的投资策略，假定年回报率为 3%。

**问：**如果采取“定期定投”的方式，夫妇俩每年年末应投入多少资金？

根据题意，由于生活费用估计会以每年 3% 的速度增长，退休后采取较为保守的投资策略，年回报率为 3%，退休后第一年的生活费用为 9 万元，预计可以活到 80 岁。则折算到 55 岁初的时候，退休养老基金共需资金的计算过程如下：

退休养老基金 ＝25 ×9 ＝225（万元）

根据给出的信息，夫妇俩退休后没有任何收入。

进一步计算退休基金缺口的过程又分两步：首先，计算目前 10 万元的退休启动资金至 55 岁时的增值额。使用财务计算器的计算过程如下：N ＝20；I/Y ＝6；P ＝－100000；CPT FV ≈320714 进一步，计算退休养老基金的缺口。

计算过程如下：退休基金缺口 ＝2250000 －320714 ＝1929286（元）

由于退休养老基金的缺口为 1929286 元，另外，假设退休前的投资收益率为 6%，则采取定期定投的方式，客户每年年末需要往基金里投资额度的计算过程如下：N ＝

20；I/Y = 6；FV = 1929286；CPTPMT≈52447。

也就是说，如果采取“定期定投”的方式，夫妇俩每年年末应当往退休养老基金中投资 52447 元的资金。

# 第三节 调整方案

## 一、退休养老规划工具的可规划性

通过上两节的规划，可以看出，退休养老规划是一个衡量即期积累和远期消费之间的关系的规划过程。实现即期和远期之间收支的平衡，有非常多的方法和工具。在这些方法和工具中，有些可规划性不强，而有些规划性较强，而退休养老规划的重点就是要着眼于可规划性较强的方法和工具。

职业规划是退休养老规划的前提。一个人的职业情况不仅决定了退休前的社会地位和经济状况，而且也较大程度地制约着退休后的生活状况。然而，职业规划的灵活性取决于多种因素，比如个人所处的地区和时代、个人的知识水平、身体状况和距离退休的时间等。职业规划的可规划性因人而异，职业规划不仅决定了人的一生的经济和社会生活，也决定了退休前后的生活。

个人所在国家、地区或行业的社会保障状况也是影响退休养老规划的重要因素。我国公务员、事业单位员工、企业员工和农村居民的社会保障制度差别较大。公务员和事业单位员工的社会保障制度对退休养老规划较为有利，农村的社会保障制度较不健全，而企业员工的社会保障制度居于二者之间。在社会保障体制既定的条件下，通过社会保障制度来进行退休养老规划的可规划性不强，个人往往是社会保障体制的被动接受者。

企业年金以前被称为补充养老保险，这是在我国逐步发展壮大的一种保险形式。个人能否参加企业年金计划往往不完全由个人决定，而是由企业的经营状况及企业和员工的共同意愿所制约。从个人来看，企业年金对于退休养老规划的可规划性在一国的社会保障制度之上，但也不是太强。

退休养老规划使用商业性养老保险的可规划性较强。目前，保险市场上有多种保险公司推出的商业性养老保险险种，这种商业性养老保险具有一定的强制储蓄作用。个人可以选择参加与否，也可以选择缴纳保费的额度，因此，灵活性较强。

在搭建即期积累和远期消费之间桥梁的一个非常重要的途径是退休养老基金，退休养老基金是一个比较学术性的词语，这个退休养老基金可以是银行储蓄的方式，可以是股票的形式，可以是共同基金的形式，也可以是其他形式的金融资产。为了准备退休后充足的退休养老基金，必然是退休前少消费多积累，退休养老基金规模的可规划性较强。

将房产价值在退休后变现也是退休养老规划的一个重要手段。个人和家庭可以在退休后将房产变现，满足退休后的养老生活。但是，变现房产必然意味着房屋产权的转移，因此，若老人想将房产作为遗产留给下一代，则这种方式就不具有普遍性，尤其是在中国这种文化背景之下的国家。进一步地，这种方式作为退休养老规划工具的可规划性，取决于各国或各地文化的不同。

**二、退休养老规划中的养老方式**

本章着重讲述的是退休后养老资金如何筹集的问题。然后，是否有了充足的退休养老资金，就能实现老年生活衣食无忧呢？事实并非如此。这里先看一下老年人的需求。

老年人的需求具有多样性，既有生理性的，又有社会性的；既有物质的，又有精神的。美国著名的人本主义心理学家马斯洛把人的各种需求归纳为五个层次，这就是生理需求、安全需求、尊重需求、归属与爱的需求和自我实现的需求。老年人也有这五个层次的需求，根据老年心理的特殊性，对其需求应作具体的分析。

第一，生理需求。这是一切需求中最基本、最优先的一种需要。它包括人对食物、水、空气、衣服、排泄及性的需要等，如果这一类需要不能得到满足，人类将无法生存下去。老年人也有这些基本的需要，以满足其生存，但老年人的生理需要有其特殊之处。在食物方面，老年人更注重保健，对饮水和空气环境的需求也更讲求洁净、新鲜、卫生；在服装方面，老年人需求与自己年龄相符的服饰，讲求宽松、轻便、保暖、透气和实用；由于其身体机能的衰退，老年人更需要方便、舒适、无障碍的卫生间；老年人对性的需求虽已不像中青年那样强烈，但依然是一种本能的需求。

第二，安全需求。在人们的生理需要相对满足后，就会产生保护自己的肉体和精神，使之不受威胁、免于伤害、保证安全的欲求。如防御生理损伤、疾病，预防外来的袭击、掠夺、盗窃，避免战乱、失业的危险，以及在丧失劳动力之后希望得到依靠，等等。老年人的安全需要较之其他人群更为迫切，尤为集中在医、住和行这样三个方面。在医疗康复保健方面，老年人希望老有所医、老有所乐、健康长寿。一旦生病，希望能及时得到治疗，能就近看病和看好病；还希望生病期间身边有人护理和照顾；另外就是希望有人指导他们加强平时的健康保健，使其不生病或少生病。老年人的居室要求稍宽敞一些，以便于行走和活动，室内要求通风、干燥、透光；内部设施要便于老年人使用和行动，比如卫生间要有扶手和坐便器之类，楼道要安装栏杆和扶手，以防其摔倒；居住楼层不宜太高，以便于老年人进出和下楼活动。老年人出行的安全尤其重要，一般需要有人陪护，以防途中摔倒或发病，公共场所和交通工具也需设老人专座或老人通道，保障老年人出行安全。

第三，归属与爱的需求。一个人在社会生活中，他总希望在友谊、情爱、关心等各方面与他人交流，希望得到他人或社会群体的接纳和重视。如交结朋友、互通情感，追求爱情、亲情，参加各种社会团体及其活动，等等。老年人的这些需求也是强烈的。首先，他们需要家庭的温暖，子女的孝顺，享受天伦之乐；其次，老年人也需要参与社会活动，渴望与邻里、亲朋好友的接触和交流，害怕孤寂；还有，老年人也有爱情需求，特别是一些丧偶老人，希望能有一个伴侣与之相濡以沫，共度晚年。

第四，尊重需求。一个人在社会上总希望自己有稳定、牢固、强于他人的社会地位，需要自尊和得到他人的尊重。老年人特别爱面子，自尊心强，特别需要别人对他的尊重，对于他人对自己的态度尤为敏感。这种尊重需求往往也会延伸为老年人注重自己在知识和修养方面的提高，对自身形体、衣着装扮的关注等等。

第五，自我实现的需求。人们希望实现自己的理想和抱负，充分发挥个人的聪明才智和潜在能力，取得一定的成就，对社会有较大的贡献。老人年也希望为社会做一些力所能及的事情，充分发挥自己的潜能和余热，实现自身的价值或未完成的心愿，也从中体验到成功的喜忧和满足感。面对滚滚而至的银发浪潮，根据对老年需求的分析，我们不仅要提供解决供养、医疗等问题的经济保障，更需要提供大量的日常生活照料和帮助。目前，子女忙于工作和事业的情况下，满足老年人多方面的需求确实是一件难事。尽管如此，目前推出的社会化养老方式可以解决上述困难。

**进养老院养老**

随着社会人员结构的变化，有必要改变单纯的家庭养老模式，探索多元化的养老方式，如社会机构养老、医院养老等。让老人进养老院并不是放弃赡养老人，要让老人理解这并非推卸责任，而是让老人的晚年更舒心。要知道，现在多采取家庭养老方式，由于子女的工作和生活事务繁多，许多老人陷入“空巢”境地，缺乏精神交流。而养老院可以填补老人精神交流的空白，并且由于都是老人，交流起来没有太多障碍，反倒使老人在衣食无忧的同时享受到精神上的满足。全方位的养老让老人享受幸福的晚年，这其实就是儿女对老人的一种孝顺啊！

### 社会化居家养老

进入21世纪，中国迎来了人口迅速老龄化的时代，如何面对迅猛而来的老龄化问题已成为全社会共同关注的焦点。因此，积极探索新形势下发展老龄福利事业的新途径、新办法，已势在必行。随着人口老龄化压力的增大和传统家庭养老服务功能的日益弱化，老年人特别是高龄老人对社会福利和社区照料服务的需求不断增加，养老职能将更多地依赖于社会，依赖于社区为老服务的开展，由此产生的社会化居家养老也越来越受到广泛关注。社会化居家养老既不同于机构养老，也有别于传统的家庭自然养老。其基本含义，可以从两个方面来分析：

一是从养老的方式看，是居家养老，它区别于机构养老，也就是说，老年人是在自己的家里养老，而不是在福利院、老年公寓等养老机构养老；

二是从养老资源提供的主体看，居家养老除了需要家庭照料外，还需要来自社会的帮助，主要是来自社区的照顾。社会化居家养老强调了社区照顾在居家养老中的作用。简而言之，社会化居家养老是以家庭为核心，以社区为依托，以老年人日间照料、生活护理、家政服务和精神慰藉为主要内容，以上门服务和社区日托为主要形式，并引入养老机构专业化服务方式的居家养老服务体系。

## 工作要求

### 工作程序

退休养老规划根据个人情况的差异而各有不同。另外，随着客户退休目标、资金需求和预期收入的变化，规划也要不断地调整。下面从不同角度和不同条件出发列举了几个退休养老规划的案例，帮助大家进一步熟悉制定退休养老规划的整体思路和随时调整规划方案的技术。

此时，理财规划师应找出目前计划中不合理的部分并加以修改。在修改过程中，理财规划师应主动邀请客户讨论，并鼓励客户提出意见。通常，理财规划师可以利用提高储蓄的比例、延长工作年限并推迟退休、进行更多高收益率的投资、减少退休后的花销和参加额外的商业保险计划等途径来实现对退休养老规划方案的进一步修改（如图4-5）。

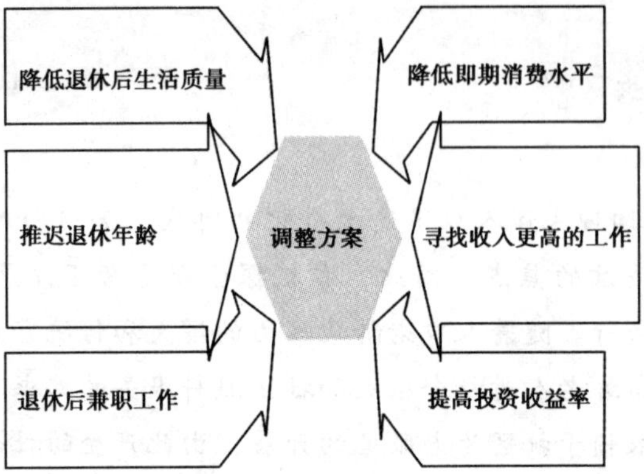


图 4-5　退休养老规划调整示意

**【例 4-4】** 在上节的例 3-3 中，理财规划师向王先生夫妇建议采取“定期定投”的方式，夫妇俩每年年末向退休养老基金中投资 52447 元。但是，王先生夫妇感觉到这种定期定额的额度让夫妇俩感觉到压力有点大。于是，理财规划师提出了修改退休养老规划的建议。

根据王先生夫妇的目前情况，夫妇二人基本没有收入更高工作的机会，另外，他俩也不想降低退休前后的生活质量，而且目前在保证安全的前提下，提高收益率的可能性也不大。于是，理财规划师建议王先生夫妇调整退休养老规划的方案。王先生夫妇采取的措施是推迟退休年龄，且夫妇俩决定推迟 5 年退休。

若夫妇俩推迟 5 年退休（即 60 岁退休），则为保持退休后生活质量不发生较大的变化，考虑到通货膨胀率，夫妇俩退休后第一年的生活费用的计算过程如下：

退休后第一年的生活费用 $=90000\times(1+3\%)^5\approx104335$（元）

进一步地，退休后生活费用总计：$104335\times20$ 年 $=2086700$（元）

另外，35 岁初 10 万元增值到 60 岁初价值的计算过程如下：$100000\times(1+6\%)^{25}\approx429187$（元）

结果，退休基金缺口就计算出来了，即 $2086700-429187=1657513$（元）在上面计算的基础上，为弥补退休基金缺口，如果采取定期定额投资的方法向退休基金中投资，可以计算每年年末“定期定投”的额度：N = 25；I/Y = 6；FV = 1657513；CPT-PMT≈ -30211

在调整方案的基础上，夫妇俩可以不降低生活质量，同时还能积累到比较充足的退休基金。

**【例 4-5】** 老李今年 40 岁，打算 60 岁退休，考虑到通货膨胀，退休后每年生活费需要10万元。老李预计可以活到85岁，老李拿出10万元储蓄作为退休基金的启动资金，并打算每年年末投入一笔固定的资金。老李在退休前采取较为积极的投资策略，假定年回报率为9%，退休后采取较为保守的投资策略，假定年回报率为6%。则老李每年应投入资金计算如下：

第一步：计算老李60岁时退休基金必须达到的规模。

由于预计老李在退休后还能活25年，退休后每年生活费需要10万元，退休后采取较为保守的投资策略，年回报率为6%，则可以使用财务计算器测算出老李在60岁时应当准备的退休基金，计算过程如下：N = 25；I/Y = 6；PMT = -100000；CPTPV≈1355036

也就是说老李要想60岁顺利退休必须要有将近136万元的资金作为养老的保障（注：假设每年年初就从退休基金中拿出10万元用于退休养老之用，因此，可以将此设成先付年金）。

第二步：计算40岁时10万元的启动资金到老李60岁时增长到的数额。

使用财务计算器可以计算如下：N = 20；I/Y = 9；PV = -100000；CPTF≈560441

也就是说老李用10万元的启动资金作为投资到他60岁退休时能够获得56万元的资金储备。

第三步：计算退休基金缺口。

1355036 - 560441 = 794595（元）也就是说老李还需要再储备79万元的资金才能保证他60岁时顺利退休，否则就要延长退休时间或者要降低退休后的生活水平。

第四步：计算老李每年应投入的资金。

使用财务计算器可以计算如下：N = 20；I/Y = 9；FV = 794595；CPTPMT≈ -15532

所以，老李应在每年年末投入15532元，才能填补退休基金缺口，进而实现自己的退休目标。

若由于某种原因，老李将10万元的启动资金用于应付某项突发事件，则老李需要修改自己的退休规划。老李或者在保持退休后的生活水平的基础上增加每年对退休基金的投入额，或者保持原来的投入额但是降低退休后的生活水平，或者在二者中取一个折中。

若假设老李希望保持退休后的生活水平，那么老李需要增加每年对退休基金的投入额，则增加后的投入额的计算过程如下：使用财务计算器可以进行如下计算：N = 20；I/Y = 9；FV = 1355036；CPTPMT≈ -26486也就是说，老李每年要投入26486元才能保证老李60岁时顺利退休，否则就会降低他退休后的生活水平。

【例4-6】老王今年已经45岁了，家里存款在10万元左右。他和妻子两人每个月收入大约3000元，月花费近2000元。孩子已经长大，在外地工作、生活，不用他们操心。老王计划在5年后退休（原来可没打算这么早）。老王仔细计算了一下，他有国家基本养老保险，退休后每月大概能拿到600元的退休金。但是，退休以后“家庭财政”是否会发生财务危机？甚至连养老都会出现问题呢？

如果要在5年后退休，同时生活标准不至于降低太多，就需要准确地计算一下，防止到时候入不敷出。通过和老王夫妇的沟通，假设老王和妻子在老王退休后再生存25年，并且假设他们每个月花费需要2000元，减掉基本养老保险的600元，每月还需要1400元。由于退休后除养老保险金（600元）外，老王没有其他收入，所以在50岁时就需要把以后25年的生活费全部准备好，所以要把这1400元折算成50岁时的现值：

运用财务计算器，我们进行一下输入：P/Y = 12；N = 25 × 12 = 300；I/Y = 1.8；PMT = －1400；CPTPV≈338013

也就是说需要近34万元（注：依据稳健性原则，设扣税后1年期定期存款利息为1.8%，这个利率即是折现时使用的折现率）。

老王打算将10万元存款作为启动资金，然后将每月的节余1000元存入银行，那么到老王退休时累积的数额计算如下：P/Y = 12；N = 5 × 12 = 60；I/Y = 1.8%；PV = －100000；PMT = －1000；CPTFV≈172144。

经过计算，老王如果在50岁退休，明显存在缺口，大约是17万元。说明老王不能以目前的累积养老金水平实现理想年份的退休。

假设老王如果还想在50岁退休的话，那么他需要每月存款多少元呢？具体计算如下：P/Y = 12；N = 60；I/Y = 1.8%；PV = －100000；FV = 338013；CPTPMT≈3644。

也就是说老王需要每月存款3644元才能保证他50岁退休时夫妇俩的生活质量不至于下降太多。但是，这对于现在老王家庭的财务状况来说是不可能实现的。

所以，作为调整退休养老规划的方案的几个选择，老王可以推迟退休年龄、降低退休后的生活质量、从现在起每月精打细算为退休养老金多存一些钱，或者老王夫妇可以投资一些高收益的产品来累积退休养老金。

# 第五章

# 财产分配与传承规划

## 学习目标

通过对本章内容的学习，理财规划师能够分析客户的婚姻关系，并对客户的家庭财产状况进行分析。能够按照相关的财产分配及传承原则，帮助客户确定财产分配或传承目标。根据客户需要准备相关的文件资料，对各种财产分配或传承规划工具进行分析，提出具体的财产分配或传承。

## 本章结构

- 财产分配与传承规划
  - 分析客户财产状况
    - 分析客户的家庭婚姻状况
    - 财产分配规划中应注意的事项
  - 制订财产分配方案
    - 确定财产分配的原则和目标
    - 分析财产分配工具
  - 分析客户财产传承需求
  - 制订并调整财产传承规划
    - 制订财产传承规划的原则
    - 财产传承规划的目标和特点
    - 财产传承规划的工具
    - 分析财产传承规划工具

**本章重点与难点**

**重点：**

1. 家庭财产分配规划的原则和目标
2. 分析财产分配规划工具
3. 制订财产分配规划方案
4. 家庭财产传承规划原则和目标
5. 分析财产传承规划工具
6. 制订财产传承规划方案

**难点：**

1. 确定家庭财产分配规划及传承规划的目标
2. 家庭财产分配规划及传承规划工具的分析与选择

财产分配与传承规划是个人理财规划中不可或缺的重要组成部分。从形式上看，制订财产分配和传承规划能够对个人及家庭财产进行合理合法的配置；从更深层次的角度看，财产分配与传承规划从特定的角度为个人和家庭提供了一种规避风险的保障机制，当个人及家庭在遭遇到现实中存在的风险时，这种规划能够帮助客户隔离风险或降低遭遇风险所带来的损失。

随着经济的发展，个人和家庭财产的构成也发生了很大的变化，股票、基金和企业股权等在财产中的比重逐渐增大，每一种财产所面临的风险是不同的，在实际生活中，个人及家庭可能遭遇的风险主要包括以下几类：

1. 经营所涉及的风险。对于其成员从事经营的家庭来讲，无论从事何种经营形式，一旦该经营实体受到商业风险的冲击，整个家庭的经济状况就有可能急转直下，严重的甚至威胁到家庭财产的安全，影响到家庭成员的正常生活、工作、教育等各个方面。

2. 夫妻中一方或双方丧失劳动能力或经济能力的风险。夫妻是家庭组织的核心，如果其中一方或者双方均丧失了劳动能力，如工伤、意外事故，造成身体残疾；或者丧失了经济能力，如对外欠债导致被追索等情形，都会导致家庭经济支付能力的下降，影响家庭的正常生活。

3. 离婚或者再婚风险。离婚意味着夫妻关系的结束和一个家庭的解体，无论对家庭还是夫妻任何一方都会产生重大的影响，其中最突出的方面就体现在对家庭财产如何分割上。现实生活中经常会发生这样的情况，当夫妻离婚时，夫妻其中一方有转移、隐匿、变卖财产，侵害另一方财产权益的行为，导致出现受害一方的生活质量下降及经济能力减弱等不良结果。再婚是离异或丧偶的男女重新组建家庭的开始，很多再婚人士，特别是曾经有过离异经历且事业处于鼎盛时期的一些人，在再婚前都会在私人财产保护和个人安全感上有所考虑，在对方与自己的结婚动机方面产生怀疑，有孩子的还会担心再婚伴侣对前婚子女的影响。事实上，也确有一些人企图借婚姻达到一些特定目的。因此，再婚本身也存在风险。

4. 家庭成员去世的风险。家庭成员去世后，其遗留财产的分配会使得家庭其他成员个人的财产增加或者减少，对整个家庭财产也会产生影响。同时，由于多数家庭没有事先立遗嘱的意识，遗产分割很容易在家庭内部产生纠纷，即使有的立了遗嘱，也会因为遗嘱内容表述不清，而在执行过程中出现财产被恶意侵吞、或者不按照遗嘱人意愿进行分配等情况。

以上种种家庭及个人遭遇的风险都是不确定的、不可预测的。这些风险一旦发生，就会对个人及家庭的经济能力产生不利影响。如果能够在事前采取相应措施，对财产进行不同的预先安排，就可以最大限度地消除或减少其可能造成的不利影响。财产分配和传承规划就具有这样的风险隔离、减少损失的功能。理财规划师针对客户具体的家庭及个人状况，制订财务方案，选择避险工具，进行有针对性的风险规避安排，能够最大限度地消除上述风险带给个人及家庭的不利影响。

# 第一节　分析客户财产状况

## 一、分析客户的家庭婚姻状况

### （一）判断客户婚姻状况

客户在家庭中的身份有几类，不同的身份会有不同的相对关系人，进而产生不同的财产关系。配偶是家庭关系的基础，婚姻关系是夫妻财产分配规划的基础，因此理财规划师针对客户的财产分配规划要求应首先分析客户的家庭婚姻状况，确定客户财产关系。

### （二）婚姻成立的法律条件

结婚是婚姻成立的形式要件，是婚姻成立的法定程序，它是婚姻取得法律认可和保护的方式，同时也是夫妻之间权利义务关系成立的必要条件。

婚姻成立还需要实质要件，这是婚姻成立的关键。客户的婚姻关系如果不符合婚姻登记的实质要件，可能非但不受到法律的保护，甚至已经成立的婚姻也面临着被撤销的风险。

在一个家庭中，家庭成员与家庭财产有着密不可分的联系，尤其是夫妻关系更需要重点关注和分析。婚姻是家庭财产关系形成的前提，婚姻是否有效直接影响到婚姻关系双方的财产界定和分配结果。婚姻关系对一个家庭的结构、财产状况有着重要的影响，不仅对夫妻权利义务关系的形成有重要意义，而且对子女的身份、家庭利益分配也会产生重大影响。

**（三）无效婚姻及其财产、子女抚养问题的处理**

无效婚姻是指男女双方虽经登记结婚，但由于违反结婚的法定条件，而不发生婚姻效力，应被宣告为无效的婚姻。无效婚姻的四种具体原因：（1）重婚的；（2）有禁止结婚的亲属关系的；（3）婚前患有医学上认为不应当结婚的疾病，婚后尚未治愈的；（4）未达法定婚龄的。

处理无效婚姻问题，应注意把握如下要点：

1. 无效婚姻只限于就已办理结婚登记的婚姻申请宣告无效，未办理结婚登记的事实婚姻不属于宣告无效的范围。

2. 无效婚姻的无效原因是相对原因。无效原因在宣告婚姻无效之前已经消失的，其婚姻转化为有效的婚姻关系。

3. 无效婚姻的性质是自始无效、宣告无效。即婚姻无效必须依诉讼程序宣告确认方才成立，而不能由当事人自行认定为无效。

4. 向人民法院申请宣告婚姻无效的主体。有权申请宣告无效的主体，包括婚姻双方及其利害关系人。其中，对以重婚为由宣告无效的利害关系人限定为双方的近亲属及基层组织，其他三种情况的利害关系人范围仅限于双方的近亲属。

**重　婚**

重婚是指有配偶者又与他人结婚的违法行为，即一个人在同一时间内存在两个或两个以上的婚姻关系。构成重婚具备两个条件：

（1）当事人一方或者双方已存在有效的婚姻关系，或者说前一婚姻关系仍然有效存续。这是构成重婚的前提条件。如果双方均没有婚姻关系的存在，是未婚、离婚或丧偶的人，则不构成重婚。如果一方或双方虽有婚姻关系，但其婚姻已被宣告无效或被撤销，亦不构成重婚。但是，对于无效婚姻或可撤销婚姻的当事人，在其婚姻未被依法定程序宣告无效或撤销之前，仍属于有配偶的人，若与他人结婚，则构成重婚。

（2）有配偶者与他人结婚，包括两种形式：一是有配偶者又与他人登记结婚，称为法律上的重婚；二是虽未经结婚登记，但又与他人以夫妻关系同居生活，称为事实上的重婚。由于法律上的重婚不易实现，故现实生活中事实上的重婚为重婚的主要表现形式。

## 同　居

有配偶者与他人同居，是指有配偶者与婚外异性，不以夫妻名义，持续、稳定地共同居住，又称为姘居。是否构成姘居，应从双方关系的稳定性、持续性及共同居住生活等方面进行认定。

禁止有配偶者与他人同居是修正后的婚姻法为保障一夫一妻制原则而新增加的禁止性规定。在适用这一禁止性规定时，应当注意以下问题：

（1）有配偶者与他人同居与重婚的区别。二者具有相似之处，即都是有配偶者与他人同居生活。但二者有着严格的区别，重婚系以夫妻关系的名义共同生活，而有配偶者与他人同居则不以夫妻名义同居生活。换言之，重婚为婚姻关系，而姘居则为非婚同居关系。

（2）有配偶者与他人同居与那些应由道德规范调整的通奸、婚外恋等行为相区别。通奸是指双方或一方有配偶的男女，秘密、自愿发生两性关系的行为。婚外恋泛指已婚者与配偶之外的人发生恋情。通奸、婚外恋都是违背社会主义婚姻道德的行为，应由道德规范调整。而有配偶者与他人同居则是婚姻法禁止的违法行为，行为人要承担相应的法律责任。

（3）有配偶者与他人同居的民事法律后果。婚姻法不但在总则中明令禁止有配偶者与他人同居，而且还在相关条文中规定了这一违法行为的法律后果和法律责任。夫妻一方与他人同居，是对方提起离婚诉讼的离婚理由，调解无效的，应准予离婚。因有配偶者与他人同居导致离婚的，无过错方有权在离婚诉讼中请求损害赔偿。

## 禁 婚 亲

法律规定的禁止结婚的亲属，称为“禁婚亲”。直系血亲和三代以内的旁系血亲，禁止结婚。

禁婚亲包括两个方面的血亲：一是直系血亲，是指所有的直系血亲，没有世代的限制，均不得结婚。二是三代以内的旁系血亲，包括：（1）兄弟姐妹。既包括同父同母的全血缘的兄弟姐妹，也包括同父异母或同母异父的半血缘的兄弟姐妹。（2）伯、叔、姑与侄子、侄女，舅、姨与外甥、外甥女。（3）堂兄弟姐妹、姑表兄弟姐妹、舅表兄弟姐妹、姨表兄弟姐妹。

但结合少数民族的一些具体情况，有些民族自治地方对禁止三代以内旁系血亲结婚的规定，做了变通规定，如内蒙古自治区规定为大力提倡三代以内旁系血亲不结婚等。

旁系血亲是指双方之间无从出关系，但同由一共同祖先所生的血亲。如同源于父母的兄弟姐妹，同源于祖父母的伯、叔、姑与侄子女之间，堂（表）兄弟姐妹之间皆为旁系血亲。

旁系血亲的“代数”计算：首先找出同源直系血亲，接直系血亲的计算法，从己身往上数至同源直系血亲，记下世代数；再从同源直系血亲往下数至要计算的旁系血亲，记下世代数。如果两边的世代数相同，则用一边的世代数定代数。如果两边的世代数不同，则取世代数大的一边定代数。例如，计算兄弟姐妹的代数，首先找出同源直系血亲，即父母，己身为一世代，往上数至父母为二世代；再从父母为一世代，往下数至兄弟姐妹是二世代。因此，兄弟姐妹之间是二代的旁系血亲。再如要计算己身与侄子女（兄弟的子女）的代数，先找出同源直系血亲，即己身的父母（对侄子女来说为其祖父母），己身为一世代，往上数至父母为二世代，再从父母往下数至侄子女为三世代，因此，己身与侄子女为三代的旁系血亲。

三代以内的旁系血亲：包括二代的旁系血亲和三代的旁系血亲，是指与己身同源于父母或者祖父母、外祖父母的旁系血亲。其范围包括兄弟姐妹、伯、叔、姑、舅、姨、堂兄弟姐妹、表兄弟姐妹、侄子女、外甥子女。超过这一范围的亲属，就不属三代以内的旁系血亲。

拟制血亲是指本无该种血亲应具有的血缘关系，而由法律确认其与该种自然血亲具有同等权利义务的亲属。由于此种血亲不是自然形成的，而是法律设定的，故又称“准血亲”或“法定血亲”。我国现行婚姻法确认的拟制血亲有两类：一是养父母与养子女以及养子女与养父母的其他近亲属；二是在事实上形成了扶养关系的继父母与继子女、继兄弟姐妹。

对于拟制血亲之间能否结婚，我国婚姻法没有明确规定。但婚姻法规定，养父母与养子女、继父母与受其抚养教育的继子女之间的权利和义务，适用婚姻法对亲生父母子女关系的规定。因此，婚姻法对直系血亲缔结婚姻的限制，也应适用于养父母子女之间和有抚养关系的继父母子女之间，无论这种拟制直系血亲关系是否解除，从伦理要求和法律精神上看，都应属于禁止结婚的范围。至于拟制旁系血亲间的通婚，只要没有三代以内的旁系自然血亲关系，即没有禁止其结婚的正当理由，自应解释为不在禁婚亲之列，是可以结婚的。

姻亲是指配偶一方与另一方的血亲之间因婚姻而发生的亲属关系。换言之，因婚姻而生的亲属谓为姻亲。

姻亲间能否结婚问题我国婚姻法没有做明文规定。对于旁系姻亲，包括异父异母的兄弟姐妹，只要他们相互之间没有禁止结婚的三代以内的血缘关系，应准予结婚，对此并无异议；而对于直系姻亲之间应否准予结婚，尤其是丧偶岳母与女婿、丧偶公公与儿媳间可否结婚，则有不同的看法。通常认为，直系姻亲虽无直系血亲的法律地位，但由于直系姻亲间通婚有悖社会伦理道德和风俗习惯，因此，尽管法律没有明文禁止，但基于伦理上的要求，也通常加以限制。

被宣告无效的婚姻溯及自婚姻成立之日起无效，双方同居生活期间的财产关系不能适用《婚姻法》有关夫妻财产制的规定。夫妻财产制所调整的是夫妻间的财产关系，是以有效婚姻所产生的特定配偶身份关系为前提的，被宣告无效的婚姻当事人没有这样的身份关系，同居期间并非婚姻关系存续期间，所取得的财产不能按夫妻财产制处理。

无效婚姻在被依法宣告无效后，双方同居期间所得的财产，推定为双方的共有财产，主张归个人所有的，应承担举证责任，如有证据证明为其个人所有的，应认定为个人财产。对于双方共同共有的财产，按有关一般共有财产的规定合理分割，并应当照顾无过错方。这里所谓的“无过错方”是指本人不具有婚姻无效或撤销的原因，且善意相信登记成立的婚姻有效的一方。

被宣告无效的婚姻当事人所生子女与父母之间的关系，适用婚姻法有关父母子女关系的规定，父母子女间的权利和义务也不受父母婚姻无效的影响。在婚姻被宣告无效时，有关子女的抚养归属、抚养费的负担、探望权等问题，应与婚生子女同等对待，按婚姻法有关离婚后子女抚养的规定处理。

**（四）可撤销的婚姻**

可撤销婚姻是指违反结婚的某些法定要件，其婚姻可以在法定期间内予以撤销。可撤销婚姻是指男女双方或一方缺乏结婚的真实意思，因受他方或第三者胁迫或被非法限制人身自由而结合的违法婚姻。我国婚姻法规定的可撤销婚姻与无效婚姻有很多相似之处：（1）无效婚姻和可撤销婚姻都是履行了结婚登记手续，具有登记婚姻的形式；（2）无效婚姻与可撤销婚姻都是欠缺婚姻法规定的法定结婚条件，属于违法婚姻，而不是合法婚姻；（3）无效婚姻或被撤销的婚姻的法律后果相同，均为自始无效，从婚姻成立之日起即不产生婚姻的法律效力。

但是，二者也有明显的区别：（1）形成的原因不同。无效婚姻是因为不符合结婚的公益要件而形成的婚姻，可撤销婚姻仅仅是指欠缺结婚私益要件的婚姻双方非自愿而形成的婚姻。(2）请求权人不同。可撤销婚姻的请求权由当事人本人行使，无效婚姻的请求权由双方及利害关系人行使。可撤销婚姻的撤销权仅由双方行使，主要是为了尊重当事人的意愿。如果当事人愿意维持这种关系，任何人不得提出撤销该婚姻。(3）请求权的存续期间不同。无效婚姻可以在婚姻无效原因消除前的任何时候提出请求宣告婚姻无效，而可撤销婚姻必须在结婚登记后一年内提出请求撤销。如果一方被非法限制人身自由，应在恢复人身自由之日起一年内提出，超过法定期间，当事人撤销婚姻的请求权即消灭，不得再提出请求。

## 二、财产分配规划中应注意的事项

随着经济的发展，家庭财产结构日渐复杂，家庭财产的表现形式也日趋多样化。在进行财产分配规划时，要全面考虑分割家庭财产的因素，如家庭成员中有参加公司经营或合伙经营的，要考虑经营财产与家庭财产的严格分离，以防范经营风险对个人和家庭财产的侵扰；如夫妻双方各自对婚姻财产的获得所做的贡献，包括一方以操持家务的方式所做的贡献；离婚前提下进行的财产分割还要考虑婚姻持续的时间及财产分割生效时双方的经济状况；要考虑抚养、赡养以及夫妻债务等情况；财产分配中的一些特殊问题主要体现在财产形式的复杂性和特殊性上，比如夫妻共有财产中的企业投资权益（股权、合伙份额）、房产等。

财产分配规划应注意的事项主要有抚养、赡养、夫妻债务、夫妻股权等，理财规划师要能够对不同情况加以分析。为了方便读者理解，本章在给出相关解释的同时，还会就疑难问题列举相应的案例加以具体说明。

理财规划师根据客户要求为其制定财产分配规划时，首先要对客户家庭财产状况进行分析，正确界定客户家庭财产和其个人财产的范畴，对夫妻共有财产或夫妻约定财产中属于夫妻共有的财产作理财规划时，应征得夫妻双方的同意；若客户只是要求对个人的财产或夫妻约定财产中属于个人财产的部分进行规划，那么对属于客户配偶的财产就不得涉及。只有这样才能区别对待不同性质财产上的负担以及这些负担对财产可能造成的影响。

1. 抚养。抚养问题是有子女的家庭进行财产分配时所必须要考虑的问题，在夫妻离婚、家庭解体的情况下尤其值得深究。抚养问题一旦处理不好，不仅对夫妻在离婚时分割财产有影响，还会对离婚后的双方生活产生影响。

抚养通常是指父母对子女在经济上的供养和生活上的照料，包括负担子女的生活费、教育费、医疗费等等。父母必须按照法律规定对未成年子女无条件地进行抚养，对不能独立生活的尚在校接受高等学历教育的子女，或者对丧失或未完全丧失劳动能力等非主观原因而无法维持正常生活的成年子女在一定条件下也要进行抚养。

对于子女的抚养义务，不但存在于婚姻关系的存续期间，而且在婚姻关系破裂、夫妻双方已经离婚的情况下仍然存在。无论是子女随其生活的一方还是子女未随其生活的一方，都不能因婚姻关系的结束而终止对子女的抚养义务。因此在夫妻离婚进行财产分割时，要充分考虑双方对子女的抚养义务，抚养子女的一方应适当地多分配到一些财产；对于子女未随其生活的一方，应当向子女支付抚养费。根据我国相关法律的规定，抚养费包括生活费、医疗费、教育费等费用，而不仅指生活费。与之相关联，抚养费的支付方式及其存在的潜在风险也是影响财产规划的因素之一，所以理财规划师在为客户制订理财规划时，也应有所考虑。当然，并不是所有子女的抚养问题都可以影响财产分配规划，子女抚养问题对财产分配规划的影响也不仅仅体现在对子女本人的经济和生活上的照顾，还包括子女对外所欠的债务等等。

依照有关法律规定，未成年人的父母是未成年人的监护人，未成年人的父母已经死亡或者没有监护能力的，未成年人的法定监护人的范围和顺序是：（1）祖父母、外祖父母；（2）兄、姐。依照《民法通则》第十七条第一款的规定，成年精神病人的法定监护人的范围和顺序是：（1）配偶；（2）父母；（3）成年子女；（4）其他近亲属。此款所指其他近亲属，指兄弟姐妹、祖父母、外祖父母、孙子女、外孙子女。

法定监护人的设立顺序，既可保护在先顺序人的身份利益，又可防止其规避监护义务。同时允许监护人依其协议决定何人实施监护，这就是顺序的制度价值所在。在理解法定监护人的顺序规定时应注意以下两点：

（1）在先顺序人优先于在后顺序人担任监护人。但是，此顺序可依监护人的协议加以变更。

（2）在先顺序人为二人以上时，既可全体同作监护人，也可依其协议只由部分人做监护人。

对未成年人的监护既包括人身监护也包括财产监护，财产监护即对未成年人财产上管理的权利和义务。主要指对被监护人的财产的保全和管理。监护人应当保护被监护人的人身、财产及其他合法权益，除为被监护人的利益外，不得处理被监护人的财产。但对监护人在财产监护上享有哪些权利，应承担哪些义务并无具体规定。在实际中应注意以下问题：

（1）对被监护人的财产开具清单。监护人管理被监护人的财产，首先应进行财产清点，登记造册，制作财产目录。

（2）财产管理义务。管理财产的范围及与被监护人享有所有权的一切动产和不动产。至于该财产的管理费用，应由被监护人的财产负担。父母对其未成年子女特有财产，有使用收益权，因而管理费用也应由父母负担。

（3）财产使用、处分的限制。监护人的财产管理权不包括收益权，而且只得在为保护被监护人的利益时，才可使用、处分被监护人的财产。

（4）禁止财产受让。监护人对被监护人的财产已有充分了解，如果允许受让被监护人的财产，而取得不正当利益，则不但被监护人的利益受损，而且有违监护制度的本旨。

（5）财产状况报告义务。监护人应将被监护人的财产状况，向监护监督机关报告。利害关系人或次顺序监护人也可以申请法院听取监护人的财产报告。这里所谓“财产状况”，是指监护开始时由监护人做成的财产清册上财产状况及其后的财产变动的情况，以及结束监护时财产清算报告等。

监护人也可以进行变更。监护人的变更，是指在监护期间内更换监护人。监护人的变更有自行协商变更和依法定程序变更两种方式。如果是约定监护，其变更可以由当事人协商确定。

同时，也可对监护人进行撤换。所谓监护人的撤换，是指对不履行监护职责的监护人，经有关人员或有关单位的申请，由人民法院撤销其监护人的资格，另行确定监护人的制度。

监护因一定原因而产生，监护也会在一定条件即发生监护的要件消灭的情况下终止。监护关系的终止还有绝对终止和相对终止之分，绝对终止是监护的职务已失去存在的依据，是指监护职责的消灭；相对终止是指监护职责的转移，即监护未终止，但因监护人被卸任、辞任、死亡等原因而使该监护人的监护职务终止。当发生下列原因时，监护关系应当绝对终止：（1）被监护人已经成年而且具有完全民事行为能力；（2）被监护人死亡或宣告死亡；如果被监护人未死亡而归来，此期间又没有终止监护的其他原因时，监护人应继续履行监护职责；（3）被监护人被他人收养；（4）被监护人的父母不能行使亲权的状况消失，亲权恢复；（5）丧失民事权利能力。

**【例 5－1】**1986 年，刘先生和张女士结为夫妻。1988 年 5 月 13 日生有一子小刘。1994 年刘先生与张女士协议离婚，小刘由张女士抚养，刘先生每月支付 200 元的抚养费。2002 年 8 月 10 日，小刘骑车外出，不慎将放学回家的罗同学撞成重伤，经法医鉴定构成九级伤残，花费医药费 18000 元。经认定，本次事故由小刘负全部责任。在市公安局事故处理部门的调解下，张女士同意承担受害人罗同学的医疗费和生活补助费等共计 20000 元。张女士先按照调解协议承担了 10000 元的赔偿费，之后表示无能力承担其余部分的赔偿责任，并请求刘先生承担剩余的 10000 元赔偿费，遭到刘先生的拒绝。得不到全部补偿的罗同学向人民法院起诉，要求刘先生和张女士作为被告小刘的监护人，共同承担对其 10000 元的赔偿费用。人民法院经审理认为，夫妻离婚后，父母对子女仍有抚养教育的义务，虽然子女归一方抚养，但另一方的监护人资格并未因此而消灭，未成年子女侵害他人权益，抚养一方不能独立承担民事责任时，未与子女共同生活的一方应共同承担民事责任，于是判决刘先生和张女士共同承担对罗同学10000元的赔偿责任。

**[分析]** 夫妻关系存续期间，未成年人侵害他人权益时，应由其父母共同承担民事责任。夫妻离婚后，未成年人侵害他人权益的，同该子女共同生活的一方应当承担民事责任；如其独立承担民事责任确有困难，可以由未与该子女共同生活的一方与其共同来承担民事责任。

根据我国相关法律规定，父母对未成年子女造成国家、集体或他人权益损害应当承担民事责任的条件为：（1）子女实施致害行为时为未成年人。即侵害行为发生时子女未满18周岁，也不属于16周岁以上以自己的劳动收入为主要生活来源的人。如果侵权行为发生时，该侵权人不满18周岁，在诉讼时已满18周岁，而且具备经济能力时，应当承担民事责任；在没有经济能力的情况下，就应当由原监护人承担民事责任。（2）父母承担的责任为监护人责任，不应以有无过错为前提。未成年子女对他人造成损害，父母尽了监护责任的，只是可以适当减轻民事责任，而不是免除民事责任。（3）父母承担损害赔偿责任的范围为用未成年子女本人财产支付赔偿后的不足部分。有财产的无民事行为能力人、限制行为能力人造成他人损害时，从本人财产中支付赔偿费用。不足部分由监护人适当赔偿。（4）父母离婚后，未与该子女共同生活的父母其中一方承担的民事责任为补充连带责任。父母离婚后，未成年子女侵害他人权益，同该子女共同生活的一方应当承担民事责任。只有在同该子女共同生活的一方没有能力独立承担民事责任时，在其无力承担的民事责任范围内，未与该子女共同生活的一方与同该子女共同生活的一方共同承担民事责任。

本案例中，小刘骑车撞伤罗同学，导致罗同学九级伤残，并应对事故负全部责任。对其造成的伤害结果，其父母应依法共同承担民事赔偿责任。由于小刘父母离婚，其归母亲张女士抚养，故应当由张女士对其的行为承担赔偿责任。但张女士独立承担确有困难，对其不能负担的部分，依法应由未与小刘共同生活的父亲刘先生与张女士共同承担。

2. 赡养。子女对父母的赡养义务是财产分配规划中要考虑的重要因素之一，赡养费用是子女的必要支出。实际生活中这部分费用有可能是确定的也有可能是不确定的。赡养问题及费用的争议有可能引发诉讼，甚至有被强制执行的风险。赡养是指子女对父母的供养，即指在物质上和经济上为父母提供必要的生活条件。赡养父母是子女的法定义务，不得以放弃继承权或者其他理由拒绝履行赡养义务。赡养的具体义务包括：

（1）赡养人应当履行对老年人经济上供养、生活上照顾和精神上慰藉的义务，还应照顾老年人的特殊需要。

（2）赡养人对患病的老年人应当提供医疗费用和护理。

（3）赡养人应当妥善安排老年人住房，不得强迫老年人迁往条件恶劣的房屋居住。

（4）赡养人有义务耕种老年人承包的田地、照管老年人所有的林木和牲畜等，收益归老年人所有。

成年子女对父母的赡养是无条件的，无论父母经济是否困难，有负担能力的子女都应当履行赡养义务，只是赡养数额上有多少之分。赡养义务的承担主体不仅包括婚生子女，同时也包括养子女和与继父母形成抚养教育关系的继子女。我国《婚姻法》第二十六条规定："国家保护合法的收养关系。养父母和养子女间的权利和义务，适用本法对父母子女关系的有关规定。"因此，养子女对于养父母的赡养义务的内容与生子女对生父母的赡养义务相同。至于继子女对继父母有无赡养义务，要看双方是否形成了事实上的抚养教育关系。如果继父母与继子女未形成抚养教育关系，双方的关系就仅为姻亲关系，不发生父母子女之间的权利义务关系，继子女对继父母就没有赡养的义务；若形成了抚养教育关系，则继子女对继父母就有赡养的义务。

**【例5-2】**王先生和张女士于1980年2月结婚，双方均为再婚。王先生带有一个5岁男孩小王，张女士带有一个9岁女孩小张。张女士的前夫每月支付小张100元的抚养费。张女士无固定工作，在与王先生成婚后，全职料理家务。由于王先生的前妻去世，小王的抚养教育等费用全部由王先生和张女士夫妇负担。2000年，小王与张女士关系恶化，小王遂搬出共同居住的房屋。这时小王已参加工作，有较为稳定的收入来源。2003年1月，王先生因病去世，后来小张也下岗失去了工作。由此，张女士因丈夫去世且失去了女儿的经济帮助而没有了生活来源，迫于生活压力，张女士向法院申诉，要求小王承担对自己的赡养义务。法院经审理认为：小王在王先生与张女士再婚后长期与其共同居住，张女士对其进行了抚养教育，并付出相应的抚养教育费用，双方已经形成了抚养教育关系，根据法律的规定，小王、张女士之间的权利义务关系适用父母子女之间权利义务的规定。因此，判定小王对张女士有赡养的义务，须每月向张女士支付赡养费500元。

**[分析]** 一般情况下，未成年的或未独立生活的继子女与继父母的关系为姻亲关系，双方没有父母子女之间的权利和义务关系。只有在继父或继母与未成年的继子女形成了抚养关系的情况下，双方才发生父母子女间的权利义务关系。上述案例中，法院判决确认小王与张女士之间已经形成抚养教育关系是小王承担对张女士赡养义务的主要原因。我国《婚姻法》第二十七条规定："继父母与继子女间，不得虐待或歧视。继父或继母和受其抚养教育的继子女间的权利和义务，适用本法对父母子女关系的有关规定。"

在我国，根据有关法律规定，继父母与继子女间是否形成抚养教育关系的认定标准是：（1）未成年的或未独立生活的继子女与继父母长期共同生活，继父或继母有愿意抚养继子女的意思表示，表现为负担继子女生活费、教育费的部分或全部；（2）继父或继母对其进行了抚养教育。必须同时具备了这两个条件，继父母和继子女之间才能形成抚养教育关系，才可以适用父母、子女之间权利义务的相关规定，即继父母对继子女有抚养教育的义务，继子女对继父母有赡养的义务。在本案中，张女士对小王进行了抚养教育并承担了小王的生活费用和教育费用等，双方之间已经形成了抚养教育关系，因此，小王对张女士有赡养的义务，法院的判决是正确的。

3. 夫妻债务。夫妻对外的债务是影响夫妻财产分配规划的一个因素，它直接影响到夫妻实际待分配财产的总额。夫妻对外所欠债务的性质也直接影响到家庭及夫妻个人实际的财产数额。夫妻债务主要包括夫妻个人债务和夫妻共同债务。

（1）夫妻个人债务。通常，夫妻一方在婚姻关系存续期间所负的下列债务为个人债务：①夫妻双方约定由其中一方承担的债务。夫妻既然可以对财产的归属进行约定，自然也可以对债务的负担进行约定，双方约定归一方承担的债务为个人债务。但实践中，由于没有规定夫妻约定的公示和登记制度。因此，如果夫妻约定由一方承担债务，但没有把这个约定通知债权人并征得其同意，则约定不对债权人产生效力。②一方未经对方同意擅自资助与其没有抚养义务的亲朋所负的债务。没有抚养义务，指的是没有法定的抚养、赡养、扶养义务。没有法定义务，也未经对方同意，对他人进行抚养所负的债务为个人债务。③一方未经对方同意，独自筹资从事经营活动，并且收入确实没有用于共同生活所负的债务。构成此种个人债务，应同时具备三个条件：一是未经对方同意，包括未征得对方同意或对方不同意；二是独自筹资；三是其收入确未用于共同生活，三者缺一不可，否则仍然按照共同债务来承担。④其他应当由个人承担的债务。包括因一方实施违法行为所欠的债务，如因致他人人身损害的侵权而产生的债务；婚前一方所负的债务；婚后一方为满足个人欲望所负的与共同生活无关的债务等等。夫妻共同债务会减少整个家庭的财产总额，进而影响到整个家庭的生活水准，严重的还会导致整个家庭生活无法继续维持。而夫妻的个人债务仅对夫妻一方产生影响，通常不会影响到家庭生活。可见，不同的债务性质使家庭财产面临的风险也是不同的。

（2）夫妻共同债务。夫妻共同债务是指在婚姻关系存续期间，夫妻双方或一方为共同生活所产生的负债。夫妻共同债务可能是夫妻共同的生活债务，比如在夫妻关系存续期间，夫妻双方或一方因共同生活的需要而引起的债务，包括抚养子女、赡养老人、医疗疾病、建造房屋、购置家用物品等引起的债务；也可能是夫妻的经营性债务，即夫妻关系存续期间，夫妻一方或双方出于共同生活的目的，从事经营活动所负的债务；还有可能是其他方面的债务，如因为继承财产所承担的债务，夫妻之间约定的债务等等。夫妻共同债务是一种连带债务，也就是说，对于夫妻共同债务，债权人有权要求夫妻任何一方清偿全部债务，夫妻一方不得以债务对半分担等理由而加以拒绝。在夫妻关系存续期间，夫妻一方或双方的举债性质，究竟是属于夫妻共同债务还是属于夫妻个人债务，直接关系到整个家庭和夫妻任一方的切身利益，因此必须对之有准确的界定。通常情况下，理财规划师要从以下几个方面来认定夫妻共同债务：

①夫妻双方共同举债。债务必须是夫妻双方同意而产生的，在夫妻关系存续期间，只要夫妻双方有共同借债的意思，不论该债务所带来的利益为谁享有，也不论债务的用途如何，均应当认定为是夫妻共同债务。所谓夫妻关系存续期间是指从夫妻双方登记结婚之日起至婚姻关系终止之日止的期间。夫妻关系确立之前所负的债务，以及夫妻关系终止后所负的债务，都不是夫妻共同债务。换言之，夫妻共同债务是以夫妻“名义”举债的。

②夫妻一方负债是为了夫妻共同生活需要。这是基于负债的用途来认定夫妻共同债务。夫妻一方举债或因经营等原因而负债，如果其用途是为满足夫妻共同生活的需要，负债的利益归夫妻共同所有，那么，债务也应由夫妻双方共同承担。如果夫妻一方为维持家庭日常开支与子女教育的支出而欠债，此债务即使另一方不知道或者不同意，夫妻双方也应承担对家庭事务的责任，该债务要作为共同负债由夫妻共同承担。对于夫妻一方因生产经营而负债或举债，债务究竟属于夫妻共同债务还是夫妻个人债务，则要根据实际情况区别对待。如果夫妻一方生产经营的财产，属于夫妻一方婚前财产或婚后个人财产，原则上债务由夫妻一方承担。生产经营的收益归夫妻共同所有的，夫妻另一方只在其分得的收益份额内承担责任。

③夫妻双方约定由夫妻共同承担的债务。除了上述夫妻共同债务外，对于夫妻婚前一方的债务及婚后一方的债务，如果夫妻约定为共同债务，也应为夫妻共同债务。当然，这种约定必须为债权人知道并且同意才能对债权人有约束力，否则，该约定只对夫妻双方有约束，而不能以此来约束债权人的行为。夫妻共同债务的范围为夫妻一方或者双方为共同生活需要所负的债务。这里所说的夫妻共同生活，指夫妻双方（以）衣食住行医等方面为内容的生活，为此所负的债务主要包括：

A. 夫妻一方或双方为购买日常生活用品所负的债务。

B. 夫妻一方或双方因医疗所负的债务。

C. 夫妻建造或购买房屋及装修所负的债务。

D. 符合道义和礼仪上的惯例赠与所负的债务。简单来说，就是夫妻为处理日常家庭生活事务所产生的债务。

E. 夫妻一方或双方为履行法定扶养、赡养、抚养义务所负的债务。包括为支付夫妻之间的扶养费用、子女的抚养费用，老人的赡养费用等所负的债务。这些费用，是夫妻双方为履行法定义务所需费用，是夫妻双方的法定负担，不管夫妻一方是否同意，因负担此费用而产生的债务为夫妻共同债务。

F. 夫妻一方或双方因继承遗产所负的债务。一般，夫妻一方继承的财产归夫妻共同所有，因此，接受遗产所负的债务，理所应当属于夫妻共同债务。但是，如果遗嘱确定只归夫妻一方的财产，由此产生的债务，则不能认定为夫妻共同债务，只能认定为夫妻个人债务。此外，在婚姻关系存续期间，夫妻一方因分家析产所分得的债务应当属于夫妻共同债务。

**【例 5-3】**于女士与宋先生于 1995 年登记结婚，双方约定婚姻关系存续期间的财产归各自所有。1998 年 5 月于女士自己出资购买了一套三室两厅的住宅，价值 43 万元。1999 年 2 月，宋先生辞去公职，自筹 10 万元从事经营活动。后因扩大经营规模，宋先生于 2000 年 12 月 20 日以个人名义向朋友董先生借了 20 万元，双方约定借款 6 个月，但未向董先生说明夫妻财产约定情况。2001 年 6 月 19 日债务履行期届满，董先生向宋先生提出还款请求，宋先生因经营不善已无力清偿债务。2002 年 2 月 16 日，董先生以宋先生和于女士为共同被告向法院起诉，请求两被告偿还在其婚姻关系存续期间所欠的债务，于女士则以有夫妻协议为由予以反驳。

[分析] 根据我国《婚姻法》及有关规定，夫妻双方可以对婚后财产进行约定，但夫妻财产约定对第三人的效力应当具备以下条件：（1）财产范围限于婚姻关系存续期间所得的财产；（2）约定的财产权利归属为各自所有；（3）债务的性质为共同债务或者个人债务；（4）第三人知道该约定，即在第三人与夫妻其中一方发生债务关系时，第三人知道其夫妻财产已经约定归各自所有的，以其一方的财产清偿；第三人不知道该约定的，该约定对第三人不发生效力，夫妻一方对第三人所负的债务，按照在夫妻共同财产制下的清偿原则进行偿还。于女士与宋先生对夫妻共同财产的约定符合法律规定，对夫妻双方有约束力，夫妻双方按照约定分别拥有自己的财产。但这个约定董先生并不知道，所以不符合对第三人产生效力的条件，因此，于女士对宋先生所欠董先生的债务，仍有偿还的义务。当然，于女士在偿还了债务后，有权在其承担债务的范围内，根据债务的性质和夫妻财产的约定协议，要求宋先生承担他应当承担的那部分。

4. 夫妻共有财产中的股权构成。随着经济的发展，在现实生活中，夫妻共同发起设立公司或者是以夫妻一方的名义投资于公司的情形并不鲜见，在这种情况下，股权在夫妻共同财产所占的比重很高。因此，对夫妻财产进行分配时，就不仅会涉及《婚姻法》对夫妻财产的规定，还会涉及《公司法》、《合伙企业法》、《证券法》等法律的相关规定。财产状况的这种复杂性增加了理财规划师为客户制定财产分配规划的难度，而如何通过制定财产分配规划防范企业投资权益所遭受的风险对家庭财产的波及，也成为客户的紧迫需求和理财规划师的首要任务。

企业投资权益的性质、种类及分配都会影响财产分配规划的制定，并且针对不同的权益形态有不同的风险规避措施。一般在夫妻财产中的企业投资权益有以下几类：

（1）有限责任公司股权。《婚姻法》规定夫妻在婚姻关系存续期间所得的财产除了法律另有规定或双方另有约定外，均归夫妻共同所有。共有财产在夫妻关系存续期间是不可分的整体。夫妻设立的有限公司或者以夫妻一方名义投资于有限责任公司，要首先考虑通过财产分配规划在公司财产和家庭财产之间布下防火墙，以抵御经营风险对家庭财产的侵扰。

如果是同一户籍名下两个或两个以上的家庭成员或者夫妻以各自的名义投资设立，但如果出资的财产并非家庭成员或夫妻各自的个人财产，而是家庭或夫妻共有财产时，就表明设立有限公司的家庭成员或夫妻实际上是一个集合整体，彼此之间不构成股东关系，整个家庭或夫妻应视为一个投资主体。在夫妻双方均为公司股东的情形下，对股权分割事实上属于公司股东间的股份转让，夫妻双方协商一致就可进行股份变更。在夫妻离婚后，各自持有公司股份的应将分割后的股份构成记载到股东名册上。若经过协商不能达成一致，可以将公司股份分割给实际掌管公司经营的一方，在其他夫妻共有财产分割时给另一方相当于应得公司股份对价的补偿，或者在离婚后夫妻二人各自作为公司股东，各自持有公司股份。但在股份分割时应对原股份比例进行审查并调整，离婚时夫妻共有的股份应当按公平原则来分割。如果夫妻仅以其中一人的名义作为股东参股，离婚时夫妻双方分割公司股份属于向股东以外的人转让股份，根据我国《公司法》规定向股东以外的人转让股份应经全体股东过半数同意。夫妻双方协商一致将出资额部分或者全部转让给该股东的配偶，过半数股东同意、其他股东明确表示放弃优先购买权时，该股东的配偶可以成为该公司股东。夫妻双方就出资额转让份额和转让价格等事项协商一致后，过半数股东不同意转让，但愿意以同等价格购买该出资额的，夫妻可以对转让出资所得财产进行分割。过半数股东不同意转让，也不愿意以同等价格购买该出资额，视为其同意转让，该股东的配偶可以成为该公司股东。这种情况下，能够用来证明前述的“过半数股东同意”的证据，可以是股东会决议，也可以是当事人通过其他合法途径取得的股东的书面声明材料。此外，如果属于只有夫妻二人为股东的公司，在夫妻二人均不愿意继续经营公司的情况下，可以对公司进行清算或将公司拍卖，清算后的剩余资产或拍卖所得作为夫妻共有财产分割。由于这一方案会造成原公司经营网络等无形财产的损失，因此，理财规划师应当在充分征求当事人意见的基础上，慎重采取这一方案。

相比较而言，对于共有财产中的股份有限公司的股票分割就要简单得多。对股票主要采取直接分割的方式，以避免对股票进行估价或折价带来的麻烦，但在双方协商同意的情况下，也可以采取由持票一方折价给另一方补偿的方式予以分割。如果协商不成或者按市价分配有困难，可以根据数量按比例分配。应当指出，对于婚前一方所有的股票、债券、投资基金份额等有价证券以及未上市股份有限公司股份，应当属于该方所有。一方婚前以个人财产购买的股票、债券、基金份额等财产，在婚姻关系存续期间，因市场行情变化抛售后产生的增值部分，由于这些财产本身仅是个人财产的形态变化，性质上应依原物所有权归属，所以仍为个人所有的财产。

根据新《公司法》第二十条第三款规定："公司股东滥用公司法人独立地位和股东有限责任，逃避债务，严重损害公司债权人利益的，应当对公司债务承担连带责任。"这实际上是在特殊条件下把公司股东的有限责任演化成了无限责任。而这其中，个人财产和公司财产的混同将是主要的依据之一。也就是说，在这种"公司人格否认"的情况下，股东个人会被要求对公司承担连带责任，而且，我国没有个人破产制度，那就意味着个人对连带债务可能承担无限的责任。这是公司经营对家庭财产产生的巨大威胁。因此，经营公司时必须将公司财产和个人家庭财产分开，保持公司规范经营，否则将"有限责任"变成了"无限责任"。

另外，根据2007年6月1日施行的《破产法》第二条规定："企业法人不能清偿到期债务，并且资产不足以清偿全部债务或者明显缺乏清偿能力的，依照本法规定清理债务。"第七条第二款规定："债务人不能清偿到期债务，债权人可以向人民法院提出对债务人进行重整或者破产清算的申请。"与原来的《破产法》相比，不仅是债权人申请破产的门槛降低了，而且还扩大了适应范围。原来是国有企业，现在是所有法人企业。只要是法人企业，不管其性质是国有、集体、私营，还是股份合作制企业，外商投资企业等，其破产都直接适用于这部法律。这就意味着在实业经营中要面临更大的破产风险，只要债务人不能清偿到期债务，债权人就有权申请债务人破产还债。

（2）合伙企业合伙份额。随着新《合伙企业法》的施行，确定了有限合伙的制度。该法第二条规定："本法所称合伙企业，是指自然人、法人和其他组织依照本法在中国境内可以设立普通合伙企业和有限合伙企业。普通合伙企业由普通合伙人组成，合伙人对合伙企业债务承担无限连带责任。本法对普通合伙人承担责任的形式有特别规定的，从其规定。有限合伙企业由普通合伙人和有限合伙人组成，普通合伙人对合伙企业债务承担无限连带责任，有限合伙人以其认缴的出资额为限对合伙企业债务承担责任。"有限合伙人不执行合伙事务，不对外代表企业，只按合伙协议比例享受利润分配和分担亏损，而且是以其出资额为限对合伙的债务承担清偿责任。这一制度为合伙经营提供了更加有效的途径。但无论是普通合伙企业还是有限合伙企业，都会有普通合伙人存在，普通合伙人对合伙企业债务是承担无限连带责任的，当企业经营出现问题的时候会对家庭财产和家庭成员的生活产生重大的影响。理财师对有合伙企业普通合伙人身份的客户，应首先建议客户有一个风险隔离的安排，在这里最有效的风险隔离工具就是信托，即将个人或家庭财产中的一部分以委托人的身份将财产权转给受托人，并根据信托目的指定信托财产的受益人。通过一个或数个信托安排使这些财产从合伙经营所带来的无限连带责任风险中解脱出来，形成财产的有效保护。

对夫妻共同财产中以一方名义在合伙企业中的出资进行分配，由于另一方不是该企业合伙人，因此，入伙的财产可分给经营合伙的一方所有，分得入伙财产的一方对另一方应给予相当于入伙财产一半价值的补偿。如果夫妻双方协商一致，将其合伙企业中的财产份额全部或者部分转让给对方时，按以下情形分别处理：①其他合伙人一致同意的，该配偶依法取得合伙人地位；②其他合伙人不同意转让，在同等条件下行使优先受让权的，可以对转让所得的财产进行分割；③其他合伙人不同意转让，也不行使优先受让权，但同意该合伙人退伙或者退还部分财产份额时，可以对退还的财产进行分割；④其他合伙人既不同意转让，也不行使优先受让权，又不同意该合伙人退伙或者退还部分财产份额，视为全体合伙人同意转让，该配偶依法取得合伙人地位。

（3）个人独资企业。夫妻用共同财产以一方名义投资设立独资企业的，分割夫妻在该独资企业中的共同财产时，应当按照以下情形分别处理：①一方想经营该企业，对企业资产进行评估后，由取得企业一方给予另一方相应的补偿；②双方均要求经营该企业，在双方竞价基础上，由取得企业的一方给予另一方相应的补偿；③如果双方均不愿意经营该企业，按照《中华人民共和国个人独资企业法》等有关规定办理。

（4）财产分割时应当特别注意的问题。某种意义上来说，夫妻双方的财产争夺战的激烈程度绝不亚于一场战争。财产经营方为了达到侵占夫妻共同财产的目的，往往会采取隐瞒、转移、变卖、毁损夫妻共同财产等多种手段，有的甚至串通他人伪造或虚构债务来欺骗另一方。再加上我国财产登记制度的不完善，婚姻存续期间妇女对家庭财产的知情权难以得到保障。因而在现实生活中，离婚分割财产时，弱势一方（多数情况下是女方）要维权成功，取证难和举证难往往是一个突出的问题。

需要特别予以注意的是，在进行折价补偿时，对公司的股权应当按照何种价格计算，在实践中也是一个很难解决的问题。按照股东当初投入的资本额即出资的数额计算显然是不公平的，因为在公司的经营中，资本会增值，其实际价值可能远远大于股东当时投入的资本额。而股权在不同的经营时期，在不同的经营环境下，其价值也不同。因此，要解决这一难题，只能在公平原则的基础上，由专业机构对公司的财产状况和财务情况进行综合评估，按照股权的实际价值决定对股东的配偶进行经济补偿的数额。那么，在计算公司股权的价值时是否应当考虑公司的赢利情况呢？答案是否定的。因为公司的经营状况是变化的，如果在对股东配偶应分得的股权进行折价补偿时将公司的盈利因素纳入其中，对股东显然是不公平的，在实践中也不容易操作。折价补偿时还是应当按照评估计算出的股权的实际价值计算。在这种情形下，通常应当尽量由离婚双方协商确定股权的实际价值，协商不成的，一般以股权所在公司当年每股的净资产额确定其价值。

**【例5-4】**王先生与夏女士于1995年结婚。2000年，王先生以两人婚后的积蓄与赵先生合资成立了某服装有限责任公司。公司章程上记载的出资情况为：王先生55万元，赵先生45万元。2003年10月，夏女士以与王先生感情不和为由提出离婚，并要求对包括某服装有限公司55%的股权在内的夫妻共同财产进行分割。王先生同意离婚但不同意夏女士提出的财产分割办法。他认为公司是以自己的名义与他人合资创立的，夏女士一直未参与该公司的经营，如果夏女士与其离婚后再参与该公司经营，容易产生内部分歧，对公司发展不利。作为股东之一的赵先生也不同意夏女士的加入。王先生提出给予夏女士一定的经济补偿，但双方协商未果。2003年12月，夏女士向人民法院提出诉讼，要求离婚并分割财产。

［**分析**］按照我国《公司法》的规定，公司的股东作为出资者，应按投入公司的资本额享有所有者的资产权益、重大决策及选择管理者等权利，即人们所说的股权。但股东的出资并不是股东对具体存在的公司财产享有所有权，因为公司本身享有独立的财产权。股权是由私法法律规范调整的一种民事权利，具有其他民事权利如物权、债权、知识产权等所具有的基本法律属性；就其内容而言，主要表现为财产权。既然它与其他民事权利一样，就应当能够分割。夫妻一方所持的股权是能够量化的夫妻共同财产，因此依法应予以分割。只是应当注意分割的方式，不能侵害公司的法人财产权和其他股东的合法权益。分割夫妻共同财产中的股权，应当根据法律规定，在充分考虑财产权、经营权和其他股东的合法权益的情况下，从企业的长远发展出发，采取灵活多样的方式，实事求是、科学合理地处理共同财产的分割问题。

夫妻双方以一人名义在有限责任公司的出资额，另一方不是该公司股东的家庭，在离婚案件中会涉及分割夫妻共同财产问题，对此还要结合《公司法》的有关规定针对不同的情况进行分析：①夫妻双方协商一致将出资额部分或者全部转让给该股东的配偶，过半数股东同意、其他股东明确表示放弃优先购买权的，该股东的配偶可以成为该公司股东；②夫妻双方就出资额转让份额和转让价格等事项协商一致后，过半数股东不同意转让，但愿意以同等价格购买该出资额的，人民法院可以对转让出资所得财产进行分割。过半数股东不同意转让，也不同意以同等价格购买该出资额的，视为其同意转让，该股东的配偶可以成为该公司的股东。这样既考虑了《公司法》的有关规定，又兼顾了《婚姻法》的基本原则；在保护夫妻共同财产权的同时，又使公司的法人财产权和其他股东的合法权益得到了维护。在对股权的处理上，采取了灵活多样的方式，平衡了各方面的利益，有利于涉及公司股权的离婚财产纠纷得到公平、合理的解决。

在本案中，王先生以与夏女士结婚后的积蓄与赵先生合资成立了某服装有限公司，由此形成的王先生名下的公司55%的股权显然是夫妻共同财产，在离婚时应当作为夫妻共同财产加以分割。按照《公司法》第三十五条的规定，股东向股东以外的人转让其出资时，必须经全体股东过半数同意。由于本案中的两名股东对夏女士的请求有异议，如果判决夏女士取得该公司的股权，显然违反了《公司法》的上述规定。从保护公司的法人财产权和其他股东的合法权益，有利于公司组织结构的统一和未来发展考虑，夏女士不应当成为该公司的股东，而应当由王先生给予夏女士与应分配给她的股权相当的经济补偿。

**【例5－5】**方先生与李女士于1996年2月登记结婚。婚后夫妻感情尚好，但由于方先生常年在外做生意，很少回家，夫妻之间的感情逐渐淡漠。方先生于2004年9月以夫妻感情不和为由向人民法院提起离婚诉讼。李女士同意离婚，但双方在夫妻共同财产中的股权分配问题上存在争议。2002年4月，方先生夫妇曾以两人婚后的积蓄与张先生合资成立了某有限责任公司。公司设立之初，公司章程上记载的出资情况为方先生50万元，李女士20万元，张先生30万元。公司设立后盈利状况良好。双方协商离婚时，解散原有公司。方先生提出将公司的财产按当初的出资额比例分割，即由方先生取得公司财产的50%，李女士取得20%，张先生取得30%。李女士对公司解散没有异议，但认为公司是在夫妻婚姻关系存在期间登记设立的，属于夫妻共同财产，离婚时应当平均分割。

［**分析**］夫妻双方共同出资设立有限责任公司的行为完全符合我国《公司法》的有关规定，即有限责任公司应当由50个以下的股东共同出资设立，公司章程应当载明股东的出资方式和出资额。但夫妻双方离婚的，公司有关出资比例的工商登记是否就是夫妻双方对这部分财产的约定呢？根据我国《婚姻法》关于夫妻财产问题的相关规定可以看出，我国规定的是排斥性的夫妻财产约定，即法律不限制夫妻对财产进行约定的内容，但夫妻约定财产协议必须是书面的形式。同时，夫妻约定财产制是夫妻财产制的组成部分，是法定财产制的补充。如夫妻财产有约定的，则该约定应以明确和肯定的书面形式做出，否则认为没有约定或者约定无效，这时就采取法定财产制。可见，《婚姻法》明文规定了哪些财产属于一方所有，哪些财产属于夫妻共同所有，但同时也允许采用夫妻财产约定制，即夫妻双方做出明文约定，改变财产的权利归属。

就记载了公司出资比例的工商登记而言，由于夫妻双方并没有明确说明该比例同时也是对夫妻财产的约定，所以不能认为这部分财产是夫妻约定财产。双方没有约定的，应当采用法定财产制的分割方式，将其作为夫妻共同财产处理。因此，只要夫妻双方没有对投资的公司资金及收益归谁所有做出明确约定，都应视为共同财产，双方拥有平等的财产权，不应将工商登记的比例视为双方的约定。因此，公司解散后，王先生、李女士应当平均分割由其二人所有的公司财产，各占公司35%的股份。

5. 房屋财产。就我国家庭现有的经济水平而言，房屋财产对于绝大多数家庭来说举足轻重，成为各家庭财产构成的主要部分。夫妻对房屋产权的分割问题从而变成一个敏感话题，尤其是随着近年房价的飙升，房屋的产权关系变得越来越复杂，正逐渐成为夫妻在进行财产分割时发生纠纷的焦点。因此，理财规划师在对家庭房屋财产进行规划时，要充分考虑到如果家庭解体可能导致的房产分割的问题。实践中，夫妻对共同房屋进行产权分割时主要涉及的问题有：

（1）夫妻一方婚前付了全部房款，并取得了房产证，那么该房屋是婚前财产，另一方无权要求分割。

（2）夫妻一方婚前以个人财产购买房屋，并按揭贷款，把房屋产权证书登记在自己名下的，该房屋为其个人财产，按揭贷款也为其个人债务。即使在结婚后与配偶一起清偿贷款，也不能改变该房屋为个人财产的性质。因此，在离婚分割财产时，该房屋为个人财产，剩余未归还的债务，为个人债务，对已归还的贷款中属于配偶一方清偿的部分，应当予以返还。当然，如果一方确能证实，其婚后还贷资金来源于个人婚前财产，那么该部分就不被认定为夫妻共同还贷。

（3）夫妻一方婚前支付了部分房款，但婚后才取得房产证，即使是婚后双方共同还贷，其仍应属于一方的婚前个人财产。房产证是证明房屋权属关系的法定凭证，仅证明房产权为婚后取得。并不意味着婚后取得房产证的房屋就应当是婚后财产。这是因为，一方婚后房产权的取得是依据其婚前购房行为取得的。一方婚前购房，婚后取得房产证，如果依此就判定该房产为夫妻共同财产，这种结果显然不公平。毕竟，财产权益在婚前签订购房合同后就已经取得，房产证是婚前订立的购房合同及付款行为的结果而已。当然，夫妻双方婚后共同还贷部分，不论是由一方用个人工资还贷，还是用双方工资还贷，其还款来源都应当认定为是夫妻共有财产。除非一方确能证实，其还贷资金来源于个人婚前财产，那么该部分就不应成为夫妻共有财产。

（4）如果夫妻一方婚前支付部分房款，婚后夫妻双方共同还贷，或一方用个人财产还贷且房屋又升值，而房屋的产权证在需要对财产进行分配时还没有拿到。这种情况下，在实践中是不会直接去界定房屋所有权归属的，而是根据实际情况由夫妻双方先行使用，待取得房屋产权证后，再确定该房屋的权属。此外，根据有关司法解释，在未取得房产证之前，购买福利性政策房屋、商品房和经济适用房等三类房屋时，也不应对房屋权属进行确定。

（5）对于一方在婚前购房且房产证登记在其名下，而其配偶方有证据证明也有出资时，在分割该房屋财产时，该房屋仍为房产证登记人的个人财产，但是对于配偶方所付房款，一方应当予以补偿。如果配偶方有证据证明，其婚前出资以双方都认可所购房屋为共同所有为条件，则即使该房产登记在一方名下，仍应当认为其属于夫妻共同财产，分割时应按共同财产的分割原则进行处理。以下通过几个案例来帮助读者对这部分内容更好地加以理解。

**【例 5－6】**父母出资购房赠与一方。张先生的父母在其婚后出资为张先生夫妇购买了一套房产，其和妻子两人分文未出，但产权证的权利人一栏记载了张先生及其父母三人的姓名。现夫妻俩析产，妻子认为该房产中的 1/3 产权为夫妻俩的共有财产。

**［分析］**生活中类似这样的情形很多，应该区分不同的情况而定：一是如果子女已婚，父母为自己子女夫妻双方购置房屋出资的，应视作对子女夫妻双方的赠与，除非父母明确表示是赠与自己子女一方；二是对父母的“明确表示赠与”，须在办理产权证之前做出，且有证据证明，最佳形式是办理公证。如果父母在办理产权证之后或在子女夫妻要进行析产时才签订赠与合同，这实际上是侵犯了非自己子女一方的合法权益。本案中张先生妻子的主张是符合法律规定的，该房产中的 1/3 产权应当认定为小夫妻俩的共同财产。

**【例 5－7】**关于“部分产权”房屋的分割。王女士与高先生于 1995 年 12 月结婚。婚后住在高先生单位分配的已参加部分房改的楼房内。由于双方性格不和，常因生活琐事发生争执。在高先生患病期间，王女士未能关心和照顾高先生，导致夫妻感情破裂。1998 年 12 月，高先生提出协议离婚，王女士表示同意。因双方结婚时间较短，王女士结婚时未带来财物，两人婚后共同生活期间也未购置什么财物，因此，财产分割相对简单，双方各自衣物归个人所有，生活用品和家用电器均归高先生所有。但夫妻二人在现居住的房屋的分割问题上产生了纠纷，并向法院提起诉讼。高先生认为，双方现在居住的楼房是他所在单位分配给他的房子，经过 1998 年 3 月的第二次房改，产权已全部归他所有，在财产分割时房子应当归自己所有。而王女士则认为高先生所居住的住宅楼，是经过两次房改程序而取得所有权的。第一次房改自己尚未同高先生结婚，但第一次房改高先生仅仅取得房屋所有权的 39%；第二次房改是 1998 年 3 月，此时自己已经与高先生结婚两年多，是夫妻二人共同取得的全部房产所有权。而且自己在房改当时曾出资 4200 元，由于房钱都是高先生去交的，当时也没有要求高先生出具收据，因此自己并没有相应的证据，但取得此房屋所有权毕竟是在夫妻关系存续期间，不论第二次房改时自己出资的4200元能否得到认定，但是第二次房改双方出资4200元取得了房屋全部产权是事实，这部分财产必然属于共同财产，自己对这项财产应当可以分割。

[分析] 所谓“部分产权”，根据1991年12月31日国务院住房制度改革小组公布的《关于全面推进城镇住房制度改革的意见》规定，是指职工以标准价格购买公有住房后享有部分权能并且这种权能受到法定限制的产权。“部分产权”房屋具有福利性质，仅销售给房屋所在单位的职工，职工购买后，享有占有、使用、收益的有限的处分权（购房后要经过一定期限后才能出售）。对于“部分产权”房屋夫妻离婚时的分割问题，根据我国1996年2月5日推出的《最高人民法院关于审理离婚案件中公房使用、承租若干问题的解答》第九条的规定，对夫妻共同出资而取得“部分产权”的一方，一般应按所得房屋产权的比例，依照离婚时当地政府有关部门公布的同类住房标准价，给予对方一半价值的补偿。这就为夫妻离婚的“部分产权”房屋的分割，提供了依据。具体分割时，一要通过协议解决。夫妻双方离婚时，对“部分产权”房屋有协议的，只要协议不违反法律的强制性规定，都应认定该协议有效，按协议分割。二是通过竞价方式解决。最高人民法院的司法解释中，明确规定对夫妻双方均争房屋“部分产权”的，如双方同意或者双方经济条件、住房条件基本相同，可采取竞价方式解决。即夫妻双方在人民法院主持下，对争执的房屋部分产权，通过公开相互竞价，确定将房屋部分产权归属于出价最高的一方所有，另一方得到相应的经济补偿的分割方式。三是判决解决。夫妻双方不能达成协议或不能按竞价方式分割房屋部分产权的，应先对房屋部分产权进行评估，参照市场价格确定房屋部分产权的价值，然后判归一方所有，另一方得到房屋部分产权价值一半的补偿。本案中，双方在婚姻关系存续期间所取得的原高先生所在单位的61%房屋产权，应为双方的共同财产。高先生作为得房方，应按照购房价款4200元的一半补偿给王女士。该购房款无论是谁实际出资，均应为双方在婚姻关系存续期间的共同出资行为。

【例5-8】关于离婚时共同租用公房的处理。张先生与肖女士是夫妻。张先生结婚前租住了单位的一套公房，结婚后张先生用夫妻共同财产出资买下了该套公房，产权证上权利人登记为他的名字。现在，夫妻俩面临离婚，该房屋应如何分割？

[分析] 公房租用是夫妻双方共同租用所有权属于全民所有或集体所有的房屋。公房分为统筹公房和自管公房。统筹公房是指由政府的房地产管理部门统一管理的公房。自管公房是指由机关、国有企事业单位等自行经营，自行管理的公房。公房租赁的租金，一般不按市场价格确定，租金较低，因而，公房租赁具有福利性的特点，是对单位职工的一种补贴。夫妻离婚时，租用的公房如何处理，新旧《婚姻法》都没有作出明

确的规定。1996 年 2 月 5 日，《最高人民法院关于审理离婚案件中公房使用、承租若干问题的解答》中作了一些规定，其主要内容为：对夫妻双方均可承租的公房而由一方承租的，承租方对另一方可给予适当的经济补偿；夫妻双方均可承租的公房，如其面积较大能够隔开分室居住使用的，可由双方分别租住；对可以另调房屋分别租住或承租方给另一方解决住房的，可予准许。上述司法解释，为夫妻离婚时的租用公房处理提供了一个基本依据。而对于本案中，夫妻双方对婚前承租公房婚后又购买的情形，在我国《婚姻法解释（二)》第十九条有规定：“由一方婚前承租、婚后用共同财产购买的房屋，房屋权属证书登记在一方名下的，应当认定为夫妻共同财产。”所谓“婚前承租”，其内涵是：如果“婚前承租”的公房是基于单位福利政策分配取得的，婚后用夫妻共同财产购买了其产权，离婚时，该房屋应当作为夫妻共同财产；如果“婚前承租”的公房是一方婚前以个人财产单独购买的，婚后用夫妻共同财产购买为产权房的情形，分割该产权房时，应当将婚前以个人财产购买的使用权部分确定为当时承租人个人所有，剩余部分按共同财产分割。

**【例 5－9】**婚后购房财产份额不等。夫妻俩婚后购买了一套房屋，房产证上载明男方的财产份额为 70%，女方的财产份额为 30%；现夫妻俩面临离婚，该房屋应如何分割？

[**分析**] 此案的症结是如何区分夫妻共同财产制和夫妻财产约定制。《婚姻法》第十九条规定了夫妻财产约定制，并约定应当采用书面形式。如果没有约定或约定不明的，适用夫妻共有财产制。在界定夫妻财产约定制时，法律规定必须采用书面形式，且该书面形式是明确的、唯一的。如果夫妻婚后购房，产权证的权利记载在男方一人名下，而事先又没有明确、唯一的书面约定，那么该财产还是夫妻双方的共同财产，分割时，原则上应当平分。本案中产权证上记载的产权份额说明男女双方对夫妻这一特定的财产即房屋已经事先有约定。因为之所以产权证上会明确房屋的份额，房产交易中心是依据办产权证时夫妻双方的书面约定来加以注明的。因此，房屋应当按照夫妻双方的约定，即男方 70%，女方 30% 的比例分割。

**【例 5－10】**婚前个人首付，婚后共同偿还。王先生与张女士原系夫妻，后双方因感情不和而离婚，双方在房产分割上发生纠纷。在王先生与张女士结婚之前，即 2002 年 10 月，王先生在上海买了一套商品房，首付 40 万元人民币，银行贷款 40 万元人民币，并办理了产权证。一年后，王先生与张女士结婚，此时所买的房产已升值至 100 万元人民币，婚后双方共同偿还贷款。然而好景不长，2004 年 11 月，王先生与张女士闹离婚，当时该房产的市值已经达到了 140 万元人民币。双方在谈及房屋的分割问题时，张女士认为，该房屋目前的价值除去 40 万元首付款以及王先生第一年支付的 5 万元还贷款之外，其他的部分属于夫妻共同财产，即 140 - 40 - 5 = 95 万元，要求对这部分共有财产进行分割。而王先生则认为，该房产是自己的婚前个人财产，婚后仍然归自己所有，因此不同意分割。后双方将此纠纷诉至法院。法院经审理后，一审判决该房产为王先生个人财产，归其个人所有。而对于婚后夫妻双方共同偿还的银行贷款，王先生应将其中的一半偿还张女士。张女士不服，上诉到二审法院，最终二审法院维持原判。

[**分析**] 本案涉及的是婚前按揭房产在离婚时是属于婚前个人财产还是夫妻共同财产问题。我们这里要讨论的"婚前按揭房产"，单指夫妻一方在婚前以银行按揭方式购买（限为个人行为，排除夫妻双方婚前已有合意的共同购房行为，此时可能房屋已为双方婚前共有财产），婚后由夫妻共同偿还贷款的房产。实际上，这个案例的核心是如何界定婚前按揭房产的性质，进而确定如何分割婚前按揭房产的问题。财产分割是离婚中最容易遇到的问题，很多人对一项财产究竟是属于个人财产还是属于夫妻共有财产存在争议，涉及房产问题时就更加复杂了。买房从签合同到付首付、办理银行按揭贷款，再到办理产权证、偿还贷款要经历很长一段时间，一个人很有可能在这期间结婚又离婚，上面的案例便是其中一例。那么这样的婚前按揭房产的归属到底如何确定呢？我国现有的法律法规没有就婚前按揭房产的分割问题做出明确的规定，只是就一般的婚前财产的分割做出了规定，即除夫妻双方另有约定外，婚前个人财产属于夫妻一方所有，并且婚前个人财产并不因夫妻双方婚姻关系的延续而转化为共同财产。

上述对婚前财产分割的原则性规定，套用到婚前按揭房产的分割上即可理解为"一方在结婚前购买的房产属于一方婚前个人财产"，婚前按揭房产的分割中有两个关键的时间点：一是"婚前"到"婚后"的时间点；二是"购房"时间点，即什么时候才算购买了房产。对于前者，答案很简单，在我国，只有结婚登记才被视为合法婚姻。因此，夫妻双方自民政部门领取《结婚证》之日可视为"婚前"到"婚后"的时间点，而其他诸如订婚、举行婚礼等时间点都不具备法律上的意义。对于后者，争议则较多，即在购房一系列的过程中到底哪个才是"购房"时间点？比如在本案中，婚前签了购房合同，付了首期款，婚后才进行按揭贷款，并办了产权证，那么哪个才是真正的"购房"时间点呢？

考虑到购房的目的性以及购房整个过程的关联性，应当以签订购房合同的时间为"购房"时间点，签订合同时最能反映"购房"这一行为的性质。因此在本案中王先生在婚前签订了购房合同，则所购房屋为婚前个人财产。婚前个人所购房屋为个人财产已确定无疑，然而如果是婚后夫妻共同偿还贷款，是否会对房屋的所有权产生影响呢？有人提出过这样的观点：在偿还完所有银行贷款前，应当将房产权按时段分割为婚前婚后两部分。婚前个人支付的房价款获得相应比例的婚前房产权益属其个人财产；婚后双方共同偿还银行贷款获得的婚后房产权益属夫妻双方的共有财产，应由夫妻双方共同进行分割。在弄清楚这个问题之前，应当先弄清按揭购房各方的法律关系，即购房人、出卖人（如开发商）和贷款银行三方的关系。简单地说，购房者与开发商之间是房屋买卖关系，而购房人与银行之间则是房款借贷关系。当购房人与开发商签订了购房合同，并在银行办理了按揭贷款手续、银行将贷款金额划入了开发商账户，同时也办理了房产证后，购房合同双方就已经履行完合同义务，双方已经结束了购房合同的关系。在此之后，购房人偿还银行借款的行为，属于购房人与银行因贷款行为而产生的债权债务行为，并不影响所购房屋所有权的归属。如果婚后夫妻双方共同偿还了银行贷款，可以理解为是用夫妻共有的财产偿还了一方的个人债务，因此，离婚时欠款的一方应当将夫妻所共同偿还贷款的一半补偿给另外一方。在这个案例中，法院之所以如此判决，不是因为张女士拥有该房屋一半的产权，而是因为婚姻关系存续期间，双方以夫妻共同财产偿还了王先生的个人债务，而这笔债务是不应当由张女士承担的，在张女士已经承担的情况下，张女士就成了王先生的新的债权人，所以王先生应当向张女士归还这笔钱款。

**工作程序**

第一步：理财规划师首先应该向客户说明财产分配规划的意义，以及理财规划师掌握其婚姻、财产状况对财产分配规划的重要意义。

第二步：在此基础上，理财规划师应当收集与客户财产分配规划有关的信息，如个人的职业、家庭情况、收入状况和支出状况等相关信息。

第三步：根据收集到的信息，理财规划师对客户婚姻、财产状况进行分析，分析客户婚姻状况及影响财产规划的各项因素，并引导客户理解相关法律条文规定。

## 第二节　制订财产分配方案

### 一、确定财产分配的原则和目标

实际操作中，每个客户进行财产分配的动机和目标互有不同，理财规划师要根据客户需求，协助客户明确并确定其自身财产分配目标。当然，目标虽有不同但都不能脱离基本原则，这也是理财规划师在协助客户确定目标时要提醒客户注意的。财产分配目标的确定一般应遵循以下原则：

**（一）风险隔离的原则**

理财规划师在为客户做财产分配规划的时候，首先要考虑客户财产的安全，一般来说需要财产分配规划的客户是参与各种形式经营活动、多婚多子女的家庭、跨国婚姻以及婚前就有大量财产的人。对于这类客户来说，他们需要对婚前和婚后财产通过财产分配工具的运用进行不同的财产安排，保障个人财产的安全和更好地履行对其他家庭成员的义务。对参与各种经营的客户，还需要在经营风险和家庭财产之间布下防火墙，以抵御经营风险对家庭财产的侵扰，从而保证家庭成员的正常生活不受影响。

**【例 5－11】**38 岁的小张是一家公司的高管，妻子在家做家庭主妇，有一个儿子 9 岁尚在上小学，家庭大概有可支配财产 800 万元。现在有一个很好的投资机会，一个朋友邀请他一起投资合伙企业，前景非常看好。但是根据我国法律规定，合伙企业的普通合伙人对债务承担的是连带责任，这还不是合伙企业的全部风险。根据我国《婚姻法》的规定，我国实行的是夫妻共同财产制，也就是说如果小张与妻子没有进行婚姻财产的约定，小张的妻子对合伙企业的债务也有偿还责任。考虑到家庭生活的稳定性需要和孩子将来的上学费用，小张非常矛盾，找到理财规划师咨询。

［**分析**］小张的家庭财力较强，可以进行投资。他担心的地方就是对于这笔财产的合理分配，不至于因为事业的风险而影响全家的生活。因而，可以使用夫妻约定财产并进行约定公证隔离夫妻财产的风险，可以设立信托来保证孩子的教育费用，这时子女教育信托也起到了风险隔离的作用。

具体建议为：小张与妻子作婚姻财产约定，200 万元归妻子所有，然后到公证处进行公证。另与信托公司签订一份信托合同，将可支配财产中的 200 万元作为信托财产转移到信托公司的名下，由信托公司作为受托人对信托财产进行管理、运用，信托财产的受益人为小张的儿子。可支配财产中剩下的 400 万元，小张可以放心投入合伙企业了。

**（二）合情合法原则**

理财规划师在为客户确定财产分配目标时，要注意不仅要合法也要合情。所谓合法，是指不违反与财产分配有关的法律规定，比如为客户进行风险隔离规划时要遵守相关法律法规的规定，不能违法操作。因此，在为客户提供财产分配意见时，理财规划师要避免为了迎合客户需要而损害其他家庭成员的利益及这种行为可能为客户带来的法律责任。

所谓合情，是指财产分配要合乎情理，从协调客户及其家庭成员间关系入手，并考虑各个家庭成员主要是夫妻二人对家庭的付出和贡献，这样可以减少财产分配方案在实施中可能遇到的障碍。

在进行财产分配规划过程中，理财规划师要对客户可能出现的三种错误思想倾向予以纠正：一种是认为财产在谁手中就归谁所有的倾向。事实上，只要是婚后所得财产，除非有特殊约定，不管财产在谁的手里，都是夫妻共同财产。二是认为夫妻一方没有经济收入或经济收入较少就没有财产安排权的倾向。而按照有关规定，只要是夫妻共同财产，夫妻双方就享有平等的所有权。在一般情况下，夫妻对共同财产的分割要平均；对共同债务，要平均承担。三是在客户有离婚情形时，一方想以多占有财产作为同意离婚交换条件的倾向。离婚与财产分割是两个性质不同的问题，不能混在一起相提并论。

**（三）照顾妇女儿童原则**

抚养教育未成年子女是家庭的一个中心问题，因此，在财产分配规划的制定过程中，要充分考虑子女的问题，尤其在夫妻离婚的情况下，为了防止夫妻因离婚而影响未成年子女的学习和生活，减轻未成年子女因父母离异所带来的心理阴影，保证未成年子女的健康成长。在分割夫妻共同财产时，对子女的利益予以考虑就显得尤为重要。同时还要特别注意的是在分配夫妻共同财产时，要注意不要侵害到未成年子女的合法财产，要将未成年子女的合法财产作为子女的个人财产，包括未成年人通过赠与获得的财产；通过自己的特殊技能而获得的报酬或奖金；以及国家法律政策明文规定给未成年人的财产。未成年人的合法财产，不能列入夫妻共同财产进行分割。对于客户在子女教育和激励方面有特殊需要的，理财规划师除了为客户提供普通的子女教育规划，还可以为客户定做子女教育信托和子女激励信托。

**【例 5－12】** 高某与王某都为某国有企业职工，2001 年高某下海经商，因经营良好，家庭生活环境逐步改善。后因高某常年不回家，二人感情破裂决定离婚。3 岁的女儿小高跟随母亲王某生活，鉴于王某收入低，高某决定小高的生活费由他一人负责。王某要求一次性支付小高的抚养费 54 万元。高某有经济能力一次性支付这笔钱，但他认为王某没有管理能力，不予支付。这时理财规划师可以建议高某进行子女抚养信托。将抚养费交付给受托人进行管理，定期支付给小高，既保障了子女的生活，又解除了对交付财产时的担忧。为了避免受益人将受益权转让换取一次性所得，可在设立信托时取消受益人的转让权。

## 子女养育信托合同

受托人：

地址：

电话：

委托人：

地址：

电话：

为帮助委托人履行抚养子女的义务，支付子女年满十八周岁之前的养育费用，受托人接受委托，为委托人设立子女养育信托，并达成如下信托协议：

一、受托人权利和义务

1. 管理信托财产，必须恪尽职守，履行诚实、信用、谨慎、有效管理的义务。

2. 向委托方提供相关计划及有关账户明细。

3. 受托人不得将信托财产一次性支付给受益人。

二、委托人权利和义务

1. 需将个人合法财产转入信托账户，并授权受托人全权处置、管理财产。

2. 有权了解信托财产的管理运用、处分及收支情况，并有权要求甲方做出说明。

三、具体操作

1. 受托人为委托人设立子女养育信托账户，账号为：

2. 委托人将资金人民币 54 万元于合同生效当日转入信托账户内。

四、受益人条款

受益人为委托人的儿子小高。小高不享有信托财产的转让权。

五、收益分配

1. 甲方根据受益人的实际需要，从合同生效之日起在每月 5 日支付受益人不低于人民币 3000 元的生活费用，到小高 18 周岁时，共支付 15 年。

2. 合同到期后，如信托账户内还有资金剩余，则全部交给受益人所有。

六、合同生效

合同从甲乙双方签字或者签章之日起生效。

七、违约责任及纠纷处理

依据本信托合同规定管理资金所产生的风险及有关费用，由信托财产承担，即由委托人交付的资金以及由受托人对该资金运用后形成的财产承担；受托人违背信托合同、处理信托事务不当使信托资金受到损失，由受托人赔偿。

八、再指定受托人条款（受托人为自然人的情形）

受托人如果去世或有其他丧失、部分丧失民事行为能力的情形，则由委托人另行指定受托人。

受托人：　　　　　　　　　　　　委托人：

代表人：

签章：　　　　　　　　　　　　　签章：

年　月　日　　　　　　　　　　　　　　年　月　日

另外，在我国现阶段，妇女在多数情况下是一个弱势群体。妇女由于生理上的原因和在家庭中所担任的角色，使得她们不仅要担负生育子女，抚养下一代的社会责任，而且还要工作，因此，她们所面临的困难和压力更大一些。正因如此，离婚时在财产分割方面，给予妇女适当照顾，是世界多数国家的做法。我国经济发展水平还不高，社会保障与福利制度刚刚建立，离婚分割夫妻共同财产时应给予女方一定的照顾，既是应该的，也是可以做到的。这里的“照顾”，既可以指在财产份额上给女方适当多分，也可以指在财产种类上将某项生活中特别需要的财产，如住房，分配给女方。在照顾子女利益上，要根据子女的生活和学习的需要，给抚养未成年子女的一方适当多分一些财产。

**【例 5－13】** 韦女士与叶先生原系夫妻关系。2002 年 6 月，双方通过法院自愿达成离婚协议，约定长子小亮（10 周岁）、次子小俊（7 岁）、女儿小春（5 岁）由韦女士抚养。同年 6 月，三个孩子由韦女士带回娘家跟随外祖父母共同生活。在外祖父母的帮助和支持下，三个孩子的生活教育有了保障，小亮、小俊均已在当地小学上学。2002 年 9 月 17 日，长子小亮在其父处玩耍时，叶先生与韦女士发生争抢孩子的纠纷。10 月，叶先生的父亲把 500 株胶、一台碾米机和 10 亩甘蔗交给叶先生管理，加上叶先生每月工资收入 2950 元，经济条件有了明显改善，叶先生因此提出要求变更抚养关系，由自己抚养两个男孩。韦女士则认为叶先生不懂照顾孩子，拒绝了叶先生变更抚养关系的要求。10 月 27 日，叶先生向法院提出了诉讼。一审法院审理认为：韦女士带三个孩子回娘家依靠其父母生活，自己没有工作，也没有其他经济来源，难以维持三个孩子的生活教育支出，不利于孩子的健康成长。而原告叶先生有工作，又有其他经济收入，经济条件略优于女方，由其抚养孩子，有利于孩子的身心健康。据此作出判决：变更次子小俊的抚养关系，小俊由原告抚养，抚养费自负；长子小亮及女儿小春由被告负责抚养，抚养费自负。一审宣判后，韦女士以叶先生的家人经常打骂孩子为由，认为原审判决认定事实不清、证据不足，提起上诉。

二审法院经审理认为：夫妻离婚后，原确定的子女抚养关系并不是不能变更的。

如果情况发生变化，不直接抚养子女的一方经济条件比对方优越，由其负责抚养有利于子女的健康成长，则间接抚养子女的一方可以提出变更抚养关系的要求。叶先生目前的经济条件比韦女士优越，具备抚养子女的条件，要求变更抚养关系，符合法律的规定，应予准许。上诉人上诉无理，应予驳回。原审认定事实清楚，使用法律正确，应予维持。

［分析］本案涉及离婚时子女的抚养问题，该问题的关键在于怎样保护子女的健康成长权，总的来说，解决子女抚养问题的总原则是：从有利于子女身心健康，保障子女的合法权益出发，结合父母双方的抚养能力和抚养条件等具体情况妥善解决。

离婚家庭的子女随父方生活还是随母方生活，可以由双方在离婚的时候协商决定。如果双方是协议离婚，应在离婚协议书上写明关于子女随哪方生活。在离婚诉讼中，如果双方就子女抚养问题达成协议，应该按照协议执行，但是双方协议由父方或母方抚养子女对子女正常生活有不利影响的除外。双方协议轮流抚养子女的，应该尊重双方的协议。

在双方没有协议约定的情况下，根据法律规定或者起诉至法院的，会有如下的认定：

（1）子女不足两周岁。如果离婚家庭有不足两周岁的子女，那么考虑到子女较小，更需要母亲的照顾，有的可能尚处于哺乳期，所以法律规定离婚后不足两岁的子女一般随母方生活。

（2）子女在两周岁以上。离婚家庭的子女在两周岁以上，且双方同争子女抚养权的，一般法院会同等考虑双方的情况，看子女随哪方生活更有利于其成长。子女随父母中的一方时间较长，会和这一方较有感情，一般孩子应随这一方生活；子女随祖父母或者外祖父母中一方生活时间较长，或与之感情较深，也可以作为决定子女随父方还是随母方生活的理由。法院在调解或者判决的时候会考虑这个因素，如果子女与祖父母关系较密切，那么一般判决随父方生活，相反，则随母方生活。当然这样的判决是在双方其他条件均等的情况下。

（3）子女在10周岁以上。10周岁以上的未成年子女，属于限制民事行为能力人，有一定的辨别是非的能力，所以在离婚案件中，在处理子女随谁生活的问题上，应考虑到子女的个人意愿。但是这并不是说10周岁以上的未成年子女可以随意选择同谁生活。法院一般在父母双方同争抚养权，且双方都具有抚养子女的条件时，才考虑子女个人的意见。对于成年子女随哪方生活的问题，法院则会更多考虑子女的意见。

因此，通常在实际中，两周岁以下的子女，一般随母方生活；两周岁以上的子女，由谁抚养发生争议时，应根据有利于子女身心健康成长的原则处理；子女有识别能力的，应当征求子女本人的意见。

在本案中双方的三个孩子中只有一个是10周岁，因此，对于这个孩子的抚养问题应当征求孩子的意见，但这个孩子也并不能随意选择随哪方生活，法院在具体处理这个问题的时候还是要更多地考虑如何尽量为未成年人创造良好的生活和学习环境，主要从双方的实际负担能力出发处理孩子的抚养问题。至于另外两个孩子由于其年龄偏小，则应该根据双方的经济能力和抚养孩子的意愿由法院酌情处理。

**（四）有利方便的原则**

通常，在共同共有关系终止时，对共有财产的分割，有协议的按协议处理；没有协议的，应当根据等分原则处理，同时考虑共有人对共有财产的贡献大小，适当照顾共有人生活的实际需要等情况。分割夫妻共同财产时，原则上也应当均等分割。当然，根据生活的实际需要和财产的来源，具体处理时也可以有所差别。这就是夫妻离婚时财产分割坚持有利方便原则的法律依据。坚持这个原则，要求夫妻离婚在分割财产时，不应损害财产的效用、性能和经济价值。夫妻共同财产，从财产的用途上来划分，可以分为生产资料和生活资料。对于共同财产中的生产资料，在分割时，应尽可能分给需要该种生产资料，能够充分发挥该种生产资料效用的一方，从而有利于发展生产，保证生产活动的正常进行。对于共同财产中的生活资料，分割时，要尽量满足个人从事的专业或职业的需求，如个人从事某个职业所需的书籍、器具等，以发挥物的使用价值。

对于一些特定物品，如奖章及类似的其他特定物，离婚时应将这些特定物品分给获得者一方，同时相应考虑对另一方给予适当的经济补偿，或相应多分一些其他财产作为补偿。

**（五）不得损害国家、集体和他人利益的原则**

权利不得滥用，这是公民行使权利的基本准则，也是离婚分割夫妻共有财产的原则之一。根据这一原则要求，夫妻在离婚分割财产时，不得把属于国家、集体和他人所有的财产当作夫妻共同财产进行分割，不得借分割夫妻共同财产之名损害其他人的利益。

坚持这一原则，就要保护家庭共有人的合法权益。对合伙经营的企业，夫妻作为合伙人与他人合伙，在离婚分割共同财产时，不能擅自分割合伙财产，必须从合伙财产中扣除其他合伙人的财产份额，属于夫妻共同财产的部分才能分割。对于夫妻双方通过约定分割共同财产的，人民法院应当进行审查。如果该约定合法有效，分割夫妻共同财产应当遵从其约定；如果该约定损害了国家、集体和他人利益，该约定无效。对夫妻双方把共同财产约定归一方所有，或把共同债务约定由一方承担，但未告知债权人，从而损害债权人利益的，该约定对夫妻双方有效，对债权人不产生法律效力。

## 二、分析财产分配工具

财产分配规划中所涉及的工具主要有公证、信托两种。

### （一）公证

这里所谈到的公证主要指夫妻财产约定公证。夫妻财产约定公证在我国由公证处进行，是依法对夫妻或“准夫妻”各自婚前或婚后财产、债务的范围及权利归属问题所达成的协议的真实性、合法性给予证明的活动。它包括两个方面的内容：一是对将要结婚的男女双方之间的财产协议进行公证，二是对已经结婚的夫妻双方之间的财产协议进行公证。可见，“约定”即存在财产协议是财产公证适用的前提。

1. 夫妻财产约定公证的意义。我国夫妻财产的约定制度，对夫妻双方在财产权属方面给予了很大的空间。既明确了什么是夫妻单方财产和共同财产，又给予了夫妻双方的自由约定权，即夫妻双方既可以将婚前财产约定为共有财产，也可以将婚后财产约定为个人财产。公证处凭着自身的特有证明效力，介入夫妻财产约定领域，可以更好地保护夫妻各方的财产权，起到预防和减少夫妻双方发生财产纠纷的作用。

首先，夫妻财产约定协议申请公证的，公证人员可以从法律专业角度对约定协议的合法性予以把关，充分审查约定内容是不是法律所允许的财产权利，约定是否出于双方自愿、有没有不公平现象的存在、有没有损害第三人合法权益。同时也让夫妻双方知道什么财产是可以通过约定，什么财产是不可以约定的，财产约定以后会有什么法律后果等。

其次，经过公证的夫妻财产约定协议，可以为有关财产登记主管机关提供有效的登记依据。公证处对夫妻财产约定协议的公证，不仅从约定内容的合法性进行审查，也对约定双方的主体资格和真实性予以审查，从而保证了约定的真实合法有效。因此，登记机关在采纳经公证的约定协议时，可以直接采用，而对于未经公证的约定协议，登记机关不仅要额外增加审查的负担，而且加大了由于登记错误和责任承担的风险。

2. 夫妻财产约定公证的种类

（1）婚前财产约定公证。进行婚前财产约定协议公证的双方不仅包括未婚男女，还包括有意愿进行公证的夫妻，由公证机构依法对他们各自婚前财产和债务的范围、权利义务归属问题所达成的协议的真实性、合法性给予证明。从表面上看，一般会认为只要在夫妻结婚登记之前取得，并且婚后双方无约定的财产就是婚前财产。其实不然，以现在非常普遍的按揭贷款购房为例：一方在结婚前向银行贷款购买的房屋，按揭贷款最高额度可以达到购房款的80%，贷款期限最长可达20年以上，那么，如果甲购买房屋并登记产权后再与配偶乙登记结婚，该房子显然应该是甲的婚前财产，并且也不会因其婚姻关系的延续而转化为夫妻共同财产。但实际上，双方结婚后，如果没有约定，各方的收入都属于夫妻共同财产，双方将以夫妻共同财产向银行偿还甲婚前购房贷款，这对乙是极不公平的。因此，双方就很有必要对该房屋产权及还款做出约定。

对于结婚前有大量财产的人士，特别是曾经有过离异经历且事业处于鼎盛时期的很多再婚人士，在再婚前都会在私人财产保护和个人安全感上有所考虑，对对方与自己的结婚动机产生怀疑，对于这类客户，婚前财产约定公证是财产保护的有效方式之一。

**【例5-14】** 20世纪80年代初，新婚不久的许女士和丈夫双双下海，经营服装生意，以后又办家具厂、做汽配生意，有了自己的公司、办公大楼、豪华住宅和高级轿车等等，资产超过了千万元。然而随着财富的增长，夫妻间的感情却出现裂痕。双方于1995年下半年离婚，许女士得到了约700万元的财产和5岁的女儿。那以后，许女士一心一意打理自己的生意，家产也像滚雪球一样越滚越大。1997年3月，许女士认识了范某，1998年春节前，许女士和范某确定了“朋友”关系。一年多的时间里，范某已从她手里拿走了近20万元，要钱的次数还越来越勤，她不禁对范某产生了怀疑。可范某却信誓旦旦地说他所花的钱都用来为她买礼物和结交关系了，许女士相信了范某，并决定国庆节和范某完婚。在朋友的提醒下，许女士决定在婚前进行财产公证，注明自己的财产范某没有所有权和处分权，财产今后由她女儿全部继承，范某不能染指。此后两人多次约定到公证处去办理手续，可每次事到临头范某总是以各种借口推脱，有一次甚至到了省公证处附近又掉头走了。婚期前10多天，范某张口向许女士借了50万元钱，并从此杳无音讯。后来她得知范某因参与一桩诈骗案落入法网，被判有期徒刑两年。她很庆幸婚前财产公证这道关为她挡住了这个骗子。

（2）婚后财产约定公证。根据我国法律的规定，婚后共同财产是在夫妻关系存续期间取得的收入，它的界定不考虑夫妻各方的工资奖金差距，也不管是单方还是双方获得的生产经营所得。只要夫妻关系存在，夫妻任一方的工资、奖金、知识产权的收益、未说明赠与财产归单方所有的赠与及法定继承所得的财产，都应视为共同所有。

随着社会的不断发展，夫妻双方共同参与投资企业的越来越多，如果双方对夫妻财产未作约定，即使双方各自投资，也应视为以夫妻共同财产投资，其所创办的企业，就应适用合伙的规定，承担无限连带责任。但如果双方对于各自的财产按照《婚姻法》的规定进行约定，就可以根据《公司法》的有关规定申请有限责任公司登记，企业就可以承担有限责任。另外，对于一方或双方为再婚的夫妻双方来说，他们对事务的处理一般都较为明智，他们不仅要考虑如何维护正常的夫妻关系，更多的还要考虑各自的财产权属问题，特别是有了子女的一方或双方，处理好夫妻财产权属问题，既有利于稳定夫妻关系，又有利于维持各自正常的家庭关系和子女关系。从以上可以看出，夫妻间进行财产约定非常必要。

3. 办理夫妻财产约定公证。办理夫妻婚前、婚后财产约定公证，当事人应亲自向户籍所在地公证处申请，由当事人填写公证申请表，并向公证处提交下列证明材料：

（1）夫妻双方的身份证明。夫妻双方申办公证必须双方亲自到公证处申请，并提供各自的身份证或其他身份证明。

（2）婚前财产约定的，应由双方当事人按照新婚姻登记条例的规定分别发表无配偶的声明；婚后夫妻财产约定的应提供结婚证或者其他夫妻关系的证明。

（3）申请公证的财产约定协议书，当事人书写有困难的，公证人员可代书。夫妻财产约定协议应包括以下内容：当事人的姓名、性别、职业、住址等基本情况；现有夫妻财产的名称、数量、规格、种类、价值、状况等；现有夫妻财产的归属及今后夫妻关系存续期间所得财产的归属；夫妻关系存续期间财产的使用、维修、处分的原则；其他约定，如共同债务如何清偿、财产孳息归属等。

（4）被约定财产的所有权证及其他证明。

（5）公证人员认为应当提交的其他证明。

4. 夫妻财产约定公证的审查。公证机关对夫妻财产约定进行公证之前，要对该约定进行审查。主要包括以下几方面：

首先，要对夫妻所约定的财产范围、性质进行审查，看是否有违反法律规定的内容。夫妻必须遵循以下原则：法律明确规定为一方专有物品的，就不得约定为夫妻共同所有。如一方因身体受到伤害获得的医疗费、残疾人生活补助费等费用，就不得约定为夫妻共同所有。

其次，要看约定本身是否符合法律的规定。比如在约定主体方面，婚前财产约定的主体可以是未婚的男女青年，也可以是已婚的夫妻双方；婚后财产约定的主体必须是具有合法夫妻身份的男女双方，他们在约定时必须具有完全的民事行为能力；主观方面，约定必须出自当事人双方真实的意愿；在约定时间上，婚前财产约定可以在双方结婚登记前约定，也可以在双方结婚登记后约定；夫妻财产约定必须在双方办理结婚登记后的任何时期约定。

最后，要看夫妻双方在债务的约定方面是否损害了第三人的合法权益，如双方需要约定原所有夫妻共同债务由一方承担的，应经得债权人的同意，否则，将不会对债权人产生约束力，这样的公证也不具有法律效力。

5. 办理夫妻财产约定公证应注意的问题。

（1）不要违背法律的规定。夫妻不要想借约定来逃避债务。有时，夫妻一旦发生对外重大债务就可能会想方设法逃避债务，也可能会选择夫妻财产约定来实现其逃避债务的目的。但这种做法明显是违反法律规定的，不仅会导致夫妻财产协议的无效，还可能会承担相应的民事责任。

（2）注意约定的对外效力。如果夫妻一方将创立个人合伙经营或私营企业，该类经营个人须承担无限连带责任，为防止经营失败给家庭带来的风险，夫妻双方通常约定将婚后部分财产如房产、汽车等贵重财产归另一方所有，这种约定是合法的。但要注意，在日常的经营活动中，对夫妻二人的婚后财产约定内容，从事经营的一方应告知第三人，否则该约定对第三人无效。这种告知最好是书面形式，以防止发生纠纷时因不能举证而带来的风险。

（3）要尽量将法律未明确的重要事项在具体的约定中加以明确。这些内容包括夫妻财产约定的生效、变更或撤销约定的程序问题等，同时要了解夫妻财产约定适用的法律应该是《婚姻法》，而不是《合同法》，避免在公证书中出现引用法律错误。

（4）应注意到约定财产的静态性和动态性问题。这里说的财产静态性，是指约定书中涉及的某项具体财产，如具体现存的房屋、汽车、银行存折、股票账户等等，这些财产是现实已存在的特定物，在夫妻财产约定书中，表现为静态财产。财产动态性是指在夫妻财产约定书中约定的某项财产随着夫妻关系的存续而发生增值、减值、消灭、所有权的转移等情况。比如：当事人仅仅约定将婚前一辆小汽车为夫或妻个人所有，那么，随着夫妻关系的存续，以及小汽车的贬值、毁损、消灭，该财产约定也将变得不重要或没有意义，夫妻财产问题仍回到法定财产制的轨道上来。这里还有一个问题，该小汽车在婚姻存续期间转卖或毁损，则由此所得的价款或保险赔偿金是否还属于个人财产？如果约定书只约定该财产的所有权，没约定该财产所带来的其他财产利益的归属，是否可以理解为卖车所得的价款或保险赔偿金不归个人所有呢？其实，这些问题的实质就是约定财产的静态性和动态性的矛盾问题。这个问题的解决需要约定当事人对此有认识，约定时有一定的预见性，做出合理的处理。为了避免这种麻烦，节约人力物力，最好直接对某类财产进行约定，如约定婚前财产、婚后工资、奖金、知识产权、生产经营收益为个人或双方共同所有，尽量避免直接对特定的某项具体财产进行约定；确有必要的，在约定某项财产归属时应同时约定该财产所产生权益的归属。

夫妻财产约定是时代发展的产物，夫妻财产约定的完善和发展也体现了时代的进步。具体到婚姻当事人来说，在选择夫妻财产约定时应慎重，须同时考虑两个问题：其一是结合自身情况考虑是否有必要做出财产约定，因为财产约定并不普遍适用；其二是在选择财产约定时不要忘了公证，因为公证能给当事人提供一种在目前的立法现状下最佳的、最能充分保障当事人财产权益的法律途径，更能保障约定当事人的合法权益和维护民事交易安全，最终让婚姻更美好，让家庭更稳定，让社会更加丰富多彩。

### （二）信托

财产分配和传承规划都属于客户私人事务的范畴，而信托是被世界各国所普遍采用的私人事务管理工具，其主要优势体现在管理机制的灵活设计及对客户私人信息的绝对保密，可以更好地实现客户的财务及生活目标。通常，这种应用于私人事务管理的信托被称为个人信托。

1. 个人信托与婚姻家庭信托。个人信托是指委托人（特指自然人）基于财产规划的目的，将其财产所有权委托给受托人，受托人按照信托文件的规定为受益人的利益或特定目的，管理或处分信托财产的行为。个人信托的显著特点是财产的消极增值管理和财产事务的积极管理。图 5－1 列示了个人信托的基本流程。

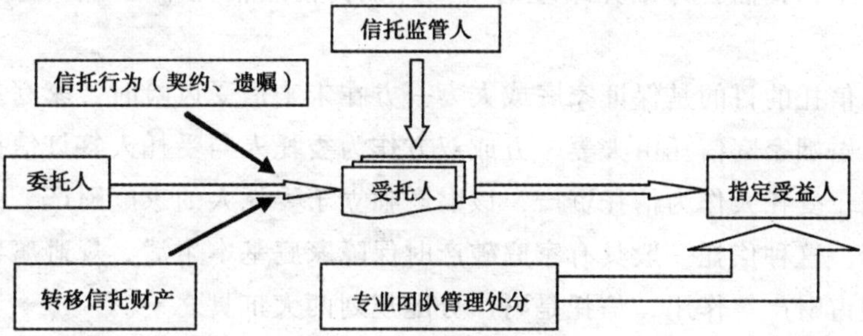


图 5－1　个人信托流程

个人信托制度弥补了许多财产制度的不足。财产的所有者不仅可以通过信托设计实现自己的各种未了的心愿，而且，通过信托这一工具避免了很多财产上的纷争，更好地协调了人与人之间的关系，可见，个人信托是实现财产分配和传承的有效渠道。

依照受益人及信托目的不同，个人信托可以分为婚姻家庭信托、子女保障信托、遗产管理信托和养老保障信托等四类。

子女保障信托是指由委托人（父母、长辈）和受托人签订信托合同，委托人将财产转入受托人信托账户，由受托人依约管理运用；透过受托人的管理及信托规划的功能，定期或不定期给付信托财产予受益人（子女），作为其养护、教育及创业之用，以确保其未来生活。这种信托广泛运用于海外留学费用的给付，离异抚养子女的赡养费、未来孩子教育及创业基金等，这部分内容在理财规划师国家职业资格三级专业能力教程教育规划部分有详细的介绍。

养老保障信托是指由委托人和受托人签订信托合同，委托人将资金转入受托人的信托账户，由受托人依照约定的方式替客户管理运用；同时信托合同已明确约定信托资金为未来支付受益人（自己或其配偶）的退休生活费用，只要是信托合同存续期间，受托人就会依照信托合同执行受益分配，让信托财产完全依照委托人的意愿妥善处理，以达到退休生活无后顾之忧的目标。这种信托是适用于退休规划的有效工具，可以有效弥补我国目前社会养老保障体制的不健全，因此，也是退休规划的重要工具之一。

遗产管理信托是指委托人预先以立遗嘱或者订立遗嘱信托合同的方式，将财产的规划内容，包括交付信托后遗产的管理、分配、运用及给付等，详订于其中。委托人死亡后，遗嘱或合同生效时，再将信托财产委托给受托人，由受托人依据信托的内容，也就是委托人的意愿来负责所交办的事项，管理处分信托财产。这种信托的作用包括：帮助没有能力管理遗产的遗孀遗孤、按遗嘱人生前愿望管理信托财产；合理分配遗产，避免遗产纷争等等。信托是经过实践证明的，进行财产传承规划最有效的工具，在以下财产传承规划一节中，我们会详细介绍理财规划师如何使用信托来为客户制定财产传承规划。

婚姻家庭信托的目的是保证家庭或夫妻一方在未来遭受风险时，家庭及个人生活能够正常维系。婚姻家庭信托由夫妻一方或双方作为委托人与受托人签订信托合同，将一定财产权委托于受托人作为信托资产，该财产独立于委托人的家庭财产，由受托人按照约定管理处分。这种信托一般具有家庭破产时保障家庭基本生活、规避离异配偶或其再婚配偶恶意侵占财产等作用，信托是财产分配规划两大工具之一。

夫妻财产的约定及公证，都是为了使家庭财产权属清晰，以减少财产分配中产生的纠纷。不过，这时的财产还是由夫妻双方共同支配，处在双方共同的管理之下。这样，一旦婚姻关系中有恶意的一方，或者其他有恶意的第三人对财产进行侵犯，财产所有者的权益还是得不到保障，这部分财产也无法发挥对个人及家庭的保障功能。

婚姻家庭信托基于这种需要而产生，其既可以将财产独立于家庭及个人，又可以保持所有者所有权不变。由于信托财产和委托人本人的其他财产是隔离的，具有独立性，使得信托制度本身就具备了规避风险的功能。信托财产在信托存续期间，无论是委托人、受托人、受益人，抑或是他们的债权人，对信托财产都不能任意支配；此外，受托人拥有的固有财产和信托财产，两者分列账户，专款专用，相互之间也不可混用；不同委托人或同一委托人不同目的的信托财产之间也不能相互混用、交易，必须保持绝对的独立性。这样，纳入信托的财产就不会受到其他财产所受风险的波及，进而使受益人的利益得到安全保障，使委托人达成自己的心愿。

信托一般具有在家庭经济出现危机时保障家庭基本生活、规避离异配偶或其再婚配偶恶意侵占财产等作用。

2. 婚姻家庭信托关系人。

(1) 委托人。委托人通常是有财产处分能力的人，因此，一般只有完全民事行为能力人才能充当委托人。委托人可以是夫妻双方或夫妻任何一方，他们或者是对家庭未来财务风险有担忧；或者是担心因为婚姻关系破裂或另一方突然去世等婚姻家庭生活中的意外导致自己生活质量受到影响。因此，他们借助于信托这种财产隔离制度，将能够维持自己或整个家庭生活水准的一定资产交付给受托人打理，目的是为了自己或家人保有一部分资金以应对未来可能遇到的风险，这样，即使将来自己的财产因为债务问题被人追讨或者受到其他人的侵害，已经成为信托财产的这部分资金不会受到任何影响，能够帮助自己及家庭度过难关，增强抗风险的能力。

（2）受托人。受托人应为夫妻之外的任何第三方。受托人一般是委托人比较信任的第三方，可以是关系亲密的自然人（朋友、亲戚等）、专业机构和组织（如信托投资公司等）或者专业的人员（律师、注册会计师、理财规划师等）。一般来说，专业机构或专业人员的财务管理能力会比较高，因此，如果委托人设立信托的目的中，渴望通过财产增值来抵御未来风险占主导，最好选择专业机构或者人员来担当受托人；如果委托人设立信托，仅仅是为了实现单纯的财产转移，或实现特定目的的财产管理，选择自己周围值得信赖的人为受托人也不失为一种好的安排。

（3）受益人。受益人可以是委托人想使之享有依托收益的任何人。在婚姻家庭信托中受益人可以是委托人自己，即夫或妻设立的以自己为受益人的信托，这是一种自益信托。但是如果夫妻对外欠债，承担的是无限连带责任，这时，一旦有信托收益划到自己名下，该财产就要偿还债务人，还是无法逃脱被债权人追讨的命运。举例来说，做生意的丈夫即使在发生债务前将50万元设为自益信托，约定5年后每个月返还自己5万元，届时若是破产债务仍未还清，由于委托人与受益人属同一人，则受益人获得的信托收益仍属委托人名下的财产，还是要返还给债权人。因此，虽然委托人在设立信托后，财产的所有权会从委托人名下转移给受托人，信托自身具有的风险隔离机制可以使信托财产不会被他人追讨，也不会受到法院强制执行影响。但是，一旦受益人获取信托收益，这部分财产再回到委托人名下时，就失去了原有的风险防护功能。因此，理财规划师利用信托为夫妻或家庭财产作规划时，最好建议客户设立他益信托，在信托合同中指定信托受益人为其他家庭成员。

3. 婚姻家庭信托的目的。受托人妥善管理运用委托人所交付的信托财产作为受益人生活及创业之用，可以确保其保持一个较高的生活水准。因此，通过婚姻家庭信托，可以妥善管理夫妻双方或者一方的生活，当家庭、事业遭受挫折或打击时，还可以通过信托为自己保有一笔“东山再起”的创业金，让委托人的生活事业不会从此一蹶不振。

4. 婚姻家庭信托产品介绍。

（1）离婚赡养信托。这是一种专门以离异配偶为受益人的信托。当夫妻关系结束时，如果比较富有的一方需要为经济条件不佳的离异配偶支付赡养费，他可以用部分财产设立离婚赡养信托，这样离异配偶可以不断地收到赡养费却不能动用全部财产。这样，委托人既可以履行赡养义务，避免日后和离异配偶发生财务纠纷，又可以设置特殊条款，防止离异配偶的再婚配偶对这部分财产恶意侵占。

**【例 5－15】**杨先生和蔡女士是大学同学，也是一对恋人，主修专业都是计算机。2002 年 7 月，俩人毕业后就结了婚，杨先生自己开办了一家网络公司，效益很好，为了支持杨先生工作，解除他的后顾之忧，蔡女士把整个精力都投入到了照顾杨先生的饮食起居和双方老人上，并为此舍弃了自己所学的专业，到一家效益中等但很清闲的行政事业单位做起了后勤。2003 年 6 月，他们的儿子小杨出生了。蔡女士更是整天忙于家务，无心关心其他。随着生意越做越大，应酬的增多，杨先生回家的次数越来越少，杨先生渐渐疏远了整天不接触外面世界的蔡女士，二人共同语言越来越少，家庭生活常常出现冷战的局面。2005 年，杨先生提出协议离婚，提出儿子可以跟蔡女士一起生活，自己每月支付儿子至 18 周岁以前的生活费用和一切教育费用。同时，考虑到蔡女士的收入状况及其再择业的困难，也为了补偿蔡女士这几年来对自己的支持和对家庭的付出，杨先生提出每月向蔡女士支付赡养费 3000 元，支付 10 年。蔡女士同意离婚，但害怕杨先生不能履行每月支付的协议，而要求杨先生一次性付清给自己的赡养费和儿子的生活、教育费用。杨先生则担心一下给蔡女士这么多钱，她没有能力管理，而且担心她的再婚配偶会挪用或侵吞了自己给付的赡养费和儿子的生活教育费。二人在这一问题上产生了纠纷。

**[分析]** 离婚案件常在赡养费给付方式上发生分歧，女方多要求一次付清，男方则往往要求分期付款。要离婚的夫妻就像陌生人，大家互不信任，先生担心一次付给太太赡养费后，老婆带钱嫁给别的可能另有所图的第三者；太太则担心先生分期付款有头无尾，付几次后，协议的赡养费就没下文了。这种担忧也同样出现在女方获取子女抚养权后女方担心前夫没有责任感，另择配偶后就丢下母子俩不管；先生担心前妻一次拿太多钱，丢下小孩自行改嫁等情况发生。其实离婚的双方都可能会遇到这样的问题，而设立信托是解决这类问题最有效的方式。有这种担忧的一方可以通过设立信托，一次性地将赡养费付给受托人，指定另一方为受益人，并委托受托人每个月定期给付给受益人一定数额的资金，以保证其正常生活开支。受益人仅能得到赡养费却不能动用所有财产，通过信托，可以同时满足离婚双方的需求。受托人通常是公正的第三人，接受费用的一方无须担心给付费用一方日后不给付这笔赡养费。赡养费信托是一种他益信托，由一方担任委托人，委托人可以决定给付方式以及给付终止条件，取得离婚双方的平衡。

有孩子的离婚双方，一方需要给孩子支付生活费，又担心与孩子共同生活的一方或者是其再婚配偶将这笔钱挪用或者侵吞，使孩子的生活及受教育得不到保障，在这种情况下，其也可以作为委托人设立一个以孩子为受益人的抚养信托，将相关费用一次性地或者分期交付给受托人，由受托人按照与委托人之间的约定方式和期限将相关费用定期交付给受益人（孩子），这样利用信托财产的独立性，就可以完全保障受益人的利益不受侵害。可见，在制定财产分配理财规划时，有效使用信托工具，不仅可以保障家庭生活的正常存续，解决双方的后顾之忧，而且在婚姻解体时，还可以成为解决双方财产、财务问题纠纷的有效途径。

## 离婚赡养信托合同

受托人：

地址：

电话：

委托人：杨先生

地址：

电话：

为妥善支付委托方离婚配偶蔡女士的赡养费，经过双方协商，达成如下信托协议：

一、受托人权利和义务

1. 受托人管理信托财产，必须恪尽职守，履行诚实、信用、谨慎、有效管理的义务。

2. 向委托人提供相关计划、思路及账户明细。

二、委托人权利和义务

1. 需将个人合法财产转入信托账号，并授权受托人全权处置、管理财产。

2. 有权了解其信托财产的管理运用、处分及收支情况，并有权要求受托人作出说明。

3. 委托人对该信托没有修改和撤销权。

三、具体操作

1. 受托人为委托人设立赡养费支付信托账户，账号为：

2. 委托人将首年资金人民币 3.6 万元于合同生效当日转入信托账户内。以后每年的 1 月 15 日前支付次年的费用，共支付 10 年，总金额为人民币 36 万元。

四、受益人条款

受益人为委托人的原配偶蔡女士。

五、收益分配

从 2006 年 1 月 15 日起，甲方于每月的 15 日向受益人支付赡养费人民币 3000 元。受托人不得将信托账户内的财产一次性支付给受益人。

六、合同生效

合同从甲乙双方签字或者签章之日起生效。

七、违约责任及纠纷处理

依据本信托合同规定管理资金所产生的风险及有关费用，由信托财产承担，即由委托人交付的资金以及由受托人对该资金运用后形成的财产承担；甲方违背信托合同、处理信托事务不当使信托资金受到损失，由受托人赔偿。

受托人：　　　　　　　　　　委托人：

代表人：

签章：　　　　　　　　　　　签章：

年　月　日　　　　　　　　　年　月　日

（2）不可撤销人生保全信托。这是最常用的以配偶及子女为受益人的信托。设立这种信托的意义在于当夫妻一方去世后，能为另一方和子女提供稳定的生活保障，因此这种信托通常以配偶（以及子女或者其他特定继承人）为受益人。这种信托的另一个好处是可以防止家庭财产被幸存方的再婚配偶侵占。

（3）风险隔离信托。风险隔离信托是基于婚姻家庭面临的财务风险而设立的。例如，为防止合伙制带来的无限连带责任风险，事先通过信托方式安排将一部分家庭财产与委托人的经营财产隔离，设立风险隔离信托后，一旦发生经营风险，置于信托保护之下的财产可以免予被追索的危险。风险隔离信托主要是为了防范以下几种风险：

第一，个人破产制的缺乏。个人破产制是指个人可以像公司一样申请破产。个人由于债务的大量增加导致资不抵债，向法院提出破产申请。债权人在发现债务人确实无法偿还债务时，也可以像法院申请欠债人破产，法院在受理破产申请后，会对债务人全部的资产和负债进行清理。在留给债务人必须的基本生活费用后，会将剩下的资产按照一定的比例偿还给债权人，并宣布债权人和债务人的债权债务关系终结。

个人破产制是被发达国家广泛采用的一种制度，它的优点主要有三个方面：

首先，债务人在申请个人破产后，可以免除确实无法偿还的大额债务。如果没有个人破产制，债务将一直伴随着债务人，直到债务被还清为止。倘若是十分巨大的债务，恐怕债务人将用一生的时间进行偿还。遇见脾气不好的债权人，还可以防止他一味强逼债务人还债，以至出现逼死人命的情况。

其次，由于债权人也可以申请债务人破产，这样可以防止债务人故意拖欠债务出现一方面欠有大量的债务，另一方面又锦衣玉食的情况。

最后，督促人们控制好债务，防止过度消费。个人破产制虽然可以实现债务的免除，但也要付出沉重的代价。如果一个人申请破产，将在一定时期内不能进行高额消费，不可购买汽车、房产等高档物品，也不可担任公职人员、企业管理人员等。另外最为重要的是将会失去个人信用。在一个以市场经济为主导的社会中，失去信用将是一件十分可怕的事情，对个人的生活与发展都将产生深远影响。这一系列惩罚措施可以督促人们控制自己的消费欲望，防止出现债务危机。

但我国由于没有个人破产制，如果陷入债务危机中，在债务偿还完毕之前将一直受制于债务，对财务及生活造成极大的损害。

第二，防范合伙企业的无限连带责任风险。

合伙企业是由各合伙人订立合伙协议，共同出资、合伙经营、共享收益、共担风险。合伙企业的利润和亏损，要由合伙人依照合伙协议约定的比例分配和分担，合伙协议未约定利润分配和亏损分担比例的，由各合伙人平均分配和分担。各合伙人对合伙企业债务承担无限连带责任。而我国婚姻法规定夫妻双方对夫妻共同债务承担连带责任，即一旦合伙企业经营不善发生债务问题，将对合伙人及其配偶、家庭造成连带损害。

**【例 5－16】**注册会计师甲、乙、丙共同出资设立 A 会计师事务所，该会计师事务所的形式为普通合伙企业，提供审计鉴证业务和验资业务。财产损益按照 4∶3∶3 的比例进行分配。2006 年乙在 B 公司设立过程的验资服务中，因疏忽大意而出具了证明不实的验资报告，该报告直接给 B 公司的债权人造成了 50 万元经济损失。2007 年 5 月，C 公司要求 A 和 B 共同赔偿 50 万元的损失。甲出面应对此事，他认为自己和丙没有过错，应该由乙单独赔偿损失。

**[分析]**《中华人民共和国合伙企业法》规定：合伙人内部的约定不得对抗善意第三人。债权人可以就自己制定的比例向任何一个合伙人追偿，合伙人不得以内部有约定拒偿。因此，甲和丙应在赔偿后再向乙追偿。

第三，私人公司财产与家庭财产混淆。

创业初期，由于公司处于发展时期，经常需要个人将自己的钱贴补进公司，公司的财产很难与家庭财产相区分。随着公司的逐渐发展，虽然可能已经并不需要动用家庭财产进行贴补，但因以前的习惯，很多人仍旧不对公司财产与家庭财产进行区分，买车、买房都以公司的名义进行。也完全没有想过要将企业财产与家庭财产相区分。

长久以来很多人都认为这种将公司财产与家庭财产混为一谈的做法是天经地义的，甚至父母、亲友的财产也都放在了公司名下。但这种做法具有很大的危害，如果公司经营不善，公司可以申请破产，申请破产后，仅对公司名下资产进行清理用以偿债。破产清理后法院会宣布债权债务关系消失。如果将个人财产与企业财产混为一谈，在无法区分的情况下，在破产清算时，会一并作为企业资产进行清理还债。这就是为什么一些人在公司破产后，身无立足之屋，甚至连生活都成了问题的原因。

需要指出的是风险隔离信托可以通过其他的信托形式达到风险隔离的目的，例如子女教育信托、子女激励信托，不仅仅是对子女教育等方面的安排，还可以避免经营风险对子女未来生活的影响；父母安养信托可以规避经营风险对父母赡养水平的影响，这些信托都起到了风险隔离的作用。

**【例 5 – 17】** 王先生是北京一家会计师事务所的合伙人，妻子李女士是一所中学的老师，收入稳定，各项社会保险齐全，女儿小燕是小学五年级的学生。王先生的父母在杭州定居，与王先生的弟弟共同生活。王先生夫妻俩在小燕上幼儿园的时候已为她安排了从小学到大学的教育费用。现在王先生最担心的是会计师事务所的经营风险对父母的赡养费用产生不良影响。理财规划师可以建议王先生做一个父母安养信托，既保证了父母的养老费用，又起到了对经营风险的隔离作用。考虑到父母缺乏理财的经验，还可以建议在信托中约定信托财产的保本型投资安排。

**父母安养信托合同**

受托人：

地址：

电话：

委托人：王先生

地址：

电话：

为支付委托人赡养父母的费用，受托人接受委托人的委托，为委托人设立父母安养信托，并达成如下信托协议：

一、受托人权利和义务

1. 管理信托财产，必须恪尽职守，履行诚实、信用、谨慎、有效管理的义务。

2. 向委托人提供相关计划及有关账户明细。

二、委托人权利和义务

1. 需将个人合法财产转入信托账户，并授权受托人全权处置、管理财产。

2. 委托人有权了解信托财产的管理运用、处分及收支情况，并有权要求受托人作出说明。

三、具体操作

1. 受托人为委托人设立父母安养信托账户，账号为：

2. 乙方将资金人民币6万元于合同生效当日转入信托账户内，并在以后每年1月10日将人民币6万元转入该账户，直至两位老人均过世。

3. 信托账户内的资金，受托人得投资于保本型金融产品，受托方应当保持账户的总资金不低于本金，否则委托人有权单独终止协议，整个账户所得归委托人。

四、受益人条款

受益人为委托人的父母。

五、收益分配

1. 受托人从合同生效之日起，于每月的15日支付受益人人民币5000元，直到双方均去世。

2. 合同到期后，如信托账户内还有资金剩余，则全部交给委托人所有。

六、合同生效

合同从甲乙双方签字或者签章之日起生效。

七、违约责任及纠纷处理

依据本信托合同规定管理资金所产生的风险及有关费用，由信托财产承担，即由委托人交付的资金以及由受托人对该资金运用后形成的财产承担；受托人违背信托合同、处理信托事务不当使信托资金受到损失，由受托人赔偿。

八、再指定受托人条款（受托人为自然人的情形）

受托人如果去世或有其他丧失、部分丧失民事行为能力的情形，则由委托人另行指定受托人。

受托人：　　　　　　　委托人：

代表人：

签章：　　　　　　　　签章：

年　月　日　　　　　　年　月　日

(4) 子女教育信托。子女教育信托是由父母设立，以子女教育金为信托财产的个人信托品种。这一信托品种的主要意义在于将子女教育金处于信托保护状态，防止家庭财务危机对子女教育造成不利影响。除此之外，受托人对教育金的直接管理还可以防止受益人对资金的滥用。对于人数不少的海外留学青少年而言，这一信托品种具有突出的意义。青少年往往还不具备足够自控能力，如果他们直接拥有大量资金将是一种巨大的风险，将教育资金置于信托之中则可以解决此类问题。子女教育信托的优点有：

第一，子女教育信托具有强制储蓄的特性。由于一旦设立了信托，信托财产就不再属于委托人所有，这种强制性与教育金的时间刚性、费用刚性和规划刚性相适应，能够保证子女教育金得到足够的储备。

第二，子女教育信托可以使教育金由专人管理、投资，增加收益率。相对于储蓄来说，子女教育信托可以委托专业人员进行管理，并进行安全度较高的投资，相对于银行的储蓄利率来说，收益率会较高，可以帮助父母积累子女教育金。

第三，如果只是依靠储蓄作为积累教育金的方法，一旦发生债务危机，存款会被用来还债，那么未来子女的教育问题将会面临困难。而信托拥有风险隔离的特点，由于信托财产既不属于委托人所有，也不完全属于受托人所有，因此无论委托人发生什么样的突发情况，都不会影响子女的教育金，这是子女教育信托最为突出的特点。

### 工作要求

#### 工作程序

第一步：帮助客户明确财产分配的原则与目标。

第二步：向客户介绍财产分配规划工具及其在财产分配规划中所起到的不同作用。对于财产分配规划而言，一些与之相关文本是其重要工具，理财规划师要能够应客户的要求为客户草拟相关的文件，鉴定客户已有文件中存在的问题，独立或者与其他相关领域的专业人士共同拟定合法有效的文件。一些基本的法律文件书写格式在助理理财规划师教材中已经介绍了，因此本单元仅介绍在理财规划师教程中理财规划师要重点掌握的信托工具的相关文件格式及基本内容。

第三步：形成财产分配规划方案，交付客户经过以上工作程序，在充分了解、分析客户需求的基础上，理财规划师选择适当工具制定财产分配规划方案。根据客户要求，如果客户仅进行财产分配的专项规划，则形成财产分配规划报告，交付客户。如果客户需要综合理财规划服务，则将财产分配规划作为分项规划之一纳入综合理财规划建议书中，待各分项规划全部完成再交付客户。

## 第三节 分析客户财产传承需求

家庭财产传承是指家庭财产在家庭成员之间的转移，通常是在家庭中的一员去世后，对其财产进行继承的行为。按照法律规定，根据家庭成员与死者关系的远近，第一顺序继承人为：配偶、子女、父母；第二顺序继承人为：兄弟姐妹、祖父母和外祖父母。之所以这样划分，是因为第一顺序继承人通常是最近的亲属，在法律上有相互扶养的法定义务；第二顺序继承人是近亲属，在法律上于一定条件下有相互扶养的义务。可见，法律的规定符合一般家庭关系的规律，无论是法定继承还是遗嘱继承，家庭成员关系的亲近程度，成为财产以不同份额分配的原因，当然，其前提是不违反法律的规定。参与客户家庭财产分配的主要家庭成员通常有：配偶、子女、父母、兄弟姐妹、祖父母、外祖父母、对公婆、岳父母尽了主要赡养义务的丧偶儿媳、女婿等。理财规划师要明确他们在家庭财产传承中的地位、继承顺序，并对此作出分析。

**（一）配偶**

构成家庭财产继承关系的配偶是指合法的婚姻关系的当事人，或者符合法律关于事实婚姻关系规定的当事人。在合法婚姻关系存续期间，夫妻双方以配偶的身份相互享有的继承权受法律保护，此时双方履行了结婚登记程序，或婚姻关系未经法定程序依法解除，大致包括以下几种情况：

第一，双方当事人依法办理了结婚登记手续，领取了结婚证，但尚未举行结婚仪式，或尚未同居的，一方死亡，另一方可以配偶身份继承遗产；反之，如双方当事人已经举行了结婚仪式，或已同居，但尚未依法办理结婚登记手续的，一方当事人死亡，另一方不得以配偶身份继承遗产（合法的事实婚姻配偶除外）。

第二，夫妻双方因感情不和已经分居，不论分居的时间长短，分居期间一方死亡的，另一方仍可以配偶的身份继承遗产。

第三，夫妻双方协议离婚，已经达成离婚协议，但在依法办理离婚手续期间，一方死亡的，另一方仍可以配偶的身份继承遗产。

第四，夫妻双方已经向法院起诉离婚，在离婚诉讼过程中，或在法院的离婚判决生效前，一方死亡的，另一方仍可以配偶的身份继承遗产。

**（二）子女**

在所有的亲属关系中，子女相对于父母来说是最亲近的。在法律上，父母和子女也具有密切的人身和财产关系，一旦父母死亡后，子女就成为当然的法定继承人。我国《婚姻法》第二十四条规定："父母和子女有相互继承遗产的权利。"根据我国《继承法》规定："本法所说的子女，包括婚生子女、非婚生子女、养子女和有抚养关系的继子女。"

1. 婚生子女。需要指出的是，我国《继承法》第九条明确规定："继承权男女平等。"因此，依法享有法定继承权的婚生子女，不论是男是女，不论是已婚还是未婚，不论随父姓还是随母姓，不论婚后女到男家落户还是男到女家落户，均是法定继承人，依法享有平等的继承权。

关于婚生子女享有法定继承权，应注意以下几个问题：（1）除依据我国《继承法》第七条确认丧失继承权的人外，凡“声明”与父母脱离父母子女关系的子女，仍可以依法享有对父母的继承权。父母子女关系是基于血缘而形成的，法律规定的父母子女间的权利义务是法定的权利和义务，任何人都不能用“声明”予以解除。（2）父母离婚后，由一方抚养的子女，对未与其共同生活的父或母仍享有继承权，即父母与子女间的关系，不因父母离婚而消除。离婚后，子女无论由父或母谁抚养，仍是父母双方的子女。依照有关法律的规定，离婚后，父母对子女仍有抚养和教育的权利和义务，一方抚养子女，另一方应负担必要的生活费的一部分或全部。子女对父母的继承权是因血缘关系而产生的，不因父母的离婚而消除。

2. 非婚生子女。在我国，法律规定非婚生子女与婚生子女的法律地位完全相同，法律有关父母子女间的权利和义务，同样适用于父母与非婚生子女。非婚生子女作为其生母的继承人，可基于出生的事实加以确定，其身份关系一般不需特别证明。但非婚生子女作为其生父血亲的继承人，其身份则需要特别予以证明。

非婚生子女的认领，有自愿认领和强制认领两种形式，通过认领使非婚生子女与生父的血缘关系得以确定，从而保护非婚生子女的合法权益；而准正则使非婚生子女取得婚生子女的资格。我国法律目前尚无关于非婚生子女的认领和准正的规定。在实践中，如非婚生子女的生父母结婚的，则无须另行确认亲子关系；如非婚生子女与生父母关系不明确或有异议的，则应向人民法院提出确认之诉，由法院查证后予以判决。目前主要通过以下几种方法认定：（1）生父在其户口簿或档案中明确承认的，或生父在其生前已承认的。（2）生母有确切证据证明或有其他人证、物证可以证明的。（3）通过 DNA 或其他科学方法可以确认的。

3. 养子女。公民依法领养他人子女为自己子女的行为是收养行为。在收养关系中，收养人为养父母，被收养人为养子女。我国依法保护合法的收养关系，维护收养关系当事人的合法利益。我国《婚姻法》规定：“自收养关系成立之日起，养父母和养子女间的权利和义务，适用本法对父母子女关系的有关规定。”“自收养关系成立之日起养父母与养子女之间的权利义务关系，适用法律关于父母子女关系的规定；养子女与养父母的近亲属间的权利义务关系，适用法律关于子女与父母的近亲属关系的规定。”据此，我国养子女的法律地位与婚生子女的法律地位完全相同。养子女与养父母间的法定继承权也是基于收养关系的成立而产生的。按照我国《继承法》的规定，作为法定继承人的子女包括养子女，与婚生子女依法享有平等的继承权。

**【例 5－18】**青青还在襁褓之中就被父母送人收养。养父母视青青为己出，青青在养父母的关心和爱护中长大。无意中，青青知道了自己的身世，在征得养父母的同意后，青青经常和生父母来往。此时的生父母凭借改革的春风，早已经摆脱贫穷，过上了小康日子。谁知天有不测风云，和生父母相认不到一年，生父患急症不治身亡。处理完父亲的后事，兄弟姐妹就父亲的遗产进行了分割，青青知道后起诉到法院，认为生父的遗产她也有一份，但是法院驳回了她的起诉，因为青青没有和养父母解除收养关系，在法律上，青青还是养父母的女儿，她和生父母的关系已经结束，因此青青不能作为法定继承人继承生父的遗产。

4. 形成扶养教育关系的继子女。继子女是指夫与前妻或妻与前夫所生的子女。在我国，继父母与继子女间的亲属法律地位分为两种：一是继父母子女间没有通过共同生活形成事实上的扶养关系，双方属于直系姻亲关系；二是继父母子女形成了事实上的扶养关系，双方由姻亲关系转化为拟制血亲的关系，形成法律拟制的父母子女关系。前者，继子女能作为其生父母的法定继承人继承遗产，但不能作为继父母的法定继承人继承遗产；后者，继子女则既可作为其生父母的法定继承人继承遗产，同时也作为其继父母的法定继承人继承遗产。可以看出，继子女继承继父或继母遗产的前提和依据是双方必须形成扶养教育关系。继子女的法律地位并不等同于生父母子女关系，继子女与继父母之间，只有双方在形成了扶养教育关系后，才适用《婚姻法》上的父母子女关系的法律规定，才形成法律上的权利义务关系。而且，继子女继承了继父母遗产后，仍有继承生父母遗产的权利。继子女与其生父母是自然血亲关系，这种血亲关系不因父母离婚等情况而消除。离婚后，子女无论由父或母直接抚养，仍是父母双方的子女，父母对于子女仍有抚养和教育的权利和义务。由此可以看出，继子女与生父母法定的权利和义务关系始终存在，继子女始终是其生父母的法定继承人。继子女享有对其生父母和有扶养关系的继父母的双重继承权，法律依法保护继子女的双重继承权，任何人都不得以任何理由予以取消。

形成扶养教育关系的继父母子女关系和养父母子女关系均为拟制的血亲关系，在法律上具有与生父母子女相同的权利和义务，但其相互之间又存在着一定的区别。首先，养父母与养子女间的权利和义务，是基于收养关系的成立而产生的；有扶养教育关系的继子女与继父母间的权利和义务，是基于姻亲关系和扶养关系的形成而产生的；其次，养父母子女关系自成立之日起，养子女与生父母及其近亲属间的权利义务关系即行消除；有扶养教育关系的继父母子女间的权利义务，不影响其与生父母间的权利义务关系；再次，养父母子女关系因收养关系的解除而消除，有扶养关系的继父母子女关系会因生父或生母与继母或继父姻亲关系的终止而消除。

继子女对有扶养关系的继父母享有继承权，是我国继承法的特色之一，其立法目的是为了更好地保护继子女的利益。但除了我国外，到目前为止，世界各国均不承认子女对继父母享有法定的遗产继承权。我国现行《收养法》第十四条规定：继父或继母经继子女的生父母同意，可以收养继子女，并可以不受生父母有特殊困难无力抚养、收养人无子女、年满30周岁、仅收养一名和被收养人不满14周岁等限制。需要明确的是，继子女如被继父或继母收养，那么，继子女与其生母或生父及其他近亲属的权利义务关系也随之消除，不享有双重的继承权。

**【例5－19】**张先生与丁女士于1996年2月登记结婚，1997年3月生一子小张。1999年4月张先生因病去世后，丁女士独自抚养小张比较困难，便于2000年1月与刘先生登记结婚，小张随母与刘先生共同生活。婚后虽夫妻恩爱，但刘先生对小张漠然视之，小张的抚养费来源于生父单位发放的抚恤金和生母的工资。2003年1月，刘先生因车祸死亡留有遗产个人存款10万元。丁女士、小张、刘先生的生母均请求继承刘先生的遗产，因刘先生的母亲对小张的继承人资格提出异议引起纠纷，小张向法院提起诉讼，请求确认其和刘先生已经形成抚养关系，对刘先生的遗产应享有继承权。人民法院经审理认为：小张在其生母丁女士与刘先生结婚后，虽与刘先生长期共同生活，但刘先生未对其进行抚养教育，也未承担其抚养费和教育费，小张与刘先生间未形成抚养关系，因此小张无权继承刘先生的遗产。遂驳回了小张的诉讼请求。

在本案中，人民法院的判决是正确的。我国《婚姻法》及相关司法解释虽未规定继父母与继子女间形成抚养关系的条件，但审判实践中判断继父母与继子女间形成抚养关系的标准一般为：（1）未成年的或未独立生活的继子女与继父母长期共同生活；（2）继父或继母对其进行了抚养教育。但在确定继父或继母对继子女进行了抚养教育的标准，对“抚养教育”的确认应具体到抚养教育的行为上还是具体到抚养费用的支付上存在差异，从而导致了相同行为的不同法律效果。因此在目前没有相关法律和司法解释的情况下，应根据以下标准进行认定：①继父或继母有愿意抚养继子女的意思表示，并长期共同生活，负担继子女生活费、教育费的部分或全部；②继子女对继父母承担着主要的赡养义务；③继子女的生活费和教育费虽由生父或生母供给，但继父或继母对继子女在生活上进行了照顾和教育。

在本案中，虽然小张与刘先生长期共同生活，但其抚养费由生父单位和生母负担，刘先生对小张也未进行生活上的照顾和教育，因此应认定双方未形成抚养关系，刘先生的遗产小张无权继承，应由刘先生之妻丁女士、刘先生之母共同作为第一顺序的继承人进行继承。

**【例5－20】**李先生与陆女士于1999年6月登记结婚。由于李先生与前妻张女士离婚，其两岁的儿子小李判归李先生抚养，四岁的女儿判归张女士抚养。于是小李随李先生与陆女士共同生活，由李先生与陆女士对小李进行抚养教育。后经陆女士与李先生协商并征得张女士的同意，于 2001 年 5 月 8 日到民政部门办理了收养登记手续，收养了小李。2002 年 4 月张女士出车祸死亡，其遗产由随其生活的女儿继承。李先生认为小李也是张女士的孩子，其也是张女士的遗产继承人，遂向人民法院提起诉讼，要求人民法院确认小李的遗产继承人的身份，并重新分割遗产。人民法院经审理认为，小李已被李先生与陆女士收养，小李与自己的生母的权利义务已经消灭，小李不是张女士遗产的继承人，遂驳回了李先生的诉讼请求。本案中，人民法院的判决是正确的。根据我国《收养法》的有关规定，继父或继母经继子女的生父母同意，可以收养继子女。继子女与继父或继母履行了收养登记手续后，双方的关系就转化为养父母子女关系，享有养父母子女间的权利和义务。自收养关系成立之日起，养父母与养子女间的权利义务关系，适用法律关于父母子女关系的规定；养子女与生父母间的权利义务关系，因收养关系的成立而消除。

在本案中，李先生经与陆女士协商并得到张女士的同意，于 2000 年 5 月 8 日到民政部门办理了收养登记手续，收养了小李。小李与其生母之间的权利义务关系，因收养关系的成立而消除，因此小李已经不具有张女士遗产继承人的身份，不能继承张女士的遗产，所以法院驳回其遗产继承的诉讼请求是正确的。

**（三）父母**

父母子女间具有最密切的人身关系和财产关系，父母对未成年子女承担着抚养教育的权利和义务，成年子女对父母有赡养、扶助的义务，其相互之间依法享有继承遗产的权利。我国《婚姻法》第二十四条规定：“父母和子女有相互继承遗产的权利。”在确认父母为法定继承人时，我国《继承法》第十条明确规定：“本法所说的父母，包括生父母、养父母和有扶养关系的继父母。”

父母与其生子女间有着自然的血亲关系，父母与其生子女共同生活，在依法履行抚养教育子女义务的同时，也依法享有对其子女的继承权。但如果生子女被他人收养，父母与子女间的权利义务关系就会因此解除，生父母对其生子女不享有法定的遗产继承权。只有生父母子女间依法恢复父母子女权利义务关系后，生父母对生子女才享有继承权。

父母离婚后不影响对其生子女的继承权，离婚后不直接承担抚养义务的父方或母方仍依法享有对其子女的继承权。但如该子女的继父或继母依我国《收养法》第十四条的规定，经该子女的生母或生父同意而收养该子女后，该子女的生母或生父则不再享有对该子女的继承权。父母作为子女的法定继承人，还应包括以下两种情况：

1. 对非婚生子女的继承权。由于血缘关系，生父母对其非婚生子女同样有继承权，并且继承权不以有无抚养子女的事实为条件。但是，如果子女已被他人收养，双方的权利义务关系已解除，则父母不再对该子女享有继承权。但在司法实践中，如果生父在子女生前没有承认该子女是生子女，也没有履行抚养教育义务的，仅以血缘关系享有继承权又是有悖情理的，可适用我国《继承法》第七条的规定，遗弃被继承人情节严重的，依法丧失继承权。养父母子女间并无自然的血缘联系，但由于确立了收养关系形成了法律上的拟制血亲关系，相互间产生了法定的权利和义务，成为法定继承人，与生父母处于同等的法律地位。在收养关系存续期间，养父母是养子女的法定继承人。在这里需要注意两点：一是如果养父母离婚，养父母与养子女间的权利义务关系并不消除，不与养子女共同生活的养父或养母仍对未成年的养子女负有给付抚养费的义务，拒绝履行抚养义务的，未成年的养子女或不能独立生活的养子女有要求养父母给付抚养费的权利。如果养父母离婚后，养父母一方要与养子女解除收养关系的，要按法定手续办理解除收养关系的手续，凡没有依法解除收养关系的，养父或养母与该养子女相互间的继承关系就依然存在。但如果养父或养母无正当理由却不履行抚养义务，已构成遗弃的，则依法丧失对其养子女的继承权。二是如果收养关系解除，养父母子女间的权利义务关系依法消除，养父母对养子女不再具有法定继承人的身份，依法不再享有继承权。但依照我国《收养法》的规定："收养关系解除后，经养父母抚养的成年养子女，对缺乏劳动能力又缺乏生活来源的养父母，应当给付生活费。因养子女成年后虐待、遗弃养父母而解除收养关系的，养父母可以要求养子女补偿收养期间支出的生活费和教育费。"另外，养父母也可依《继承法》的规定，以继承人以外的依靠被继承人扶养的缺乏劳动能力又没有生活来源的人的身份，或者继承人以外的对被继承人扶养较多的人的身份，分得适当的财产。

2. 形成抚养教育关系的继父母。如果继父母对继子女尽了抚养教育义务，继父母与继子女之间就形成了事实上的扶养关系，这样，继父母与生父母享有同等的法律地位，属于法定继承人的范围，依法对继子女的遗产享有继承权。而没有形成扶养关系的继父母子女间，属于直系姻亲关系，彼此不享有继承权。如果已形成扶养关系的继父母与继子女的生父或生母离婚的，依照有关规定："生父与继母或生母与继父离婚时，对曾受其抚养教育的继子女，继父或继母不同意继续抚养的，仍应由生父母抚养。"据此，未成年的继子女在随生父或生母共同生活后，其与继父母的权利义务自然终止，继父或继母对其继子女的继承权也应随之消灭。但如果继父母与继子女的生父母离婚时，已将继子女抚养成年、接近成年或能够独立生活的，应当不影响继父母对有扶养关系的继子女的继承权。

## （四）兄弟姐妹

兄弟姐妹是血缘关系中最近的旁系血亲。依据《婚姻法》的规定及有关司法解释，兄弟姐妹在一定条件下，相互负有法定的扶养义务，同时也是法定的继承人，相互享有继承遗产的权利。依据我国《继承法》第十条的规定，作为法定继承人的兄弟姐妹，包括同父同母的兄弟姐妹、同父异母或者同母异父的兄弟姐妹、养兄弟姐妹和有扶养关系的继兄弟姐妹。

1. 亲兄弟姐妹。亲兄弟姐妹是指由父母所生育的彼此具有间接血缘联系的亲属，包括全血缘的兄弟姐妹和半血缘的兄弟姐妹。在我国，无论全血缘的兄弟姐妹，还是半血缘的兄弟姐妹都是亲兄弟姐妹，互相间具有自然的血亲关系，其法律地位完全相同，都是法定的继承人，相互享有法定的继承权。

2. 养兄弟姐妹。养兄弟姐妹是基于收养关系的成立而在被收养人与收养人的其他子女间产生的亲属关系。这种亲属关系是一种拟制的旁系血亲关系。依据我国《收养法》的规定：自收养关系成立之日起，养子女与养父母的近亲属间的权利义务关系，适用法律关于子女与父母的近亲属关系的规定；同时，养子女与生父母及其他近亲属间的权利义务关系，因收养关系成立而消除。由此，在收养人的养子女与生子女间、养子女与养子女间形成了养兄弟姐妹关系，其法律地位等同于亲兄弟姐妹间的权利义务关系，彼此相互享有继承权。而被收养人与其亲兄弟姐妹间的权利义务关系，因收养关系的成立而消除，彼此不再互为继承人，不享有法定的继承权。如收养关系解除，养兄弟姐妹间的权利义务关系也随之解除，相互间的继承权也随之消除。被收养人与其生父母恢复父母子女关系的，其与亲兄弟姐妹间的权利义务关系也随之恢复，其与亲兄弟姐妹互享继承遗产的权利。

3. 形成扶养关系的继兄弟姐妹。继兄弟姐妹关系是基于父或母再婚而形成的亲属关系，分为旁系姻亲关系和法律拟制的旁系血亲关系两种。如继兄弟姐妹间并没有共同生活或虽共同生活，但均为未成年人，相互间没有形成扶养关系，那么继兄弟姐妹间就不发生任何法律上的权利义务关系，相互不享有法定的继承权。继兄弟姐妹间继承权的发生，并不以继父母子女间发生的抚养关系为依据，而是以继兄弟姐妹之间发生的扶养关系为依据。

## （五）祖父母、外祖父母

祖父母、外祖父母是孙子女、外孙子女除父母外最近的直系尊亲属。依据我国《婚姻法》及有关司法解释的规定，有负担能力的祖父母、外祖父母，对于父母已经死亡或父母无力抚养的未成年孙子女、外孙子女，有抚养的义务。这意味着祖父母、外祖父母在一定条件下，有抚养孙子女、外孙子女的义务，同时也享有继承孙子女、外孙子女遗产的权利。我国《继承法》将祖父母、外祖父母作为孙子女、外孙子女的法定继承人，依法对孙子女、外孙子女的遗产享有继承权。

**（六）对公婆、岳父母尽了主要赡养义务的丧偶儿媳、女婿**

儿媳、女婿与公婆、岳父母之间没有自然的血缘关系，他们是以婚姻关系为纽带而产生的亲属关系，属于姻亲关系。从婚姻家庭的法律关系上讲，姻亲间没有法定的权利和义务，因而，他们之间没有赡养、抚养的权利义务关系。因此，在正常的情况下，他们之间不发生法定继承关系。但我国《继承法》第十二条规定："丧偶儿媳对公、婆，丧偶女婿对岳父、岳母，尽了主要赡养义务的，作为第一顺序继承人。"这是我国《继承法》的一个突出特色，我国也是世界上惟一在《继承法》中做此规定的国家。丧偶儿媳、女婿作为第一顺序法定继承人的前提条件，必须是对公婆、岳父母尽了主要的赡养义务。最高人民法院《关于贯彻执行〈中华人民共和国继承法〉若干意见》第三十条明确规定："对被继承人生活提供了主要经济来源，或在劳务等方面给予了主要扶助的，应当认定其尽了主要赡养义务或主要扶养义务，一般从以下三方面来看：一是对老人进行了生活上的照料和精神上的抚慰；二是对老人进行了经济上的扶助和供养；三是对老人的赡养具有长期性、经常性和稳定性。

**【例 5－21】**某县农民刘先生于 1950 年结婚，婚后生有一子刘老大，两女刘老二、刘老三。三个孩子先后成家、另过，其中刘老三嫁给张先生。1985 年，刘先生夫妇患病失去劳动能力，因与儿媳关系不好就搬到刘老三家同女儿一块生活。1990 年，刘老三因车祸不幸身亡。之后，刘老大、刘老二借口父母一直偏心于刘老三而拒绝将刘先生夫妇接回家，且不给付刘先生夫妇生活费。张先生作为女婿，强忍丧妻之痛，坚持赡养岳父母，承担起全部家务。1993 年，刘先生夫妇双双离开人世。子女们在清理遗产时发现刘先生夫妇除留下房屋 5 间外，还有 6000 元银行存款。在处理这些遗产时，刘老大、刘老二认为遗产是其父母所留，应由其二人平分；张先生认为刘老三去世后他一直与二位老人住在一起，悉心照料老人的生活，尽了主要的赡养义务，遗产应有他的一份。为此，双方争执不下，张先生无奈诉至法院。

［**分析**］本案中，张先生不但应享有对刘先生夫妇遗产的继承权，而且根据我国《宪法》中权利义务相一致的原则以及我国《继承法》第十三条的规定，张先生作为第一顺序继承人，因尽了主要赡养义务应适当多分遗产。我国《继承法》第十二条规定："丧偶儿媳对公婆，丧偶女婿对岳父、岳母尽了主要赡养义务的，作为第一顺序继承人。"张先生在妻子刘老三去世后一直与岳父母共同生活，并对两位老人百般照料，在精神及物质上都尽了主要的赡养义务，所以应作为第一顺序继承人参加遗产分割。我国《继承法》第十三条规定："对被继承人尽了主要扶养义务或与被继承人共同生活的继

承人分配遗产时，可以多分。有扶养能力和有扶养条件的继承人，不尽扶养义务的，分配遗产时应当不分或少分。”本案中，张先生一直与刘先生夫妇共同生活且尽了主要赡养义务，而刘老大、刘老二作为亲生儿女在有扶养能力的情况下，以父母偏心为由拒绝赡养老人，这于理于法都难以容忍。所以在分割遗产时张先生可适当多分，而刘老大、刘老二应不分或少分。法定继承人的地位是由法律直接规定的，任何人不得随意剥夺，对积极赡养老人的行为及以各种理由拒绝承担赡养义务的行为，在分割遗产时，应体现公平和权利义务相一致的原则。

### 工作要求

#### 工作准备

制定财产传承规划的工作准备与财产分配规划的准备工作要求完全相同，详见制定财产分配规划部分工作准备要求。

#### 工作程序

第一步：理财规划师首先应该向客户说明财产传承规划的意义，并向客户说明理财规划师在制定财产传承规划时了解客户家庭成员情况的重要性，以得到客户的配合。

第二步：在此基础上，理财规划师收集与客户财产传承规划有关的信息，如家庭成员与客户之间的身份关系，和客户对有关家庭成员在财产传承规划中的特殊安排。

第三步：根据收集到的信息，理财规划师对客户的家庭成员财产继承信息进行分析，分析客户婚姻状况及影响财产规划的各项因素，并帮助客户理解相关法律规定。

## 第四节　制订并调整财产传承规划

财产传承规划是从财务的角度对个人一生财产进行的整体规划。财产传承规划是个人理财规划中不可缺少的一部分，也是一个家庭的财产得以世代相传的切实保障。财产传承规划的理念在西方国家已经深入人心，很多人都希望借助财产传承规划的制定，为自己的人生划上一个圆满的句号。在我国，由于与财产传承相关的管理制度还不太成熟，再加上专业从业人员的缺乏，导致实践中真正系统地制定财产传承规划的人比较少。但我们应该注意到，我国的中产阶级正在壮大，从理财规划角度进行私人财产的分配与传承正在成为一种迫切的现实需要。财产传承规划可以帮助当事人实现遗产的合理分配，增加遗产的价值，同时降低了与当事人及其遗产有联系的人群发生纠纷的比率。无论是对家庭还是对社会来说，遗产规划都是有百利而无一害的。理财规划师能够全面了解客户的目标期望、价值取向、投资偏好、财务状况和其他有关事宜，是帮助客户进行财产传承规划的最好人选。

## 一、制订财产传承规划的原则

### （一）保证财产传承规划的可变通性

财产传承规划从它的制定到生效有一段不确定的期间，这段期间内的客户财务状况和目标是处于不断变化中的，其财产传承规划也是不断变化的，因此，理财规划师要时常和客户沟通，对财产传承规划进行不断的修改，以保证它能满足不同时期客户的需要。

### （二）确保财产传承规划的现金流动性

客户去世后所留遗产，要先用于支付相关的税及遗产处置费用，如办理遗产评估的费用、法律和会计手续费、丧葬费等，还清其所欠债务后，剩余部分才可以分配给受益人。所以，如果客户遗产中的现金数额不足，反而会导致其家人陷入债务危机。要避免这种情况发生，理财规划师必须帮助客户在其遗产中预留充足的现金以满足支出。遗产中现金收入的来源通常有银行存款、存单、可变现的有价证券等，客户应该尽量减少遗产中的非流动性资产，如房地产、长期债券、珠宝和收藏品等，这些资产不仅无法及时变现为所需的现金，还会增加遗产处置的费用，所以，理财规划师可以建议客户将它们出售或捐赠给他人，从而降低现金支出。

## 二、财产传承规划的目标和特点

### （一）财产传承规划目标

制定财产传承规划的最终目标是帮助客户在其去世或丧失行为能力后分配和安排其资产和债务。财产传承规划目标的确定，是一个完善的财产传承规划书的核心，通常要由理财规划师通过与客户面谈的方式来了解其财产传承规划的目标。与其他的财务目标不同，财产传承规划的目标只有在客户去世或者丧失行为能力后才能实现。

客户的财产传承规划首先要考虑其直接债务的偿还，如果客户突然去世，其债务不会因此解除，而要以其遗产加以偿还。其次，财产传承规划的目标要包括客户的长期责任。长期责任是指在可以预见的未来，客户需要承担的义务以及承担这些义务带来的开支，这些开支通常是可以估计和衡量的。随着客户年龄、价值取向和目标的变化，他们要承担的责任也随之变化。常见的财产传承规划的目标有：

1. 为受赡（扶）养人留下足够的生活资源。

2. 为有特殊需要的受益人提供遗产保障。

3. 家庭特殊资产的继承。

4. 其他需要（保证家庭和睦、遗产代代相传等）。

当然，不同客户在生命所处的不同时期，其制定财产传承规划的目标是不同的，理财规划师应该在与客户的交谈中更深入地了解其期望。无论客户最终想实现什么目标，都需要将其目标的具体内容明确下来，这样理财规划师才能在制定财产传承规划时加以综合考虑。

需要指出的是，改革开放30多年造就了一个庞大的先富裕起来的群体。这个群体就是处于财富金字塔顶级的高净值人士。他们不仅希望子女获得良好的教育，更渴望子女能够做一个优秀的家族产业的接班人。从某种角度来讲继承人教育安排也几乎成为富翁们的首要需求，在一个家族中，不是所有的子女都有资格当继承人。继承人的首要任务就是使家族财产保值增值。继承人要能够秉承家族的精神，保证家族财富代代相传。合格的继承人必须在人格、工作能力、社会关系等方面尽善尽美。但子女们因禀赋不同，兴趣不同，能力不同，未必每个人都能顺利地继承。平均主义又会最终导致家财散尽，所以必在子女中选择杰出者作为继承人。一旦选定了继承人，那么针对继承人的教育显然不同于针对普通子女的教育。所以，继承人教育已经成为理财规划师为高端客户服务中面临的新课题。

**【例5-22】**李先生是一位成功的企业家，目前正经营一家建材企业。李先生有个15岁的儿子，聪明伶俐，李先生对他寄予厚望。但白手起家、辛苦创业的他深知年轻人要成大器就要从底层做起，经受一定的磨炼。因此，他想等儿子高中毕业后就送他去美国留学，在那里完成学业并工作一段时间，等他小有成就后，再放心地将企业交由儿子管理。不过儿子目前尚小，如果一个人去美国，身边没有监护人，李先生担心儿子自制能力可能比较差，不能好好学习，最终拿不到学位；而且他担心美国的花花世界会使儿子养成攀比、享受的不良嗜好，致使他对儿子的期望落空。

[**分析**] 李先生的担心很有代表性，目前，国内经济快速发展，创业机会越来越多，为了让孩子得到更好的教育，增加将来就业创业的实力，很多家长选择将孩子送到发达国家去留学，年龄也越来越趋向低龄化。上面例子中李先生的担心也是当前许多家长的共同心声。而要解决这一问题，一份子女教育创业信托无疑是一个非常合适的选择。

解决方案：设计的信托一般会考虑如下的内容，以美国为例：（1）儿子大学的学费每年支付20000美元；生活费用每月支付1500美元，除此之外的开支须由儿子自己打工赚取；（2）如果儿子从大学顺利毕业并拿到学士学位，则给予10万美元的奖励；（3）如果儿子能取得博士学位，则再给予15万美元的奖励；（4）儿子毕业后，须在美国当地找一份工作，且至少工作3年，并获得公司上司的书面肯定后可获得李先生20万美元的创业基金资助；（5）如果未能完成设定目标，则不给付信托受益。信托关系结束，信托财产归委托人即李先生所有。经过理财师计算，要达到以上目标，需设立45万美元额度的子女教育创业信托。

对李先生来说，在设立海外信托之前，首先要咨询相关的专业人士，选择一个实力雄厚、信用背景良好的受托人，以确保设立信托后不会出现风险；受托人确定后，李先生就要与其签订相应的信托合同，在签订合同之前最好先咨询一下律师等专业人士，这样比较妥当。在合同内一般需要明确李先生、信托机构及儿子三方面的权利义务关系，商定给付儿子在美国生活、学习及工作上费用开支的方式，以及一旦出现违约风险后如何解决等方面的内容。签订完合同，李先生把钱支付给信托机构后，信托就生效了。

**（二）财产传承规划的特点**

由于制订财产传承规划是为了使客户在其去世或丧失行为能力后确保其财产有个适当的安排，因此，为客户制订财产传承规划时是无法确定该规划的生效执行日期的，而从财产传承规划制定到生效的这段时间内，客户的目标期望、价值取向、投资偏好和财务状况常常会发生变化，其财产传承规划也要随之发生变动，所以说，财产传承规划的最主要特点是可变通性。

## 三、财产传承规划工具

**（一）遗嘱**

1. 遗嘱与遗嘱继承。遗嘱是遗嘱继承的前提和依据，是当事人按照自己的意愿进行财产传承的有效工具之一。所谓遗嘱继承，是指继承开始之后，按照被继承人所立的合法有效的遗嘱，继承被继承人遗产的继承制度。遗嘱继承是与法定继承相对应的一种继承方式。由于遗嘱继承可直接体现被继承人生前对其财产处分的意愿，因此，遗嘱继承更能体现被继承人私有财产在法律上被尊重，也有利于保护私人财产的所有权。被继承人有立遗嘱的自由，也就是公民有生前处分其死后财产的自由。遗嘱不等于遗嘱继承，遗嘱具有以下特征：

（1）遗嘱是一种单方行为的产物。遗嘱仅仅是继承人自己的意思反映，并不需要征得其他人的同意，只要设立人一方的意思就可以决定它的成立，他人并不能形成对遗嘱内容的影响，也不能影响遗嘱的成立和效力。比如，遗嘱继承人是否接受继承，均不能影响遗嘱的成立和效力。也正是由于遗嘱的这个特性，在遗嘱生效前，遗嘱人可以随时根据自己的意思变更或者撤销遗嘱。

（2）遗嘱必须是立遗嘱人生前亲自独立实施的民事行为。遗嘱是遗嘱人生前对自己财产做出的处分行为，只能由遗嘱人独立自主地做出，不能由他人的意思辅助或者代理。不是遗嘱人生前独立做出的真实表达其意思的遗嘱，不是真正的遗嘱。因此，遗嘱须由遗嘱人亲自设立，必须是遗嘱的真实意思，设立遗嘱不能适用代理。

（3）遗嘱在遗嘱人死亡后才能实现。遗嘱虽是由遗嘱人生前设立的，但在遗嘱人死亡时才能发生效力。在遗嘱人死亡之前，遗嘱不能得到执行。因此，遗嘱是否有效，应当以遗嘱人死亡时的情形为准。遗嘱具有可变性、可撤销性，在遗嘱生效前，遗嘱人可以随时变更或撤销遗嘱。但遗嘱人死亡，遗嘱具有效力后，遗嘱就不可能被撤回了。由于遗嘱的这个特征，遗嘱人在订立遗嘱后，一旦又对遗嘱中涉及的财产进行处分的，这部分财产也就不再受遗嘱的处理和分配了。

（4）遗嘱有一定的形式。遗嘱要按照一定的形式设立，通常法律对遗嘱的形式有明确的规定，一旦遗嘱形式不符合法律规定，则遗嘱不能产生效力，遗嘱人体现在遗嘱中的财产处分计划也就不能得到执行。

（5）遗嘱是处分财产的行为。遗嘱是遗嘱人自由处理自己财产的意思表达，因而是处分财产的行为，如果没有财产处分的意思表示或者与财产有关的内容的表达，不属于真正意义上的遗嘱。当然遗嘱人对财产的处分也受到法律的限制，不得违反法律的规定，否则，遗嘱就是不合法的，不能产生效力。

2. 遗嘱的有效。理财规划师在为客户作财产传承规划时，常常会遇到客户咨询有关订立遗嘱的事宜，因此，掌握有关遗嘱订立方面的基础知识对于理财规划师而言是非常必要的。协助客户制定一份有效的遗嘱，是理财规划师保证为客户制定的财产传承规划得以有效并顺利执行的关键。

**【例5-23】**叶先生，裱画师，2000年去世后留下巨额遗产，包括一批珍贵字画、一套住房等，价值百万。叶先生生前先后立有两份遗嘱，一份自书遗嘱，将其全部财产包括一切动产与不动产全部给原家中的小保姆吴女士；后一份公证遗嘱，将住房一套赠给吴女士。叶先生的女儿对遗嘱有异议，在其父过世后，将其父留下的字画拿走。双方因此发生纠纷。吴女士向法院起诉，要求确认叶先生的两份遗嘱有效，判决叶先生的全部遗产遗赠给自己，并由其女归还拿走的字画。

［**分析**］（1）本案系一桩遗赠纠纷案，赠与人叶先生与受赠人吴女士之间并无任何血缘关系，对于赠与人叶先生为何将自己的巨额遗产留给“小保姆”，而不留给自己的亲生子女，似乎有悖常理，但其行为是否违反法律的相关规定？根据我国《继承法》

第十六条规定：公民可以依照本法规定立遗嘱处分个人财产，并可以指定遗嘱执行人。……公民可以立遗嘱将个人财产赠给国家、集体、或者法定继承人以外的人。所以，叶先生可以依法自主处分自己的财产，可以将全部财产赠给“小保姆”吴女士。

（2）在此案中，双方争议的焦点是叶先生先后立有两份遗嘱，其法律效力是否一致？后一份公证遗嘱是否变更了前一份自书遗嘱？

根据我国《继承法》第二十条规定：遗嘱人可以撤销、变更自己所立的遗嘱。立有数份遗嘱，内容相抵触的，以最后的遗嘱为准。叶先生所立的两份遗嘱，形式及内容并未违反我国《继承法》规定的形式要件，遗嘱内容真实，两份遗嘱遗赠的对象是同一的，遗赠的内容（即标的）是包涵与被包涵、相容与被相容的关系，两者的执行不存在冲突，两份遗嘱的内容无抵触，均合法有效。另外，司法部、建设部于1991年9月12日下发《关于房产登记管理中加强公证的联合通知》中规定“遗嘱人为处分房产而设立的遗嘱，应当办理公证”，因此叶先生将住房遗赠公证，也符合该联合通知的要求。所以，叶先生的两份遗嘱都具有法律效力，吴女士的主张应该得到法院的支持。

当然，遗嘱除了形式上要符合法律的规定以外，还须符合以下几个要件方可生效：

（1）遗嘱人须有遗嘱能力。遗嘱能力是指自然人依法享有的设立遗嘱，依法自由处分其财产的行为能力。依照我国法律的规定，只有完全民事行为能力人，才有设立遗嘱的行为能力即遗嘱能力；不具有完全民事行为能力人不具有遗嘱能力。因此，遗嘱人须为完全民事行为能力人。无行为能力人与限制行为能力人所立的遗嘱无效。遗嘱人是否具有遗嘱能力，以遗嘱设立时为准。无行为能力人所立的遗嘱，即使其本人后来有了行为能力，仍属于无效遗嘱。遗嘱人立遗嘱时有行为能力，后来丧失行为能力的不影响遗嘱的效力。

（2）遗嘱须是遗嘱人的真实意思表示。遗嘱必须是遗嘱人处分其财产的真实的意思表示。在实际生活中，界定遗嘱是否为遗嘱人的真实意思表示，原则上应以遗嘱人最后于遗嘱中做出的意思表示为准。受胁迫、欺骗所设立的遗嘱无效；伪造的遗嘱无效；遗嘱被篡改的，篡改的内容无效。

（3）遗嘱不能取消缺乏劳动能力又没有生活来源的继承人的继承权。根据我国《继承法》的规定，遗嘱应当对缺乏劳动能力又没有生活来源的继承人保留必要的遗产份额。这一规定属于强行性规定，遗嘱取消缺乏劳动能力又没有生活来源的继承人的继承权的，不能生效。遗嘱没有保留缺乏劳动能力又没有生活来源的继承人的遗产份额，遗产处理时，应当为该继承人留出必要的遗产，所剩余的部分，才可参照遗嘱确定的分配原则处理。继承人是否缺乏劳动能力又没有生活来源，应按遗嘱生效时该继承人的具体情况确定。

（4）遗嘱中所处分的财产须为遗嘱人的个人财产。遗嘱作为遗嘱人处分其个人财产的方式，只能对遗嘱人个人的合法财产进行处置。遗嘱人通过遗嘱处分属于其他个人或者组织的财产的，遗嘱的该部分内容，应当认定无效。在此需要注意的是，在界定客户遗产范围时，要结合《婚姻法》关于夫妻共同财产的规定，如果有夫妻财产约定，按照约定写明的夫妻财产比例划定客户个人的遗产范围；如果没有夫妻财产约定，就要对客户现有的家庭财产按照有关原则进行划分，将属于配偶的财产隔离出去，而仅就遗嘱人个人的财产设立遗嘱。

（5）遗嘱不能违反社会公共利益和社会公德。

3. 遗嘱的修订和撤销。如果遗嘱人想对自己所立遗嘱内容进行修订或更改，就涉及遗嘱的修订和撤销问题。遗嘱的修订也就是遗嘱的变更，是指遗嘱人在遗嘱设立后对遗嘱的内容所作的部分修改。遗嘱的撤销是指遗嘱人于遗嘱设立后取消所设立的遗嘱。

遗嘱既然是遗嘱人单方面的意思表达，那么在遗嘱设立后生效前的期间内，遗嘱人可以不受任何约束地进行修订或者撤销。遗嘱经过修订后就以修订后的遗嘱内容来确定遗嘱的效力和执行；遗嘱撤销后，以新设立的遗嘱来确定遗嘱的内容和执行，撤销后没有设立新的遗嘱的，相当于遗嘱人没有立遗嘱。遗嘱的修订和撤销只有符合一定的条件才能发生修订或者撤销的效果：

（1）遗嘱人须有遗嘱能力，这个和遗嘱有效的条件一样，遗嘱人在进行遗嘱修订和撤销时必须具有遗嘱能力。如果遗嘱人在设立遗嘱后丧失了行为能力，在丧失行为能力后对遗嘱的修订、撤销不发生效力，仍按原遗嘱执行。

（2）遗嘱的修订和撤销须为遗嘱人的真实意思表示。因受胁迫、欺骗而对遗嘱所作的修订、撤销，不发生效力。

（3）遗嘱的修订、撤销须依照法定方式由遗嘱人亲自进行。遗嘱的修订、撤销不适用代理，只能由遗嘱人亲自实施。遗嘱人对遗嘱的修订和撤销可以采取明确表示的方式，也可以采用根据法律规定或相关事实进行推定的方式。

如果遗嘱人明确表示要对遗嘱进行修订、撤销，遗嘱需要具备法定形式，并且“自书、代书、录音、口头遗嘱，不能对公证的遗嘱进行修订或者撤销。”公证遗嘱也可以修订或撤销，但还是要采取公证的方式。遗嘱的修订、撤销的推定方式，通常是在遗嘱人虽没有明确表示他要修订、撤销遗嘱，但根据一些事实和遗嘱人的一些行为，我们可以推定遗嘱人是在修订、撤销他的遗嘱。一般有以下几种情形：①遗嘱人立有数份遗嘱，而且内容相互冲突的，推定遗嘱人修订、撤销了遗嘱，并且以最后所立的遗嘱为准。不过，数份遗嘱中有公证遗嘱的，则应以最后的公证遗嘱为准。②遗嘱人生前的行为如果与遗嘱内容相抵触的，推定遗嘱人对遗嘱作了修订、撤销。比如遗嘱人将在遗嘱中处分了的财产在继承开始前作了转移、或者部分转移的，遗嘱视为被撤销或部分被撤销。③遗嘱人故意销毁遗嘱的，推定为遗嘱人撤销遗嘱。

4. 遗嘱的执行。遗嘱的执行是指遗嘱生效后由遗嘱执行人实现遗嘱的内容。遗嘱执行人不仅是实现遗嘱人遗愿的必要程序，而且对于保护继承人及继承相关人的利益也有重要的意义。

遗嘱对于继承人取得遗产后的管理、处分行为往往无力干预，一旦继承人处分或管理财产不当，立遗嘱人的财产就面临短时间内被挥霍殆尽的危险。遗嘱也无法对继承人的监护人管理、处分遗产的行为形成有力约束。在实践中，时常会有监护人侵犯继承人利益的事件发生。为了解决类似的问题，目前实践中的普遍做法是指定遗产执行人对遗产进行管理。

遗嘱执行人应有民事行为能力。无民事行为能力、限制民事行为能力的人不具备成为遗嘱执行人的资格。遗嘱人在遗嘱中指定了遗嘱执行人的，由被指定的遗嘱执行人执行遗嘱。遗嘱中没有指定遗嘱执行人或者被指定的执行人不能执行遗嘱的，应由有能力的继承人为遗嘱执行人；继承人也不能执行遗嘱的，由遗嘱人生前所在的单位或者继承开始地点的居民委员会、村民委员会为遗嘱执行人。遗嘱的执行，应当按照以下程序进行：确定遗嘱执行人；遗嘱执行人查明遗嘱是否合法真实；清理遗产；管理遗产；按照遗嘱内容执行遗赠和将遗产最终转移给遗嘱继承人。

（1）遗嘱执行人的确定。根据我国有关的规定，借鉴我国实践中的具体做法，遗嘱执行人可以依照以下标准确定：

①遗嘱人在遗嘱中指定遗嘱执行人。遗嘱人可以在遗嘱中指定遗嘱执行人，被指定的执行人可以是法定继承人，也可以是法定继承人以外的人。既可以指定普通的公民充当，也可以指定单位、社会组织充当。遗嘱执行人可以是一人，也可以是数人。遗嘱执行人可以由遗嘱人自己指定，也可以由遗嘱人委托他人代为指定，当然，遗嘱人的指定对于遗嘱执行人而言不具有强制性，被指定为遗嘱执行人的，有权决定是否担任遗嘱执行人。

②法定继承人担任遗嘱执行人。遗嘱未指定遗嘱执行人，或被指定的遗嘱执行人不愿意或不能执行职务时，由法定继承人执行。如法定继承人人数较多时，可以共同执行或推举其中一人或者数人作为代表来执行遗嘱。人数众多的法定继承人之间意见不统一时，继承人或者其他与继承有利害关系的人可以请求人民法院做出裁决。这里不适用多数决定的原则，是因为多数决定原则不能充分保证尊重遗嘱人的遗愿，而由法院来根据遗嘱人的本意决定对其遗嘱的执行。

③遗嘱人生前所在的单位或继承发生地点的基层组织为遗嘱执行人。这是由我国的

具体国情决定的，由遗嘱人生前所属单位或者住所的基层组织处理一些公民个人的人身问题。不过通常在遗嘱人未指定遗嘱执行人，无法定继承人，或有法定继承人但法定继承人未成年，或无行为能力人的情况下，单位和基层组织才会介入个人事务中。

④指定的专业机构和专业人士充当遗嘱执行人。专业机构和专业人士主要是指一些服务性的中介机构和人员，如会计师事务所及注册会计师、律师事务所及律师、理财机构及理财规划师等，这是因为，随着社会经济的发展，在人们积累的财富增多、财产逐渐庞大的同时，财产的形式和结构也日渐复杂。财产事务处理专业化的趋势也渐渐明显，这些都对遗嘱执行人提出了更高的要求，遗嘱执行人要负责解决被继承人“身后”所有的法律、财务等问题，还要和金融机构、法律机构及所有继承（受赠）人打交道，负责对遗产分配的执行。在财产内容复杂或委托人有个别需要的情况下还要针对遗产制定遗嘱执行计划，进而达到保存财产、避免浪费、监护子女等多样化的目的。由此可见，具有一定财产规划能力的专业机构和人员可以保证遗嘱的顺利执行，尤其是知识涉猎面比较广、对客户家庭情况比较了解的理财规划师是遗嘱执行人的最佳选择。

（2）遗嘱执行人的职责。作为遗嘱执行人，只要承诺作为执行人，就要尽力履行好自己的职责，主要应做到以下几方面：

①查明遗嘱是否合法真实。这是遗嘱执行人的首要职责。因为无效的遗嘱、不成立的遗嘱都不能得到执行。因此，遗嘱执行人要执行遗嘱，首先应审查遗嘱的合法性、真实性。

②清理遗产。清理遗产是指查清遗产的名称、数量、地点、价值等状况。一般来说，遗嘱人在遗嘱中会对其财产进行具体的说明。但遗嘱设立之后，遗嘱人的财产状况可能会发生变化，而且作为遗嘱执行人也有必要在执行时查清遗产的状况，以防止遗产被持有者隐匿。因此，清理遗产也是遗嘱执行人的一项重要权利义务。遗嘱执行人在查清遗产后，还应当编制遗产清单，以保护继承人和其他利害关系人的利益。

③管理遗产。遗嘱中对遗产的管理也有要求，遗嘱执行人应当按照遗嘱中的要求管理遗产。遗嘱中对遗产的管理没有提出要求的，遗嘱执行人对遗产的管理以执行遗嘱的必要为限。这种管理行为，可以是一种消极的管理行为，表现为对财产单纯的持有。也可以是一种积极的管理行为，如收取租金、实现债权、偿还债务、交纳专利年费等。

④按照遗嘱内容执行遗赠和将遗产最终转移给遗嘱继承人。遗嘱执行人有将遗嘱中处分的遗产转交给有关人员的职责。如果是遗赠的情形，即将遗产交给继承人以外的其他人的，遗嘱继承人要交付给受遗赠人。

⑤遗嘱执行人在执行遗嘱时，任何人不得妨碍。对于在执行遗嘱中受到他人的非法干涉和妨碍，不论干涉和妨碍是来自继承人还是来自其他人，遗嘱执行人都有权排除，

必要时可以请求人民法院保护其执行遗嘱的合法权利。

### （二）遗嘱信托

遗嘱信托是指委托人预先以立遗嘱的方式，将财产的规划内容，包括设立信托后遗产的管理、分配、运用及给付等，详订于遗嘱中。等到遗嘱生效时，再将信托财产转移给受托人。由受托人依据信托的内容，也就是委托人遗嘱所交办的事项，管理处分信托财产。遗嘱信托同样在委托人死亡后才生效。遗嘱信托目前在我国还处于萌芽阶段。它配合各种个人理财投资工具，创造出为个人量身定做的财产传承规划方案，可弥补传统赠与及遗嘱制度的缺陷，如继承人或受赠人财产管理能力有限、财产分配公平性的争议、遗产保全的不易等。当然，遗嘱信托是在传统财产规划方式运作之下，加入信托制度予以辅助，使得财产规划更趋完整和更有保障。运用信托可达成一定程度的税收筹划，同时，信托制度中信托财产的独立性、财产分配的公平性、管理运用的专业化等特征还有利于促进家庭和谐、减少社会问题等等。遗嘱信托业务可分为执行遗嘱和管理遗产两类。执行遗嘱信托是受托人在受托之后，在遗嘱人死亡后，根据遗嘱，代遗嘱人办理债权的收取和债务清偿、遗嘱中规定的有关物品的交付以及遗产的处理和分割等遗嘱的执行事宜。执行遗嘱信托大多是因为立遗嘱人财产较多，遗产的分割处理关系比较复杂，且缺少可靠执行人等原因而成立。管理遗产信托是受托人受遗嘱人的委托，在一定时期内代为管理遗产的信托业务。

### （三）人寿保险信托

人寿保险产品在财产传承规划中也起着很大的作用。一方面如果客户在保险期限内没有去世，可以获得保险费总额及其利息；另一方面，客户购买人寿保险也是出于财产传承方面的考虑，希望在自己发生意外时，借助保险能给自己指定的受益人提供有保障的生活，这也是客户投保人寿险的目的和意义所在。人寿保险在遗产管理中应当受到理财规划师和客户的重视。人寿保险的目的在于被保险人的遗属可以在将来得到生活赡养费，本人是无法享受的。一旦被保险人死亡，遗属可取得保险赔偿。但实际生活中，经常会发生遗属因缺乏独立经营管理保险赔偿金的能力，将赔偿款挥霍浪费掉，或是保险赔偿金被其他人侵吞等现象，这样就不能实现死者生前办理人寿保险的目的。而作为承保人，保险公司的职责也只是交付赔款，至于赔款的用途和处置，保险公司概不负责。为了解决人寿保险的目的和其实际作用相脱节的问题，人寿保险信托这种信托制度与保险制度相结合的产品就应运而生了。所谓人寿保险信托（Life Insurance Trust），是委托人基于人寿保险中受领保险金的权利或保险金，以人寿保险金债权或人寿保险金作为信托财产设立信托，指定受托人依据信托合同所规定，为受益人管理运用交付或直接交付保险金。

## 四、分析财产传承规划工具

### （一）遗嘱工具分析

1. 遗嘱工具的优点。遗嘱是公民生前对自己的私有财产做出处分决定并于死亡后生效的一种法律行为。在财产传承关系中，如果没有设立遗嘱，就要按照法律规定的继承人的范围、先后顺序，以及遗产的分配原则来实现对遗产的安排和分配。设立遗嘱体现了遗嘱人对其财产自由安排的意愿，是公民保护自己私有财产的一种有效方式。它的优点主要体现在以下几个方面：

（1）设立遗嘱是法律对公民财产所有权予以全面保护的最佳体现。现实中，公民不仅拥有生活资料的所有权，而且还在法律许可的范围内拥有生产资料的所有权。但人有旦夕祸福，都会衰老病死，而基于公民所有权的财产却依然会存在，因此必须有新的合法所有人，才能保障社会秩序的稳定。为此，公民可以依法设立遗嘱处分其死后财产，充分实现个人意志，选择好自己最可靠的继承人，将财产所有权转移给遗嘱继承人或受遗赠人。这是对权利人最完满的保护，它不仅保护了财产所有人生前的权利，而且还延伸到他死后，即所有人可以通过行使遗嘱权利明确其死后财产的归属。

（2）设立遗嘱有利于发挥家庭养老育幼的功能。家庭作为一个生产消费单位，家庭成员通过劳动所得的合法收入，属于家庭共同财产，并以家庭为单位来组织消费。赡养老人、抚养子女、扶助无劳动能力的其他家庭成员，是中华民族的传统美德，这种责任是义不容辞的。由于公民生前有用自己的财产承担养老育幼、扶助无劳动能力的病残者的义务，因此，公民可以用自己的遗产确保家庭成员之间的扶养、赡养关系的继续。遗嘱权利人不仅可以通过遗嘱改变法定继承人的范围、顺序和继承份额，甚至可以取消某些法定继承人的继承权，把财产给予最需要财产的遗嘱继承人或法定继承人以外的国家、集体或者其他公民。这样，有利于促使晚辈继承人孝敬老人，共同承担供养老人、养育子女、扶助幼小弟妹的义务，促进家庭成员内部的互助团结。

（3）设立遗嘱有利于发展社会福利事业。目前政府财力有限，社会福利事业还需大力发展，公民可以以遗嘱的方式将财产遗赠给国家或者集体组织；也可以用作社会救济，如办学校、托儿所、养老院等和设立各种奖金。这一功能将随着人类文明的进步和社会的发展而得以凸现，且越来越显示出自身价值。

（4）设立遗嘱有利于减少和预防纠纷。互助友爱、和睦团结、养老育幼、互谅互让，是中华民族的传统美德。但是在现今条件下，继承人争先抢夺、强占遗产，排斥其他合法继承人继承遗产，因分割遗产不公平等而引起纠纷的时有发生。因而，遗嘱权利人预先设立好遗产继承人各自应得的遗产份额，在其死后依遗嘱执行其意愿，则有利于解决矛盾，起到预防继承纠纷发生的作用。

2. 遗嘱工具的风险。遗嘱是不是就可以解决身后所有的财产问题，是不是体现在遗嘱中的处分遗产的意愿都可以得到实现呢？答案当然是否定的，事实也证明，因遗嘱而产生的纠纷并不比没有遗嘱而产生的纠纷要少，这主要是因为：

（1）遗嘱的效力风险。大部分遗嘱，都有被推翻的可能性，也就是说任何人只要认为自己有权继承遗产却被排除在外的，都可以到法庭申诉，由法院来裁决。除此之外，人们常利用遗嘱来指定子女的监护权归何人所有，但是这充其量只是立遗嘱人单方面意愿的表达，只能当作建议来参考，并不具有法律约束力。现实中，还存在指定的监护人不愿意充当监护人的情况及监护人侵害被监护人利益的情形，这些都背离了遗嘱人立遗嘱的本意。

**【例 5－24】**1998 年 3 月，张先生夫妇二人因病先后去世。其长子 24 岁，在外打工，生活能够自理；幼子 14 岁，尚在读书。张先生夫妇生前立下遗嘱，将家里的五间房子留给幼子。张先生夫妇去世后，其幼子的日常生活由张先生的弟弟打理，生活费则由其长子负担。1999 年 5 月，张先生的弟弟未经任何人同意，借口偿付其兄幼子生活费，将张先生留下的五间屋卖掉三间，并将所得据为己有。

2003 年，贾女士与前夫陈先生协议离婚。2004 年，贾女士因车祸身亡，留下遗嘱将其住房一套和部分财产归其与陈先生生育的 9 岁、有残疾的儿子所有。2005 年，陈先生为了借钱做生意，将属于儿子所有的这套住房抵押给他人。贾女士的母亲提出异议，声称自己有能力抚养外孙，要求取得对外孙的监护权。陈先生表示他是儿子的抚养人，处置其子的财产是他的权利，别人不能干涉。

张女士在丈夫去世两年后，带着 8 岁的儿子小王改嫁给刘先生。张女士的丈夫生前留下两处房产，根据丈夫生前的遗嘱，并经与小王的祖母赵女士共同协商，确认一处为张女士应分得的财产，另一处为小王父亲的遗产，留给小王一人继承，任何人不得私自处分，房产租给他人，房租由张女士收取。4 年后，张女士病故，小王仍随刘先生生活。后刘先生未征得别人同意，擅自将出租的房卖给承租人，得款两万元。小王祖母闻讯后，以此房系小王个人财产，他人无权处置为由，诉至法院，要求确认刘先生的处分行为无效，返还被卖出的房子。

倪女士与丁先生因感情破裂，于 1998 年 6 月协议离婚，8 岁的婚生子小丁由父亲丁先生抚养。2000 年 1 月，小丁的外公去世，遗嘱中说明应将两万元留给小丁。丁先生便以小丁的名义将此款存入银行。同年 5 月，丁先生因做生意需要资金，把两万元存款从银行取出并挪用。倪女士闻讯后即找到前夫丁先生，要求把钱还给儿子小丁。而丁先生认为自己和倪女士已经离婚，小丁由自己抚养，因此倪女士根本没有权利干涉自己和儿子的事，况且作为小丁的监护人和抚养人，自己完全有权利处置儿子的财产。双方争执不下，倪女士遂以儿子小丁的名义向法院提起诉讼，要求丁先生归还挪用的存款。

[**分析**] 以上这些案例，不论是叔叔、继父还是亲生的父亲，都是未成年人的监护人，根据法律规定，监护人应当履行监护职责，保护被监护人的人身、财产及其他合法权益，除为了维护被监护人的利益外，不能随意处置被监护人的财产。在未成年人作为继承人的情况下，由于其没有能力管理、处置遗产，因此，法律规定由其监护人代为管理和运用，监护人应当按照遗嘱人的要求来执行遗嘱，不能损害被监护人的利益。但在现实生活中，监护人损害被监护人利益的情形却时有发生。因此，如何保证年幼孩子的日常生活开支、未来教育费用等，如何保证不因监护人对监护权的争夺或者监护人之间相互推诿责任而影响孩子的生活，如何让遗留给孩子的遗产真正发挥遗嘱人预先计划的功用等等这些都是遗嘱人要在立遗嘱时考虑的因素，但遗嘱毕竟是在立遗嘱人死亡后才生效，遗留给继承人的部分也理所当然地由监护人控制，遗嘱对监护人的行为并没有约束力。总的来看，遗嘱可改变继承人的继承比例及遗产分配方式，直接体现财产所有人的意愿。同时，立遗嘱人根据家庭成员的具体条件来确定他认为最合理的遗产分配方案，从而使财产分配趋于合理，是其个人财产权充分行使的表现。

（2）设立遗嘱执行人的风险。如前所述，遗产执行人应当及时清理遗产，编制遗产清单，并妥善保管遗产，执行人不能侵夺和争抢遗产，还应当防止和排除对遗产的人为侵害和对遗产的自然侵害。遗产执行人不能擅自对遗产进行使用、收益和处分。在数人共同继承时，遗产为继承人共同所有的，对遗产的使用收益应由共同继承人共同决定。

我国法院并不会主动去指定遗嘱执行人，一旦遗嘱执行人不正当履行职责被撤销资格，或者不具有执行遗嘱能力的情况发生时，还是要由继承人按照遗嘱人的遗嘱分割遗产。

在有遗嘱执行人的情形下，虽然遗嘱由遗嘱执行人来保管，但遗产通常还是由继承人持有，遗产极容易受到侵吞，不仅容易在继承人之间产生纠纷，而且遗嘱人的遗嘱也得不到很好的执行。

**【例 5－25】** 1974 年，刘先生与王女士结婚，婚后一直未生育。1976 年，刘先生夫妇收养一子，取名刘老大。1978 年，刘先生夫妇生养一女，起名刘老二。1996 年，刘先生去世后，养子不听养母管教，下班后经常在外游荡，夜不归宿，并染上了赌博的恶习。2003 年，王女士因患病接受住院治疗。王女士住院期间，均由其女刘老二精心照料。刘老大对患病的养母不但不管不问，反而对其大吵大闹，索要钱财，以供其在外挥霍。王女士对养子的表现非常失望，2004 年 5 月，王女士向单位领导表示：自己患病全靠女儿刘老二一人照顾，所以，自己死后全部家产由女儿继承，并指定其单位领导李先生为该遗嘱的执行人，王女士自书写了上述遗嘱，并请单位领导、同事在遗嘱上签名作证。同年底，王女士在医院病逝。王女士死后，遗嘱执行人李先生行使其权利，首先对王女士的全部家产进行了清查。经查发现，王女士所遗留的全部家产折合人民币 6 万元。但其中 2 万元的存款已经被养子刘老大挥霍。然后，李先生并未按遗嘱将全部遗产分给刘老二，而仅分给她 3 万元，并将其余的 1 万元分给了刘老大。

［分析］遗嘱执行人执行遗嘱时，须按照法律的要求和遗嘱人的意愿，忠实地履行职责。遗嘱执行人在执行遗嘱中，不是因为自己的过错而遭受的损失，可以请求继承人赔偿。遗嘱执行人因为自己的过错而给继承人和受遗赠人造成损害的，应负赔偿责任。遗嘱执行人不能忠实地履行职责，例如，不能及时清理遗产，不按照遗嘱内容执行，对遗嘱原意作不利于某继承人的不正确解释，侵占遗产为自己谋利等，遗产继承人和受遗赠人也可以请求人民法院撤销遗嘱执行人的资格，由人民法院根据遗产继承人或受遗赠人请求，为了遗嘱人的利益另行指定其他遗嘱执行人。本案中，李先生作为遗嘱中指定的遗嘱执行人，具有完全民事行为能力，也并没有表示不担当遗嘱执行人，因而是合法的遗嘱执行人。李先生作为遗嘱执行人，应当按照遗嘱的内容来执行遗嘱，尊重遗嘱人的真实遗愿。但李先生故意变更了遗嘱内容，没有将遗产全部交给刘老二，他的这种行为导致其要对刘老二承担赔偿责任。刘老二可以向人民法院提出申请请求撤销李先生的遗嘱执行人资格，或者请求人民法院另行指定遗嘱执行人。从本案中可以看出，被继承人王女士的养子将存款拿去挥霍，这样的行为是遗嘱执行人无法监督并制止的。可见，尽管人们设计了很多变通措施但仍然无法克服财产分配中遗嘱本身的漏洞，为此，人们又设立了新的财产传承工具——信托。

**（二）分析遗嘱信托工具**

1. 遗嘱信托的优点。遗嘱信托可以延伸个人意志，妥善规划财产，使财产永续传承。借遗嘱信托这个工具，委托人可以将对财产的规划延伸到身后，使财产在受托人的保管下，不会被继承人轻易挥霍殆尽，而能代代相传。遗嘱信托可以通过受托人的专业知识及技术来对遗产分配进行合理规划。通常，遗产受托人应具有一定的专业管理能力和专业技能，可以使遗产得到有效的保值、合理的配置和安全的传承，可促使遗产发挥其最优功效。可以避免因遗产产生的纷争。事先做好财产传承规划，除可将财产依自身意志在不违反法律的规定下自由分配外，各继承人的可分得财产也因此而清楚透明，可避免相关人争夺遗产的情形发生。遗嘱结合信托，避免传统继承事务处理的缺点。传统继承方式常发生不动产由多人共同持有的情形，增加了财产处分的困难而且容易产生纠纷，通过遗嘱信托就可以解决遗产共有不易处分的缺点，实现客户照顾后代的心愿，并且可以保证财产持续传承，保存家族中的财富，打破“富不过三代”的说法。

2. 遗嘱信托适用范围。作为一种灵活的财产传承工具，信托具有一定的适用范围，或者说遗嘱信托主要针对有一些有特别需求的人群。

（1）名下有可观的财产，担心将来在财产分配上会有困扰的人。信托的好处是可以将财产集中管理，纵使财产继承人（或受益人）有若干个人，但是，受托人只有一个，遗嘱信托的受托人对财产的集中管理处分使委托人在去世后，遗产可以按照委托人本人的意愿进行分配。

（2）有些继承人属于有身心障碍或者是没有能力处理、管理财产，甚至无法控制自己（例如无节制的花钱）的人，为防止该继承人往后的日子陷入经济困境，遗嘱信托就成为有类似担忧的被继承人的最佳选择。

（3）想立遗嘱，但却不知如何规划，担心自己突然离开的时候，继承人没有能力处理所留下来的财产的人。

（4）对遗产管理及配置有专业需求的人。比如因家族或家庭关系疏离，或者是目前没有可以充分信赖的人，除了立遗嘱之外，遗嘱信托可以更好地满足其需求。

3. 遗嘱信托的处理程序。一般来说，遗嘱信托应当采取书面形式。遗嘱信托文件不同于一般的遗嘱文件。遗嘱信托文件应包括三方面的当事人，即委托人（被继承人或立遗嘱人）、受托人、受益人。遗嘱信托必须指定受托人，受托人可以是委托人信任的任何个人或者组织。不过，由于遗嘱信托体现了对财产的管理和整合，因此受托人一般应是具有一定理财能力的律师、会计师、理财规划师、信托投资机构等专业人员或专业机构。遗嘱信托的受益人可以是法定继承人及遗产受赠人的一人或者数人。遗嘱信托在遗嘱人订立遗嘱后成立，并应于遗嘱人（被继承人）去世后生效。遗嘱信托涉及的处理程序通常分为以下几个步骤：

（1）设立个人遗嘱：在遗嘱中必须明确有设立信托的财产存在，并有明确表示用该财产建立信托的意愿，这是遗嘱信托成立的必备条件。

（2）确立遗嘱信托：作为遗嘱信托的受托人，首先要确知信托人对于财产的所有权。其次，通知有关债权人和利害关系人。受托人应在报纸上刊登公告向死者的债权人发出正式通知，要求债权人在指定的期限之内出示其对死者的债权凭证，据以掌握和清偿债务。同时，受托人还要向死者的继承人和被遗赠人两种利害关系人发出正式通知。

（3）编制财产目录：受托人应在一定时期内完成对遗产的清理、核定。受托人应准备一个专门的登记簿，仔细地将死者的财产集中起来，并记录在登记簿上。

（4）安排预算计划：受托人在受托管理遗产和执行遗嘱的过程中，会发生一系列的支付，为此，须拟订一个正式而详细的预算计划，将现金来源与运用逐项列示出来，若遗产的流动性差，现有的和可能的现金来源不足以支付债务、税款、丧葬费、受托人初期的管理费用等，则受托人应制定一个出售部分财产的预算计划。

（5）结清税捐款项：受托人应付清与遗产有关的税款，这些税款主要有所得税、财产税等。

（6）确定投资政策：如果遗嘱中涉及为了受益人的利益而必须对财产进行再投资的条款的话，受托人应该制定适当的投资政策和计划，选择既安全灵活又盈利的投资工具进行投资。受托人受托进行投资，要像对待自己的财产或投资一样进行决策，投资决策应合理、及时、谨慎，符合与委托人之前的约定。

（7）编制会计账目：受托人编制的会计账目分为两种：一种是在执行遗嘱阶段，即办理完各项遗产所得和债务、费用支付后所作的会计账目。第二种为管理遗产阶段的日常会计账目，会计账目经核定后，寄发给受益人若干副本，允许受益人在一定时期内提出异议。

（8）进行财产的分配：遗嘱信托的相关事宜若已经办完，则着手对财产进行分配；若仍有部分的投资或其他业务尚未结束，则应等办完之后再行分配。受托人在进行财产分配之前应当按照委托人的意愿制定一份财产分配方案。设立遗嘱信托还应当注意：遗嘱信托的相关文件应该符合法律规定的形式，以保证其有效性；遗嘱信托的内容中务必考虑我国法律上的特殊规定。比如对没有劳动能力又没有生活来源的继承人保留必要的遗产份额等，否则对这部分财产进行的安排是不受法律保护的；遗嘱信托中要明确信托财产的管理与运用的方式（例如每月给付受益人多少钱）及信托终止后信托资产处理的方式，这样也是为了避免将来在受托人和受益人之间产生不必要的纠纷和争诉；遗嘱信托中最好指定一个信托监督人，以便监督受托人在管理与运用信托财产的过程中，有无违反信托合同的行为，并在必要时，对其行为提起异议或者诉讼。

**（三）人寿保险信托分析**

人寿保险信托，弥补了保险业务的不足，使被保险人对遗属日后的生活更加放心。通过信托，可以更好地满足保险投保人和保险受益人的要求，委托人（投保人）若事务繁忙或不在本地，不会因为不能按时缴纳保险费而造成保险中断，从而导致保险失效；同时又能解决受益人得到赔款后，因保管不善而造成损失浪费，或因没有经验和能力，不能有效增加收益等问题。具体归纳起来，主要有以下几个方面的功能：

1. 财产风险隔离。委托人将财产转移至受托人处，则该信托财产所有权为受托人所有，由信托财产产生的信托收益归受益人，此种法律上所有权与受益权分立的原则，其优点在于委托人不但可免管理之责且可免于被债权人追索。而受托人的债权人也无法对信托财产实施主张，因为受托人仅有名义上的所有权，而无实质上的所有权。至于受益人的债权人，则因为受益人实质上的所有权是依照信托规定享受信托收益的权利，所以受益人的债权人不能直接对该财产本身有任何主张，至多只能代受益人请求受托人依照信托规定配发信托收益。

2. 专业财产管理。通过专业的财产管理服务，可以减轻自行管理运用的负担，尤其是资本市场瞬息万变，如果没有一定的专业知识并充分占有资讯，则很难能进行有效管理。而通过专业的理财管理，既能保证信托财产的安全，同时也能为委托人和受益人增加一定的信托财产，使其产生足以支付保险费的财产利益，省去逐期缴纳保险费的繁琐手续。

3. 家庭生活保障。如果受益人是未成年人、身心障碍者、老年人、疾病者或无行为能力者时，就可能出现无法妥善管理、支配保险金，或者挥霍掉保险金的情况，同时，还可能造成家庭纠纷、受益人对立等社会问题。通过保险金信托的运用，由专业信托机构妥善管理运用信托财产（保险金），可以避免保险金遭到不当运用，使受益人最大限度地享受保险金的利益。

4. 规避经营风险。人寿保险信托还可以运用在企业中，除了信托所具有的风险隔离、财产保全等独特优势之外，还可以在企业合伙人或股东之间相互投保人寿保险信托，一旦出现意外就可以用人寿信托所产生的信托收益购买其企业股权，防止企业经营股权外流，规避企业经营风险。

## 五、影响财产传承规划的因素

理财规划师应当根据不断变化的情况对财产传承规划方案进行调整。一般生活中，能够影响财产传承规划的因素主要有：

### （一）子女的出生或死亡

子女的出生或死亡对家庭的影响不言而喻，成员关系、家庭财务也会因此相应的发生变化。

1. 子女未出生。对于即将出生的子女，要注意法律关于胎儿必留份额的规定，即遗产分割时，应当保留胎儿的继承份额。如果应当为胎儿保留遗产份额却没有保留的，应从继承人所继承的遗产中扣回。为胎儿保留的遗产份额，如胎儿出生后死亡的，由其继承人继承。如胎儿出生时就是死体的，由被继承人的法定继承人继承。

2. 如果子女已经出生，属于法定的第一顺序继承人，被继承人就要在继承人数和继承财产份额上有所调整。当然，对于子女的财产继承份额，客户也可以通过遗嘱或者遗嘱信托进行符合自己意愿的安排，如果客户不能或者不愿意为子女安排继承份额时，理财规划师要提醒客户，法律有“遗嘱应当对缺乏劳动能力，又没有生活来源的继承人保留必要的遗产份额”的规定。这是我国法律对遗嘱自由进行的限制，目的在于防止遗嘱人滥用遗嘱自由，稳定家庭关系、保障缺乏劳动能力又无生活来源的继承人的合法权益，防止遗嘱自由的绝对化。同时也可以减轻国家的负担，防止被继承人将个人对家庭成员间的抚养、扶助责任转给社会。刚出生的子女显然属于缺乏劳动能力又没有生活来源的人，而且根据我国法律对自然人行为能力的规定，最迟 18 周岁，最早 16 周岁之前的自然人为限制民事行为能力的人，属于缺乏劳动能力又没有生活来源的人，因此，尽管只有规划的制定人死亡后才会具体执行财产传承规划，而继承人是否缺乏劳动能力及是否有生活来源也是在那时候才会被确定，但在子女出生时，这个因素还是要引起理财规划师和客户的关注，并对财产传承规划进行适当调整，这也符合财产传承规划的变动性的要求。

遗嘱人应当为缺乏劳动能力又没有生活来源的继承人保留必要的遗产份额，这是法律强制性的规定，如果遗嘱人或者遗嘱信托的委托人没有为缺乏劳动能力又没有生活来源的继承人保留必留份额，其所立遗嘱或信托的法律效力就将受到影响，人民法院也会确认该遗嘱部分无效。也就是说，“必留份额”在我国是受法律保护的一定范围的法定继承人继承被继承人的一部分遗产，同时，“必留份额”也是一定范围内的法定继承人，在继承开始后所享有的权利，这种权利受法律保护，任何人都不得侵害。

通常，遗嘱人未保留缺乏劳动能力又没有生活来源的继承人的遗产份额，遗产处理时，应当为该继承人留下必要的遗产，所剩余的部分，才可参照遗嘱确定的分配原则处理。遗嘱已经为缺乏劳动能力又没有生活来源的继承人保留了“必留份额”，但未达到必要的份额时，可从遗产中补足“必留份额”的不足部分，然后再按照遗嘱确定的分配原则处理。这里“必要份额”的界定对于理财规划师调整财产传承规划度是很关键的，它直接关系到调整的幅度和具体的数额，“必留份额”应根据具体情况而定，即应当根据实际的需要确定遗产“必留份额”的具体数额。在一般情况下，“必留份额”应保障缺乏劳动能力又没有生活来源的继承人基本的生活需要，在确定具体“必留份额”的份额时，既要考虑继承人的生活状况，又要考虑客户本人所遗留的遗产数额。相对于客户遗留的遗产来讲，遗产数额较少的，缺乏劳动能力又没有生活来源的继承人的“必留份额”相对就较多。客户遗产较多的，相对地缺乏劳动能力又没有生活来源的继承人保留的“必留份额”就较少。在实践中，为缺乏劳动能力又没有生活来源的继承人保留的“必留份额”，一般应以其他继承人的继承份额作为保留“必留份额”参照标准，原则上相当于其作为法定继承人能取得的应继份额，也就是说，为缺乏劳动能力又没有生活来源的继承人保留的“必留份额”，有可能高于、等于或者低于某一遗产继承人取得的份额，但不宜将全部遗产都为缺乏劳动能力又没有生活来源的继承人保留。这是因为，法律在维护“必留份额”权利人利益的同时，也还要维护遗嘱继承人的利益，尊重被继承人的意愿。

**（二）配偶或其他继承者的死亡**

配偶或者其他继承者的死亡，有可能导致客户的财产状态或者数额发生重大的变化。因为如果配偶去世，家庭中属于配偶的那部分财产就要按照法律的规定或者配偶的遗嘱确定的方式进行分配，那么客户的财产传承规划中与配偶共有部分财产状态可能就要发生变化，比如共有的房子，属于配偶的那部分要通过适当的遗产分割方式在继承人之间进行分配，那么就会引起客户财产状态的变动，不过，配偶的死亡，通常会引起客户财产总额的增加，毕竟客户本身也是其配偶的法定第一顺序继承人。同样，作为客户的其他继承者的死亡，也会对客户的财产数额及状态产生影响，当然，对于客户的财产传承规划来讲，变动最大的还是客户遗嘱中的继承人和所设立信托中的受益人的调整。

**（三）结婚或离异**

结婚或者离婚会导致客户家庭财产的形成或者分配，对于结婚的客户，会有费用支出的增加，也会有财产种类和规模的扩大，比如购置房屋、家电等家庭生活必备的大件财产。而离婚的客户，可能要面对家庭财产的分割等问题。这些都会导致客户自身财产的变化。

**（四）本人或亲友身患重病**

本人或者亲友身患重病，客户会有大笔医疗费用的支出，可能会导致财产传承规划中资产种类和数额的减少，或者一些事项的变动，比如存款的减少，一些可即时变现金融资产的变化，或者会引起一些保险事项的变化，比如一些健康险的赔付等等。

**（五）家庭成员成年**

家庭成员成年，通常是客户的子女成年，如果参加工作了，客户的经济负担就会有所减轻，以前的费用支出就会相对缩减。财产传承规划就要适当调整。

**（六）遗产继承**

客户作为继承人接受遗产，当然会引起财产的变化，具体财产形态视继承财产形态而定，比如房产、存款等。

**（七）房地产的出售**

客户固定资产房地产的出售，是客户对其财产的处分，也是对其现有财产形式的改变，通常会引起财产总值的增加或者是不同财产类型的调整，体现在财产传承规划中，比如现金流的增加等。

**（八）财富的变化**

财产直接增加、减少，都是财富的变化。遗产中的债务是影响遗产变化的常见因素，被继承人的债务具有以下特征：（1）被继承人的债务是其生前所欠债务。被继承人死亡后的殡葬费用不属于被继承人的债务，而是其继承人的债务，因此继承人有殡葬被继承人的义务。（2）被继承人的债务是用于被继承人个人需要所欠的债务，也就是说用来满足被继承人个人某种特殊需要而欠下的债务，属于个人债务，应用被继承人个人财产偿还。以被继承人的名义所欠的，用于家庭生活需要所欠的债务，属于家庭共同债务，应用家庭共同财产偿还。因继承人不尽抚养、扶养、赡养义务，被继承人迫于生活需要所欠的债务属于有抚养义务人的个人债务，换言之，因继承人能尽而不尽扶养义务所欠的债务，即使遗产不足清偿，继承人仍应负清偿责任。继承开始后，处理继承事务所发生的与继承有关的费用，如遗产管理费用、遗产分割费用等，属于在遗产分割前遗产本身的消耗花费，可直接从遗产中扣除。根据权利义务相一致的原则，继承人接受继承，应当承受被继承人的财产权利和财产义务，不能仅继承财产权利而不继承财产义务。

**【例5－26】**1985年，李先生雇佣两个待业青年经营饮食店，生意较好。1987年，李先生再婚。1990年，妻子王女士丧失劳动能力。其与前妻所生的三个儿子均已参加工作，生活独立，经济分开。1995年10月，李先生向有关部门申请扩大饮食店规模。经工商行政管理部门批准，李先生半年内将饮食店扩展为两层12间。其间，由于扩建资金不足，李先生曾向银行贷款10万元，贷款期限为3年。1998年8月，李先生因病住院，后医院确诊为癌症。在李先生住院期间，饮食店照常营业，但未缴纳税款和归还银行贷款。1999年11月，李先生去世，共欠税款13万元整。李先生生前立有遗嘱，提出将遗产2万元给与负责照看妻子的侄女李女士。李先生的三个儿子在办完父亲的丧事后，将父亲的遗产折价出售获12万元人民币，他们遵照遗嘱将其中的2万元分给李女士，其余部分与继母王女士均分，各继承2.5万元。银行与税务机关向法院起诉，要求其妻、子偿还欠款和税款。

［**分析**］本案中，李先生的债务应当由法定继承人和受遗赠人以接受的遗产偿还。根据我国《继承法》及有关规定，遗产债务通常要具备以下条件：

1. 遗产债务的范围为被继承人所欠的债务。

2. 遗产债务主要包括：被继承人依照我国税收法规的规定应当缴纳的税款；被继承人因合同之债而欠下的债务；被继承人因侵权行为而承担的损害赔偿的债务；被继承人因不当得利而承担的返还不当得利的债务；被继承人因无因管理而承担的补偿管理人必要费用的债务；其他属于被继承人个人的债务，如合伙债务中属于被继承人应当承担的债务，被继承人承担的保证债务。

1. 遗产债务的范围。在确定遗产债务的范围时，应注意划清遗产债务与其他相关问题的界限。

首先，应当将遗产债务与家庭共同债务区分开来。家庭共同债务是指家庭成员共同作为债务人所承担的债务。家庭共同债务主要包括：为家庭成员生活需要而承担的债务；为增加家庭共有财产而承担的债务；夫妻共同债务等。家庭共同债务应当用家庭共有财产来偿还，而不能用被继承人的遗产来偿还。家庭债务中属于继承人个人应当承担的部分，则应当列入遗产债务的范围。

其次，应当将遗产债务与以被继承人个人名义所欠的债务区分开来。遗产债务应当是被继承人完全为个人生活需要而欠下的债务，一般是以被继承人个人名义所欠下的。但是，以被继承人个人名义所欠下的债务，并不一定都是遗产债务。下列以被继承人个人名义所欠下的债务，就不属于遗产债务，不能以遗产来清偿：（1）以被继承人个人名义所欠下的，用于家庭生活需要的债务，这种债务实质上是家庭共同债务；（2）以被继承人个人名义，为有劳动能力的继承人的生活需要或其他需要而欠下的债务，这种债务实质上是继承人个人的债务；（3）被继承人在继承人不尽扶养、抚养、赡养义务的情况下，迫于生活需要而以个人名义欠下的债务。

依1984年最高人民法院《关于贯彻执行民事政策法律若干问题的意见》第四十九条的规定："因继承人能尽而不尽抚养义务所欠下的债务即使遗产不足清偿，继承人仍应负清偿责任。"这种债务应当属于有法定抚养义务的人的个人债务。

再次，应当将遗产债务与继承费用区分开来。继承开始后，因遗产的管理、分割以及执行遗嘱，都可能要支出一定的费用。这种费用在我国《继承法》中被称之为继承费用。清偿遗产债务仅限于遗产的实际价值，而遗产的实际价值是扣除继承费用后所剩余的价值。所以继承费用应当从遗产中支付，而不能列入遗产债务范围。

最后，丧葬费用既不能列入遗产债务，也不能列入继承费用。无论从法律上讲，还是从社会道德上讲，继承人都有义务殡葬已故被继承人。为此而支出的费用，应当由负有殡葬义务的继承人负担。

2. 被继承人债务的清偿原则。

（1）继承人清偿被继承人债务，以接受继承为前提条件。遗产债务的承担主体为继承权人。根据权利义务相一致的原则，继承人表示接受继承，应当承受被继承人的财产权利和财产义务，不能仅继承财产权利而不继承财产义务。根据我国《继承法》第三十三条的规定，继承遗产应当清偿被继承人依法应当缴纳的税款和债务。继承人放弃继承的，对被继承人依法应当缴纳的税款和债务可以不负偿还责任。据此，只有继承人接受继承，才依法承担清偿被继承人债务的义务。

（2）限定继承原则，是指接受遗产的继承人对被继承人的债务并不承担无限责任，而仅以遗产的实际价值为限承担清偿责任，超过遗产实际价值的部分，可以不负清偿责任。当然，继承人自愿偿还的不在此限。任何人都不能强迫继承人偿还超过遗产实际价值的债务。

（3）保留必留份额原则。清偿被继承人债务时，不得取消继承人中缺乏劳动能力又没有生活来源的人必要的遗产份额，即使在遗产不足清偿债务的情况下，也应为其保留适当的遗产，然后再按照有关规定清偿债务。

（4）有序清偿原则。在多种被继承人债务并存的情况下，应先按法定的顺序清偿其债务。继承开始后，如果继承人只有一人，则遗产债务的清偿方法对债权人没有什么影响。但继承人为多人时，如何确定遗产债务的清偿方法，对债权人的利益就会产生很大影响。关于共同继承人清偿遗产债务的方法，我国《继承法》上没有明确的规定遗产债务的清偿方法，司法实践中一般采取下列两种方法：一是先清偿债务后分割遗产。先清偿债务后分割遗产是一种总体清偿方式。按照这种清偿方式，共同继承人首先从遗产中清算出遗产债务，并将清算出的相当于遗产债务数额的遗产交付给债权人，然后根据各继承人应继承份额，分配剩余遗产。二是先分割遗产后清偿债务。先分割遗产后清偿债务是一种总体清偿方式。按照这种清偿方式，共同继承人首先根据他们应当继承的遗产份额分割遗产，同时分摊遗产债务；然后，各继承人根据自己分摊的债务数额向债权人清偿。如果遗产已被分割而未清偿债务的。按照最高人民法院《关于贯彻执行〈中华人民共和国继承法〉若干问题意见》第六十二条规定："遗产已被分割而未清偿债务时，如有法定继承又有遗嘱继承和遗赠的，首先由法定继承人用其所得的遗产清偿债务；不足清偿时，剩余的债务由遗嘱继承人和受遗赠人按比例用所得遗产偿还；如果只有遗嘱继承和遗赠的，由遗嘱继承人和受遗赠人按比例用所得遗产偿还。"

3. 被继承人债务的清偿顺序。在清偿被继承人的债务时，如果债权人是多人，而被继承人的遗产又不能清偿全部债务的情况下，有必要确定清偿顺序，以保护债权人的利益。根据有关规定，被继承人的债务按下列顺序清偿：（1）工资和劳动保险费用；（2）国家税款；（3）优先债权；（4）普通债权。

当被继承人的债务为多种债务并存而被继承人的遗产又不足清偿其全部债务时，对被继承人债务的清偿，应按照上述顺序进行。首先清偿第一顺序债务，遗产有剩余的再清偿第二顺序债务，以此类推依照顺序进行清偿。如果遗产不足清偿同一顺序债务的，应根据公平原则，按比例清偿。

本案中，李先生遗产实际价值为12万元，继承人为其三个儿子及配偶王女士，受遗赠人李女士。李先生生前所欠下的税款和债务为13万元，根据有关法律规定，由于李先生的债务尚未被清偿，遗产即被分割，理应用法定继承人的所得清偿债务，不足部分由受遗赠人李女士以其所得偿还；鉴于本案中王女士是既无劳动能力又无生活来源的继承人，因此，即在以其所得遗产不足以清偿其夫的债务份额时，也应考虑为其保留适当的遗产份额。无人继承又无人受遗赠的遗产，是指没有继承人和受遗赠人承受的遗产。从实际来看，无人继承又无人受遗赠的遗产主要包括：没有法定继承人、遗嘱继承人和受遗赠人的遗产；法定继承人、遗嘱继承人全放弃继承，受遗赠人全放弃受遗赠的遗产；法定继承人、遗嘱继承人全丧失继承权、受遗赠人全丧失受遗赠权的遗产。如果被继承人死亡时其继承人、受遗赠人处于不明的情况时，必须经过寻找继承人、受遗赠人的公告程序。实践中，当继承开始后，被继承人有无继承人、受遗赠人情况不明时，可由死者生前单位（或基层组织）或人民法院发出寻找继承人、受遗赠人的公告，公告期为1年，逾期无继承人、受遗赠人出现，则视该被继承人的遗产为无人继承又无人受遗赠的遗产。如对被继承人遗产性质的认定发生争议起诉到人民法院的，则由人民法院予以确认。

**（九）有关税制和遗产法律的出台及变化**

国际上采用的对财产传承规划影响较大的税种主要是遗产税和赠与税，但我国目前还没有开征这两个税种，所以财产传承规划中不必涉及有关规避遗产税和赠与税的内容。不过，近几年社会各界十分关注遗产税的开征问题，而且随着经济的快速发展，遗产税的制定条件很快就会成熟，所以理财规划师要关注这方面的法律出台。同时，有关财产方面的税收法律、法规、规章的制定和颁布对客户的财产状况也会产生影响，这方面的变化也要引起理财规划师的关注。

**【例5-27】**张先生60岁，丧偶。多年经营一家大型化工企业，家资丰厚。他有两个儿子都已经结婚。其中小儿子身体残疾，没有工作能力。大儿子痴迷艺术，无心经营企业。张先生还有一个弟弟，家庭较为贫困。现在张先生担心他走后，企业会因为没有合适的继承人而不能继续发展，多年的心血会“富不过三代”。同时，他还担心儿子们接受遗产后挥霍无度，反而不利于他们以后的生活。社会上又风闻会开征遗产税，这些都让张先生非常苦恼。

［分析］张先生的问题属于财产的继承和产业的传承规划问题，他希望企业可以持续发展，而两个儿子和弟弟的生活可以得到有效保障，同时，对可能开征的遗产税希望有工具避税。因而可以做这样的规划：张先生可以将企业的财产设立遗嘱信托，将其收益人定为两个儿子，而经营者由信托机构从市场选择并进行监督。同时，设立遗嘱，将其他财产可以分别处分给儿子和弟弟。另外，利用人寿保险来避免遗产税带来的税收问题。投保以张先生为被保险人而孩子为受益人的终身寿险。这样在张先生意外身故后，儿子可以得到保险公司的保险金，利用被保险人死后给付指定受益人的保险金不属于纳税范畴之一的规定，以这笔款项作为缴纳遗产税的资金来源。

## 工作要求

### 工作准备

理财规划师在约见客户之前，要准备好与客户家庭财产传承规划相关的文件，比如资产负债表、信托合同等。

财产传承规划中涉及的文件很多，同财产分配规划一样，传承规划中的基本文件在助理理财规划师教程中也有简单的介绍，本单元主要针对理财规划师教程中涉及的财产传承工具之一的信托文件进行介绍，即遗嘱信托合同的内容进行介绍，主要是明确遗嘱信托合同的基本内容及基本格式，至于具体内容要根据实际中不同客户的不同需要进行详细的约定。

信托合同的签订双方应当是信托关系中的委托人和受托人，双方都应当将其姓名、证件名称以及证件号、住所、邮政编码、详细的联系方式等事项写在合同的开头，如果受托人是法人的话还应当写明法定代表人的姓名、职务和联系方式等。鉴于国内并没有正式开展遗嘱信托业务，很多人虽然有进行遗嘱信托的需要，但对这种制度的认识仍很模糊，许多人并不知道有这样一种便利的工具可以满足其财产传承的各种需要。因此，在合同中应尽量将有关的概念进行阐释，以便双方当事人在与合同相关的概念上能达成共识，避免当事人在有关概念上产生分歧和争执。

为方便读者熟悉信托文件，本章为读者提供了一份《遗嘱信托合同》文本范本，供读者参考理解。

**遗嘱信托合同**

委托人：

证件名称：

证件号：

住所：

邮政编码：

手机：

联系电话：

电子信箱：

传真：

受托人：

名称：

法定代表人/负责人或授权代表：

职务：

住所地：

联系电话：

传真：

根据《中华人民共和国信托法》、《中华人民共和国继承法》及其他法律法规的规定，双方遵循平等、自愿、互利和诚实信用原则，为明确各自的权利义务，在充分协调的基础上，就设立信托事宜达成一致，特订立本信托合同，以资信守。

第一条 释义

在本合同中，除非上下文另有解释，下列词语具有以下含义：信托、遗嘱信托、受益人、信托财产、信托财产分配账户、信托受益权等当事人认为需要明确的几个概念。

第二条 信托目的

本信托的目的旨在使委托人身后遗留财产得到合理的规划，避免继承人之间的纷争，委托人将其遗产交由受托方所有，受托人按照委托方的意愿，为了受益人的利益，以自己的名义管理、处分受托财产。

第三条 信托受益人

本信托为他益信托，受益人由委托人在此处确定。

第四条 信托财产记录

委托人所转移的信托财产包括：此处应列明详细的财产目录如：

| | | | |
|---|---|---|---|
| 不动产 | | 产权证号 | |
| 有价证券 | 营业所 | 账号 | 密码 |
| 存折 | 开户行 | 账号 | 密码 |
| 其他财产 | | 权利证明 | |

第五条 信托财产的交付

受托人可以在委托人死亡后十日内，办理如下事宜：

1. 将资金转入如下账户：

收款人： 开户行： 账号：

2. 按照法律的规定办理其他财产的移转手续。

第六条 信托生效

本信托合同自委托人死亡，遗产全部移转至受托人所有时生效。

第七条　信托期限

本合同项下信托期限为　年，自本信托生效之日起计算。

第八条　信托财产的管理方式

此处应明确信托合同项下的信托财产，应当由受托人按照与委托人的约定管理、处分。受托人应当将信托财产与其固有财产或其他受托人委托其管理的财产分别管理，分别记账；不得将信托财产归入其固有财产或使信托财产成为其固有财产的一部分。要体现委托人全权委托受托人对信托财产进行管理。

第九条　信托财产的管理、运用和处分

明确受托人对信托财产进行管理、运用的方式或者投资的领域等，如不动产的出租管理、投资收益率不低于百分之几的产品等。

第十条　信托净收益分配及信托财产返还

明确受托人对信托净收益的支付。如：房租的每月收益及归属、有价证券和其他投资收益的归属。明确信托财产的分配时间及方式，如受托人何时将投资收益交给受益人或者划入信托财产分配账户。还要明确信托合同终止后信托财产及有关权益的归属。

第十一条　信托费用及信托报酬

明确处理信托事务所支出的费用，如信托财产管理和运用过程中发生的税费、律师费、审计费等中介费用、其他税费和费用。明确信托费用的承担方，一般信托费用由受托人承担。明确信托报酬的计算方法及支付方式。

第十二条　信托当事人的权利与义务

应当尽量详细地阐明委托人和受托人的权利义务。比如委托人应当保证其所交付的信托财产来源合法，是该财产的合法所有人；委托人不得要求受托人通过任何非法方式或管理手段管理信托财产并获取利益；委托人应当将与办理遗产移转事宜相关的一切文件或证明材料交付与受托人，并保证所交文件的真实性等。

而受托人除了获得报酬及按照约定管理、运用和处分信托财产的权利外，重点要明确其义务。如按照合同规定，为受益人的最大利益处理信托事务的义务；对委托人、受益人以及处理信托事务的情况和资料依法保密的义务等，最后约定受托人违反合同所应当承担的责任，如受托人违反信托目的处分信托财产或者因违背管理职责、处理信托事务不当致使信托财产受到损失的，承担赔偿责任，在未恢复信托财产的原状或者未予赔偿前，不得请求给付信托报酬等。受益人一般只享有权利而不承担义务，而且该合同是委托人和受托人之间的合同，一般不应该在该合同中体现受益人的权利和义务，不过，此处委托人为了明晰受益人的权利可以约定受益人享有信托受益权及享有的一些具体权利，如有权了解信托财产的基本运作情况，有权要求受托人就信托财产的管理作出相应说明等，有时候委托人也可以为了强调该合同的不可撤销性而规定受益人的一些义务，如受益人在信托存续期间，不得影响受托人正常管理和运作信托财产，未经受托人同意，受益人不得变更、撤销、解除或终止信托合同等。

第十三条　必要事宜

委托人可以就必要事宜如纳税、违约责任的承担、争议的处理方式、通知和送达的方式及地址等事宜进行约定。

第十四条　其他事项

有未尽事宜，委托人与受托人协商后另行书面补充。

本合同一式叁份，委托人、受托人和受益人各持一份，每份具有同等法律效力。

委托人（签章）：　　　　　　　　　受托人（签章）：

年　月　日　　　　　　　　　年　月　日

## 工作程序

财产传承规划是牵涉客户身故后资产分配的规划和文件。需要规划的不只是少数有钱人，而是对所有想要依其方式分配资产的人都很重要。理财规划师要了解制定财产传承规划的一些基本流程，才能在为客户制作理财规划建议书时减少疏漏，增加规划建议书的可行性与科学性。

第一步：审核客户财产的权属证明原件，保留客户财产权属证明复印件，并指导客户填写相关表格。

第二步：计算和评估客户的遗产。

1. 通过计算遗产价值，可以帮助客户对其资产的种类和价值有一个总体的了解。

2. 遗产的种类和价值也是理财规划师在选择遗产工具和策略时需要考虑的重要因素之一。客户的遗产种类和价值可以在理财规划师收集客户财务数据时获得，并通过表5－1进行计算和归纳。

**表5－1　　　　财产传承规划中使用的资产负债表**

| 资产 | | 负债 | |
|---|---|---|---|
| 种类 | 金额 | 种类 | 金额 |
| 现金及现金等价物 | | 贷款 | |
| 现金 | | 短期贷款 | |
| 银行存款 | | 中期贷款 | |

续表

| 资产 | | 负债 | |
|---|---|---|---|
| 种类 | 金额 | 种类 | 金额 |
| 人寿保单赔偿金额 | | 长期贷款 | |
| 其他现金账户 | | 其他贷款 | |
| 小计 | | 小计 | |
| 投资 | | 费用 | |
| 股票 | | 临终医疗费用 | |
| 债券 | | 预期收入纳税额支出 | |
| 基金 | | 丧葬费用 | |
| 其他投资收益 | | 遗产处置费用 | |
| | | 其他费用 | |
| 小计 | | 小计 | |
| 退休金 | | 其他负债 | |
| 养老金（一次性收入现值） | | 负债总计 | |
| 配偶/遗孤年金收益（现值） | | | |
| 其他退休基金 | | | |
| 小计 | | | |
| 个人资产 | | | |
| 房产 | | | |
| 汽车 | | | |
| 其他个人资产 | | 资产总计（+） | |
| 小计 | | 负债总计（+） | |
| 其他资产 | | | |
| 资产总计 | | 净遗产总计 | |

理财规划师可以从表 5－1 中的各资产项目了解到客户的遗产种类，然后将资产减去负债总额就可以得到客户净遗产价值。理财规划师和客户对有关的资产负债有了清晰的认识后，才能够决定客户的遗产管理目标。

第三步：分析财产传承规划工具。

财产传承规划工具主要有遗嘱、遗嘱信托、人寿保险信托三种。理财规划师要对三种工具进行分析，根据客户需要选择合适工具。

第四步：形成财产传承方案，交付客户。

经过以上工作程序，在充分了解、分析客户需求的基础上，理财规划师选择适当工具制定财产传承规划方案。根据客户要求，如果客户仅进行财产传承的专项规划，则形成财产传承规划报告，交付客户。如果客户需要综合理财规划服务，则将财产传承规划作为分项规划之一纳入综合理财规划建议书中，待各分项规划全部完成再交付客户。

第五步：调整客户财产传承规划方案。

与其他个人理财规划一样，财产传承规划同样具有变动性的特点，需要理财规划师根据实际情况进行检查修改。客户的财务状况和财产传承规划目标经常处于变化中，要想满足其不同时期的需求，对财产传承规划的定期检查就极为必要，这样才能保证财产传承规划的可行性。

进行遗产价值计算和评价应注意以下事项：

1. 遗产价值计算的是其目前的市场价值，而不是其购买时的支付价格。这一点对于房地产资产的价值计算特别重要。房地产的价格每年都有较大幅度的变化，其市价和历史购价通常相差甚远。此外，对于股票、债券等投资也需要准确估计其价值和相关收益。

2. 不要遗漏某些容易被忽略的资产和负债项目。很多客户对自身财务状况并不十分了解，填写有关内容时容易遗漏掉一些重要的项目，从而高估或低估了其遗产价值。比如，包含在资产项目中的负债项目下有临终医疗费用等，都是容易被忽略的项目，但这些项目常常对客户遗产计划有着重要的影响。

# 第六章

# 综合理财规划

**学习目标**

通过本章的学习，能够完成理财规划建议书封面和前言，并对为客户提供综合理财规划服务时的经济环境作出适当假设；能够完成客户的资产负债分析报告、完成客户的现金流量分析报告、完成客户的财务比率分析报告、完成客户的财务状况预测和总体财务评价；能够将客户的理财目标具体化；能够根据客户财务资源，协调、整合完成各分项规划并出具完整的理财规划建议书。

**本章结构**

- 综合理财规划
  - 完成客户财务分析报告
    - 综合理财规划建议书的基本概念
    - 综合理财规划建议书的作用
    - 综合理财规划建议书的特点
    - 综合理财规划建议书的写作过程
    - 综合理财规划建议书写作的操作要求
  - 综合制定各分项理财规划具体方案
    - 确定客户的理财目标
    - 分项理财规划
    - 理财方案的预期效果分析
    - 理财规划方案的执行和调整
    - 附件及相关资料

**本章重点与难点**

**重点：**

1. 综合理财规划建议书的基本概念
2. 综合理财规划建议书的作用
3. 确定客户的理财目标
4. 分项理财规划
5. 理财方案的预期效果分析

**难点：**

1. 综合理财方案建议书的主要组成部分
2. 综合理财方案建议书的制作流程及写作要求

理财规划旨在通过财务安排和合理运作来实现个人、家庭或企业财富的保值增值，最终使生活更加舒适、快乐。在前面的章节和理财规划师国家职业资格三级用书中我们分别学习了理财规划中现金规划、消费支出规划、教育规划、风险管理与保险规划、税收筹划、投资规划、退休养老规划、财产分配与传承规划等八大规划。然而，为客户做综合理财规划时，需要整体考虑客户的需求与现实状况，协调各大规划之间的顺序与重要程度。在这一过程中需要注意遵循一定的基本原则，最终按一定的方式为客户编写理财规划建议书。本章结合具体的综合案例加深考生对综合理财规划应遵循的原则和理财规划建议书编写方法的理解，掌握理财规划应遵循的基本原则，并结合给出的综合案例，要求考生使用理财规划全部的专项技能，完成各分项规划，同时强调理财规划的整体性和系统性。

**【例 6－1】**马先生为某外企高层管理人员，税后年工资收入约 30 万元，今年 40 岁；马太太为国企职员，税后月工资收入约 6000 元，年终奖 5 万元，今年 36 岁。家中有一个 8 岁男孩（马腾）。2001 年夫妇俩购买了一套总价为 90 万元的复式住宅，该房产还剩 10 万左右的贷款未还，因当初买房时采用等额本息还款法，马先生没有提前还贷的打算。夫妇俩在股市的投资约为 70 万元（现值）。银行存款 25 万元左右；另外，马先生在鼓楼大街有一处 50 平方米的出租住房，每月租金收入 2000 元（含房租税 120 元），房产的市场价值为 60 万元。每月用于补贴双方父母约为 2000 元（双方父母均有养老和医疗保障）；每月房屋按揭还贷 2000 元，家庭日常开销在 4000 元/月左右，孩子教育费用平均每月 1000 元左右。为提高生活情趣，马先生有每年举家外出旅行的习惯，花费约 12000 元左右。

夫妇俩对保险不了解，分别买了一份人身意外伤害综合保险（吉祥卡），给孩子买了一份两全分红型保险，保险理财产品目前现金价值为8280元，希望得到专家帮助。马太太有在未来5年购买第三套住房的家庭计划（总价格预计为80万元）。此外，为接送孩子读书与自己出行方便，夫妇俩有购车的想法，目前看好的车辆总价约在30万元。夫妇俩想在10年后（2020年）送孩子出国念书，综合考虑各种因素，预计各种支出每年需要10万元，共6年（本科加硕士）。

# 第一节　完成客户财务分析报告

### 一、综合理财规划建议书的基本概念

综合理财规划建议书是在对客户的家庭状况、财务状况、理财目标及风险偏好等详尽了解的基础上，通过与客户的充分沟通，运用科学的方法，利用财务指标、统计资料、分析核算等多种手段，对客户的财务现状进行描述、分析和评议，并对客户财务规划提出方案和建议的书面报告。

综合理财规划建议书的内涵主要表现在它的目标指向性上。对客户家庭及财务状况的各方面，做大量的情况调查，分析充分、翔实的数据，得出理论上和实践上的评价，最后指出问题所在，进而提出改正方案和积极进取的建议。

### 二、综合理财规划建议书的作用

1. 认识当前财务状况理财规划建议书能够帮助客户用科学的方法认识当前自身的财务状况。由于大多数客户很少审视自己的财务状况，因此，理财规划师通过条理清晰的分析，可以使客户认清自己的财务状况，便于将来进行调整。

2. 明确现有问题理财规划建议书中的内容包含有对客户财务状况的分析及评价。理财规划师用专业的眼光分析评价客户的财务状况，帮助客户了解家庭财务中存在的问题。

3. 改进不足之处理财规划师通过分析客户的财务问题，提出意见及建议，使客户能够尽快调整财务行为与财务计划，选择最优方案，最终实现理财规划效益最大化。

### 三、综合理财规划建议书的特点

1. 操作的专业化综合理财规划建议书的撰写要求极强的专业能力，需要作者具备

财务、金融、税务等多方面的专业知识，因此必须由经国家认证的职业理财规划师来进行操作。其专业性主要体现在如下几个方面：参与人员的专业要求；分析方法的专业要求；建议书行文语言的专业要求。

2. 分析的量化性综合理财规划建议书需要对客户的资产状况、现金流状况、投资状况等多个指标进行量化，通过数字来分析和表述。数量化分析和数量化对比是理财规划的操作方法，同时也体现了理财规划建议书的专业性特点。

3. 目标的指向性综合理财规划建议书写作的目标是指向未来的。分析客户一定时期的财务状况属于回顾，但这种回顾并不是它的目的，而是为了分析这一时期内的问题，以便得到及时的解决和改正，为今后更好地进行理财规划获得充分、真实的决策依据。

## 四、综合理财规划建议书的写作过程

综合理财规划建议书的写作过程，在很大程度上可以说是“按谱填词”，如果只就执笔行文的环节来说，最重要的工作是理顺材料本身的内在结构，在此基础上拟定写作提纲。对材料的梳理安排是行文顺利、流畅的关键。但是在执笔行文之前的准备工作是繁难而又费时的，甚至可以说真正体现理财规划建议书最本质的过程。综合理财规划建议书的写作准备，主要是指搜集材料、分析材料的研究过程。这一部分工作需要有条不紊、有计划地进行。当然下边所列各个步骤并不总是一成不变的。

### （一）明确目的，制订计划

任何一次理财规划建议书的调研、分析和写作都是有着明确目的的，如果目的不明，下边工作就没有中心线索。理财规划建议书的写作目的，是根据客户当前财务状况中存在的问题，有针对性地确定调整方案。这里所制订的计划应该就是未来的行文写作计划，但是更重要的是它首先应该是整个调研工作的计划。这个从制订计划到材料搜集、分析完毕，执笔行文，往往要根据所搜集到的材料和所分析得出的结论，做适当的修改和调整。

### （二）搜集材料，分类汇总

搜集材料时，要根据计划进行，宁多毋缺。但是有些情况是制订计划时未能考虑到的，如果没能及时搜集，事后还要返工补充。并不是所有搜集到的材料都必须运用到分析和写作中去，但如果缺乏材料，则会导致分析结论的错误。重点应该搜集如下几方面的材料：

1. 账面材料。一些家庭有记账的习惯，对其家庭的收支状况会有较为详细的记录。这类资料理财规划师可以直接取得，从而减少其工作量。

2. 现实材料。这是需要理财规划师通过与客户面对面交流才能得到的资料。如客户的风险偏好，客户的理财观念和习惯等。

3. 历史资料。历史资料可以提供纵向比较的参照。通过对客户过去几年中的各项资料的对比，对以后的理财规划有着重要意义。

4. 参照资料。通过与相似家庭各方面情况对比，归纳出目标家庭的一些问题，为进行正确的理财规划打下基础。

5. 市场状况资料。家庭的理财和市场状况是密切相关的，各个市场（金融、信贷、消费等）的“气候”对理财规划方案起着至关重要的作用。

6. 政策法规资料。政策法规对理财活动既有规定性、衡量性的标准，也有强制性的要求。搜集这方面的资料是为了在政策法规允许的范围内进行理财规划，让客户合理合法地享受到理财带来的益处。

**（三）辨别真伪，梳理材料**

1. 辨别真伪，精选材料。用来做分析基础的材料一定要真实、准确，否则分析的结果和理财规划的方案将失去意义。通过辨别真伪，剔除虚假含有水分的材料，选取具有典型价值的材料。

2. 梳理材料，系统分析。要根据分析目的和写作计划对材料进行分类整理，然后根据写作者的专业知识和经验，对各类材料进行系统深入的分析，得出理财规划的建议。系统分析要做到有条不紊，扎扎实实，充分体现出写作者的理财分析能力。

**（四）一鼓作气，运思行文**

分析结论一旦得出，行文就容易了。根据工作时拟定的计划和材料所反映出来的实际情况相结合，使整个文本围绕中心目的，平实、清晰地展开。

## 五、综合理财规划建议书写作的操作要求

**（一）全面**

涉及理财规划的家庭状况因素是多种多样的，要从复杂的诸多因素中找到相互的关系，并分析出前因后果，需要有广阔的视野，有总揽全局的视角。全面掌握客户的情况，是制定出最优理财规划的必要基础。

**（二）细致**

搜集和分析资料是一件专业性很强，要求细心从事的工作。在制订计划的时候，要求细致考虑工作的每一个环节，设立架构时更要反复地考虑各种因素。在搜集资料阶段，要求细心发现有价值的典型，稍有疏忽，就可能导致下一步的分析出现偏差。分析

工作更需细心，各种因素间的关系需要细致辨认，谨慎判断。

（三）有条理

条理性主要表现在整个工作步调的安排和行文表述两个方面。有条理地工作会取得事半功倍的效果，有条理地表述更是理财规划建议书的基本要求。无论前面的工作做得多么好，都必须通过条理清晰的建议书将理财规划师的分析思路和结论表达出来，使客户得以理解理财规划建议。

## 工作要求和工作程序

**第一步：制作封面及前言。**

（一）封面

理财规划建议书的封面一般包括三个方面：标题；执行该理财规划的单位；出具报告的日期。

标题通常包括理财规划的对象名称及文种名称两部分。比如，《××家庭理财规划建议书》。

单位名称为理财规划师所在单位的全称。由于依照《理财规划师工作要求》的规定，理财规划师不得单独从业，而必须以所在机构的名义接受客户的委托，因此封面上务必注明受托单位名称，也可注明具体设定该项理财规划的理财规划师的名字，但不可仅注明理财规划师姓名，而缺少单位名称。

日期应以最后定稿，并经由理财规划师所在机构决策人员审核并签章，同意向客户发布的日期为准。

（二）前言

1. 致谢。通过撰写致谢辞对客户信任本公司并选择本公司的服务表示谢意。它应该写在建议书的开头部分。具体的写法是：抬头内容为敬语＋客户的称谓，如“尊敬的××先生/女士”。接下来换行并空两格开始写致谢辞，在致谢辞中可简要介绍公司的概况，如执业年限与经历、下属的理财规划师的资历，表达对客户信任本公司的感谢，最后可以提出与客户保持长期合作关系的愿望。

2. 理财规划建议书的由来。这部分内容需写明接受客户委托的时间，并简要告知客户本建议书的作用。

3. 建议书所用资料的来源。由于理财规划师在制订理财规划的过程中，必然会采集各种资料，包括客户自己提供的资料、理财规划师通过其他途径搜集到的客户的资料（如直接通过银行得到的资料）以及相关的市场、政策资料，因此需列举出这些资料的来源，以使客户知晓理财规划的最终方案是可信的，而并非规划师凭空创造出来的。

4. 公司义务。在建议书的前言里，有必要写明公司的义务。明确公司与客户双方的权利和义务，有利于在将来遇到矛盾或争端时，能够准确划分双方的责任。

在这部分内容中，需要讲明诸如公司指定的理财规划师具有相应的胜任能力，公司及指定的理财规划师将勤勉尽责地处理客户委托的事务，保证对在业务过程中知悉的客户的隐私或商业秘密不向任何个人或机构披露等内容。具体内容可根据各公司的相应情况增加或删减。

5. 客户义务。为了保证理财规划建议书的顺利制订，且制订出的建议书真实可信，达到预期的效果，在前言里也需说明客户的义务。客户的义务一般包括：按照合同的约定及时交纳理财服务费；向理财规划师及其所属公司提供与理财规划的制定相关的一切信息；提供的全部信息内容须真实准确；如在理财规划的制定及执行过程中，客户的家庭或财务状况发生重大变化，有义务及时告知理财规划师及其公司，便于调整方案；公司对制定的理财规划建议书拥有知识产权，未经本公司许可，客户不得许可给任何第三方使用，或在报刊、杂志、网络或其他载体予以发表或披露；客户需为协助理财规划师执行理财规划提供必要的便利。

6. 免责条款。免责条款是指双方当事人事前约定的，为免除或者限制一方或者双方当事人未来责任的条款。在免责条款的制定中，理财规划师需周密考虑可能发生的各种情况，并划分双方当事人的责任。比如，“理财规划的制订是基于客户提供的资料和通常可接受的假设、合理的估计的，因此推算出的结果可能与真实情况存有一定的误差，这一误差并非理财规划师过错导致，如导致了不良后果，不应由理财规划师承担；如因客户方隐瞒真实情况、提供虚假或错误信息而造成损失，公司和理财规划师均不承担任何责任；由于客户的家庭情况发生变化，且客户未及时告知公司而造成的损失，公司不承担任何责任；公司不对实现理财目标做任何保证，且对客户投资任何金融或实业工具也不做任何收益保证。”

7. 费用标准。这部分需写明公司各项理财规划的收费情况，让顾客做到心中有数，从而能够及时缴纳足额的费用。往往各种理财产品的收费是根据客户金融或实物资产的多少为依据的，因此会有不同数量级别的划分。在这部分的内容中，应清晰告诉客户每一级相对应的费用是多少。除了写明不同的费用档次，还应具体说明各品种的服务年限及服务内容，比如一些理财产品是仅提供一年的服务，因此需要在建议书中说明，以免客户误解。

**第二步：提出理财规划方案的假设前提。**

理财规划方案是基于多个假设前提的，包括未来平均每年通货膨胀率、客户收入的年增长率、定期及活期存款的年利率、股票型基金投资平均年回报率、债券型基金投资平均年回报率、货币型基金投资平均年回报率、投资连结型保险投资平均年回报率、债券投资平均年回报率、房产的市场价值、汽车的市场价值、子女教育费的年增长率、个人所得税及其他税率、人民币对美元的汇率升值幅度等。理财规划师需在充分分析市场状况的基础上，一一列出这些项目的预期数值，便于在接下来的具体理财规划中运用。

**第三步：开始编写正文，完成财务分析部分。**

在进行必要的解释和说明后，接下来就进入理财规划建议书正文写作的阶段。正文部分是整个理财规划建议书的核心部分，它记录了理财规划师的调查与分析结果，这部分最能反映出理财规划师的业务水平。且这部分也是客户最关心的部分，任何数据都可能会给客户未来的决策和行为产生影响。因此，这部分的写作必须要考虑周全，且在写作过程中切忌粗枝大叶，一定要保证内容的准确性。

正文部分主要分为六大部分，包括客户家庭基本情况和财务状况分析、客户的理财目标、分项理财规划、调整后的财务状况、理财规划的执行与调整和附件及相关资料。本节主要学习如何做客户的财务状况分析，这是形成客户目标并完成各分项理财规划的基础。在这一部分的写作当中，可应用比率分析、图表分析、图形分析等方式，具体说明客户家庭的各种情况。该部分需包括如下内容：

1. 家庭成员基本情况及分析

（1）基本情况介绍。首先应对家庭成员加以介绍，需具体到家庭每一个成员的姓名、年龄、职业、收入，可用文字或表格的形式进行说明。家庭成员只需包括共同生活的全部人员，这些成员往往可以看作一个整体，他们不会对各方的收入和支出进行清晰划分。现代家庭成员往往会赡养多位老人，诸如定期给付一定的赡养费的情况，被赡养的老人不必算为家庭成员之一，而如果是和老人同住同消费，则需将其视为家庭成员。

（2）客户本人的性格分析。客户本人往往是家庭中的决策者，他（她）的决策和行为直接影响整个家庭的财务状况，因此对他（她）的性格分析就显得至关重要。对该部分信息的获取，可以通过制定一张调查问卷，总结出客户在日常生活中的性格表现，特别是对理财方面的性格表现，将结果列示于此部分。性格可以分为乐观型、主导型、谨慎型、自我型、成就型、协调型等。分析出客户的性格，可以得知他（她）在理财活动中的态度。

（3）客户投资偏好分析。对待风险的态度把人们分为风险偏好型、风险中立型和风险规避型三种。通过调查问卷的形式分析出客户对待风险的态度，对于理财规划师制定理财规划有相当大的参考价值。在这一部分里，使客户知晓自己所属的风险类型，利于其选择合适的投资理财渠道。

（4）家庭重要成员性格分析。家庭重要成员对于一个家庭收入和支出的决策同样起着相当重要的作用。通过与分析客户本人同样的方式，即问卷调查形式，能够得出重要成员的性格特征，了解其对待理财的态度，并将结果记录于此部分。

（5）家庭重要成员投资偏好分析。同样，作为一个重要的影响因素，家庭重要成员的投资偏好分析也是必不可少的。通过事先设计好的调查问卷能够得出客户家庭重要成员对待风险的态度。这一结果对理财规划方案的制定也有着重要的作用。

（6）客户及家庭理财观念、习惯分析。理财规划师可以从客户及其家庭成员的工作性质、投资行为（投资于高、中、低风险资产的比例情况）、对金融产品的日常使用状况、处理日常财务的行为、对财务的计划等方面了解客户的理财观念及习惯，了解途径可以是通过客户提供的书面资料、与客户的面谈或者其他渠道搜集到的资料。这一部分的写作需要包括理财规划师所搜集到的全部相关资料的内容及得出的结论。

2. 家庭资产负债表。借鉴企业的资产负债表，可以制定出家庭资产负债表。其格式可以采用报告式，也可以采用账户式。报告式即将资产项目放在上方，负债项目在下方。账户式即将表分为左右两个部分，左边是资产项目，右边是负债项目。在资产项目下，需包括家庭现有的金融资产、实物资产。金融资产项目应具体到现金及银行存款、股票、债券、基金等的市场价值。实物资产项目应具体到房产、汽车、首饰、收藏品等的市场价值。负债项目应包括房贷、车贷及其他负债。编制好资产负债表后，应对其各项目数值进行具体分析，并提出修改建议。资产负债表如表 6－1 所示。

**表 6－1　　　　资产负债表**

| | | | |
|---|---|---|---|
| 日期 | | 姓名 | |
| 资产 | | | 金额 |
| 金融资产 | 现金与现金等价物 | 现金 | |
| | | 活期存款 | |
| | | 定期存款 | |
| | | 其他类型银行存款 | |
| | | 货币市场基金 | |
| | | 人寿保险现金收入 | |
| | | 现金与现金等价物小计 | |

续表

| 日期 | | 姓名 | |
|---|---|---|---|
| 金融资产 | 其他金融资产 | 债券 | |
| | | 股票及权证 | |
| | | 基金 | |
| | | 期货 | |
| | | 外汇实盘投资 | |
| | | 人民币（美元、港币）理财产品 | |
| | | 保险理财产品 | |
| | | 证券理财产品 | |
| | | 信托理财产品 | |
| | | 其他 | |
| | | 其他金融资产小计 | |
| 金融资产小计 | | | |
| 实物资产 | 自住房 | | |
| | 投资的房地产 | | |
| | 机动车 | | |
| | 家具和家用电器类 | | |
| | 珠宝和收藏品类 | | |
| | 其他个人资产 | | |
| 实物资产小计 | | | |
| 资产总计 | | | |
| 负债 | 负债 | | |
| | 信用卡透支 | | |
| | 消费贷款（含助学贷款） | | |
| | 创业贷款 | | |
| | 汽车贷款 | | |
| | 住房贷款 | | |
| | 其他贷款 | | |
| 负债总计 | | | |
| 净资产（总资产－总负债） | | | |

制表与分析的具体要求如下：

（1）表头项目："时间"：填写制表时间。"姓名"：填写客户本人的姓名。

（2）金融资产项目：

①现金与现金等价物项目。

"现金"：汇总现金数额。

“活期存款”：填列客户在各家银行的活期存款总额。

“定期存款”：填列客户在各家银行的定期存款总额。

“其他类型银行存款”：填列客户除活期与定期的所有其他类型银行存款，如通知存款等。

“货币市场基金”：填列客户已购买的货币市场基金当前市场价值。

“人寿保险现金收入”：填列客户人寿保险中个人账户可提取的现金数额。

“现金与现金等价物小计”：上述所有流动性资产的总额填列于此。

②其他金融资产项目。

“债券”：填列客户所有债券的市场价值。

“股票及权证”：填列所有股票及各类权证（现为股票认购、认沽权证）的市场价值。

“基金”：填列持有的除货币市场基金以外的基金的市场价值。

“期货”：填列客户所有期货产品的市场价值。

“外汇实盘投资”：填列外汇实盘投资各币种长头寸的总额（以人民币计）。

“人民币（美元、港币）理财产品”：汇总在各家银行购买的理财产品价值总额（区分不同期限子类别）。

“保险理财产品”：填列所有本类保险公司设计的理财产品的价值总额，以不同保险公司为子类别。

“证券理财产品”：填列所有本类证券公司设计的理财产品的价值总额，以不同证券公司为子类别。

“信托理财产品”：填列所有类型信托产品的市场价值，注意区分不同项目、不同期限。

“其他”：上述以外的所有其他金融资产。

“其他金融资产小计”：汇总上述其他金融资产价值。

“金融资产小计”：汇总现金与现金等价物和其他金融资产价值。

（3）实物资产项目：

“自住房”：填列客户自住房产的市场价值。

“投资的房地产”：填列客户用于投资的房产市场价值。

“机动车”：填列客户的机动车的现值。

“家具和家用电器类”：填列客户的家具和家用电器等耐用消费品价值总额。

“珠宝和收藏品类”：填列客户的金银珠宝首饰、投资和其他收藏品价值总额。

“其他个人资产”：除上述实物资产之外的有必要填列的其他资产。

“实物资产小计”：汇总上述实物资产的价值填列于此。

（4）负债项目：

“信用卡透支”：填列客户现利用信用卡透支的数额。

“消费贷款（含助学贷款）”：填列购买耐用消费品时发生的消费信贷数额，包括教育消费信贷（即助学贷款）数额。

“创业贷款”：填列客户的创业贷款数额。

“汽车贷款”：填列客户用于购车所贷款项的数额。

“住房贷款”：填列客户购房所贷款项的数额。

“其他贷款”：填列除上述贷款外的贷款的数额。

“负债总计”：汇总上述负债项目的数额。

“净资产（总资产－总负债）”：计算填列客户的净资产数额，即用总资产数额减去总负债数额。

在填列完资产负债表的各项目后，还应在此处注明以下情况并进行分析：

（1）金融资产具体情况。在这一部分里，需按不同金融资产的类型列明除具体数额之外的情况。

对于现金与现金等价物，如银行存款，需罗列出客户在各开户银行的存款数额、利率，注明存款种类（定期或是活期），如为定期，需注明到期期限。且需分别汇总人民币与外币存款的数额，使存款情况一目了然。理财规划师应根据客户的自身情况，对其银行账户的情况做出分析诊断，将诊断结果和建议条理清晰地记录下来，供客户进行改进参考。

对于其他金融资产，如股票、基金等，就需列明股票或基金名称、买入价、持有数量、现行市价、已持有期限等。对于债券则应列明名称、发行日期、利率、到期日等。根据客户的风险承受能力、资金富余程度并综合其他方面情况，分析得出其现有投资型金融资产结构所存在的问题，并提出合理的建议。

（2）实物资产具体情况。分别列示客户所拥有的实物资产，如房、车、首饰、收藏品等。对于客户的住房来说，需列明现行市场总价格、面积、每平方米价格、地段等相关因素。对于汽车则需说明其车况以及现行市场价。对于首饰和收藏品也需明确其现行市价。理财规划师需对客户的实物资产结构及持有状况提出自己的意见或建议。

（3）负债情况。这部分内容应包括客户家庭全部负债的情况。即房贷、车贷、消费贷款等的月供金额，剩余还款期限及年利率。信用卡透支的额度、已透支金额、还款时限、免息期、利率等。其他负债，如向朋友或家人借入的款项的金额及还款日期。理财规划师同样需要分析客户的负债结构是否合理，并将其建议写入本部分。

3. 家庭收入支出表。同样可借鉴企业的收入支出表制定出客户的家庭收入支出表，按照客户家庭的收入和支出所产生的现金流量进行编制。这张表便于客户明确在不同性质的活动中，现金流入流出的信息。对于不经常发生的特殊项目，如意外损失、保险赔款、对外捐赠等，应在收入支出表中归并到相关类别中，并单独反映。理财规划师需分析客户家庭收入支出表的合理性，给出适当的建议。

收入支出表通常没有固定格式，具体的项目名称根据不同客户的情况会有所不同，如表 6－2 所示。

**表 6－2　　　　收入支出表**

| | | |
|---|---|---|
| 日期： | | 姓名： |
| 一、收入 | | |
| | | 金额 |
| 工资和薪金 | 姓名 | |
| | 姓名 | |
| 自雇收入（稿费及其他非薪金收入） | | |
| 奖金和佣金 | | |
| 养老金和年金 | | |
| 投资收入 | 利息和分红 | |
| | 资本利得 | |
| | 租金收入 | |
| 其他 | | |
| 其他收入 | | |
| （I）总收入 | | |
| 二、支出 | | |
| | | 金额 |
| 房子 | ①租金/抵押贷款支付 | |
| | ②修理、维护和装饰 | |
| 家电、家具和其他大件消费 | 购买和维修 | |
| 汽车 | ①贷款支付 | |
| | ②汽油及维护费用 | |
| | ③保险费、养路费、车船税等 | |
| | ④过路与停车费 | |
| 日常生活开支 | ①水电气等费用 | |
| | ②通讯费 | |
| | ③交通费 | |
| | ④日常生活用品 | |
| | ⑤外出就餐 | |
| | ⑥其他 | |

续表

| 日期： | | 姓名： |
|---|---|---|
| | | 金额 |
| 购买衣物开支 | 衣服、鞋子及附件 | |
| 个人护理支出 | 化妆品、头发护理、美容、健身 | |
| 休闲和娱乐 | ①度假 | |
| | ②其他娱乐和休闲 | |
| 商业保险费用 | ①人身保险 | |
| | ②财产保险 | |
| | ③责任保险 | |
| 医疗费用 | 医疗费用 | |
| 其他项目 | | |
| （Ⅱ）总支出 | | |
| 现金结余（或赤字）[（Ⅰ）－（Ⅱ）] | | |

具体填列方法：

(1) 表头项目：

"时间"：填写制表时间。

"姓名"：填写客户本人的姓名。

(2) 收入项目：

"工资和薪金"：按家庭成员的姓名填列其各自的工资薪金总额。

"自雇收入（稿费及其他非薪金收入）"：填列家庭成员的劳动报酬所得、个体工商户的生产经营所得及对企事业单位承包承租经营所得等。

"奖金和佣金"：填列各成员的奖金收入及非工资的佣金收入。

"养老金和年金"：如客户家庭中有成员已退休，则需填列其养老金和年金收入。

"投资收入"：分别按"利息和分红"、"资本利得"、"租金收入"和"其他"四个项目填列客户所得的利息、股息、出租等收入。

"其他收入"：除上述收入外的其他收入，包括偶然性所得等。

（Ⅰ）"总收入"：汇总上述各项目的数额。

(3) 支出项目：

"房子"：分别填列"租金/抵押贷款支付"、"修理、维护和装饰"等费用数额。

"家电、家具和其他大件消费"：填列对该类耐用消费品的购买和维修费用数额。

“汽车”：分别填列“贷款支付”、“汽油及维护费用”、“保险费、养路费、车船税”、“过路与停车费”等项目的数额。

“日常生活开支”：其中，“通讯费”通常包括电话——固定电话和手机话费、有线电视费用和电脑上网费等通讯方面的费用；“交通费”是指家庭除自驾车以外其他的和交通相关的费用；“日常生活用品”包括家庭的食品开支和其他日常家居小件物品的花销；“其他”根据具体家庭情况而定。

“购买衣物开支”：填列客户购买服装和其他附件如帽子、鞋袜等的支出总额。

“个人护理支出”：包括化妆品、头发及皮肤护理、健身等项目的支出数额。

“休闲和娱乐”：按照“度假”、“其他娱乐和休闲”两项目分别汇总客户外出度假及平时在KTV、迪厅、酒吧、游乐场、保龄球场、高尔夫球场等娱乐场所消费的数额。

“商业保险费用”：按人身保险、财产保险、责任保险三个不同类型险种分别填列所缴保费。“医疗费用”：填列客户的日常医疗费用，家庭成员的大病支出费用也填列于此。

“其他项目”：填列除上述各项目外的其他支出数额。

“（Ⅱ）总支出”：汇总上述各项目的数额。

“现金结余（超支）[（Ⅰ）-（Ⅱ）]”：总收入减去总支出得到的数额填列于此。

同样，填列完收入支出表后，还应对以下情况进行必要的说明及分析：

(1) 收入情况。应区分全部家庭成员的经常性收入和偶然性收入。可同时按月汇总全体成员的收入，使客户和理财规划师能清楚看到家庭每月的收入状况。可以利用各种图表，如饼状图、柱状图等分析收入的来源渠道，使客户对家庭的收入来源有个直观的了解。对收入情况的诊断主要是分析客户收入来源情况，从“开源”的角度帮助客户追求更高的收入水平。

(2) 支出情况。对支出情况的说明可以比照上述收入情况的写作方法，同样也需区分经常性支出和偶然支出。详细的支出情况也可通过表格或图标的形式说明，让客户对自己的消费情况做到心中有数。对支出情况进行诊断是非常重要的一项工作。除了日常生活所必需的开支外，其他支出主要是由客户的消费、理财等习惯决定的。可以通过改变资金用途或支出数量，帮助客户将钱花在刀刃上，使资金发挥最大的效用。因此在这部分内容中，应包括理财规划师对客户支出情况的诊断结果，及从“节流”的角度对客户合理支出提出的建议。值得说明的是，收入和支出情况中，有些项目是一年才发生一次或者几次的，如客户所在单位发给的年终奖、客户按年或季度支付的保费、客户子女的按年或半年一付的学杂费等。这些支出应归并到相关项目中，并做出注释。

4. 财务比率分析。在这部分中，理财规划师应对客户家庭的财务比率数值，如资产负债率、负债收入比率、结余比率、流动性比率等进行计算和列示，并列明通用的数值范围，并进行比较，从而分析客户现有财务状况是否合理，及对不合理的状况应怎样改进，并对客户的财务状况作出预测和总体评价。结合本章开始的案例，其封面、前言、假设前提和客户的财务分析如下：



## 马先生家庭

## 理财规划建议书

××公司

×年×月×日

## 前　言

尊敬的马先生：

××公司是专业从事理财规划、财经咨询、金融培训的服务性机构。我们拥有国内金融理财领域的众多资深专业人士和一流的金融理财专家与顾问团队。非常荣幸能为您和您的家庭设计一套完整的理财规划方案。对您给予我们的信任和支持，我们表示十分感谢，并衷心希望我们能长期保持良好的合作关系。

### 一、本建议书的由来

本建议书是根据您2007年1月6日的委托，由我公司为您量身定制的理财规划建议书。

本建议书能够协助您全面了解自己的财务状况，明确财务需求及目标，并提供充分利用您财务资源的建议，是一份指导您达成理财目标的手册，供您在管理资产的决策中有所参考，但并不能代替其他专业分析报告。

### 二、本建议书所用资料的来源

本建议书的资料来源包括以下几个方面：

1. 您提供给我们的有关您的财务状况及家庭情况的相关资料文件，包括您近期和过去几年的财务资料；

2. 您通过与我们电话交流和网络交流所提供的信息；

3. 您接受我们所进行的相关调查问卷的资料；

4. 我们通过相关机构搜集到的各种政策资料；

5. 我们通过广泛调查研究搜集到的各种市场状况资料；

6. 我们在进行过去的理财业务中积累的相关资料。

### 三、本公司义务

根据理财规划师工作要求及职业道德要求，本公司具有如下义务：

1. 本公司为您指定的具体承办理财规划事务的理财规划师具有相应的胜任能力，已经通过国家理财规划师职业资格考试，取得执业证书，并具有一定的工作经验；

2. 本公司及指定的理财规划师将勤勉尽责，以合理的谨慎处理您委托的各种事务；

3. 本公司及指派的理财规划师保证对在业务过程中知悉的您的隐私或商业秘密不向任何个人或机构披露，且您的一切相关资料我们将由专人负责保管；

4. 若涉及某项专项产品需要将您的资料转介于其他专业人士，如律师、会计师等，我们将以专函的形式取得您的书面授权后才会转介他人。

5. 本公司及指派的理财规划师与在理财计划中所推荐的金融产品或服务的提供机构无雇佣关系或其他任何具有经济利益的合作关系，且我们所推荐的金融产品或服务您有权选择是否进行购买。

### 四、客户方义务

为了保证我们能顺利地为您制订出合适的理财规划建议书，您需要承诺以下几点：

1. 按照合同的约定及时交纳理财服务费；

2. 您需要向我们提供与理财规划有关的一切信息；

3. 您提供给我们的信息包括书面资料文件、口头信息及所填写的问卷调查的内容须真实准确；

4. 在理财规划的制定及执行过程中，若您的家庭或财务状况发生重大变化，您有义务及时告知我们，便于我们调整方案；

5. 本公司对制订的理财规划建议书拥有知识产权，除您自己使用外，未经本公司许可，不得许可给任何第三方使用，或在报刊、杂志、网络或其他载体予以发表或披露；

6. 如果您选择我们来执行您的理财规划，您需为协助我们执行理财规划提供必要的便利。

### 五、免责条款

1. 本理财规划建议书是在您提供的资料基础上，并基于通常可接受的假设、合理的估计，综合考虑您的资产负债状况、理财目标、现金收支以及理财对策而制订的。推算出的结果可能与您真实情况存有一定的误差，您提供信息的完整性、真实性将有利于我们为您更好地量身定制个人理财计划，提供更好的个人理财服务。

2. 您需承诺向理财规划师如实陈述事实，如因隐瞒真实情况、提供虚假或错误信息而造成损失，本公司及指派的理财规划师本人均不承担任何责任。

3. 由于本理财规划建议书所采用您的家庭情况是有可能发生变化的，并且这些变化会对您的理财产生重要影响，所以我们强烈建议您定期（特别是您的收支情况和家庭成员发生变化时）检查并重新评估您的理财规划，并及时告知我们，以便适时地作出调整。如由于您未及时通知我们而造成的损失，本公司不承担任何责任。

4. 本公司的理财规划为参考性质的，它仅为您提供一般性的理财指引，不代表我们对实现理财目标的保证。

5. 本公司系理财规划咨询服务机构，提供的仅仅是咨询服务，对您投资任何金融或实业工具均不做任何收益保证，对本理财报告中涉及的金融产品，提供产品的金融机构享有对这些产品的最终解释权。如理财规划师做出收益保证或承诺，均非本公司的意思表示，您不宜信赖其保证或承诺，凡信赖理财规划师的该种保证或承诺而造成损失，我们不承担任何责任。本文件非常重要，其内容严格遵守法律相关规定。理财规划建议书内容需要随您本人状况和其他因素的定期变化进行修改和完善。您如果有任何疑问，欢迎您随时致电我公司。我们期待着与您共同完善和执行本建议。

**理财规划建议书的假设前提**

本理财规划建议书的计算均基于以下假设条件：包括：年通货膨胀率、活期存款利率、货币市场基金年收益率、债券年收益率、股票型开放式基金年收益率，学费年增长率、收入增长率、汽车价值年贬值率、房屋价值年增长率等。

下面以年通货膨胀率加以示范：

年通货膨胀率为3%

通货膨胀是指社会上一般物价水平持续普遍上升的现象，通货膨胀将导致您手中货币的实际购买力下降。反映通货膨胀水平的指标称为通货膨胀率。我国使用居民消费价格指数作为通货膨胀率的重要参考指标。20 世纪 80 年代后期和 90 年代初我国的通货膨胀率曾达到10% ~20%，之后有几年的时间我国的通胀率几乎为零，经过了大起大落之后，我国的通货膨胀率才逐渐稳定下来。据以往数据统计显示，我国历史平均通货膨胀率为2% ~3%，在经济学上，这是一个促进经济发展非常理想的通胀率。考虑到各地区通货膨胀情况不尽相同，为了您的财务安全，我们在完成此理财规划建议书时保守假设通货膨胀率为3%。

**一、客户财务状况分析**

客户家庭成员基本情况及分析。（略）

**（一）资产负债分析**

根据您给我们提供的个人和家庭财务数据，我们通过整理形成了以下的属于您的家庭资产负债表与收入支出表，并在此基础上我们做了财务分析评价，如表 6－3、表 6－4所示。

**表 6-3** **家庭资产负债表**

客户：马先生与马太太家庭 日期：2007 年 12 月 31 日 单位：元

| 资产 | 金额 | 负债与净资产 | 金额 |
|---|---|---|---|
| 金融资产 | | 负债 | |
| 现金与现金等价物 | | 信用卡透支 | 0 |
| 现金 | | 住房贷款 | 100000 |
| 活期存款 | 250000 | 负债合计 | 100000 |
| 现金与现金等价物小计 | 250000 | | |
| 其他金融资产 | | | |
| 股票 | 700000 | | |
| 保险理财产品 | 8280 | | |
| 其他金融资产小计 | 708280 | | |
| 金融资产小计 | 958280 | 净资产 | 2358280 |
| 实物资产 | | | |
| 自住房 | 900000 | | |
| 投资的房地产 | 600000 | | |
| 实物资产小计 | 1500000 | | |
| 资产总计 | 2458280 | 负债与净资产总计 | 2458280 |

**表 6-4** **家庭收入支出表**

客户：马先生与马太太家庭 日期：2007 年 1 月 1 日至 2007 年 12 月 31 日 单位：元

| 年收入 | 金额 | 年支出 | 金额 |
|---|---|---|---|
| 工资和薪金 | | 房屋按揭还贷 | 24000 |
| 马先生 | 300000 | 日常生活支出 | 60000 |
| 马太太 | 72000 | 商业保险费用 | 4500 |
| 奖金 | 42625 | 休闲和娱乐 | 12000 |
| 投资收入 | | 其他 | |
| 租金收入 | 22560 | | |
| | | 其他支出 | 24000 |
| 收入总计 | 437185 | 支出总计 | 124500 |
| 年结余 | 312685 | | |

## （二）家庭收入分析（如图 6-1 所示）

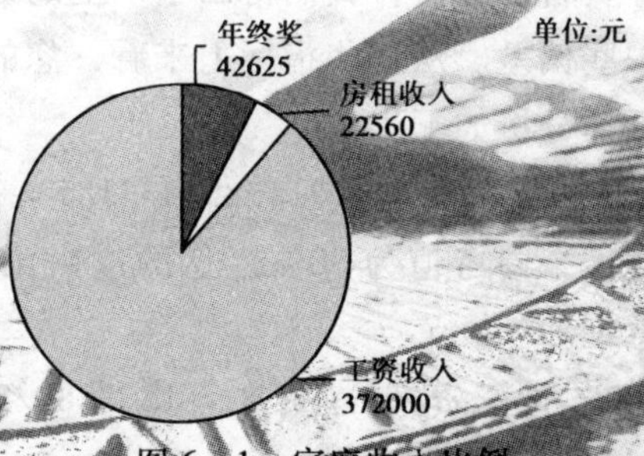


图 6-1 家庭收入比例

我们认为您的家庭收入主要来自于税后工资，收入过于单一。万一出现失业或意外，您的家庭抗风险的能力较低，将会对您的家庭产生不良影响。

**（三）家庭支出分析（如图6－2所示）**

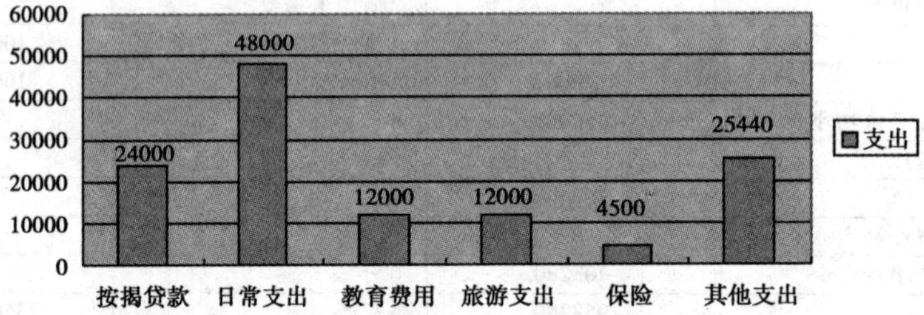


图6－2 家庭支出项目

您目前提供的家庭开支中，家庭的日常消费开支确实不是很大，这说明您的家庭生活非常传统，储蓄意识也很强。但是您的日常支出并没有具体罗列各项开支，您的支出水平相比较于北京市同等消费支出水平偏低。

**（四）客户财务状况的比率分析（如表6－5所示）**

**表6－5　　客户财务比率表**

| 项目 | 参考值 | 实际数值 |
|---|---|---|
| 结余比率 | 30% | 71.52% |
| 投资与净资产比率 | 50% | 55% |
| 清偿比率 | 50% | 96% |
| 负债比率 | 50% | 4% |
| 即付比率 | 70% | 2.5 |
| 负债收入比率 | 40% | 5.49% |
| 流动性比率 | 3 | 24.1 |

客户财务比率分析：

通过对您给我们的财务资料的分析，我们得出了以上的财务指标。其中有些数据不是非常详细，所以会存在一些偏差。从这些指标上来看，您的资产结构不尽合理，在一些指标上需要进行改进。具体分析如下：

（1）结余比率＝年结余/年税后收入＝312685/437185＝71.52%。本指标主要反映客户提高其净资产水平的能力，参考值为30%，您的这一比率已经超过71%，反映出您有非常强的储蓄和投资意识。

（2）投资与净资产比率＝投资资产/净资产＝1308280/2358280＝55%。参考值为50%，说明您有很强的投资意识。

（3）清偿比率 = 净资产/总资产 = 2358280/2458280 = 96%。反映客户综合偿债能力的高低，常值保持在50%以上，您已经达到96%，一方面说明您的资产负债情况极其安全，同时也说明您还可以更好地利用杠杆效应以提高资产的整体收益率。

（4）负债比率 = 负债总额/总资产 = 100000/2458280 = 4%。反映客户的综合偿债能力的指标之一，通常控制在50%以下，您的这一指标过低，与清偿比率反映了相同的问题。

（5）即付比率 = 流动性资产/负债总额 = 250000/100000 = 2.5。反映可以随时偿还债务的能力。这个比率不宜过高，参考值为0.7。说明家庭随时变现资产偿还债务的能力过强，相对于负债来说，流动性资产规模偏高。

（6）负债收入比率 = 年负债/年税后收入 = （2000×12）/437185 = 5.49%。反映客户支出能力的强弱，临界值为40%，说明客户的短期偿债能力可以得到保证。

（7）流动性比率 = 流动性资产/每月支出 = 250000/10375 = 24.1。反映客户支出能力的强弱，常值为3左右，您的指标已经达到24，说明您的流动性资产可以支付未来24个月的支出。

总体分析您的各项指标，说明您的财务结构不尽合理。您很关注资产的流动性，流动性资产完全可以应付负债，结余比率过高，应适当增加投资，充分利用杠杆效应提高资产的整体收益性。

**（五）客户财务状况预测**

客户现在处于事业的黄金阶段，预期收入会有稳定的增长，投资收入的比例会逐渐加大。同时，现有的支出也会增加，随着年龄的增长，保险医疗的费用会有所增加。另外，购车后，每年会有一笔较大的开销。目前按揭贷款是唯一的负债，随着时间的推移，这笔负债会越来越小。

**（六）客户财务状况总体评价**

总体看来，客户偿债能力较强，结余比例较高，财务状况较好。其缺陷在于活期存款占总资产的比例过高，投资结构不太合理。该客户的资产投资和消费结构可进一步提高。

## 第二节　综合制订各分项理财规划具体方案

### 工作要求和工作程序

本节继续学习综合理财规划建议书正文的写作，主要是确定客户理财目标、制订各分项理财规划方案、调整后的财务状况、理财方案的执行和调整、附件及相关资料。

**第一步：确定客户的理财目标。**

由于理财规划可以分为全面理财规划和专项理财规划两种，因此不同品种的理财规划其目标也是不同的。在撰写理财规划建议书的过程中，理财规划师应根据不同类型的理财规划制定不同指向的理财目标。

**（一）全面理财规划目标**

在全面理财规划中，由于客户关心的是家庭整体财务状况达到最优水平，因此制定的理财目标需包含诸如养老、保险、子女教育、投资、遗产等多方面因素。在这种规划中，理财目标可以分为几个阶段性目标，通过与客户的充分沟通，理财规划师可辅助其得出合理的各阶段分期目标，并在这一部分充分说明。首先是短期目标，如5年内的目标，应写明5年内客户希望实现的财务任务，如购买新房、新车、出国旅游等。接下来是中期目标，10年或20年内希望实现的任务，如子女教育计划、双方父母的养老安排、双方自身后续教育计划、旅游安排、家庭固定资产置换计划等。长期目标大约为20~30年内考虑的理财任务，如夫妻双方的养老计划、对金融资产及实物资产的投资、出国旅游等。

**（二）专项理财规划目标**

对于专项理财规划，由于客户只关心在某一特定方面实现最优，因此只需考虑与该专项理财规划相关的因素即可，不要求全面分析。专项理财目标应从两方面来制订。首先应制订规划目标，理财规划师通过与客户的充分交流，总结出客户通过专项理财规划，所希望实现的规划目标。这些目标应包括，足够的意外现金储备、充足的保险保障、双方父母的养老储备基金、双方亲友特殊大项开支的支援储备基金、夫妻双方的未来养老储备基金、子女的教育储备基金等。其次应制定具体目标，包括家庭储蓄率应达到的比重、各金融产品所应达到的比重、保险保障覆盖程度、家庭现金流数量、非工资性收入比重和家庭净资产值等。

另外，专项理财规划只是独立地进行规划，并没有从整体的角度去考察。因此很可能出现看似每个计划都能实现，都不需要花很多的钱，但将全部专项规划所需费用加总就发现，现有资金不够用了。因此我们不得不有所取舍，先实施最重要的，不是必须要实现的规划就可能放弃。理财规划师需要和客户进行沟通，将得到的规划的先后次序记录下来，并对这样排序给出合适的理由。如保险规划往往处于较为优先的地位，则对这样排序的分析可以从“保险对家庭成员起着非常重要的保障作用，人有旦夕祸福，意外是不可预测的，需做好保障，因此必须首先对它进行资金支持”这一方面进行。对养老计划的分析则可以从“政府救济和子女供养是靠不住的，所以必须将该计划的实施放在较为优先的位置上”进行说明。而对购房计划，可能会排在较靠后的位置，即优先程度较低，则可从其“迫切性相对较小，可以暂缓实施”的角度入手进行详细分析。

**第二步：完成分项理财规划。**

当假设前提、预期目标、优先次序三个条件都设计完成后，就可以分项设计分项理财规划方案了。

**（一）现金规划**

首先应列举出家庭现金储备的种类，即可能用到现金的各方面。一般包括：日常生活开支、意外事项开支等。接着应详细列明现金储备的来源，如定期存款、股票套现、信用卡额度等。然后就需说明现金储备的使用和管理，如将其转化为诸如活期存款、期限较短的定期存款和货币市场基金等。

**（二）消费支出规划**

这部分内容包括购房规划、购车规划、信用卡与个人信贷消费规划三大块。

购房规划部分中，应首先分析购买一套新房所需的费用，并需注明如面积、地域、每平方米价格、装修费用等因素。接下来考虑申请何种类型的银行贷款，需写明贷款总额、贷款期限、贷款利率、月供金额等，这里理财规划师可以建议客户向某家银行贷款，并给出适当的理由。如客户在搬进新房后，将旧房出租，则需列示旧房的月租金、租金回报率、空租期等因素。理财规划师还可根据现行的楼盘状况，并综合考虑环境、交通等多方面因素，在本部分给出对客户购买某处及适当大小住房的合理建议。

购车规划部分和购房规划部分有类似的地方，即首先分析购车所需的费用，及其车型、牌照费、车辆购置税、耗油量、养路费、车位费、配件价格、保养维修费等。然后考虑申请的贷款类型，注明贷款总额、贷款期限、贷款利率、月供金额等，同样，理财规划师可以建议客户向某家银行贷款并说明理由。理财规划师可根据目前的汽车市场状况，并综合考虑各方面因素，给出购买某一特定车型的合理建议。

**（三）教育规划**

教育规划是指在收集客户的教育需求信息、分析教育费用的变动趋势并估算教育费用的基础上，为客户选择适当的教育费用准备方式及工具，制定并根据因素变化调整教育规划方案。在制定教育规划时需列明客户子女将来所需的各项教育费用。如希望送子女出国留学，则应列示国外学校每年的学费、生活费、学费的年上涨率、汇率风险等项目。如希望子女在国内深造，则应写明国内学校每年的学费、生活费以及学费的年上涨率等项目。分别汇总出每种方案的不同支出总额，设定教育储备计划。教育储备计划的写作，应包括储备基金的投向及数额、收益率、投资年限等。这一部分还应涉及不同地域学校选择的问题。由于不同地区的消费水平不同，因此所需学费、生活费也有不同。理财规划师应分析不同地区学校的教育水平及费用情况，给客户以合理的建议。

**（四）风险管理和保险规划**

首先将客户家庭已有的保险种类列举出来，接下来就需要对每个家庭成员所需的保险种类进行具体分析，比如家庭的支柱成员应拥有什么样的保险，子女所需保险品种应如何设计，应该给老人们购买哪些保险。与现有的保险品种进行对比，得出应补充购买的保险品种。在本部分中还应告诉客户如何节约保险保障中的财务成本，以及如何控制保险保障规划中的风险，便于在将来的执行过程中，达到较好的效果。对于不能用商业保险进行风险保障的家庭成员，应进行其他如风险自保等风险管理规划。

**（五）税收筹划**

可先说明税收筹划的作用，例如“在日常生活中能涉及各种税收，进行合理的税收规划能够有效降低成本，实现收益最大化”。然后分析客户在日常生活、投资活动等行为中涉及的税种，如个人所得税、消费税、营业税、关税、印花税、房产税及车辆购置税等。可用表格的形式按各税种的税率、征税范围、计算方法、税收优惠等列示。接下来可分别从金融投资、实物投资、退休养老计划、其他投资等方面说明不同活动中涉及的税种，并分析在此类活动中的合理避税空间及方法。

**（六）投资规划**

这部分内容包括金融资产规划和实物资产规划两方面。需分别说明金融资产和实物资产包括哪些内容，对包括股票、债券、基金在内的金融产品，住房、首饰、收藏品等实物资产的风险和收益进行评估，并给出合理的投资组合计划。由于客户家庭已拥有一定数量的金融资产和实物资产，理财规划师应对其结构进行分析，并提出调整意见。

**（七）退休养老规划**

养老规划部分中，首先需列示客户的预计退休年龄，退休后每月的退休金数额，每年的生活开支、医疗费用等条件，理财规划师通过计算得出客户退休后的支出总额及可从社保基金处得到的退休金总额，两者差额则是客户从现在开始需建立的养老储备基金。为了帮助客户储备足额的养老基金，理财规划师需通过计算分析得出一个投资方案，并应写明这一投资方案的月供款、年回报率、投资时限等，便于客户充分掌握并较好操作。

**（八）财产分配与传承规划**

财产分配规划是指为了家庭财产在家庭成员之间进行合理分配而制定的财务规划。理财规划师要协助客户对财产进行合理分配，以满足家庭成员在家庭发展的不同阶段产生的各种需要。财产传承规划是指当事人在其健在时通过选择遗产管理工具和制定遗产分配方案，将拥有或控制的各种资产或负债进行安排，确保在自己去世或丧失行为能力时能够实现家庭财产的代际相传或安全让渡等特定的目标。理财规划师在进行财产传承规划时，主要是帮助客户设计遗产传承的方式，以及在必要时帮助客户管理遗产，并将遗产顺利地传承到受益人的手中。

由于很多人对“遗产”这一名称在思想上较为抵触，但是财产传承规划在理财规划中又是一个必不可少的项目，因此应首先向客户简要说明进行财产分配与传承规划的重要性，例如“如果客户拥有一笔较大的财产，则他（她）去世后，怎样才能在开征遗产税的情况下，让子女获得全部或大部分遗产以及怎样才可以保证子女合理分配与使用这笔遗产，这就需要进行财产分配与传承规划”。通过比较现金形式、基金形式、保险形式等几种可能采用的方式，分别写出在这几种形式下，子女能够得到的遗产数额，及其对子女的影响程度。从中选出最优方案，并针对客户当前具体财产情况，给出合理建议。

**第三步：分析理财方案预期效果。**

将按照调整后的财务状况编制的资产负债表、收入支出表列示于该部分，此表中可同时列示调整前的数字，使客户能够直观地看到理财规划给其财务状况带来的巨大改进。

在此部分中，还应给出调整后的财务比率数值，如资产负债率、负债收入比率、储蓄比率、流动性比率等，并同时列出国际通用的这些比率的合理数值范围以及调整前的比率，使客户得知通过调整，自身财务状况将达到怎样的水平。

**第四步：完成理财规划方案的执行与调整部分。**

方案的执行与调整是理财规划活动中重要的一部分。在此，理财规划师应对具体执行工作按照轻重缓急进行排序，即编制一个具体执行的时间计划，明确各项工作的前后顺序，以提高方案实施的效率，节约客户的实施成本。并应一一列明参加方案实施的人员。如对于一个积极成长型方案，应当配备证券、信托、不动产等方面的投资专家；对于一个退休客户的方案，则可能需要配备保险专家或者税收专家。对于某些外部事务，可能还需要客户律师与会计师的参与配合。

在理财规划建议书中还需向客户说明：公司将如何对执行人员进行分工和协作；如何依照设计好的理财规划方案，协助其购买合适的理财产品；当出现新产品时理财规划师承诺将主动提醒客户关注；理财规划师具有监督客户执行理财规划的义务；如果客户的家庭及财务状况出现变动，影响理财规划方案的正确性，则应按怎样的程序进行方案调整；方案调整的注意事项；在理财规划方案的具体实施过程中所产生的文件的存档管理；理财计划实施中的争端处理，如协商、调解、诉讼或仲裁等。

**第五步：完备附件及相关资料。**

**（一）投资风险偏好测试卷及表格**

此处应附上公司自行设计、经客户填写的调查问卷。

**（二）配套理财产品的详细介绍**

此处可附上各大银行、基金公司、保险公司、证券公司等金融机构推出的适合本理财规划方案的理财产品目录及详细介绍。

继续完成本章的案例：

## 一、确定客户理财目标

根据您的期望和我们之间的多次协商，我们认为您与您太太的理财目标是：

1. 现金规划：保持家庭资产适当的流动性。

2. 保险规划：增加适当的保险投入进行风险管理（短期）。

3. 消费支出规划——购车：近期内购买一辆总价为30万元的车（短期）。

4. 消费支出规划——购房：在未来5年购买第三套住房的家庭计划（总价格预计为80万元）（中期）。

5. 子女教育规划：十年后（2020年）送孩子出国念书，每年需要10万元各种支出，大约6年（本科加硕士研究生），共需60万元（长期）。

6. 马先生和马太太夫妇的退休养老规划（长期）。

## 二、分项理财规划

**（一）现金规划**

您目前的流动资金有250000元，占到您总资产10%。您目前平均每月的支出大约为10375元左右，现金/活期存款额度偏高，对于马先生和马太太夫妇这样收入比较稳定的家庭来说，保持3个月的消费支出额度即可，建议保留30000元的家庭备用金，以保障家庭资产适当的流动性。这30000元的家庭备用金从现有活期存款中提取，其中10000元可续存活期，另外，20000元购买货币市场基金。货币市场基金本身流动性很强，同时收益高于活期存款，大约为年1.9%左右，免征利息税，是理想的现金规划工具。

另外您需要注意的是在买车后，每月现金支出会增加1900元左右，每年的汽车花费为30000元（含保险）。家庭备用金需要增加至3.6万元，其中1.2万元可续存活期，剩余的用来购买货币市场基金。

**（二）消费支出规划**

从数据可以看出，您和您的太太很会勤俭持家，您的消费支出已经规划得非常好。从您的理财目标可以看出，您的家庭还打算近期购买一辆汽车，5年内购买另一套住房。我们分别对您的购车和购房计划进行规划。

1. 购车规划。由于您已看好要购买的车型，我们直接计算您购车后的消费。但需要提醒您的是由于消费税的改革，将对小排量的汽车实行优惠；对大排量的汽车征收重税，这最终会转嫁到消费者身上。这里我们假定您购买的是 1.8L 或 2.4L 的车。

首先来看买车的费用：购车费：250000 元；购置税 25000 元左右；保险费（全险）7000 元左右；养路费：110 元/月；车船税 200 元；上牌等杂费 500 元；这样总共是 284020 元。

从您的家庭经济状况看，我们建议您在半年内买车，可以从存款中支取 220000 元，另外 70000 元从半年的收入结余中支取。

买车对马先生不成问题，那么养车会不会给马先生的家庭生活带来负担呢？一般汽车是每行驶 5000 公里保养一次，预计每年保养 3 次，500 元/次。表 6－6 列出了用车的费用。

**表 6－6　　汽车使用费用**　　单位：元

| | |
|---|---|
| 平均油耗（L/100km） | 10 |
| 预计年行使里程（km） | 15000 |
| 油费 | 7035 |
| 保养费 | 1500 |
| 月均过路费、停车费 | 4800 |
| 保险费 | 7000 |
| 车船税 | 200 |
| 养路费 | 1320 |
| 年均使用费合计 | 21855 |
| 月均使用费 | 1821.25 |

从表 6－6 可以看出，马先生家庭的养车费用较高，和您家庭的其他开支合计，每月的平均开支约 12000 元左右，但考虑到马先生家庭平均每月有 33000 元的收入，同时，孩子刚刚上小学，家里的经济负担不重，养车费用还是可以负担的。基本不会造成任何财务负担。

做了如上的购车规划，马先生就可以放心地把爱车开回家，从此尽享“有车一族”的潇洒生活了。

2. 购房规划。由于您每年结余较大，我们建议 5 年半后一次性付清第三套房的房款 80 万元。如何筹备这 80 万元的资金，我们建议您每年在基金上投入一笔资金。假定投资收益率 3%，半年后开始，根据财务计算器计算，5 年内每年需投入约 15 万元用于短期债券市场基金。

**（三）教育规划**

您为您的儿子投保了××险种，该险种的保险责任中明确，在您儿子18岁、19岁、20岁、21岁四年每年给付教育资金10000元。您的意向是送孩子出国读大学和硕士，这样看来，孩子的教育保险更多的还是对孩子健康、平安的一个保障，6年的教育基金预留为60万元。但是经过我们的精确测算，出国读书每年的费用基本在18万元左右，您的教育基金预留额估计过低。我们按每年18万元进行测算，静态计算6年为108万元。对于您的家庭来说，教育基金的筹集还是要靠投资来完成。同时，考虑到保险的教育金给付，到孩子18岁时，您的教育基金缺口为104万元。目前距离他18岁成人还有10年，假设年投资收益率为10%，您需要每年为他投资约6.5万元（根据财务计算器计算得出），10年后，即可得到104万元的留学基金。建议您对教育资金进行××基金管理公司的××平稳股票基金投资，每年操作1~2次，年收益率在5%~15%之间。

**（四）风险管理与保险规划**

根据理财规划行业著名的“双十原则”，保险规划中保额的设计为10倍的家庭年结余，保费则不宜超过家庭年结余的10%，这样保险的保障程度比较完备，保费的支出也不会构成家庭过度的财务负担。

马先生家庭的财产和成员都缺少风险保障。马先生本人以及马太太和儿子马腾的风险保障可以通过商业保险完成。考虑到马先生家庭的收入水平，其家庭各项风险保障费用加总不宜超过31000元，即家庭年度结余的10%，这样在形成家庭保障的同时不会造成家庭过重的财务负担。具体风险保障规划现按家庭各成员和家庭财产分别陈述如下：

1. 首先我们对马先生您个人的保险规划提出以下建议：

保险规划通常由三部分构成，人身保险、财产保险和责任保险，其复杂程度按照由前向后的顺序递减。人身保险最为重要，而马先生您作为家庭绝对主要收入来源（您家庭每年收入的结余约312685元，其中绝大部分是由您创造的），您的人身保险设计则为重中之重。由于您目前只是投保了基本的社会保险，这与您的收入是严重不符的，假如您出现失能或其他严重意外或疾病时，将严重影响家庭的生活水平。考虑到您作为家庭的生活支柱，我们认为将您的保额做到200万元基本可以保证若您出现严重的意外或疾病时家庭不会出现财务危机（资不抵债），并且可以基本保障您太太和儿子维持现在的生活水平。

（1）人寿保险建议——针对您的生命风险进行的规划。考虑到您的经济状况，我们觉得首先应该为您投保一份生存死亡两全保险，它可以使您无论是生存到一定年龄还是万一不幸发生意外或疾病去世均可获得保险金的给付。

综合比较万能寿险品种，我们认为性价比最高的为××保险公司的××两全保险

(万能型)。它的保险责任是：①满期给付：被保险人生存至保险期满，保险人给付满期保险金，金额为满期日个人账户余额的全数，本合同终止。②身故或全残保障：被保险人在本合同生效180天内因疾病身故或全残，保险人给付身故或全残保险金，给付金额为即时保险金额的10%与保险事故发生日个人账户余额之和，本合同终止；被保险人因意外伤害身故或全残，或者于合同生效180天后因疾病身故或全残，保险人给付身故或全残保险金，给付金额为即时保险金额与保险事故发生日个人账户余额之和，本合同终止；保额增加后，被保险人于下一季首日起180天内疾病身故或全残，保险人对该次增加部分的保额按10%承担身故或全残保险金责任。另外，该险种可以将满期保险金转换成养老金保险合同，并可享受5%的优惠。

您可以购入这个险种，并一次性将保额做到200万元，您今年40岁承担的保费是3440元，明年41岁，保费为3680元，以后每年都有递增（增幅会随着您年龄的增大而逐渐增大，但总的增幅不会太大）。该险种比较适合45岁以下的中高收入人群使用。同时我们不建议您采用趸交的方式，因为对于带有意外和疾病责任的保险品种，趸交虽然整期内费用得到降低，但从利用资金的保障功能角度则不甚合适。

（2）健康保险建议——针对您的身体健康进行的规划。人到中年身体状况已不及年轻时，身体抵抗力、免疫能力等均有所下降。而此时又是上有老下有小，是家庭的支柱，如果您发生重大疾病的时候，医疗费用会让您陷入流动性危机。因此，重大疾病险对于保障您舒适的生活具有重要的意义。

我们建议您购买××保险公司的××重大疾病保险，该保险主要保障的范围是罹患重大疾病和意外伤害导致死亡，属于终身健康险类别。该险种的亮点是保障的重大疾病种类非常多，保障程度也比较高。它的保险责任是：（1）被保险人于本合同生效之日起一年内初次发生本合同约定的重大疾病，本公司按所缴保险费（不计利息）给付重大疾病保险金，本合同终止；被保险人于本合同生效之日起一年后初次发生本合同约定的重大疾病，本公司按保险单载明的保险金额给付重大疾病保险金，本合同终止；（2）被保险人于本合同生效之日起一年内因疾病身故，本公司按所缴保险费（不计利息）给付身故保险金，本合同终止；被保险人因意外伤害身故或于本合同生效之日起1年后因疾病身故，本公司按保险单载明的保险金额给付身故保险金，本合同终止。

如果您购买30万元保额的保险，分20年缴清保费，每年只需缴纳14400元您就可以获得30万元终身的重大疾病和意外伤害保障。

2. 意外伤害保险建议：您已经买了××保险公司的人身意外伤害综合保险，100元/份，保额40万，每人限购两张。我们建议您购买两份，除40万保额外，每年还有

1万元的意外医疗保险。

您也可以考虑购买××保险公司的人身意外伤害综合保险，其保障功能与前一种保险大致相同，其亮点是可以为全家购买，儿童的是78元/份，这样全年278元，可以为全家将保额最高做到150万元。

3. 我们对马太太的保险规划提出以下建议：

您太太并非家庭收入的主要来源，但是她所面临的风险仍然是您所不能忽视的。根据“双十原则”，现对您太太的保险规划提出以下建议：马太太年收入约10万元左右，我们把其保险的保额做到20万元～30万元；

首先考虑的是重大疾病险，我们建议您选择××保险公司的××重大疾病保险，保额做到10万元，年交保费3900元；

另外，可以为马太太购买两份××保险公司的人身意外伤害综合保险，以保证另外的10万元保额。

4. 我们对马腾的保险规划提出以下建议：

您原来为马腾购买的××保险属于定期返还一定金额的生死两全险，从保额和保险结构来看是比较合理的。在一般情况下少儿面临重大疾病的危险并不大，因此不必为马腾购买重大疾病保险。

但是这里要提请马先生注意：小孩容易发生意外事故，因此需要为马腾购买一份意外伤害险。这有两种方式，一种是前面提到的购买一份××保险；另外一种，我们向您推荐一个产品，即××保险的××综合保障计划中的×计划，由少儿意外伤害保险、附加意外伤害医疗保险、附加住院津贴医疗保险、附加手术津贴医疗保险、附加少儿住院医疗费补偿医疗保险、附加豁免保险费意外伤害保险等产品组合而成。其中包含意外残疾及烧伤30000元，意外伤害医疗3000元；住院津贴25元；手术津贴2000元；住院医疗费用补偿3000元；基本保险金额为所选计划包含的主合同及附加合同之保险费。这项产品保障期为一年，可以续保至22周岁，保费低廉，保障全面，性价比较优。这样的话（马腾今年8岁）缴纳的保费在300元以内，而且每年的保费是递减的。

5. 对您不动产的保险规划建议：

对于您的不动产，特别是您自用以及出租房产（没有负债），我们建议您购买保险对其加以保障。

现在针对您自用的不动产（即您自己居住的房屋）作以下保险规划：

（1）比较家庭财产保险品种，我们觉得性价比较高的是××财产保险公司的××家庭财产综合保险；

（2）它提供家庭财产的综合责任保险，并可以附加盗抢险、家用电器用电安全保险、管道破裂及水渍险、现金首饰盗抢险和第三者责任险。它有几种不同的保障程度，我们把比较适合您的险种列出来，如表 6－7、表 6－8 所示：

**表 6－7　家庭财产综合保险费率表——××险**　保险费每份 180 元

| ××险 | | 保险金额（元） | 保险内容 |
|---|---|---|---|
| 综合险责任 | | 100000 | 房屋（楼房）及附属设备 |
| | | 30000 | 室内财产及室内装潢 |
| 附加险 | 盗抢保险 | 20000 | 室内财产 |
| | 管道破裂及水渍保险 | 30000 | 室内约定承保的管道突然破裂造成保险财产的损失 |
| | 家用电器用电安全保险 | 12000 | 家用电器 |
| | 现金、首饰盗抢保险 | 2000 | 现金、首饰、有价证券 |
| | 第三者责任保险（赔偿限额） | 10000 | 在保单载明住所被保险人依法应承担的民事损害赔偿责任 |
| 合计 | | 204000 | |

**表 6－8　家庭财产综合保险费率表——××险**　保险费每份 100 元

| ××险 | | 保险金额（元） | 保险内容 |
|---|---|---|---|
| 综合险责任 | | 30000 | 室内财产及室内装潢 |
| 附加险 | 盗抢保险 | 10000 | 室内财产 |
| | 管道破裂及水渍保险 | 30000 | 室内约定承保的管道突然破裂造成保险财产的损失 |
| | 家用电器用电安全保险 | 12000 | 家用电器 |
| | 现金、首饰盗抢保险 | 1000 | 现金、首饰、有价证券 |
| | 第三者责任保险（赔偿限额） | 50000 | 在保单载明住所被保险人依法应承担的民事损害赔偿责任 |
| 合计 | | 133000 | |

（3）根据您的家庭财产状况，我们建议您购买 2 份到 3 份该保险。但是有一点您必须注意，任何家财险对于现金、首饰和有价证券的保额都很低，您应该采用您认为合适的方式保管它们（比如您可以考虑银行提供的保管箱服务），而不应该把它们的安全寄托于保险之上！

马先生您全家三名家庭成员的人身保险和房产的财产险以及汽车的责任险（由于此种保险为强制保险，形式简单，故没有专门分析）加总的保费不宜超过 30000 元。按照我们上面介绍的险种，27240 元可以给您和您的家人提供非常完备的保障，让您的家庭生活高枕无忧！

### （五）投资规划（如表6－9所示）

表6－9　　家庭投资比例

| 项目 | 金额（元） | 资金比例 |
|---|---|---|
| 房产投资 | 600000 | 38.5% |
| 银行存款 | 250000 | 16.04% |
| 国内股票 | 700000 | 44.92% |
| 保险理财产品 | 8280 | 0.53% |
| 投资总计 | 1558280 | 100% |

1. 房产投资分析。您的投资中房产投资占到了近40%，而您唯一的负债也来自于房贷，一共10万元。

近年来，北京市人均生产总值已经超过3000美元，城镇居民人均可支配收入超过15000元，90%以上的家庭进入小康型消费层次，消费结构正发生深刻变化，居民住宅需求不断增长。最近几年北京保持了较低的人口自然增长率。但北京市常住人口一直保持了较快的增长，这对北京的买房和租房市场形成一个巨大的需求。根据我国一些学者的研究结果，我国房地产业供给收入弹性远远小于需求收入弹性，同时北京居民收入的快速增长将增加房价的支撑力量。而且北京房地产业的一个显著特点是区位的异质性，即级差地租的存在，形成了区位垄断格局。房地产的不可移动性所决定的房地产区位垄断问题，虽然在世界各地普遍存在，但在北京尤为明显。市中心与四环路附近区域、北城和南城在交通便利程度、环境质量等方面都有较大差异。根据中国人民银行营业管理部课题组的《北京市房地产市场研究》分析，各类商品房屋供求变化动态趋势表现各异，总体看经济适用房和普通住宅需求增长相对较快；办公类、别墅和高档公寓等类型房屋存在供过于求的风险，价格有向下的压力。

因此我们建议您购买的第三套房产是经济适用房型或者普通住宅型。这样投资的风险相对较小，用于出租，资金回收会相对稳定。

2. 股票投资分析。股票投资基本占据了您的家庭投资的45%，说明您的投资意识比较强。但是股票风险相对较高，有媒体做过统计，在资本市场里，多数投资者都是赔钱，只有1%的人赚钱。作为一项对投资技能、经验要求很高的投资工具，建议您可以适当比例参与，如10%左右为宜，降低您的持股数量，不要把股票投资作为主要的投资收入来源。另外，如果您投资经验有限的话，最好采取长期投资，选择较好的时机介入，然后长期持有。

尽管长期来看股市向好，但建议您在投资过程中对投资风险多加关注。个股分析主要选择公司业绩优良的股票，特别是经过了前几年的熊市之后，大多数的基金公司，包括投资者已经越来越青睐选择质地优良的上市公司进行投资，投资者正在从过去疯狂炒作垃圾股转为投资业绩优良的绩优股，在这两年的股市中，如苏宁电器、上海机场、五粮液等优良个股，已经显现出公司业绩为基础的优势。

操作建议：您目前的持股情况如表 6－10 所示。

**表 6－10　　目前持股情况表**

| 个股名称 | 市盈率 | 每股净资产 | 股票评价 |
|---|---|---|---|
| * * * * | 34.6 倍 | 0.77 元 | 年内市盈率最高为40倍，业绩亏损，处于底部 |
| * * * * | 55.1 倍 | 0.92 元 | 年内市盈率最高为48倍，业绩亏损，处于底部 |
| * * * * | 34.84 倍 | 1.68 元 | 年内市盈率最高为50.6倍，业绩一般，处于底部 |

您购买的个股都有共同的特点，就是业绩较差，市盈率偏高。当然，现在您应该处于套牢状态，如果亏损比较大的话，建议您还是继续持有。当然，您也可以选择在目前的情况下换股，把手中相对质地较差的股票卖掉，换到质地优良的股票中去，也不失为一种好的投资选择。

经过我们对上市公司的分析和调查，帮助您选出以下股票，如表 6－11 所示：

**表 6－11　　选股情况表**

| 个股名称 | 市盈率 | 每股净资产 | 股票评价 |
|---|---|---|---|
| * * * * | 14.6 倍 | 3.17 元 | 年内市盈率最高为 20 倍，业绩优良，处于底部，电力行业龙头 |
| * * * * | 15.1 倍 | 3.99 元 | 年内市盈率最高为 15 倍，业绩良好，处于底部，超市行业龙头 |
| * * * * | 4.84 倍 | 4.68 元 | 年内市盈率最高为 5.6 倍，业绩良好，处于底部，石油行业 |

**（六）基金投资分析**

基金作为一种新兴的投资制度安排、一种新的投资工具，具有组合投资、专家管理、共同投资、选择范围广、流动性好的特点。在选择投资基金的时候要注意风险的组合。货币型基金通常没有风险，适合短期投资，因为它不收申购和赎回的费用，但缺点是收益相对较低。债券型基金通常收益居中，但受到债券市场价格波动的影响，有一定的风险，但不是很大，同时，债券型基金有申购和赎回费用，所以要尽量长期投资，降低费用。偏股型基金风险相对较大，直接受证券市场的影响，收益也最高，有申购和赎回费用，适合长期投资，可以降低赎回费用。我们建议您购买××基金管理公司的××基金和××基金管理公司的××基金。

（七）税收筹划

1. 关于物业税的政策。所谓“物业税”，是针对土地、房屋等不动产，要求其承租人或所有者每年都要缴纳一定税款，而应缴纳的税款会随着不动产市场价值的升高而提高，这个市值是由专业评估机构评估出来的。物业税以土地、房屋为征税对象，是一种财产税。物业税即指房地产税或不动产税。

在不同国家、地区其名称不尽相同，有的称“房地产税”，有的称“不动产税”，有的则称“物业税”。

在加拿大，所征不动产税税率是3年内不动产平均值的0.5%。在美国，各州都会对公司或个人的不动产进行估价征税，年税率在该年度该不动产市场价值的1%～2%之间。此外，每一个县或市也会额外要求不动产所有人缴纳0.25%～0.5%的不动产税。美国还规定百姓在购买第一套自住房时可以免除物业税。香港的物业税是向拥有坐落在香港任何地区的土地或建筑物或土地连同建筑物的拥有人征收的税，税额是按实际所收租金减去20%作为维修、保养费，再按标准税率15%计算。

在2005年10月11日中国共产党第十六届中央委员会第五次全体会议通过的《关于制定国民经济和社会发展第十一个五年（2006～2010年）规划的建议》中，稳步推行物业税和规范土地出让收入管理办法被作为重要的改革内容，预计近5年物业税将会逐步推出。此次物业税改革的思路是：将城镇土地使用税、房产税、城市房地产税、土地增值税以及土地出让金等税费合并，转化为在房地产保有阶段统一收取物业税。也就是说，通过征收物业税，把原来买房子时需一次性缴纳的几十年的土地出让金等巨额税费，放到买房子后按年缴纳。在物业税开征后，消费者购买新的房产，由于房产的价格不含土地出让金等房地产开发商在开发时需要缴纳的大额税费，因此，新房价格不会太高（不考虑由于房价下降会导致消费者增加对房产的购买，进而引起价格的重复上扬）；但是，消费者购买房产后，会将一次性缴纳的几十年的土地出让金等巨额税费，放到买房子后按年缴纳，因此在保有环节，税费会有所加重。

对已购房的物业税缴纳问题，目前财税专家已经提出了几种解决方案，方案充分考虑已购房屋人的利益，会对老的房地产采取过渡措施。其中方案之一是对新房和旧房采取不同的税率和征税办法。按照已购住房实际缴纳的税负水平，抵缴应纳的物业税，全部抵缴完之后，再按物业税的制度规定，缴纳物业税。

2. 关于物业税的开征对具体房地产项目的影响。对于自用住房：在购房时，由于旧房房价中已包含土地出让金等相关税费，因此预计：在物业税开征之后，如果采取上述的过渡措施，已购住房实际缴纳的税负会抵缴应纳的物业税，全部抵缴完之后，再按物业税的制度规定，缴纳物业税。由于所购住房包含的土地出让金占房款的较大部分，因此抵缴的时间应为几十年，也就是说自用住房在几十年内不会缴纳物业税。

对于50平方米的出租住房：鉴于国家目前对房屋出租征收房产税等，预计物业税开征后也会对50平方米住房的出租所得征收物业税，由于已购的50平方米住房价格中包含土地出让金等税费，同时考虑到税收负担水平的衔接，估计开征后的物业税仅会对相当于现行政策下对出租住房征收的房产税水平进行征收。预计开征后，50平方米出租住房的物业税的纳税人会和现在房产税的纳税人相同。

对于拟购进的住房：由于房产的价格不含土地出让金等房地产开发商在开发时需要缴纳的大额税费，因此，新房价格不会太高；但是，在您购买房产后持有期间，税费会有所加重。

3. 年终5万元奖金的税收筹划方法。按照《国家税务总局关于调整个人取得全年一次性奖金等计算征收个人所得税方法问题的通知》（国税发［2005］9号）：

将年终5万元奖金一次性发放，在计算年终奖应缴纳个人所得税时，将全年一次性奖金除以12个月，按其商数确定适用税率和速算扣除数，在当月工资薪金所得高于税法规定的费用扣除额，则奖金适用的所得税税率为15%，速算扣除数为125元。5万元奖金的应纳所得税税额为：50000×15%－125＝7375元。

若可以和工作单位商量，将年终5万元奖金分月发放，则每月发放4167元，每月发放的奖金并入当月工资。分月发放奖金的应缴纳所得税税额为：4167×20%＝833元。则在这种方法下，这笔奖金的全年纳税额为：833×12＝9996元。

若将这部分奖金的24000元年终一次性发放，26000元分月发放。则：

（1）24000元奖金适用的所得税税率为10%，速算扣除数为25元，年终就24000元奖金缴纳的所得税税额为：24000×10%－25＝2375（元）

（2）26000元分月发放，每月发放2167元，计入当月工资，每月发放2167元奖金的应纳税所得为：2167×20%＝433（元），全年应纳税：433×12＝5196（元）

（3）将以上所得加总得：2375＋5196＝7571（元）

综合这三种方法，可以得出结论：将年终5万元奖金一次性发放缴税最少。

**（八）退休养老规划**

以您目前的经济状况来看，我们判断您退休年龄在50岁退休。按照我们的规划，这个年龄退休您的压力会很小，您可以很好地享受您前期投入的回报了。

以目前的生活水平，且每年通货膨胀率为5%计算，你的目标是退休后前20年，日常消费和旅游费用年 9 万元，后 15 年，年消费 6 万元，这需要准备多少钱呢？

根据财务计算器计算，您 55 岁退休前要准备 174 万元生活费。

您未来工作 10 年间可以为退休前准备多少钱呢？在接下来的 5 年半里，除最初的半年付购车款外，每年会有 45850 元现金结余，如果选择偏股型基金进行长期投资，则期初的 700000 元金融资产及每年的 45000 元持续投入在 10 年之后会有 2000740 元的资金（预期未来 10 年股票类资产的收益率为 7%），5 年后，按揭贷款付清，第三套住房已买入，每年会有 174000 元闲置资金，可以将它再投资于平衡型基金（预期收益率为 5%），在 5 年后会有 961460 元的资金。那么 10 年后，您退休时可以拥有 2962200 元资产。

根据财务计算器计算，您 50 岁退休时约有 296 万元资产。其中并未包括您拟购房后产生的房租收入，由于您以后的每年结余用于投资已足够您养老生活费，建议您用房租的收入用来提高现有的生活水平或者退休后的生活水平。建议您将退休基金部分投资于信托产品和股票型基金，信托产品具有收益稳定，大约每年 5% ~6%（完税），但是起点一般较高，大约 100 万元以上，且发行不定期，适合您今后进行投资。股票型基金建议您投资 × × 开放式基金的 × × 基金或者 × × 开放式基金的 × × 平稳股票基金投资，每年操作 1 ~2 次，年收益在 10% ~15% 之间。我们到时会提供您具体投资建议。

**（九）财产分配与传承规划**

这在国内可能比较避讳，但在国外是非常普遍的事情，一旦出现意外，避免出现没有必要的家庭纷争。使用的主要工具将为遗嘱和个人信托。这方面您如果有进一步的需求，请您在后续服务中跟我们联系，我们可以安排您在相关法律人士和信托专家的帮助下设立个人遗嘱或遗嘱信托。

## 三、理财方案的预期效果分析（如表 6 –12、表 6 –13、表 6 –14 所示）

**表 6 –12　　　　资 产 负 债 表**

客户：马先生与马太太家庭　　　　日期：2008 年 12 月 31 日

| 资产 | 金额（元） | 负债与净资产 | 金额（元） |
|---|---|---|---|
| 金融资产 | | 负债 | |
| 现金及现金等价物 | | 信用卡透支 | 0 |
| 现金 | | 住房贷款 | 76000 |
| 活期存款 | 10000 | 负债总计 | 76000 |
| 货币市场基金 | 20000 | | |

续表

| 资产 | 金额（元） | 负债与净资产 | 金额（元） |
|---|---|---|---|
| 现金及现金等价物小计 | 30000 | | |
| 其他金融资产 | | 净资产 | 2667350 |
| 股票 | 765000 | | |
| 其他资金投资 | 150000 | | |
| 保险理财产品 | 8350 | | |
| 其他金融资产小计 | 923350 | | |
| 实物资产 | | | |
| 自住房 | 900000 | | |
| 投资的房地产 | 600000 | | |
| 机动车 | 290000 | | |
| 实物资产小计 | 1790000 | | |
| 资产总计 | 2743350 | 负债与净资产总计 | 2743350 |

**表 6－13　　　　2007 年收入支出表**

客户：马先生　　　　日期：2007 年 1 月 1 日至 2007 年 12 月 31 日

| 年收入 | 金额（元） | 年支出 | 金额（元） |
|---|---|---|---|
| 工资和薪金 | | 房屋按揭还贷 | 24000 |
| 马先生 | 300000 | 日常生活支出 | 60000 |
| 马太太 | 72000 | 商业保险费用 | 27240 |
| 奖金 | 42625 | 购车支出 | 70000 |
| 投资收入 | | 休闲娱乐 | 12000 |
| 租金收入 | 22560 | 其他 | |
| | | 其他支出 | 24000 |
| 收入总计 | 437185 | 支出总计 | 217240 |
| 年结余（元） | 219945 | | |

注：第一年从结余中取出 7 万元用于买车。

**表 6－14　　　　2008 年收入支出表**

客户：马先生　　　　日期：2008 年 1 月 1 日至 2008 年 12 月 31 日

| 年收入 | 金额（元） | 年支出 | 金额（元） |
|---|---|---|---|
| 工资和薪金 | | 房屋按揭还贷 | 24000 |
| 马先生 | 300000 | 日常生活支出 | 60000 |
| 马太太 | 72000 | 汽车费用支出 | 21855 |
| 奖金 | 42625 | 商业保险费用 | 34480 |

续表

| 年收入 | 金额（元） | 年支出 | 金额（元） |
| --- | --- | --- | --- |
| 投资收入 | | 休闲娱乐 | 12000 |
| 租金收入 | 22560 | 其他 | |
| | | 其他支出 | 24000 |
| 收入总计 | 437185 | 支出总计 | 176335 |
| 年结余（元） | 260850 | | |

财务状况的综合评价：

通过以上规划的执行，客户的理财目标基本可以得到实现，财务安全得到保障的同时，整体资产的收益率在客户的风险承受范围内也比较理想。如果客户财务状况稳定，客户可于1年后对本理财规划建议进行调整。

## 四、理财方案的执行和调整（略）

## 五、附件及相关资料（略）

**注意事项**

理财规划是一个需要较高专业背景并具有综合能力的行业，作为一名合格的理财规划师，在对客户进行理财规划的过程中，必须要注意遵循一定的原则。主要有以下几个方面：

## 一、通观全盘、整体规划

理财规划师的主要职责是为客户提供全方位的专业理财方案，而理财方案通常不会是一个单一性规划，而是一个包括现金规划、消费支出规划、风险管理规划、子女教育规划、投资规划、税收规划、退休规划以及遗产规划等单项规划在内的综合性规划。每个单项规划可以具体解决某一方面的具体问题，但仅仅依靠单项规划并不能全面实现客户的理财目标，因此，理财规划必须是一个全面综合的整体性解决方案。

综合理财规划中的八大规划是相辅相成互相协调的，要保证财务安全一般需要现金规划、风险管理规划和退休规划；要实现资产的增值，则需要投资规划；要对我们的资产进行保护，则涉及税收规划和遗产规划。一般客户需要的服务并不是实现单一目标，通常是多元目标的组合优化。比如一位客户在保持适量的现金流维持正常的生活支出外，还需要进行投资以保持现有资产的保值、增值。同时，客户近期还有购房购车的计划，长期有为儿女储备教育资金的需求，更长远的打算是为自身的退休养老做储备。这其中还涉及避税的需求。然而，在客户的现有经济状况下，可能并不能同时实现或为这些愿望做规划。因此我们首先是考虑做好现金规划、风险管理规划、子女教育规划、消费支出规划这四项规划，满足其刚性的需求。然后在此基础上做好投资规划。退休规划又与风险管理规划、投资规划等相联系，需要相互结合。税收规划是贯穿人生的各个阶段、各个方面的，包括财产的传承。而且，其中任何一个规划的需求或影响某个规划的现实状况出现了变化，其他几个规划也会受到影响，需要做相应的调整。由此可见，做一份综合理财规划需要考虑到客户的综合需求与目标，通观全盘，协调各个专项规划，使其成为一个整体，使客户拥有的资源得到优化配置，最终达到效用最大化。

整体由部分组成，影响客户财务状况的各个方面密切相关，一个方面出现了变化，必然会对其相关部分产生影响。作为理财规划师必须综合考虑客户的财务状况，从而提出符合客户实际和目标预期的规划，这是理财规划师开展工作的基本原则之一。

## 二、不同类型家庭不同理财规划核心策略

基本的家庭形态有三种：青年家庭、中年家庭和老年家庭。根据家庭收入主导者的生命周期而定，家庭收入主导者的生理年龄在35周岁以下的家庭为青年家庭，家庭收入主导者的生理年龄在55周岁以上的家庭为老年家庭，介于这两个界限之间的为中年家庭。根据不同家庭形态的特点，理财规划师要分别制定不同的理财规划策略。

### （一）青年家庭

青年时期是人的生命中最为活跃、精力最充沛、体魄最健壮的阶段。青年家庭收入主导者往往对任何事情都有一种初生牛犊不怕虎的勇气，做事不瞻前顾后，干事业具有一往无前的精神。同时，青年家庭正是家庭资产的原始积累期。在这一时期，青年家庭的经济负担一般不重，父母们大都还可以通过自己的劳作，解决自身的生活和医疗问题。年轻、经济负担不重和原始积累的特点使青年家庭在理财规划的策略制订上归为进攻类型。总体来看，属于风险偏好的特质更加明显。理财规划师在为这样的家庭理财时，在考虑到基本的流动性和保险保障外，全部的规划可围绕追求高收益来制订。风险投资取代传统储蓄，而成为青年家庭资本的主要流向，其中创业投资也将成为一部分有志青年和社会精英追逐的目标。另一方面，在这样的家庭中，子女教育问题、养老问题、医疗问题等矛盾尚未凸显，需求还是隐性的。但是，从资本使用效率的角度看，理财规划师应该建议客户以渐进式、积累式的方式分批投入，这样不但家庭当期投入的压力很小，而且资本的增值具有可靠的稳定性。综合分析，青年家庭的理财规划策略为进攻型。

**（二）中年家庭**

一般是指家庭收入主导者的生理年龄在35～55周岁这个范围之内的家庭。与青年家庭的进攻型类型不同，中年家庭属于攻守兼备型投资者范畴。中年家庭经济生活步入稳定期和收获期。人到中年，事业发展如日中天，正处于整个人生的最辉煌时期。与此相适应，这一时期也是人的一生中最为丰厚、最为稳定、事业拓展急剧加速的时期。同时，这一阶段的家庭也进入了消费的高峰期。这一时期的中年家庭一般上有老，下有小。父亲、母亲、岳父、岳母这时已进入生命的衰退期，即使有生活来源，也十分微薄。最为紧要的事，父辈们这一时期医疗保健费用大幅增加，并且具有不确定性，这将给中低收入的中年家庭带来很大的经济压力。中年家庭在这一时期，子女大多在高中或大学就读，按现行费用，完成一般本科4年的学业，家庭最少要支出4万～6万元。若想送子女到国外接受高等教育，需要的子女教育基金的数字就更庞大。理财规划师还要考虑到，人到中年时，生理正处于一个十分微妙的阶段。一方面，人的身体器官大都运行正常；另一方面，人的身体器官开始在一些局部出现毛病。人对疾病的抵抗力已远不如青年时代。同时，这一时期身体发生病变的几率也在增大，整个身体的素质也已由青年时代的健康状态逐步地开始衰退。中年家庭的上述特点决定了理财规划师在制订方案时，一方面要加大避险投资的力度，特别是要加大健康投资和子女教育投资的力度，兼顾自身的养老投资；另一方面，在充分满足家庭避险需求的基础上进行风险投资，以提高资金的收益率。因此，中年家庭属于攻守兼备的理财规划策略，两者都不可偏废。中年家庭的理财规划方案在三种家庭形态中相对是最复杂的。

**（三）老年家庭**

人到老年，生理上已处于衰退的阶段。这种生理特点反映到事业和家庭上来就表现为求稳怕乱，总想把一切事情安排妥贴，并留有充分的周旋余地。理财规划师在为这类家庭做规划时，消费支出应该以医疗和保健方面的消费为主。在医疗方面，对于前期做好了投资准备的家庭来说，问题容易解决。在这类消费群体中，消费的重点集中在保健方面。而对于前期尚未做好准备的家庭来说，消费的重点则集中在医疗方面，特别是重大疾病上。所以，家庭要准备充足的医疗备用金。在家庭投资方面，老年家庭的投资着力点应放在资产保全上。

当然，既能保全资产，又能适度获利的投资应是老年家庭的首选。同时，合理避税，以将家庭资产完整地转移给下一代，也是对于富有家庭理财规划中一个不可回避的问题。老年家庭的特点决定了其防守型的理财规划策略。当然，家庭类型的划分也不是完全由家庭收入主导者的生理年龄决定的。比如，有的家庭收入主导者生理年龄在55岁以上，仍然精力十分充沛，身体十分健康，创业处于勃勃生机的阶段，对于这类家庭，即使其家庭收入主导者的生理年龄60岁或70岁，也应划入攻守兼备型投资者的范畴。有的家庭收入主导者的生理年龄虽然属于中年，但健康状况江河日下，家庭收入入不敷出。对于这类家庭，哪怕其家庭收入主导者的年龄在40岁，甚至更年轻，亦应属于防守型投资者的范畴。

综上所述，理财规划师在制订理财规划方案时，在通观全局的情况下，首先要形成总体的理财规划核心策略思想，而这种策略安排是和家庭收入主导者所处的生命周期紧密联系的。而同时，进攻、防守亦或攻守兼备型是三种生命周期阶段相比较而言的。在各种类型中，家庭的风险承受能力还要视该家庭具体情况而定。

## 三、建立现金保障

根据专业理财规划的基本要求，为客户建立一个能够帮助客户家庭在出现失业、大病、意外、灾难等意外事件的情况下也能安然度过的现金保障系统是十分关键的，也是理财规划师进行任何理财规划前要首先考虑和重点安排的，只有把现金保障建立起来，才能考虑将客户家庭的其余资产进行其他的专项安排。一般来说，家庭建立现金储备要包括下面三个方面：

### （一）日常生活储备

这部分是为了应付家庭主要劳动力因为失业或者其他原因失去劳动能力，或者因为其他原因失去收入来源的情况下，保障家庭的正常生活。

### （二）意外现金储备

这部分是为了应对客户家庭因为重大疾病、意外灾难、犯罪事件、突发事件等的开支做的准备，预防一些重大的事故对家庭短期的冲击，比如车祸或重大疾病需临时垫资。

### （三）家族支援现金储备

这部分是为了应对客户家族的亲友出现生产、生活、教育、疾病等重大事件需要紧急支援的准备。

具体为客户制订现金规划，现金储备的额度要视家庭主要劳动力的收入稳定程度和可能需要现金支出的范围和程度而定。通常，保持相当于3～6个月生活开支额度的现金储备比较适宜。这部分高流动性资产也不一定都要以现金的形式存在，货币市场基金也是一种非常好的现金规划工具。

## 四、风险管理优先于追求收益

理财规划首先应该考虑的因素是风险，而非收益。风险是指事物发展的不确定性而引起的期望结果发生变化的可能性；在特定的时间和客观情况下，某种收益或损失发生的不确定性。理财规划旨在通过财务安排和合理运作来实现个人、家庭或企业财富的保值增值，最终使生活更加舒适、快乐。保值是增值的前提，因此必须认清可能出现的各种风险，并采取措施应对这些风险。

人们在日常生活中可能遇到的主要风险有人身风险、财产风险和责任风险。为了减少风险可能带来的损失，必须对风险进行管理。风险是客观存在的，虽然我们可以尽力减少它的损害，却很难完全消除风险，而且很多风险管理方法本身也会带来新的风险。而人们管理纯粹风险的方法主要有风险控制、风险回避、风险分散、风险保留和风险转移五种。

针对不同的人，不同的风险，理财规划师可以采取不同的风险管理技术，这其中最重要的风险管理技术就是风险转移，而保险是风险转移的主要实现技术。下面以一个典型的家庭为例，谈谈如何通过保险来管理人身风险、财产风险和责任风险。

（1）人身风险。家庭所面临的人身风险包括因为意外伤害、疾病、衰老等原因，而导致家庭成员伤残、丧失劳动能力或者死亡。这些风险一旦发生，将给家庭造成难以承受的损失。理财规划师必须充分认识人身风险的危害性，把人身风险的管理放在首位。从技术上说，用人身保险来实现是最合理的选择，包括人寿保险、意外伤害保险和健康保险。

（2）财产风险。家庭财产保险是转移家庭财产风险的最常见的个人保险品种，主要包括普通家庭财产保险、房屋保险以及机动车保险。

（3）责任风险。普通家庭所面临的责任风险并不太多，驾车带来的风险是常见的一种。新交通法在事故责任追究上加重了机动车一方的责任，拥有汽车和驾驶汽车的个人和家庭最好能购买最高额的第三者责任险。

在为具体家庭做保险规划时，理财规划师还应注意以下几个原则：

（1）先为家庭主要收入提供者买保险。中年的夫妇是家庭中最主要的收入来源，他们两人中如果任何一人或者两人同时过早地离开人世，或者丧失劳动能力，都会使年幼的子女和双方父母失去生活的依靠，并背上沉重的医疗、债务和心理负担。因此理财规划师应该首先考虑给家庭主要收入提供者买保险。另外要让客户明白“父母是子女最大保障”的道理，在保险顺序上，先保父母，再保子女。

（2）家庭成员同时购买商业保险时，保险额度应和收入水平成正比。比如在一个家庭中，丈夫的年收入是妻子的两倍，那么其保险额度也应该是妻子的两倍。因为对于整个家庭的财务安全来说，丈夫的重要性高于妻子，需要更高的保障。

（3）保费负担占家庭可支配收入的10%～20%比较合适，其中家庭的可支配收入为税后收入减去家庭支出的余额。保费过低，难以覆盖风险；过高，家庭又难以承受，限制了投资和消费，影响了生活质量。

(4) 制订购买商业保险规划时考虑家庭成员的社保和已购买商业保险的情况。现在很多单位已要求职工购买社会医疗保险，可能有些客户也买过商业保险，这时理财规划师就应该仔细分析现有保险的覆盖范围，发现缺口，再综合考虑家庭的财务状况，提出合适的规划方案。

## 五、消费、投资与收入相匹配

理财应该正确处理消费、资本投入与收入之间的矛盾，形成资产的动态平衡，确保在投资达到预期目的的同时保持生活质量的提高。

### （一）消费和投资规模与收入相匹配

在很多白领家庭和金领家庭，较多的消费开支往往是用在家庭成员个人喜好的生活方式上，比如大量的用于汽车和住房的支出，每月近千元的运动娱乐支出，女士美容、健身、购物，全家出游甚至出国度假，还有不可避免的社交和应酬支出。这些支出都是必需的，也是保证高品质生活的重要组成部分。理财规划鼓励节俭，量入为出。过分奢华是不应该的，但是也不能为了帮客户积蓄更多的财产而劝其放弃必需的消费内容。为了追求更好的财务记录而放弃生活品质是本末倒置的做法，也违背了理财规划的根本目的。

这并不是说消费规模必须小于家庭收入。适度的借贷可以帮助客户及时缓解流动性压力，大大提高他们的生活水平。现在买房买车时所涉及的按揭贷款就是一种典型的消费信贷方式。如果客户缺乏理财知识，打算单纯依靠储蓄和家庭的慢慢积累，然后一次性付款消费，那么理财规划师应该多与其沟通，给他们分析弊端。因为那样无疑会耗去普通家庭几十年的时间，最后真正得到的享受减少，而且购买前长时间的资金闲置期实际上构成巨大的机会成本，浪费资源。

投资规模也应当依据收入水平来确定。可以让高收入的个人和家庭拿出较多资金投资，实现更高的收益；但是对于收入水平不够高的人，或者开支很大、少有结余的家庭，做投资规划就必须小心谨慎了。借钱投资有时可以起到借鸡生蛋、以小博大的作用，但是其风险也是不言而喻的。总之，理财规划师应该充分考虑投资风险，依据客户的收入水平来确定其投资规模。

### （二）投资和消费时间安排与现金流状况相匹配

资本的盈利性固然重要，但安全性和流动性往往是一个家庭或者企业的生命线，能起到保障原有的生活水平不降低、防范和化解投资风险的作用。无论投资还是消费，都应该保证合适的现金流。理财规划师可以采用反推法，用预期消费反推出各个时期客户必须得到的收入和允许的资本投入，确定投资方向、品种和回收的期限。要实现这个目标，关键环节是对各种投资工具和投资品种进行仔细甄别。比如对于月收入10000元的家庭来说，每月所还的汽车贷款、住房贷款和交纳的各项保险费用之和在3000元左右比较合适，6000元就显得负担过重。再比如某位理财规划师对股市信心十足，建议一个家庭将可以动用的全部资产都投入到了很难变现的资本市场。女儿高考发挥失常，上重点大学需要多交2万元建校费，而这时股市已经跌到谷底，并且国家已经陆续出台了一些救市政策，眼看反弹在望，是加码的好时机。但由于这时客户手中没有多余的现金，而女儿上大学的事又不能耽误。权衡利弊之下，只好斩仓套现，使客户不但错过了投资机会，还蒙受了很大的损失。这就是现金流安排上的失误，是理财规划师必须避免的。

### 六、开源与节流并举

#### （一）增加收入

增加收入是实现资产保值增值的必然要求。工资收入和投资收益是一个人收入的两大来源。一方面理财规划师可以建议家庭成员充分利用业余时间和职业优势，开展第二职业。例如教师的假期时间较多，可以通过做家教、假期开培训班的方式，每年增加1万～3万元的收入。法律、金融领域供职的专业人员可以通过不定期的咨询服务得到不少的服务费。另一方面，也是更重要的一方面，可以建议将部分资金用于投资，赚取投资收益。

首先要引导客户树立投资意识。中国的老百姓习惯于储蓄，储蓄率高达40%，居全世界首位。其实储蓄利率非常低，通常还不及通货膨胀率。这样的生活习惯和消费习惯制约了生活水平的提高和资产的增值。理财规划师只有先让客户树立了投资意识，才能得到客户的配合，更好地实施规划方案。

其次理财规划师应该掌握一些投资的原则和策略：

1. 投资方式多元化原则。这是一条极为重要的投资原则，对于保障资金的安全性、流动性和收益性，都具有非常关键的作用。不能把鸡蛋都放在一个篮子里，而要根据金融市场不同趋势状况，将资金有效地分配在不同类型的资产上。资产配置的观念能广泛适用于不同的个人和家庭。著名学者博林森发表论文指出：长期而言，投资组合的报酬有93.6%取决于投资者如何进行资产配置，选股策略仅贡献了4.2%，买卖时机更只占了1.7%，可见投资方式多元化对提高投资收益的重要性。

除了留出一定比例的资金作为流动性储备之外，理财规划师可以建议客户投资于股票、债券，购买保险、基金，也可以投资于实业，比如其家门口一家很有增长潜力的餐厅。假如我们为一位王先生做理财规划，辞职前他的理财组合有1名守门员（社保和意外险），9名后卫（银行存款）和1名前锋（股票）。这样的铁桶阵资金运作效率极其低下，想靠偶尔的一次长传冲吊达成财务自由是很难的。理财规划师可以帮他调整战略，运用投资多元化的原则，采取1352型投资理财法+额外投资进行综合理财。所谓1352型投资法就是将1/11的资金购买适当的保障型商业保险，确保理财组合平衡及个人财务安全；将3/11的资金投向安全可靠、保证收益或收益适中、低风险的投资品种，如银行存款、国债、纯债券型基金、万能寿险、分红型寿险等；5/11投向高度灵活、风险适中、利润适中、进可攻退可守的变现容易的投资品种，其中又以投资伞型开放式基金为佳，可以方便地在不同类型的基金中转换并节省费用；还有2/11的资金投资于风险高、收益高的股票，在熊市过后的复苏时期可以考虑买进具有中长期投资价值的蓝筹股票。

投资基金是实现投资多元化的一个重要渠道。与客户自己投资相比，投资基金具有更广泛的多元化特征。基金集中了个人投资的资金，因此在投资方向上有更多的地理和资产配置可以选择。此外，基金专业人员提供的日常经营管理可以迅速发现投资机会和以更低的成本快速交易，而且可以通过期权期货等衍生金融工具更有效地防范风险，提高资金的收益率和流动性。

2. 理财规划师还应该了解两个策略：平均投资策略和杠杆投资策略。平均投资策略是指，在为普通家庭做理财规划时，可以为他们建立一个常规储蓄计划，其中每月投入一定资金购买投资基金等金融资产。这种方法也叫作“平均每元交易成本”，可作为全家资产增值计划的一个重要组成部分，它能降低整个储蓄计划期间购买投资基金等金融资产的交易成本。

所谓杠杆投资，就是借钱投资，用少量投资创造无穷收益，只要收益率高于借钱成本就能有额外收益。这种投资组合就像一块凸镜，能起放大作用，能让利润成倍、几十倍、上百倍地增加，但是一旦决策错误，损失极为惨重。理财人员提出这种高风险的投资方式时，一定要帮客户掌控好投资规模，使风险保持在可以承受的范围内。

**（二）节省开支**

1. 减少消费支出。消费在支出中往往占有很大的比重，甚至对有些人而言几乎全部的支出都是用于消费的。理财规划师可以通过询问、调查问卷等方式，充分了解客户日常涉及的所有开支项目，将它们详细列出，再按照重要性排序，在遇到财务状况不理想时，最重要的项目必须优先保证，可有可无的项目就可以考虑缩减开支了。当然，改变消费习惯需要一个长期的过程，应该循序渐进，理财规划人员也应该多与客户沟通。过于激进的节省办法难以坚持，也将损害生活品质。必不可少的消费项目也有各种节省开支的方法，比如帮客户选择适合他们具体情况的银行卡，可以使其在节省服务费用、交易费用的同时享受到更好的银行服务；选择合适的时间购物可以充分享受折扣和各种优惠；租车出游可以建议改为借朋友的车；留学时可以建议选择性价比高的国家和学校等等。这就需要理财规划人员充分了解相关信息，做好比较分析。

2. 科学节税。在中国，工薪阶层的所得税都是由用人单位代扣和代缴的，很多人对税收不太了解，而事实上，税收对于家庭可支配收入是有很大影响的。帮助客户科学节税是理财规划师工作的重要的部分。尤其是高薪的客户，缴纳的所得税多，节税能明显地降低支出，将更多的钱留给消费和投资。

## 七、未雨绸缪，早做规划

理财规划越早开始越好。很多年轻人总以为诸如消费支出规划、投资规划、退休养老规划等理财规划是中年人的事，或有钱人的事，抱着“船到桥头自然直”、得过且过的心态。其实，投资规划理财致富，需要投资在高回报率的资产，并经过漫长时间的复利作用来积累财富。能否通过理财规划达到预期的财务目标，与金钱多少的关联度并没有通常人们想象的那么大，却与时间长短有很直接的关系。理财规划师要与客户充分沟通，让客户了解早作规划的原则。比如说，为了说明问题，理财规划师可以为客户举这样的数字例子：

假设目标金额为1亿元，退休年龄为65岁，年投资回报率15%，不考虑消费、通货膨胀及其他因素。按复利计算出从不同年龄开始投资，每个月应投资的金额如表6－15所示。

**表6－15　　开始投资年龄与每年应投资金额**

| 开始投资的年龄 | 每月应投资金额（元） |
|---|---|
| 20 | 1528 |
| 25 | 3224 |
| 30 | 6813 |
| 35 | 14444 |
| 40 | 30831 |
| 45 | 66790 |
| 50 | 149587 |
| 55 | 363350 |
| 60 | 1128993 |

表6－15充分显示，年轻就是投资致富的本钱。要想达到同样的目标，起步越晚，每个月需要投入的金额就越多。越早开始投资，便能越早达到目标，让家庭轻松享受利

滚利积累的财富。如果20岁开始投资，这45年中的投入总和为825120元，仅为最终财富的1%，着手越晚，需要的家庭投入所占的比重越大。理财规划师要让客户明白：理财规划是一项长期的事业，需要尽早动手，并持之以恒。

**注意事项**

理财规划方案是针对不同客户的不同财务及非财务状况而制定的个性化的方案，同时，不同的理财规划师对理财产品的理解也各不相同，因此，理财方案并没有唯一确定的、标准的模式。理财规划师可以根据客户的不同要求，设计不同风格的理财方案，满足不同客户各自相异的理财目标。

为了便于读者更好地了解理财规划方案的设计思路，下面给出一个完整的理财案例，以供参考学习。

**[案例介绍]**

**唐先生家庭的理财规划建议书**

唐勇先生现年35岁，研究生毕业，目前生活在某二线城市，在一家知名外资企业做行政主管，目前年薪20万元（唐先生每月税前收入1万元，年终效益收入8万元），公司为每个员工统一按规定缴纳社保金及住房公积金，其中包含基本的医疗保险、养老保险及失业保险，“三险一金”为工资总额的10%且均可以在税前扣除，此外，唐先生本人未购买任何商业保险。

唐太太冯瑶现年35岁，研究生毕业，某事业单位财务主管，每月税前工资4000元，每月按照工资的8%缴存住房公积金。冯瑶年末一次性取得年终奖5000元。由于在事业单位工作比较有保障，因此冯瑶没有购买任何商业保险。

唐先生夫妇有一个正在读小学三年级的聪明又淘气的儿子唐韬，今年9岁。唐韬活泼好动，日常生活中难免有些磕磕碰碰，但身体比较健康。因此，除学校统一购买的人身意外保险外，两人也没有为儿子单独购买其他保险。

唐先生夫妇有以下问题想向理财规划师咨询：尽管夫妻二人都有社保，儿子有意外险，但唐先生夫妇不知道一家三口是否还需要额外保障，如需要，应投保哪些险种？目前唐先生夫一家居住的房子两室一厅，属于老式结构，小区环境也一般，他们很想换一套面积大一点小区环境更优秀一些的新房，目前他们看中了一套面积100平方米的新房，价格为7000元/平方米。如果换新房，目前居住的这套房产是要出售还是要出租？儿子是家庭的重心，夫妇两人希望儿子至少读到硕士毕业，两人估算了一下，暂不考虑让儿子出国留学，从考入大学到硕士研究生毕业，综合考虑各种因素大概需要 35 万元，如 9 年后唐韬上大学时准备好这笔费用，则这笔支出该如何筹集？此外，夫妇两人都打算 55 岁退休，希望退休时能筹备 200 万元的退休费用，以安享晚年；夫妇两人已经开始考虑百年之后的财产传承问题，他们希望现在居住的老式房子等他们夫妻两去世之后能进行拍卖，并且将拍卖所得的 1/2 捐赠给慈善机构，剩余的 1/2 就留给儿子唐韬。其他的财产按照法定继承处理。

家庭资产负债情况：

一家人目前住在一处 80 平方米的老式住宅中，房贷已全部还清。由于地理位置较好，该房如果出租，每月有 2000 元的租金；如出售，可以卖到 60 万元。

尽管夫妇两人工作繁忙，对理财也并不在行，但最近看到身边的人都通过炒股、买基金赚了钱，两人也决定拿出部分资金投入到股市、基金中去。尽管唐先生对外汇投资也很感兴趣，但由于知之甚少，因此没有在这方面投入。目前两人投资在股票、基金中的资金各为 5 万元，由于初次“入市”，股票投资账面基本持平，并没有给两人带来收益；一年来基金小有收获，目前获利 3000 元。此外，家中还有 25 万元的定期存款和 5 万元的活期存款，活期存款取得的利息扣税后账面上为 365 元。

除上述资产外，唐先生家庭还有一辆去年购置的小轿车，买价 16 万元，现价 15 万元左右。

家庭支出情况：

儿子的开支占家庭支出比重较大，包括学杂费每年约 4000 元，每年参加各种兴趣班开支 2000 元；家庭日常生活开支每月平均 3000 元（含水电煤气费、电话费、物业管理费、上网费、外出就餐费等），此外，养车费用每月 2000 元，车险费用为全年 4600 元，每年缴纳的车船使用税 200 元。全家服装休闲等开支每年约 5000 元，外出旅游开支每年约 1 万元。由于夫妇两人的父母均不在北京，每年全家探亲交通费约 5000 元，另外，还要给双方二老各 5000 元以表孝心。

性格分析与投资偏好分析：

唐先生的性格分析：作为一位身处外资企业的行政主管，唐勇性格沉稳，工作、生活中规中矩，但也并不保守，愿意尝试新鲜事物。唐先生没有什么不良嗜好与不良生活习惯，非常热爱运动与旅游，对家人有着非常强烈的责任感，并且希望父母和妻儿都能平平安安过上好日子。

唐先生的投资偏好分析：通过对唐先生进行投资偏好的问卷测试，结合对唐先生风险承受能力与承受态度的主客观分析，再结合理财规划师与唐先生沟通过程中的了解与判断，基本上可以确定唐先生的投资偏好属于稳健偏进取型，即投资比较稳健但不保守，能接受一些新的投资工具与理财理念，并且能够承受一定投资损失的风险。

冯瑶的性格与投资偏好分析：冯瑶性格开朗，但多年事业单位的财务工作使她在理财方面更显谨慎。冯瑶的投资偏好则属于典型的稳健型，没有唐先生那么进取，虽然投资很有心得和想法，但是她的风险承受能力并不强，所以她进行投资时一般都会认真思考、反复论证，只有当她觉得很有把握的时候才会投资。



# 唐先生家庭

# 理财规划建议书

××公司

×年×月×日

## 前　言

（同案例 6－1，在此略）

## 目　录



## 第一部分　理财规划建议书的假设前提

（基本同案例 6－1，在此略）

## 第二部分　客户财务状况分析

客户家庭成员基本情况及分析（略）

## （一）资产负债表（如表6－16所示）

**表6－16　　家庭资产负债表**

客户：唐先生与唐太太家庭　　　　日期：2007年9月30日

| 资金 | | | 金额（元） |
|---|---|---|---|
| 金融资产 | 现金与现金等价物 | 现金 | |
| | | 活期存款 | 50365 |
| | | 定期存款 | 258550 |
| | | 其他类型银行存款 | |
| | | 货币市场基金 | |
| | | 人寿保险现金收入 | |
| | 现金与现金等价物小计 | | 308915 |
| 金融资产 | 其他金融资产 | 债券 | |
| | | 股票及权证 | 50000 |
| | | 基金 | 53000 |
| | | 期货 | |
| | | 外汇实盘投资 | |
| | | 人民币（美元、港币）理财产品 | |
| | | 保险理财产品 | |
| | | 证券理财产品 | |
| | | 信托理财产品 | |
| | | 其他 | |
| | 其他金融资产小计 | | 103000 |
| 金融资产小计 | | | 411915 |
| 实物资产 | | 自住房 | 600000 |
| | | 投资的房地产 | |
| | | 机动车 | 150000 |
| | | 家具和家用电器类 | |
| | | 珠宝和收藏品类 | |
| | | 其他个人资产 | |
| 实物资产小计 | | | 750000 |
| 资产总计 | | | 1161915 |
| 负债 | | | |
| 负债 | | 信用卡透支 | |
| | | 汽车贷款 | |
| | | 住房贷款 | |
| | | 其他贷款 | |
| 负债总计 | | | 0 |
| 净资产（资产总计减去负债总计） | | | 1161915 |

## （二）现金流量表（如表 6－17 所示）

**表 6－17　　　　家庭收入支出表**

客户：唐先生与唐太太家庭　　　　日期：2006 年 10 月 1 日至 2007 年 9 月 30 日

| | | |
|---|---|---|
| 一、收入 | | |
| | | 数量（元） |
| 工资和薪金（含奖金、税后） | 唐先生 | 159115 |
| | 唐太太 | 46666 |
| 自雇收入（稿费及其他非薪金收入） | | |
| 投资收入 | 利息 | 8915 |
| | 资本利得 | 3000 |
| | 分红 | |
| | 租金收入 | |
| | 其他收入 | |
| 其他收入 | | |
| （I）总收入 | | 217696 |
| 二、支出 | | |
| | | 数量（元） |
| 房产 | 租金/抵押贷款支付（包括保险和纳税） | |
| | 修理、维护和装饰 | |
| 教育费用 | 学费 | 4000 |
| | 兴趣班费用 | 2000 |
| | 特长培训费 | |
| 汽车 | 贷款支付 | |
| | 汽油 | |
| | 维修保养 | |
| | 过路费 | |
| | 停车费等 | 24000 |
| | 保险费 | |
| | 车船税 | |
| 日常生活开支 | | 36000 |
| 购买衣物开支 | 衣服、鞋子及附件 | 5000 |
| 个人护理开支 | 化妆品、头发护理、美容、健身 | |
| 休闲和娱乐 | 渡假 | 10000 |
| | 其他娱乐和休闲 | |
| 商业保险费用 | 人身保险 | |
| | 财产保险 | |
| | 责任保险 | |
| 赡养开支 | | 10000 |
| 其他支出项目 | | 5000 |
| （II）总支出 | | 100800 |
| 现金结余（或超支）［（I）－（II）］ | | 116896 |

**（三）表格内数字说明**

1. 关于现金流量表中税后收入的说明：

（1）唐勇税后收入的计算。

根据个人所得税税率表计算唐先生工资收入需要缴纳的个人所得税为：

$(10000-10000\times10\%-1600)\times20\%-375=1105$（元）

根据《国家税务总局关于调整个人取得全年一次性奖金等计算征收个人所得税方法问题的通知》（国税发［2005］9号），唐先生年终效益收入应缴纳的个人所得税为：

$80000\div12\approx6667$（元），进一步可知6667元适用的税率为20%，速算扣除数为375元。

$80000\times20\%-375=15625$（元）

唐先生一年缴纳的个人所得税合计为：

$1105\times12+15625=28885$（元）

所以唐先生的年税后净收入总额为：

$10000\times12-10000\times10\%\times12+80000-28885=159115$（元）

（2）冯瑶税后收入的计算。根据个人所得税税率表，冯女士工资收入需要缴纳的个人所得税为：

$(4000-4000\times8\%-1600)\times15\%-125=187$（元）

根据《国家税务总局关于调整个人取得全年一次性奖金等计算征收个人所得税方法问题的通知》（国税发［2005］9号），冯女士年终效益收入应缴纳的个人所得税为：

$5000\div12\approx417$（元），进一步可知417元适用的税率为5%，速算扣除数为0。

$5000\times5\%-0=250$（元）

冯女士一年缴纳的个人所得税合计为：$187\times12+250=2494$（元）

所以冯女士的年税后净收入总额为：

$4000\times12-4000\times8\%\times12+5000-2494=46666$（元）

2. 关于现金流量表中“投资收入”的说明：

利息

定期存款：$250000\times3.6\%\times95\%=8550$（元）　注：定期存款利息依据

**（四）家庭收入分析（如图6－3所示）**

从图6－3中可以清楚地看出，在唐先生家庭的收入中，唐先生个人的收入占据相当大的比重，可以说家庭收入的一半左右是由唐先生个人创造的。同时，在所有的收入来源的，税后收入占据相当重要的位置，而其他收入相对较少。我们认为唐先生的家庭收入主要来自于税后工资，收入过于单一。万一出现失业或者意外，唐先生的家庭抗风险能力比较低，将会对唐先生的家庭产生不良影响。

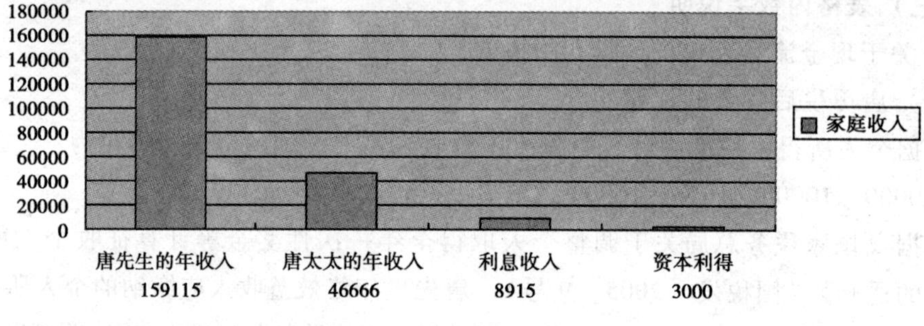


图 6－3　家庭收入情况

## （五）家庭开支分析（如图 6－4 所示）

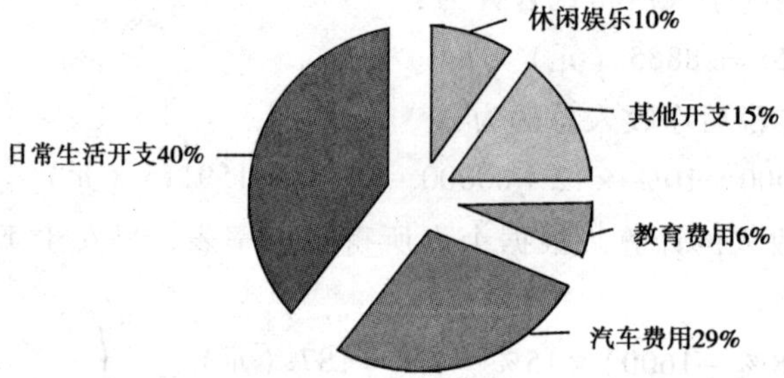


图 6－4　家庭开支比例

根据图 6－4，从目前唐先生提供的家庭开支中分析，唐先生的日常消费开支占整个家庭开支的40%，应该属于比较适合的比例。由于目前您及您的家庭没有负债，所以唐先生的家庭支出中没有贷款支出项。但是由于您希望换一处面积更大的住房，又不想卖掉现有住宅，所以以您的家庭经济实力，在购买新房之后，您很有可能将面临银行贷款这项新增的支出。

## （六）唐先生家庭财务比率表（如表 6－18 所示）

表 6－18　客户财务比率表

| 项　目 | 参考值 | 实际数值 |
| --- | --- | --- |
| 结余比率 | 30% | 53.70% |
| 投资与净资产比率 | 50% | 8.86% |
| 清偿比率 | 50% | 100% |
| 负债比率 | 50% | 0 |
| 负债收入比率 | 40% | 0 |
| 流动性比率 | 3 | 36.77 |

通过对唐先生给我们的财务资料的分析，我们得出如表3的财务指标。其中有些数据不是非常详细，所以会存在一些偏差。从这些指标上来看，唐先生的资产结构不尽合理，在一些指标上需要进行改进。具体分析如下：

（1）计算结余比率主要是为了测算客户的收入在抵销开支后的剩余程度，这样就可以知道客户提高其净资产的能力，从而对客户的结余资金可以做一个合理的规划。结余比率＝年结余/年税后收入＝116896/217696＝53.70%，参考值一般为30%，而唐先生家庭已经达到了53.70%，说明唐先生家庭的财富累积速度较快，在资金安排方面也有很大的余地。

（2）计算投资与净资产的比率主要是了解客户目前的投资程度，这个值不宜过高，过低也不合适，按照经验测算，一般在50%左右比较合适。唐先生家庭的投资与净资产比率＝投资资产/净资产＝103000/1161915＝8.86%，这个投资比例是十分低的，唐先生应该提高自己的投资意识，把资产的一部分用于投资，购买一些理财产品比如股票、基金，银行的理财产品等，这样从中可以获得比较好的收益，为自己增添更多的财富。

（3）计算清偿比率主要是查看客户的资产负债情况是否安全，偿债能力如何，这个比率一般保持在50%以上，就说明资产负债情况基本安全，唐先生家庭的清偿比率＝净资产/总资产＝1161915/1161915＝100%，远远超过了50%的标准，一方面说明唐先生家庭的资产负债情况极其安全，同时也说明唐先生家庭还可以更好的利用杠杆效应以提高资产的整体收益率。

（4）负债比率和清偿比率都是反映客户综合偿债能力的指标，只是分别从不同的角度来检视而已。清偿比率越高，财务越安全，而负债比率越低，财务越不安全。一般应将负债比率控制在50%以下。唐先生家庭的负债比率＝负债总额/总资产＝0/1161915＝0。很明显唐先生家庭的这一指标非常的低，这与唐先生不喜欢负债消费的理财习惯是直接相关的。

（5）负债收入比率不仅可以反映客户支出能力的强弱，还可以说明客户短期清偿债务是否有保障，这个比率一般保持在40%比较合适，唐先生家庭的负债收入比率＝负债/税后收入＝0/217696＝0。说明唐先生家庭的短期偿债能力可以得到保证。

（6）流动性比率直接测算的是客户的流动性资产可以支付未来几个月的支出，即当客户持续几个月没有收入的情况下凭流动性资产可以满足这段时间的开支。如果家庭收入稳定，流动性比率可以低些，假如家庭收入不稳定，或者不可预料的支出很多，那么应该保持较高的流动性比率。唐先生家庭的收入还算稳定，太太在事业单位，工资相当稳定，唐先生的工资也相对稳定。所以唐先生家庭的流动性比率可以保持在3左右。经过计算，唐先生家庭流动性比率＝流动性资产/每月支出＝308915/8400＝36.77。说明唐先生家庭的流动性资产可以支付未来近36个月的支出。这个比率显然太高，相关财务状况有待调整。

**（七）客户财务状况预测**

唐先生和冯女士现在处于事业的黄金阶段，预期收入会有稳定的增长，投资的股票和基金随着现在市场的良好发展投资收入的比例会逐渐加大。同时，现有的支出也会增加，随着年龄的增长，保险医疗的费用会有所增加。另外小孩逐渐长大，小学到中学之后大学的教育费用也会增长，而且涨的速度会比较快。最后，唐先生想另购买新房，首付款将是一笔大额的消费；另一方面由于采用贷款方式，必将使您家庭的支出有所增加。同时，在房贷没有还清之前，您及您的家庭负债必将增加。

**（八）客户财务状况**

总体评价总体看来，唐先生的清偿能力很强，结余比例较高，财务状况比较好。其缺陷在于定期存款占总资产的比例有点过高，投资结构不太合理。所以唐先生的资产投资可进一步地提高。

## 第三部分　客户理财目标

根据您的期望和我们之间的多次沟通，我们认为您与太太的理财目标可概括为以下几个方面：

1. 现金规划：保持家庭资产适当的流动性；

2. 保险规划：增加合适的保险投入，选择适当的保险品种，减少家庭面临的各种风险；

3. 消费支出规划：近期内购买一套总价在70万元的新房，现有住房用于出租；

4. 子女教育规划：9年后唐韬上大学，资金总需求约35万元；

5. 退休养老规划：唐先生和太太冯瑶20年后退休，退休养老规划目标筹资额度：200万元。

6. 财产分配与传承规划：唐先生和唐太太去世之后，将现在居住的老式房子进行拍卖，将拍卖所得的1/2捐赠给慈善机构，剩余的1/2留给儿子，其他的财产按法定继承。

## 第四部分　分项理财规划

**（一）现金规划**

先预留一笔家庭备用金共25000元，一部分是家庭生活开支覆盖储备金，唐先生目前的流动资金有308915元，占到家庭总资产的26.59%。唐先生每月的生活费大约为8400元，活期存款和定期存款额度偏高，对于唐先生及唐太太夫妇这样收入比较稳定的家庭来说，保持三个月的消费支出额度即可，建议保留20000元的家庭生活开支覆盖储备金从现有活期存款中提取，其中5000元可续存活期，剩余的15000元可以购买货币市场基金。货币市场基金本身流动性很强，同时收益高于活期存款，大约为年2.5%左右，免征利息税，是理想的现金规划工具。另一块是家庭应急储备金，以应对家庭意外事件的冲击，因为唐先生家中有一个正在读小学三年级的聪明又淘气的儿子唐韬还有双方年迈的父母，所以应急储备金充分准备。准备5000元的应急储备金，同时这部分额度规划以货币市场基金的形式存在，或唐先生及唐太太可以考虑申请信用额度在5000元以上的信用卡，一方面给您家庭的日常消费支出带来方便，另一方面一旦有紧急需要，货币市场基金毕竟要T+1日方可到账，可利用信用卡取现以解燃眉之急。

**（二）风险管理与保险规划**

唐先生一家目前所拥有的风险保障如下：

唐先生已拥有的保险是：唐先生所在的公司按照法律的规定为每个员工统一按规定缴纳的社保金及住房公积金，其中包含基本的医疗保险、养老保险及失业保险。唐先生的“三险一金”占总收入的比例是10%。唐先生太太冯瑶由于在事业单位工作，其所在的单位为唐先生太太提供了较为全面的社会保障。

儿子唐韬已拥有的保险是：其所在的学校统一为学生购买的人身意外险。

唐先生没有为他家庭的动产、不动产购买任何商业保险。

虽然唐先生的一家都有了部分保险，但是风险保障的涵盖范围还很不全面。为了保障家庭生活持续稳定状态，唐先生的家庭应通过购买商业保险来完成风险保障，按以下规划来完善风险保障：由于唐先生的家庭的现金结余比例较高，因此整个家庭用来购买保险进行风险管理规划的财务预算可以适当提高至17534元左右，即家庭年结余的15%左右。保险合同的保障金额应该在家庭年税后收入的10倍左右，就是2176960元，即200万元左右。这样在完善了风险保障规划的同时，保费的支出也不会给唐先生的家庭造成过度的负担。

1. 对唐先生的商业保险规划建议。

由于唐先生作为家庭的主要经济来源，其收入大约占家庭总收入的75%左右，而仅仅只有最基本的社会保险，这与您的收入水平是严重不符的，如果您一旦遭遇意外或疾病，必将带给家庭灾难性的打击，将严重影响到家庭成员的生活水平。因此要首先考虑唐先生的风险保障问题，要保证您的家庭生活质量在出现风险时不下降，您的保险总额需要涵盖儿子唐韬的成长及教育费用、妻子冯瑶的退休生活费用及父母的赡养费用、债务等，以唐先生年收入的10倍计算，大致定在160万元左右。由于您是家庭收入的主要来源，所以在购买保险时要从充分考虑到保费豁免问题。

（1）人寿保险建议——针对您的生命风险进行的规划。建议唐先生购买一份两全寿险，以保证万一唐勇先生发生不幸死亡或全残时，有一笔资金可以保障家人的生活。

（2）健康保险的建议——针对您的身体健康进行的规划。现如今环境污染严重，工作压力大等问题日益突出，特别是人到中年时，身体的免疫力和抵抗力都会大幅下降，在这一过程中患重大疾病的概率也越来越大。如果您发现患有重大疾病，高额医疗费用很可能是家庭陷入流动性危机。因此重大疾病险也是身为家庭支柱的您需要重点考虑的。

因此，我们推荐您购买某保险公司的两全寿险 B 款，同时您还可以选择该寿险所附加的重大疾病险。该保险的保险责任是：在保险有效期间内若被保险人因意外伤害事故身故或疾病导致身故或全残时，保险公司按保险单载明的保险金额给付保险金，同时还可以无息返还保费。同时该保险还可以在已给付的重大疾病保险金的基础上，在按保险金额的 50% 给付重大疾病特别保险金。两全型寿险你可以选择保额 30 万元，20 年缴费，则需年缴保费 4124 元，同时选择保额为 30 万元，20 年缴费的附加重大疾病险，则年缴费 6951 元，共计 12075 元。选择这一保险的主要原因：一是由于该险种保障的重大疾病种类非常多（达 38 种），保障程度也比较高；二是该保险公司的赔付率较高，在理赔时不会给被保险人或受益人制造太多的障碍；三是该公司布点广泛，对代理人的管理也比较规范，服务水平相对较高；四是该险种的性价比在同类保险产品中是相对较高的。

该保险主要保障的范围是罹患重大疾病和意外伤害导致死亡或全残，属于生死两全保障类别，保障范围至 85 岁。唐先生在年满 85 岁以后的首个保单周年期满日，可以获得将该保险按保险金额给付的期满金 30 万元。唐先生如果在保险合同有效期内，出现重大疾病即可获得保险金 30 万元，还有重大疾病特别保险金 15 万元，共计 45 万元。您一旦因意外伤害事故或因疾病导致身故或全残时，您或您的受益人即可获得 30 万元的身故或全残保险金。

这样唐先生的风险保障就比较全面了。综上所述，唐先生的保费年支出在 12075 元左右，保险的风险保障金额共 75 万元。

2. 对冯瑶的商业保险规划建议：

您太太冯瑶在一家事业单位工作，也有单位的社会保险，每月按照工资的 8% 缴存住房公积金，但她也没有购买任何商业保险。通过分析您太太冯瑶基本情况，我们认为您太太在意外风险和重大疾病的风险保障上还需要增加投入，因此一份人寿两全保险是很好的选择。但是由于您太太冯瑶不是家庭的主要经济支柱，因此，可以适当减少人寿保险的投入。

您太太冯瑶可选择保险期间到85岁，保险金额为10万元，缴费方式为分期交付，缴费期间为20年，每年缴费3697元的某公司发行的人寿两全保险B款和其附加的重大疾病险。该附加合同包含了38项重大疾病。

投保该险所具有的保险利益有：

（1）满期保险金：在合同期满时，也就是您太太冯瑶85岁后的首个保险单周年日满期时，可获得10万元期满保险金。

（2）重大疾病保险金：您太太如果于合同生效（或复效）之日起一年后至合同期满，若患合同约定的重大疾病，一经确认，即可凭诊断书领取10万元理赔金，合同效力终止。另外，在附加合同有效期内，若您太太于附加合同等待期后首次发病，并被专科医生首次确诊患有保险附加合同所定义的重大疾病，则保险公司将给付重大疾病特别保险金予被保险人，其金额等值于该重大疾病确诊时附加合同的保险金额的50%。也就是说一旦疾病确诊时您太太即可获得赔付10万元和5万元的特别保险金。

（3）身故保险金：在保险合同有效期内，若被保险人身故，则保险公司将给付身故保险金予健在的身故保险金受益人，其金额等值于被保险人身故时本合同的保险金额。也就是说一旦您太太在保险期间内因意外伤害事故身故或疾病导致身故或全残时可获得保险公司10万元的赔付。

合同的保险责任给付以一次为限，且保险公司仅对附加合同项下的重大疾病保险金、主合同项下的身故保险金及满期金此三项保险金中的一项予以承担给付责任，并以最先发生者予以给付。最先发生时日以身故发生时日、重大疾病确诊时日或满期时日为准。也就是说您太太如果出现主合同或附加合同中的三项给付状况之一，合同即告终止。

综上所述，唐太太冯瑶的保费年支出在6650元左右。唐太太的风险保障金额为25万元。

3. 我们对唐先生儿子唐韬的商业保险规划建议：

人身意外险的建议——通过分析唐韬的基本情况，我们认为唐韬的保障也是很不完善的。唐韬的身体比较健康，但是由于活泼好动，其发生意外的可能性比别的孩子要高。虽然有学校的人生意外险，但是一旦出现意外，高额的医疗的费用就是一笔很大的支出。所以要特别注重意外的医疗保险保障。此外，虽然唐韬的身体比较健康，但由于毕竟是不满十岁的儿童，所以也要兼顾大病的风险，一旦发生重大疾病，高额的医疗费用会压得父母喘不过气来。根据我国目前的医疗体制现状，少儿时期的医保额度较少，基本处于无保障状态。因此，您为孩子投保一份健康医疗险也是较为必要的。

我们推荐购买某保险公司的学生、幼儿平安保险附加住院医疗保险，保额为20万元，年缴费为56元。

该保险的保险责任是在合同保险责任有效期间内，被保险人唐韬遭受意外伤害或者自合同生效之日起90日后因疾病住院治疗（及时续保者不受90日规定的限制），保险公司依下列约定给付保险金：

①唐韬在县级以上（含县级）医院或者该保险公司认可的医疗机构住院诊疗所支出的、符合当地社会医疗保险主管部门规定可报销的医疗费用，超过人民币100元以上部分，保险公司在保险金额范围内，按下表规定分级累进、比例给付医疗保险金。

人民币100元以上至1000元部分50%

人民币1000元以上至5000元部分60%

人民币5000元以上至10000元部分70%

人民币10000元以上至30000元部分80%

人民币30000元以上部分90%

②如果保险期间届满治疗仍未结束的，保险公司所负给付保险金的期限，自保险期满次日起，至出院之日止，最长以90日为限。

③保险公司所负给付保险金的责任以保险金额为限，对被保险人唐韬1次或者累计给付的保险金达到其保险金额时，保险合同对唐韬的保险责任终止。也就是说唐韬最多可获得20万元的赔付。

这样唐韬的风险保障就比较全面了。首先，意外险附加医疗保险有效的衔接了学校为学生统一购买的人生意外险，提高了保险金额度。其次，还提供了大病的风险支出。唐韬每年的风险保障金的支付需要56元左右。唐韬的风险保障金额为20万元。

4. 对您不动产的商业保险规划建议：唐先生您在家庭投资规划中计划买一个新房用于居住，同时将旧房出租——旧房80平方米，地段较好，价值60万元。这样旧房就不处于您一家的直接控制之下，家庭财产出现风险的几率就会增大。因此，可以考虑为旧房的财产投保家庭财产综合险。我们推荐您购买某公司的家庭财产综合保险——自有房保障B款，一年保费438元，保险责任包括房屋及其附属设备与室内装潢、室内财产、盗抢、家用电器用电安全保障、居家责任保险。

一旦出现自然灾害、火灾、爆炸、外来物体撞击：房屋或装潢赔付50万元，室内财产赔付10万元；管道爆裂及水渍：赔付5万元；室内盗抢：室内财产赔付8000元；

家庭用电安全：赔付 2 万元；居家责任：赔付 1 万元。

这样唐先生您的旧有住房就得到了很好的保障，保险责任也很好地涵盖了家庭财产可能出现的风险，同时保险的费率也比较合理。

综上所述，唐先生您的一家经过保险规划后，风险保障得到了完善，家庭成员的人身财产安全得到了全面的保障。您一家全年新增用于保险保障方面的支出为 16266 元，保障金额为 1800000 元。这与预算大致吻合，保障增强的同时也不会影响一家人现有的生活质量。

**（三）消费支出规划**

根据您的家庭现有的金融资产实力来看，由于您不打算出售现有住房，因此您购买价值 70 万元的新房应选择按揭的方式加以解决。由于您购买的这套住房为家庭第二套住房，按照银行相关规定，首付款至少应为房屋价款的 30%，即 21 万元，再加上装修等其他费用大概 10 万元左右，我们在充分考虑您的家庭财务状况及与您充分沟通的基础上，选择了首付款 30%，贷款 70%。按照规定，您及您的太太不能全额采用公积金贷款，因此我们选择了公积金贷款加商业贷款的组合贷款方式。我们为您选择的贷款总额中，20 万元以公积金贷款解决，其余 29 万元为商业贷款，贷款期限 20 年，经与您协商，采用等额本息还款方式。尽管目前仍有加息的可能，但在政策出台之前我们只能假设银行贷款利率不变，因此，根据中国人民银行 2007 年 9 月 15 日公布的银行存贷款利率，5 年期以上的公积金贷款利率为 5.22%，商业贷款利率为 7.83%。因为您准备购置的新房属于您家庭的第二套住房，所以不能享受优惠利率。

（1）购置新房的总支出：

①房价首付款：700000 × 30% = 210000（元）

②按照国家税法的有关规定，应缴纳的相关税费：

与开发商签订购房合同印花税：700000 × 0.5‰ = 350（元）

与银行签订贷款合同印花税：700000 × 70% × 0.05‰ = 24.5（元）

“权利、许可证照按件贴花，每件 5 元”房产证按件贴花，每本 5 元

应缴纳的契税（适用非普通性住宅税率）：700000 × 3% = 21000（元）

税费合计：350 + 24.5 + 5 + 21000 = 21379.5（元）

③装修等其他费用预计：10 万元

④购置新房的总支出：210000 + 21379.5 + 100000 = 331379.5（元）

（2）贷款的偿还

①采取等额本息还款法，公积金贷款每月还款额为：

2nd [RESET] ENTER　　　　RST　0.00

2nd［p/y］12ENTER　　　　P/Y = 12.00

2nd［QUIT］　　　　0.00

20 2nd［XP/Y］N　　　　N = 240

5.22 I/Y　　　　I/Y = 5.22

200000 PV　　　　PV = 200000

CPT PMT　　　　PMT = -1344.34 元

②采取等额本息还款法，商业贷款每月还款额为：

2nd［RESET］ENTER　　　　RST 0.00

2nd［p/y］12 ENTER　　　　P/Y = 12.00

2nd［QUIT］　　　　0.00

20 2nd［XP/Y］N　　　　N = 240

7.83 I/Y　　　　I/Y = 7.83

290000 PV　　　　PV = 290000

CPT PMT　　　　PMT = -2395.08 元

③您的家庭每月负担的月供总额为：

1344.34 + 2395.08 = 3739.42（元）

不考虑收入上涨因素，也不考虑您及您太太取得的年终奖，房屋贷款月供占您家庭月收入的百分比 = 3739.42/（10000 + 4000）= 27%。一般来讲，房屋贷款月供占家庭月税后总收入的比应在 25% ~ 30% 之间，由此可以看出，这部分月供完全在您的偿付能力之内，不会给您的家庭带来过重的负担。

（3）如何筹集首付款及装修费用。根据前面计算，您的家庭购买心仪的房子并装修好入住，大概需要 34 万元左右的资金。根据您家庭的财务状况及负担能力，加上您打算 3 年后购置房产，因此我们完全可以利用这 3 年的时间进行稳健投资。从 2005 年下半年以来，中国股市一路高歌猛进，从宏观经济形式分析，我们认为未来 3 年中国资本市场仍将继续保持良好的发展态势，当然，由于客观因素的变化，投资者投资理念的成熟，未来不大可能再出现大幅持续普涨，再加上您及您的太太对股票投资并不在行，因此我们不建议您将准备购置新房的资金投资于股市。我们建议您从即将到期的一年期定期存款中拿出 25 万元，投资于 × × 基金管理公司管理的 × × 平衡型基金，根据这只基金几年来的表现，我们预计其未来 3 年平均收益率 6% ~ 15%。保守起见，我们假设可以达到 8%，则这笔资金 3 年后的终值约为 315000 元。此外，每年从您家庭年结余中拿出 8000 元同样定投于这只基金，则 3 年后您筹集这 34 万元资金基本不成问题，满足你们购置新房的梦想。

**注意事项**

如果单纯从经济角度出发，最近两年来央行对利率调整频率加快，不考虑优惠政策5年期以上房贷利率已调整为7.83%，无论是首付款还是房贷支出，就您家庭现在的经济状况而言，都是较为沉重的负担。但我们对于您家庭现有住房的处理基于两点因素：第一，您及您的太太认为未来房价仍有较大的上涨区间；第二，您及您的太太希望百年之后这套房产能够按照你们的意愿顺利传承。经与您的充分沟通，结合您家庭的经济实力，考虑未来房价走势，我们还是按照您的意愿为您进行了规划。

### （四）子女教育规划

目前到您的儿子唐韬上大学还有9年的时间，您的目标资金额度为35万元。对于您的家庭来说，这样一笔资金还是要靠投资来完成。子女教育规划缺乏时间弹性和费用弹性，加之你们夫妻两人对投资了解的也不多，因此我们不建议您将这笔资金投资于股市，而是进行长期、稳定的投资。对于子女教育金，您应该采取定期定额投资的方式，并每月进行，这样会使您更大限度地享受货币时间价值带来的好处，同时由于分散投资期限，一方面降低风险，另一方面也使您各期压力不大。目前距离唐韬读大学还有9年，我们采取稳健的投资方式，假设年投资回报率为7%，根据财务计算器计算得出，您需要每个月为他投资2000元。建议您对教育资金进行××基金管理公司的××平衡股票基金投资，每月操作，年收益率在5%～15%之间。

### （五）退休养老规划

根据您和您太太的设想，你们希望在55岁时退休，并希望到时能有200万元的资金以供您二位安度晚年。根据我们的测算，以目前的生活水平即日常消费和其他费用每年约6万元，且年通货膨胀率为3%计算，20年后您及太太冯瑶每年的资金需求为10.84万元。以83岁的平均寿命来看，您及太太退休后的资金总需求约为300万元（退休后稳健、保守投资，年收益率等于通货膨胀率）。由于您及您的太太都有社保，能够保障基本生活。再加上到时您二位购买的寿险会开始返还，因此你们退休时资金200万元的需求是比较合理的。那么，如何在您退休前的20年时间里筹备200万元的资金呢？目前您的年结余中，扣除前面已经进行完毕的现金规划、风险管理与保险规划、购房规划、子女教育规划尚有约58000元，在您购买第二套住房之前，您可以每月拿出2500元进行定期定投，投资于××指数型基金和××平衡型基金，预期综合收益率为8%。当您3年后购买第二套住房之后，尽管月供会增加您每月的支出，但同时旧房每月还有租金收入2000元，这2000元再加上每月结余中拿出500元，恰好可以完成我们的定期定额投资计划。这样，20年后，您每月2000元的定期定额投资计划的终值为约147万元。此外，您目前的金融资产还有10万元，投资所得也可用于退休养老，若年收益率为8%，则20年后其增值为63万元。这样，20年后，您及您的太太退休时可以拥有200万元的退休养老金。同时，筹备这笔巨额资金没有考虑您夫妻二人收入增加的情况，也没有考虑房租上扬对您收入的影响，如果综合考虑上述事项，您200万元的退休养老金的筹备会更轻松实现。

为了完成您的退休养老规划，我们为您推荐××指数型基金和××股票型基金及××债券型基金，股票型基金收益较高，但风险也大，而债券型基金尽管收益偏低但风险较小，指数型基金收益风险适中，因此这三者结合可以使您在满足资金需求的同时降低风险。由于退休养老规划20年的时间较长，面临的不确定性因素较多，因此在我们的后续服务中，我们还会根据不同情况对您的方案进行调整。

**（六）投资规划**

1. 建议您暂时不考虑外汇投资。自人民币汇率机制改革以来，浮动汇率时代的到来和人民币继续增值的可能，使以美元为主的外汇资产面临贬值风险。您提到对于外汇理财产品较有兴趣，但考虑到人民币升值的压力以及外币国家的货币政策的变动，现在实际购买固定受益的外汇理财产品风险较高。此外，浮动收益的产品多与资本市场、黄金市场等挂钩。考虑到您及您的太太工作繁忙，对投资了解欠缺，并且时刻关注市场困难较大，所以暂不参与外汇投资，在人民币政策趋向于明朗时，再适当选择一些有固定预期收益的外汇理财产品。

2. 增加金融资产投资的比例应该是您家庭资产配置的重点。由于没有时间和精力，缺乏专业知识，您可以按照前述规划更多利用每年的节余分别投资股票型和债券型基金，并多采取定期定额投资的方式，一方面增加家庭资产的流动性和提高资产的整体收益率，另一方面又解决了您的看盘、选股之忧。近一年来，股指跌宕起伏，可以说走出了近几年来最大的一轮上涨行情，虽有短期的振荡，但长期向上的趋势不变，基金的投资可看作是长期的价值投资。考虑到您及太太没有很多的时间和精力，建议您可投资部分指数基金，买卖指数比挑选个股方便很多，而且收益也挺可观。例如，每年××指数的波动在20%～30%左右，投资于xxETF指数型基金平均年收益率在10%左右，并且指数基金的表现至少不会比整个市场的表现差，可以达到市场的平均回报率。此外，投资指数基金不用费心去进行比较和选择，能让投资活动完全摆脱情绪的干扰。尤其对于长期规划来讲，指数型基金往往是非常好的选择。

3. 信托产品是收益较高但风险也偏高的理财产品。在人民币理财市场收益下降的情况下，信托产品的收益优势凸现。目前市场上信托产品品种也非常丰富，有房产信托、证券信托等等。但是信托产品的认购门槛比较高，因此我们暂时没有为您配置信托产品，但考虑到您二人平日的现金流比较充裕，年底还有为数不少的年终奖金，有较强的风险承受能力，因此可以在今后适当考虑投资信托产品。可参考的投资产品介绍，如表 6－19 所示。

**表 6－19　投资产品介绍**

| 投资种类 | 产品类型 | 推荐产品品种 | 说　明 |
|---|---|---|---|
| 货币类资产 | 货币基金 | ××现金 | 业绩稳定性好，晨星评级最近一年总回报率排名前 3 名 |
| | 短债基金 | ××稳定价值 | 业绩稳定性好，晨星评级最近一年总回报率排名前 3 名 |
| 债券类资产 | 凭证式国债 | 5 年期 | 提前支取每年有对应利率水平，更高收益，更好灵活性 |
| | 债券基金 | ××债券 | 业绩稳定，晨星评级最近一年总回报率排名前三名 |
| | 记账式国债 | 5~7 年投资品种 | 遇国家利率调升时投资 |
| 股票类资金 | 股票型基金 1 | ×× | 基金公司具备良好的投资背景和比较成功投资历史；基于目前调整的股市行情，选择刚刚上市或认购期内的基金，价位低，风险较低 |
| | 股票型基金 2 | ×× | 同上 |
| | 股票型基金 3 | ×× | 同上 |
| | 指数型基金 | ×× | 买卖方便，收益可观。可以达到市场的平均回报率。能让投资活动完全摆脱情绪的干扰 |

### （七）财产分配与传承规划

对于唐先生和唐太太愿意在去世之后将第一套住房拍卖并将拍卖所得的 1/2 进行慈善捐赠的理财目标可以通过设立遗嘱执行信托的方式实现。

理财规划师建议两人订立遗嘱，并在遗嘱中写明，两人皆去世后成立遗嘱执行信托，指定某信托公司作为受托人，第一套住房的房产作为信托财产，由受托人进行房产拍卖，并将拍卖所得的 1/2 捐给教育慈善机构。若该信托公司拒绝担当受托人，将由该信托公司选任继任者。通过设立遗嘱信托的方式进行房产拍卖并将拍卖所得的 1/2 捐赠，可以防止继承人违背唐先生和唐太太的意愿，私自扣留房产，不进行捐赠的现象发生，最大限度地体现您与太太的意愿。遗嘱的参考形式见附件。

## 第五部分　理财方案的预期效果分析

通过以上规划，您及您家庭的理财目标基本可以得到实现。同时，我们通过风险管理与保险规划进一步保障了您家庭的财务安全，并且通过投资规划使您家庭资产整体收益率在您的风险承受范围之内，并且收益率也较为理想。如果您及家庭的财务状况、非财务状况相对稳定，您可于一年后联系我们，对本理财规划建议进行调整。

## 第六部分　理财方案的执行和调整（略）

## 第七部分　持续理财服务

您的家庭未来收支还可能发生变化，同时我国的经济运行还存在一些不确定的因素，此外本理财报告涉及的金融产品，均存在不同程度的风险，您家庭理财目标的实现受通货膨胀、金融产品收益率、公积金房贷利率等影响较大，我们会在后续服务中予以关注。我们会根据实际情况的变化随时为您提供更加合理的理财建议，实现您及您的家庭的理财目标。具体为：

1. 本规划的调整周期为一年，我们会和客户您及您的太太进行定期交流，根据变化来修改报告，并且您会定期收到理财的相关信息；

2. 如果您及您的家庭在财务、非财务方面发生重大变化，应及时通知我们，由理财规划师帮助调整理财方案；

3. 金融市场或者理财相关方面如果出现重大变化，理财规划师将及时通知、建议您调整理财方案。

## 第八部分　附件及相关资料

附件一

### 投资风险偏好测试卷

（为了能测试出来您的真实风险偏好，请尽量如实填写。）

1. 您的家庭负担：（　　）

A. 家庭负担较重，例如家中有病人等。

B. 子女尚小，父母需要赡养，家庭负担较重。

C. 简单的三口之家，父母刚退休不久，有固定收入。

D. 单身或者结婚不久，没有子女，父母还年轻，无需赡养。

2. 您的投资收益预期是什么？（　　）

A. 获取相当于银行定期存款利率的回报。

B. 保障资本增值及抵御通货膨胀。

C. 获取每年5% ~10%的回报率。

D. 获取每年10%以上的回报率。

3. 在海滨，您是否经常不小心游出安全区内？（　　）

A. 绝对不会。　　B. 很少这样，太危险。

C. 这样也没什么大不了的。　　　　D. 经常这样，无视安全线的存在。

4. 您是不是喜欢自己做决定？（　　）

A. 不喜欢，最好有朋友帮忙。

B. 有人给我意见会使我的信心大幅度增加。

C. 我习惯于自己做决定，但是别人的意见我会参考。

D. 自己做决定是我一贯的作风，从来不需要别人的参与。

5. 假设有一项电视智力竞赛节目，并且您已经胜出，主持人让您在以下获奖方式作出选择，您会选择：（　　）

A. 立刻拿到 10000 元现金。

B. 有 50% 的机会赢取 50000 元现金的抽奖。

C. 有 25% 的机会赢取 100000 元现金的抽奖。

D. 有 5% 的机会赢取 1000000 元现金的抽奖。

6. 独自到国外旅游，遇到三叉路口，您会：（　　）

A. 仔细研究地图和路标，确认无误再作出选择。

B. 向别人问路，问清楚之后选择。

C. 大致判断一下方向，然后毅然决然地走下去。

D. 用掷骰子的方式来做决定。

7. 假如您预计有一项投资可能会有较大的收益，可是手中却没有足够的资金，您是否会对外融资？（　　）

A. 肯定不会　　　　B. 可能不会

C. 可能会　　　　D. 肯定会

8. 假设下面 4 种投资可能，这只是假设不代表任何市场上的投资产品，您认为您可能选择的投资组合是：（　　）

A. 方案 7.02%，最大收益 16.30%，最大损失 -5.60%。

B. 方案 9.00%，最大收益 25.00%，最大损失 -12.10%。

C. 方案 10.40%，最大收益 33.60%，最大损失 -18.20%。

D. 方案 11.70%，最大收益 42.80%，最大损失 -24.00%。

9. 您计划中的投资时间是多久？（　　）

A. 两年之内（短期）　　　　B. 2~5 年（中期）

C. 6 年以上（中长期或长期）　　　　D. 10 年以上

10. 如果需要把大量现金放在口袋里一整天，您是否感到不安？（　　）

A. 非常不安　　　　B. 会有点不安

C. 不会　　　　　　　　　　　　　　D. 绝对不会不安，心安理得

11. 您是否花很多时间思考你走过的生活道路以及目前的选择？（　）

A. 经常这样，思考过去是减少未来风险的有效手段

B. 有时候会，我觉得这样也许会对我有帮助

C. 偶尔会，但是那对我来说并不重要

D. 不会的，我会很快的忘掉过去

12. 站在人潮涌动的股票大厅，您的心中是否热血沸腾？（　）

A. 不会的，我讨厌这些

B. 也许会，这要看其他条件

C. 很可能会，但是我应该还能控制自己的情绪

D. 会的，我肯定会思考我的投资计划，是不是多投些股票

13. 如果您是一位有过沉痛的股市投资失败教训的投资者，现在大盘重新看好，您发现了一次赢利的机会。您是否会再次投资股市？（　）

A. 肯定不会　　　　　　　　　　　　B. 可能不会

C. 可能会　　　　　　　　　　　　　D. 肯定会

14. 下列哪件事情会让您最开心？（　）

A. 在公开赛中赢了 100000 元

B. 从一个富有的亲戚那里继承了 100000 元

C. 冒着风险，投资的 50000 元基金带来了 100000 元的收益

D. 无论通过上述任何渠道取得 100000 元收益

15. 您的老邻居是一位经验丰富的石油地质学家，他正组织包括他自己在内的一群投资者，为开发一个油井而集资。如果油井成功，那么将带来 50～100 倍的投资收益；如果失败，所有的投资就一文不值了。您的邻居估计成功概率有 20%，您会投资：（　）

A. 0　　　　　　　　　　　　　　　B. 1 个月的薪水

C. 6 个月的薪水　　　　　　　　　　D. 1 年的薪水

16. 假设通货膨胀率目前很高，硬通资产如稀有金属、收藏品和房地产预计会随通货膨胀率同步上涨，您目前的所有投资是长期债券。您会（　）

A. 继续持有债券

B. 卖掉债券，把一半的钱投资基金，另一半投资硬通资产

C. 卖掉债券，把所有的钱投资硬通资产

D. 卖掉债券，把所有的钱投资硬通资产，还借钱来买更多的硬通资产

说明：二个测试相互独立，目的是更准确评估你的风险偏好。

得分评价为：A＝1分，B＝2分，C＝3分，D＝4分。只能单选。

得分16～26分

您属于保守型投资者。

在风险和收益的天平之间，您态度鲜明地维护“低风险”乃是投资第一要义。您反对进取型投资者关于投资的那种态度，因为您是一位保守型投资者！

得分27～36分

您属于稳健型投资者。

您对投资的风险和回报都有深刻的了解，您更愿意用最小的风险来获得确定的投资收益。您是一个比较平稳的投资者。风险偏好偏低，稳健是您一贯的风格。

得分37～50分

您属于平衡型投资者。

您的风险偏好偏高，但是还没有达到热爱风险的地步，您对投资的期望是用适度的风险换取合理的回报。如果您能坚持自己的判断并进行合理的理财规划，您会取得良好的投资回报。

得分51～64分

您属于进取型投资者。

您明白高风险高回报、低风险低回报的投资定律。您可能还年轻，对未来的收入充分乐观。在对待风险的问题上，您属于风险偏好型。

附件二

## 个人信托合同内容简介

### 一、基本信息

委托人：

姓名：唐勇　　　　性别：男　　　　年龄：35岁

身份证号码：　　　　电话：

住所：

受托人：×××信托公司

信托账户：＿＿＿＿＿＿

受益人：

姓名：冯瑶　　　　性别：女　　　　年龄：35岁

身份证号码：　　　　　　　住所：

收益分配账户：×××银行，户主：，银行账号：×××××××××××××××

信托基本信息：

信托财产：7万元人民币

信托存续期间：10年

**二、具体操作**

委托人一次性转给受托人信托财产7万元人民币，由受托人进行管理、运作，投资于风险不高于国债的投资风险。

**三、收益分配**

1. 在委托人的家庭财务情况正常的情况下，每年定期支付受益人1万元人民币。

2. 若唐先生家庭出现财务问题，受托人停止支付1万元给受益人，转为根据唐先生家庭的具体情况进行收益分配，以保证唐先生家庭的正常生活。

3. 信托目的完成即信托终止时，各账户资金若有余额，则受托人应将全部剩余资金交付受益人。

附件三

**遗嘱内容简介**

姓名：唐勇　　　　　　　性别：男　　　　　　　年龄：35岁

身份证号码：

住所：

近亲属情况：妻子、父母、子女

为了________，特请________和________作为见证人，并委托________律师事务所________律师代书遗嘱如下：

1. 该遗嘱是在本人身体、精神状态良好，且未受任何胁迫、欺骗，完全出自本人自愿的基础上订立的。

2. 本人保证遗嘱中所处分的财产为个人所有，遗嘱由本人亲自书写，均出自本人的真实意愿，遗嘱最后的盖章及手印均为本人所为。

3. 该遗嘱所处分财产情况的说明本人欲以该遗嘱进行处分的财产为：夫妻共有房产个人所有部分在此之前并未以遗嘱或者遗赠扶养协议等方式对这些财产进行过处分，

财产上也不存在设立担保、查封、扣押等限制所有权的情况。

4. 事务的执行：

本人去世后，若妻子仍在世，现在居住的房屋（第一套住房），为本人与妻子的共有财产，转入妻子冯瑶名下，成为其个人所有财产。

若妻子已经去世，则本人个人的第一套住房房产，以×××信托公司为受托人，成立遗嘱执行信托。

受托人需在本人去世后，将房产拍卖，拍卖所得的1/2捐赠给教育慈善机构。

在捐赠结束后，信托即告结束。

若××信托公司不同意担当受托人，则由该公司代为指定某信托公司为受托人。

本遗嘱自公证之日起生效，一式三份，公证处、受托人和本人各执一份。

立遗嘱地点：

立遗嘱人：____________（签字）____年____月____日

遗嘱执行信托受托人：____________（签字）____年____月____日

见证人（理财规划师）：____________（签字）____年____月____日

代书人：北京市__________律师事务所____律师____年____月____日

附件四

## 遗嘱公证书内容简介

（××）字第××号

兹证明×××（应写明姓名、性别、出生年月日和现住址）于×年×月×日在×××（地点或者公证处），在我和×××（可以是其他公证员，也可以是见证人）的面前，立下了前面的遗嘱，并在遗嘱上签名（或者盖章）。

经查，遗嘱人的行为和遗嘱的内容符合《中华人民共和国继承法》第十六条的规定，是合法有效的。

中华人民共和国北京市公证处

公证员（签名章或签名）

××××年××月××日